Wege nach – und mit – Indonesien

Wege nach – und mit – Indonesien

16 Berichte und Reflexionen

Berthold Damshäuser
und Michael Rottmann (Hrsg.)

Bibliografische Information der Deutschen Nationalbibliothek

Die Deutsche Nationalbibliothek verzeichnet diese Publikation in der Deutschen Nationalbibliographie; detaillierte bibliografische Daten sind im Internet über http://dnb.dnb.de abrufbar.

Wege nach – und mit – Indonesien. 16 Berichte und Reflexionen.
Berthold Damshäuser und Michael Rottmann (Hrsg.)
Berlin: regiospectra Verlag 2015

ISBN 978-3-940132-69-7

Layout: regiospectra
Cover: regiospectra
Coverfoto: Imelda Taurina Mandala

Printed in Germany

Besuchen Sie uns im Internet: www.regiospectra.de

Inhalt

Vorwort

Vor einigen Jahren fiel mir durch Zufall das 1996 beim in Jakarta ansässigen Katalis-Verlag erschienene Büchlein „Nelkenduft in Wolkenkratzern – Deutsche Experten über Indonesien"[1] in die Hände, und ich war von der Vielfalt der darin enthaltenen 15 Aufsätze sofort angetan. Insbesondere Berthold Damshäuser sprach mir mit seinem Beitrag aus dem Herzen, denn er beschrieb in seinem Aufsatz „Indonesien – zwanzig Jahre einer Auseinandersetzung mit dem ‚Anderen'" nicht nur das für uns Europäer in Indonesien vorherrschende „Andere", sondern ebenso die Ambivalenz unserer westlichen Wertungen zu dem Land so zutreffend. Seither sind knapp zwanzig Jahre vergangen, in denen sich Indonesien – ausgelöst durch die Asienkrise im Jahr 1997 und der 1998 eingeleiteten Demokratisierung – einem tiefgreifenden Wandel unterzog. Auch deshalb schlug ich Berthold Damshäuser vor, gemeinsam einen Band herauszugeben, in dem Indonesien erneut Gegenstand der individuellen Betrachtung verschiedener Kenner des Landes sein sollte. Er war dazu bereit, und als Resultat unserer Zusammenarbeit liegt nun dieses Buch vor.

Indonesien, der größte Staat Südostasiens, ist mit seinen 17.508 Inseln der weltgrößte Archipel, mit fast 245 Millionen Einwohnern das viertbevölkerungsreichste Land der Erde. Allein in Indonesiens Hauptstadt Jakarta leben ca. 12 Millionen Menschen, der Großraum Jakarta umfasst sogar etwa 23 Millionen Einwohner. Indonesien reicht über zwei Kontinente und wird sowohl Asien als auch – die Westhälfte Neuguineas, Westpapua, zählt zu Indonesien – Ozeanien zugerechnet.

Indonesien beheimatet über 300 verschiedene Ethnien, die neben der Nationalsprache *Bahasa Indonesia* mehr als 700 regionale Sprachen und Dialekte sprechen.

---

[1] Damshäuser, Berthold und Ulrike Muntenbeck-Tullney (Hrsg.): Nelkenduft in Wolkenkratzern – deutsche Experten über Indonesien, mit Beiträgen von: Dieter Bielenstein, Bernhard Dahm, Berthold Damshäuser, Rudolf Gramich, Adolf Heuken, Fritz Kleinsteuber, Josef Köningsmann, Dieter Mack, Franz Magnis-Suseno, Heinz Okken, Karl-Heinz Pampus, Rudolf von Sandersleben, Friedrich Seltmann, Rüdiger Siebert, Rita Widagdo, ISBN 979-8060-49-0, Jakarta: Katalis 1996, 216 Seiten.

Nicht nur seine kulturelle, sondern ebenso die religiöse Vielfalt zeichnet Indonesien aus. Zwar kann sich das Land mit rund 87 Prozent der Bevölkerung, also mit mehr als 215 Million Gläubigen, als größtes islamisches Land bezeichnen; aber laut der Verfassung sind die rund 9 Prozent Christen (ca. 6 Prozent davon protestantisch und 3 Prozent römisch-katholisch), 1,8 Prozent Hindus und ein Prozent Buddhisten (meist Angehörige der chinesischen Minderheit) den Musliminnen und Muslimen gleichgestellt.

Trotz dieser beeindruckenden Eckdaten, die die große regionale Bedeutung des Landes unterstreichen und trotz der langjährigen freundschaftlichen Beziehungen, die Deutschland und Indonesien verbinden, findet der Inselstaat im deutschsprachigen Raum nur begrenzt Beachtung. Und obwohl es eine Fülle von einschlägigen Publikationen zu Indonesien gibt, ist Indonesien doch in erster Linie für beliebte touristische Destinationen wie Bali bekannt. Auch deshalb möchte der vorliegende Band einen Beitrag dazu leisten, deutschsprachigen Leserinnen und Lesern die weit darüber hinausgehende Vielschichtigkeit und den Facettenreichtum Indonesiens näher zu bringen.

Vor diesem Hintergrund wurde, wie bereits in „Nelkenduft in Wolkenkratzern – Deutsche Experten über Indonesien", ein sehr individueller Zugang gewählt: In 16 Beiträgen teilen Autoren, die entweder seit vielen Jahren in Indonesien leben oder sich bereits über einen langen Zeitraum mit dem Land auseinandersetzen, ihre persönlichen Erfahrungen. Unter ihnen sind Juristen, Ethnologen, Linguisten, Literaturwissenschaftler, Soziologen, Missionare, Diplomaten und Journalisten, denen folgende Fragen zur fakultativen Beantwortung an die Hand gegeben wurden:

- Wie entstand der Kontakt zu Indonesien?
- In welchem Bereich hatten Sie mit Indonesiern zu tun und welche Erfahrungen haben Sie gemacht?
- Welche Zukunftsprognose würden Sie für Ihren Bereich geben?
- Welche Prognose im Hinblick auf die Entwicklung und Zukunft Indonesiens allgemein möchten Sie stellen?

Nicht alle Autoren haben diese Fragen in gleichem Maße beantwortet, sondern sie haben ebenso ihre eigenen beruflichen wie privaten Schwerpunkte gesetzt. Aber genau dies zeichnet die Vielfalt des Bandes aus und die unterschiedlichen Herangehensweisen und Perspektiven der Autoren können sinnbildlich für die große Vielfältigkeit Indonesiens stehen.

Der gewählte Titel des Bandes, „Wege nach – und mit – Indonesien", mag anfangs verwundern, spiegelt jedoch wider, wie jeder einzelne der beitragenden Autoren den eigenen, individuellen Weg nach Indonesien, aber auch in Indonesien und mit der Bevölkerung Indonesiens gefunden hat. Gleichzeitig stellt das Buch den Versuch dar, den Leserinnen und Lesern einen eigenen Weg nach Indonesien und zu seiner Bevölkerung zu ebnen. Vielleicht kann „Wege nach – und mit – Indonesien" eine Brücke zwischen den Kulturen bauen und schließlich einen Beitrag zum weiteren Verständnis zwischen den beiden Ländern leisten.

Ich danke allen Autorinnen und Autoren für ihre hervorragenden Beiträge. Dem Mitherausgeber Berthold Damshäuser und dem regiospectra Verlag danke ich für die gute Zusammenarbeit.

Michael Rottmann
Jakarta, im März 2015

Zwanzig spannende Jahre

Franz Magnis-Suseno SJ

Das Jahr 2014, in dem ich diese Erinnerungen schreibe, ist sicherlich für uns Indonesier ein Superjahr, dem zwanzig nicht minder superspannende Jahre vorausgingen. Zehn Jahre Regierung Susilo Bambang Yudhoyono gehen zu Ende, in denen sich die indonesische Demokratie zwar politisch und wirtschaftlich stabilisiert hat, aber auch ernste Problemzonen deutlich zum Vorschein kamen, etwa wachsende religiöse Intoleranz und zunehmende Korruption der politischen Klasse, die, wenn sie nicht entschlossen angegangen werden, das Land in eine Krise stürzen könnten.

Eben hat das indonesische Volk nach dem schmutzigsten Wahlkampf in Indonesiens Geschichte den früheren Möbelhändler, den Javaner Joko Widodo, nur Jokowi genannt, mit einer knappen Mehrheit (53,15 Prozent aller Stimmen) zum neuen Präsidenten gewählt. Vielen hier ist ein Stein vom Herzen gefallen. Die Möglichkeit, dass Jokowis Gegenkandidat, der ehemalige Schwiegersohn Suhartos und langjährige Chef der für zahlreiche Menschenrechtsverletzungen vor allem in Osttimor verantwortlichen Kopassus-Elitetruppen, der nach dem Sturz Suhartos wegen Entführung und Folterung von Aktivisten aus dem Militär entlassene Prabowo Subiyanto, Präsident werden könnte, lag vielen schwer im Magen.

Jokowi ist ein Mann aus dem Volke, von vielen enthusiastischen Anhängern, die ihn mit Obama vergleichen, als der Mann gefeiert, von dem sie hoffen, dass er die zahlreichen anstehenden Problem so in Angriff nehmen wird, dass gerade „das Volk", also die bisher vernachlässigten unteren Einkommenschichten, erste Priorität erhalten und dass religiöse Diskriminierung und Verfolgung nicht mehr durchgelassen werden. Wie realistisch diese Hoffnungen sind, wird sich innerhalb des nächsten Jahres zeigen. Einerseits könnte es Jokowi gelingen, die Menschen in dem so vielfältigen Indonesien zu einen. Andrerseits ist seine politische Machtbasis bedenklich schmal und es könnte auch sein, dass er sich schlussendlich auch wieder nur so durchwursteln kann wie sein Vorgänger. Jedenfalls ist dieses Jahr 2014 ein für Indonesien entscheidendes Jahr.

Für mich selbst ist es immer noch ein Rätsel, warum ich, ein als Deutscher geborener katholischer Priester, immer wieder in Seminaren, Treffen und Fernsehtalkshows über die Wahlen und die Staatsphilosophie Pancasila, aber auch über indonesischen Nationalismus und religiösen Pluralismus sprechen muss und jetzt auch wiederholt von Menschenrechtsgruppen und islamischen Foren eingeladen wurde, gemeinsam vor den nationalen Medien demokratische Integrität im Zusammenhang mit den Wahlen einzufordern.

Die Driyarkara-Hochschule

Eigentlich bin ich – mit meinen jetzt 78 Lebensjahren – immer noch hauptamtlicher, vertraglich verpflichteter Philosophieprofessor der Philosophischen Hochschule Driyarkara (Sekolah Tinggi Filsafat Driyarkara) in Jakarta, die ich seit 1969 in Jakarta mitaufgebaut habe. Ich habe dieses Jahr auch noch ein paar Vorlesungen in der Universität des Verteidigungsministeriums (Universitas Pertahanan) gehalten (über Kant, Hegel und Marx!). Mein Hauptjob war immer Philosophie. Vorlesungen hielt ich vor allem über Ethik und politische Philosophie, darunter auch über Marx und Marxismus.

Zu meiner Freude wurde mir vor 14 Jahren noch einmal ein ganz anderes Gebiet angeboten, nämlich philosophische Gotteslehre. Endlich einmal etwas anderes. Meinem Vorgänger, Prof. Louis Leahy, ein Jesuit wie ich, der aus Kanada stammte und bis 1975 in Vietnam gelehrt hatte und, ausgewiesen, schließlich zu uns gestoßen war, gingen langsam die Kräfte aus. Meine bisherigen Fächer war ich inzwischen an hervorragende jüngere Kollegen losgeworden. Für mich war das eine Herausforderung. Zwar beginnt auch in Indonesien schon hier und dort, meist versteckt, gerade auch bei manchen Katholiken, dieses Verdunsten des traditionellen Gottesglaubens in einer säkularisierten Umwelt, wie sie in großen Teilen Europas offenkundig ist. Aber die meisten meiner Studenten, mehr als die Hälfte zukünftige katholische Priester, kommen größtenteils noch aus einem Umfeld Kultur, in dem Glaube an Gott total selbstverständlich ist. Ihnen erkläre ich, dass ein Fideismus – die Einstellung, dass Glaube geglaubt wird und kritisches Denken da nichts verloren hat und auch nichts beisteuern kann – auf die Dauer nicht genügen kann. Angeblich glauben nur drei Prozent aller (Nicht-Friedens-)No-belpreisträger noch an Gott. Als denkender Mensch müsse man es vor sich selbst verantworten, dass man an Gott glaubt. Verantworten heiße nicht, Gott beweisen zu wollen. Das könne man nicht. Aber es heißt, dass es auch gute Gründe gibt, an Gott zu glauben. Man muss als Intellektueller nicht den Kopf einziehen, wenn man an Gott glaubt. Gerade meine muslimischen Stundenten – an unserer Hochschule sind 12 Prozent der Studenten praktizierende Muslime – erfahren es oft als eine Befreiung, wenn sie merken, dass man als glaubender Mensch auch denken darf (und sollte). Als gläubigem Philosophen in der Endrunde seines Lebens macht es mir große Freude, von Gott zu sprechen.

In meinen Vorlesungen ging ich vom westlichen Skeptizismus und Atheismus aus, von Comte, Feuerbach, Marx, Freud, Nietzsche und Sartre, versuchte zu zeigen, was mich selbst auch immer erfüllt, dass man sich frei machen muss von der Vorstellung von Gott als einer Art Übervater oder „unbewegten Beweger" (Aristoteles), dass Gott, wenn es ihn denn wirklich gibt, eher, wie es Karl Rahner immer wieder sagte, als Geheimnis zu verstehen ist, als strahlender Hintergrund – vergleichbar der kosmischen Hintergrundstrahlung im Weltall –, den wir, wenn wir uns öffnen, erfahren als Kraft, die unser Leben letztlich trägt, ihm einen positiven Sinn gibt, als eine uns ermächtigende, sich persönlich um jeden von uns sorgende Liebe, die uns kontrafaktisch ganz und gar trägt und dem wir im Tode, wenn eigentlich alles aus sein sollte, als der ganz großen Freude begegnen werden. Das ist nicht etwas, was man beweisen kann. Man kann nur versuchen, es aufzuzeigen in der Hoffnung, dass der Ansprechpartner auch etwas sieht. In meinen letzten Vorlesungen spreche ich über die Tatsache, die für viele Menschen ein unüberwindliches Hinderniss für einen Glauben an Gott ist, nämlich, dass es soviel Leid auf der Welt gibt. Da gibt es keine letzte Antwort. Was es gibt, sind viele glaubende Menschen, die auch keine Antwort finden, die sich trotzdem Gott überlassen und dabei erfahren, dass sie diesem Gott trauen dürfen, dass sie glauben dürfen, dass einmal „alle Tränen von unseren Wangen abgewischt werden", dass wir wirklich einmal verstehen werden. Als Christ, das gehört nicht mehr in meine philosophischen Vorlesungen, hilft mir da der Glaube, dass es da einen Menschen Jesus gibt, in dem Gott selbst mit uns mitgeht und mit uns Angst, Verzweiflung und schwerstes, auch physisches Leiden erfahren hat. Einen Gott der uns leiden ließe – selbst wenn dann schließlich das große Glück käme (aber käme es dann?) – ohne selbst Angst, Leid und grauenhafte Schmerzen erfahren zu haben, das wäre ein *bogus*-Gott.

Das Jahr 2013 war das erste, in dem ich keine Pflichtfachganzsemester-Vorlesungen mehr gehalten habe – aber im ersten Semester 2014 musste ich dann doch wieder im Magisterstudienprogramm eine Pflichtvorlesung über Ethikgeschichte anbieten. Ein beachtlicher Teil meiner Zeit geht immer noch in administrativen Arbeiten auf. Elf Jahre lang, von 1987 bis 1998, war ich Rektor *(Ketua)* der Hochschule. Die dramatischste Sache, an die ich mich aus dieser Zeit erinnere, passierte an einem Abend im Mai 1998, also kurz vor dem Ende meines Rektorates. Jakarta wurde durch schwere Unruhen erschüttert, die eine Woche später zum Sturze des Präsidenten Suharto führten. Zu mir aufs Büro kamen ein paar Studenten. Sie erzählten, dass fünf Studenten, Mitglieder der PRD, der von Suharto verbotenen Demokratischen Volkspartei, die Unruhen benützen wollten, um aus dem Gefängnis auszubrechen, und ob ich sie für eine Nacht auf der Hochschule verstecken würde. Dazu muss man wissen, dass ich diese Studenten einige Jahre vorher vor Gericht als Experte verteidigt hatte (ich sollte beweisen, dass ihr Parteiprogramm nicht kommunistisch war). Sie waren wegen Präsidentenbeleidigung und Kommunismus zu hohen Gefängnisstrafen verurteilt wurden. Meine Kollegen waren nicht mehr da, ich konnte sie nicht mehr um Rat fragen. Nach kurzer Überlegung lehnte ich ab, worauf die Studenten den Plan, auszubrechen aufgaben. Zwei Gründe gab ich an. Erstens, ich sei nicht bereit, das Risiko zu nehmen, dass die Hochschule verboten wird. Zweitens würden sie, falls entdeckt, vermutlich sofort erschossen werden (in diesen Tagen starben allein in Jakarta 1.300 Menschen). Ganz sicher war ich mir nicht, ob ich die richtige Entscheidung getroffen hatte. Tatsächlich ließ nur wenige Wochen später Suhartos Nachfolger Habibie alle politischen Gefangenen frei. Mit einigen dieser ehemaligen Studenten bin ich heute noch befreundet.

Im Jahr 1994 bat die Hochschulstiftung unter dem (von mir sehr geliebten) Erzbischof Leo Soekoto SJ die Jesuiten, die ja auf der einen Hälfte des Campus seit 1973 eine große Kommunität hatten, den gesamten Campus der Hochschule zu überlassen, da diese aus den Nähten platzte. Dafür würde die Hochschule den Jesuiten an anderer Stelle das Erstellen eines gleichwertigen Gebäudes finanzieren. Der Haken war nur, dass die Hochschule kein Geld hatte. Das zu suchen war dann meine Aufgabe. Zusammen mit meinem Jesuitenmitbruder und Vizerektor

Pater Hendra Sutedja brachten wir eine hochkarätige Kommission von (meist ethnisch chinesischen) Katholiken zusammen. Die Mittel für den Kauf eines Grundstückes in nur anderthalb Kilometer Entfernung, den Bau eines großen zweistöckigen Hauses darauf für die Jesuiten (also auch für mich) sowie Umbauten auf dem Hochschulkampus brachten wir schließlich in Jakarta zusammen. 1999 zogen wir Jesuiten ins neue Haus ein und die Hochschule hatte jetzt den ganzen Campus von etwa 5.700 m² mit zwei zusätzlichen Gebäuden zur Verfügung.

1996 eröffneten wir den Magisterstudiengang, ich wurde für viele Jahre der Direktor. Und seit 2006 kann man bei uns auch den (staatlich voll anerkannten) Doktor in Philosophie machen. Für alle unsere Programme erhielten wir stets vom Kultusministerium die Akkreditationsnote A. Im Jahre 2006 wurde mein 70. Geburtstag groß gefeiert und ich hoffte, dass sich jetzt die Hochschule doch vom alten Herrn abnabeln würde. Aber 2008 wurde ich zum Leiter des Vorstandes der Hochschulstiftung ernannt (und 2012 bis 2017 verlängert, da bin ich 81 Jahre alt, wenn ich's erlebe). Als Einführungsgeschenk erfuhr ich, dass die Hochschulstiftung im Jahr zuvor beschlossen hatte, erstens ein direkt anliegendes, in der Tat sehr günstiges Grundstück von 1.000 m² zu kaufen (Quadratmeterpreis: US$ 450,-), zweitens darauf ein vierstöckiges Gebäude für das Magister- und Doktorprogramm mit Vorlesungsräumen und Professorenbüros zu errichten und drittens am anderen Campusende eine vierstöckige Bibliothek zu bauen. Was noch fehlte, war die Ausführung: Architekten finden, Bauunternehmer über Tender bestimmen und natürlich das Geld. Zwei Jahre später beschlossen wir, die Stiftung, für 12 unserer Angestellten den Kauf von erschwinglichen Wohnungen zu ermöglichen, wobei wir acht kleine Häuser auf einem schon vorhandenen Grundstück am Rande Jakartas bauen würden. Also wieder *fundraising*! 2013 wurden beide Programme abgeschlossen, mit substantieller Hilfe aus Deutschland und Holland, aber der größere Teil der Finanzen wurde wieder in Jakarta aufgebracht. Jetzt ist die Stiftung dabei, unsere Angestellten – endlich! – in eine Krankenversicherung einzubringen.

Bücher und Feuerchen

In den letzten 20 Jahren sind von mir weitere 18 (vorher waren es ebenfalls 18) Bücher verlegt worden, nur eines davon auf Englisch, eine

Übersetzung meiner „Javanischen Weisheit und Ethik", alle anderen auf Indonesisch. Eine ganze Reihe davon sind Sammlungen von Aufsätzen. Aber darunter ist auch ein Buch über Demokratie (wo ich vor allem den indonesischen Demokratiediskurs darstelle) sowie „Gott Denken", meine philosophische Gotteslehre. Eher stolz bin ich auf vier Bücher: „13 Ethiker von Platon bis Nietzsche" (die anderen sind Aristoteles, Epikur, die Stoiker, Augustinus, Thomas von Aquin, Butler, Spinoza, Hume, Kant, Schopenhauer, John Stuart Mill) und „12 Ethiker des 20. Jahrhunderts" (Moore, Scheler, Ayer, Sartre, Skinner, Fletcher, Levinas, Kohlberg, MacIntyre, Jonas, Habermas, Rorty) sowie zwei weitere Bände, in denen ich Schlüsseltexte dieser 25 Philosophen, jeweils ungefähr 20 Seiten, ins Indonesische übersetzt habe (nur Kohlberg habe ich mit einem Text von Iris Murdoch ersetzt). Bekannter bin ich allerdings in Indonesien durch meine Marxtrilogie geworden: „Marx und Marxismus" (das kam kurz nach dem Sturz Suhartos heraus und im Nu waren 25.000 Exemplare verkauft), sodann „Unter dem Schatten Lenins" (wo ich außer Lenins Lehren auch Trotzki, Lukàcs, Korsch, Gramsci und den hochinteressanten indonesischen Marxisten und Revolutionär Tan Malaka darstelle) sowie, erst letztes Jahr, „Von Mao bis Marcuse", wo ich verschiedene nach-lenistische Marxisten, u. a. Horkheimer, Adorno, Marcuse und Bloch, aber auch die 68er-Revolutionäre vorstelle. Jetzt reichts mir mit Marxismus. Ein deutschsprachiges Buch, eine Aufsatzsammlung („Christlicher Glaube, Mission, Muslime: Erfahrungen und Reflexionen aus Indonesien") ist derzeit bei einem Verlag und sollte bis zur Frankfurter Buchmesse 2015, wo Indonesien der Ehrengast ist, auf dem Markt sein.

Eine schöne Geschichte möchte ich hier erzählen. Im April 2001 riefen mich verschiedene Bekannte an, mein Buch sei verbrannt worden. In der Tat hatte eine „antikommunistische Allianz" vor laufenden Fernsehkameras „linke" Bücher verbrannt, darunter prominent mein Marxbuch (wo in der Tat der alte Herr sehr prominent in die Gegend schaut). Außerdem bedrohte die Allianz Buchläden, die weiter linke Literatur verkaufen würden. Innerhalb eines halben Tages verschwanden alle Bücher, die als links gelten konnten, für ein Jahr aus den meisten indonesischen Buchläden. Dass die Allianz offensichtlich nicht zwischen linken Büchern und Büchern über Linkes unterscheiden konnte, machte die Sache nicht besser. Es stellte sich heraus, dass es sich bei den Bücherverbrennern um eine durchaus unerquickliche

Koalition von Islamisten und der alten Suhartopartai Golkar handelte. Der Hintergrund dafür, dass 36 Jahre nach der Massakrierung und totalen politischen und gesellschaftlichen Vernichtung der indonesischen Kommunisten auf einmal wieder eine kommunistische Gefahr heraufbeschworen wurde, war wohl, dass Golkar sich immer noch durch Studentendemonstrationen bedroht fühlte und dagegen wieder eine Kommunistengefahr an die Wand schrieb. Aber die Allianz bekam Widerstand. Führende Muslime kritisierten, dass sie mein Buch verbrannt hatten. Studenten meiner Hochschule organisierten eine kleine Demonstration von Intellektuellen und Studenten, die dadurch Muskeln bekam, dass auch zwei Busladungen von Studenten der Islamischen Universität Jakartas zu uns stießen, wo wir beim Polizeichef von Jakarta eine Petition für Gedankenfreiheit überreichten. Ende Mai kamen schließlich die beiden Führer der Allianz bei mir vorbei und entschuldigten sich sozusagen. Der Chef der Allianz war ein alter 66er-Student (gehörte also zu den Studenten, die 1966 für den Sturz Sukarnos demonstriert hatten), der andere war der Chef der Jugendabteilung der indonesischen Hizbullah („Hizbullah Indonesia"), einer in Indonesien relativ unbedeutenden radikalislamischen Organisation. Sie meinten, sie hätten ja das Buch auch gekauft, nicht requiriert; ich schenkte ihnen am Ende gezeichnete Exemplare meines Marxbuches mit der Bemerkung, mit Buchseiten könne man Reis einwickeln, Feuerchen machen, sie aber auch lesen – was zu tun sie feierlich versprachen.

Dabei erhielt ich auch eine Einladung als Redner zu einem Seminar über die kommunistische Gefahr, die ich annahm. Es war eine kleine Gruppe, darunter wieder grau gewordene antikommunistische und Anti-Sukarno-Demonstranten von 1966. Meine Aussage, eine kommunistische Gefahr gäbe es in Indonesien nicht mehr, wurde von einem Mann, der sich als Führer der mir bis dahin unbekannten indonesischen Hamas vorstellte, mit der Bemerkung quittiert, wenn ich die kommunistische Gefahr herunterspiele, würde ich den Kommunismus fördern, und da könnten sie für meine Sicherheit nicht garantieren. Auch der Chef einer Jakartajugendgruppe – die sich später als Golkar zugehörig herausstellte – bedrohte mich verbal. Mir riss die Geduld und ich sagte vom Podium, ich sei schon über 60 Jahre alt und unverheiratet und wenn sie mich umbringen wollten, könnten sie es jetzt gleich tun, oder besser, wenn ich auf dem Heimweg sei. Das war vom Publikum – das durchweg feindselig war – nicht erwartet worden und die Reaktion war betreten. Es endete dann wie so oft in Indonesien: Am Ende umarmten wir uns, und der Hamasführer begleitete mich noch bis zu meiner Vespa und versprach, mich bald mal einzuladen (was allerdings nicht geschah).

Etwas Ähnliches, ohne Bedrohung, passierte mir ein paar Jahre später. Papst Benedikt hatte in Regensburg auch über den Islam nicht sehr glücklich gesprochen und ich wurde zu einem Seminar darüber in die Al-Azhar-Moschee in Jakarta eingeladen. Der Raum war überfüllt, etwa 300 Menschen, rechts, durch eine Leinwand getrennt, die Frauen, links die Männer. Ich wurde freundlichst empfangen. Mein Partner waren ein Mann der fundamentalistischen Organisation Hizbuth Tahrir und ein Vertreter des extrem antichristlichen islamischen Missionsrates (Dewan Dakwah Islamiah Indonesia). An sich hatte ich selbst Einiges an dem auszusetzen, was Benedikt gesagt hatte, aber hier beschloss ich, hart seine Rede ohne Einschränkungen zu verteidigen. Wieder ein zum Teil feindliches Publikum. Einmal stand ein junger Mann auf und sagte etwas, was ich nicht verstand, was einige Aufregung bewirkte, er wurde aus dem Raum geführt. Ich fragte meinen DDII-Kollegen, was der denn gesagt habe, worauf er mir sagte, es sei ein Student der Islamischen Universität gewesen und er habe gesagt, der Romo (Pater) Magnis sei hier unter die Räuber gefallen. Es endete aber alles sehr höflich.

Abdurrahman Wahid

Ein beachtlicher Teil meiner Zeit geht bis heute in alle Arten von öffentlichen Auftritten: Auf öffentlichen Tagungen, Seminaren, Talkshows usw., zu denen ich eingeladen werde. Im Durchschnitt habe ich im Jahr etwa 90 solcher extrakurrikulären Auftritte. Vielleicht weil ich Jahrzehnte lang Vorlesungen über politische Philosophie gehalten und auch ein 400-seitiges Buch „Politische Ethik" geschrieben habe, geht es in einem beachtlichen Teil dieser Veranstaltungen um Fragen, die mit Politik zusammenhängen. Einer der mich weit in die indonesische Politik hineingebracht hat, war Abdurrahman Wahid, meist einfach „Gus Dur" genannt („Dur" von Abdurrahman, „Gus" ist eigentlich ein javanischer Adelstitel, eine ehrende, aber leicht familiäre Anrede).

Ich lernte Gus Dur Ende der 1970er Jahre kennen. Er wurde zu einer der wichtigsten Persönlichkeiten in meinem Leben. Damals schrieb er noch Artikel für die katholische (die größte indonesische) Tageszeitung „Kompas" (über Beziehungen zwischen den Religionen, über Fußballweltmeisterschaften und anderes). 1982 verlangte Suharto, dass alle Organisationen die Pancasila als ihre Grundlage in ihre Satzungen aufzunehmen hätten. Unsere Bischofskonferenz zögerte, basierte sie ja schließlich auf der Einsetzung der Apostel durch Jesus. Anlässlich einer Tagung in Semarang kam ich zufällig mit Gus Dur aufs selbe Zimmer. Da erklärte er mir zwei Stunden lang, warum die Bischofskonferenz Suharto keinen Widerstand leisten solle, seine NU (Nahdlatul Ulama, mit heute 40 Millionen Mitgliedern die größte islamische Organisation der Welt) würde das auch tun. Vier Monate später wurde der junge Gus Dur zu meiner Überraschung zum Chef *(Ketua Tanfidiyah)* der NU gewählt. Das war nicht ganz so unwahrscheinlich, wie es klingt. Gus Dur war der Enkel von Kyai Hashim Asjari, dem Gründer der NU, also von höchstem islamischen Adel. Er selbst behauptete immer, von Syech Siti Jenar abzustammen, dem javanischen al Halladsch (wie der Mystiker al Halladsch im Jahre 922 in Bagdad als Ketzer verbrannt worden war, so wurde Syeh Siti Jenar Anfang des 17. Jahrhunderts zum Tode verurteilt, weil er für sich als Mystiker das Recht in Anspruch nahm, sich über die Speise- und Gebetsvorschriften der Scharia hinwegzusetzen). Gus Durs Wahl wurde zunächst von Suharto begrüßt, da er seine *santri* (die Schüler der *pesantren*, der Koranschulen, die von meist zur NU gehörenden *kiai* geführt wurden) aus der islamischen Partei PPP herausnahm, wodurch der Staatspartei Golkar viele neue Wähler zuflossen. Zum Konflikt mit Suharto kam es wegen ICMI.

Mit seiner Erlaubnis 1991, ICMI zu gründen, krönte Suharto seinen Schwenk zum Islam, den er Ende der 1980er Jahre begonnen hatte, um seine politische Basis zu verbreitern. ICMI ist die Abkürzung von, auf Deutsch, „Verband muslimischer Intellektueller aus ganz Indonesien". In Wirklichkeit war ICMI eine quasi politische Organisation. Als Chef von ICMI ließ Suharto Habibie wählen, seinem Vertrauten und Technologiezar. Einerseits traten ihr sofort Minister, Provinzgouverneure, Universitätsrektoren, Professoren und Politiker bei. Andererseits hatten bei ICMI islamisch orientierte Persönlichkeiten endlich die Möglichkeit, in Rendite abwerfende politische Positionen zu gelangen, also etwas vom großen Kuchen der Suhartokorruption abzubekommen. Die Regierungspartei Golkar wurde über ICMI „gegrünt" (Grün ist die Farbe des Propheten), und selbst im Militär (das traditionell dem politischen Islam sehr kühl gegenüberstand), wo 1993 die nationalistische Fraktion gegen Suhartos Wunsch ihren Kandidaten (Try Sutrisno) als Vizepräsident durchgesetzt hatte, begann nun eine „grüne" Faktion sich immer mehr durchzusetzen.

Aber Gus Dur verweigerte sich ICMI, was bedeutete, dass ein beachtlicher Teil der NU in Opposition verblieb. Im Gegenzug gründete Gus Dur im Jahr darauf mit einigen Freunden, zu denen auch ich gehörte, ein „Demokratieforum" *(Forum Demokrasi)*, dem Suharto-kritische Intellektuelle aller indonesischer Religionen angehörten. Große Aufregung, erinnerte das Forum doch an die *Liga Demokrasi*, die 1960 von muslimischen und anderen Demokraten gegen Sukarnos „Gelenkte Demokratie" gegründet und sofort verboten worden war. Gus Dur erklärte, wir hätten keine politischen Ziele, und das stimmte ja auch. Alles, was wir taten, war, dass wir uns alle zwei Wochen trafen, gossipten (Gus Dur tat das mit Genuss) und chinesische Nudeln aßen. Aber in Indonesien haben Symbole Bedeutung, und dass gegen Suharto ein Demokratieforum gegründet wurde und sich behauptete, war für Suharto ein durchgehender Stachel. Die 1990er Jahre wurden spannungsreich, größere Konflikte kündigten sich an, man spürte, dass Suhartos Zeit irgendwann dem Ende zuging.

Hier möchte ich von einem Erlebnis berichten, das mich einigermaßen beeindruckte. Wohl 1996 erhielt ich von Herrn Budiarjo, ehemaligem Informationsminister Suhartos und großem Fan des javanischen Schattenspiels *wayang* (wir hatten uns bei *wayang*-Vorführungen kennengelernt), eine Einladung zu einer *wayang*-Nacht in seinem Hause, das direkt am Fuße des Borobudurtempels in Zentraljava lag. Freunde besorgten mir ein Flugticket, und so landete ich gegen 19.00 Uhr, es war schon dunkel, auf dem Flugplatz von Yogyakarta, nahm ein Taxi und fuhr die etwa 60 km hinaus zum Borobudur. Herrn Budiarjos Haus war ein einfaches großes Haus. Vor der Veranda war ein großes Zelt für die Gäste gespannt. Dort traf ich auf viele Bekannte, die alle irgendwie zur Anti-Suharto-Opposition gehörten (darunter auch Subadio Sastrosatomo, mit dem ich, ich weiß nicht warum, besonders befreundet war, dem früheren Chef der Sozialistischen Partei; im August 1945 hatte Subadio mit anderen jugendlichen Draufgängern – darunter dem späteren Kommunistenführer Aidit – Sukarno und Hatta, die späteren Präsidenten und Vizepräsidenten Indonesiens, entführt, um sie zur sofortigen Verkündigung der indonsischen Unabhängigkeit zu zwingen, wozu diese sich aber nicht bereit erklärten; später war Subadio unter Sukarno und unter Suharto viele Jahr in Haft gewesen und nun ein unerbittlicher Kritiker von Suharto geworden). Es sollten zwei Stücke gespielt werden. Erst ein *ruwatan (lakon Murwakala)*, ein Exorzismus, der die Welt im Allgemeinen und Indonesien im Besonderen von der Herrschaft des Bösen befreien sollte, und unmittelbar anschließend das Stück „Der gelbe Semar" *(Semar kuning)*, ein sehr herrschaftskritisches Stück. *Dalang* (Schattenspieler) war der berühmte Ki Timbul aus Yogyakarta. Das erste Stück erreichte seinen Höhepunkt gegen Mitternacht, wo der *dalang* einen 40-minütigen *mantra* spricht, bei dem die Leinwand hochgerollt wird und niemand schlafen darf. Ich selbst aber war vorher ins Haus gebeten worden, ins Zimmer von Herrn Budiarjo, der krank auf einem Bett lag. Mit mir war Aristides Katoppo, Journalist, früherer Chef der von Suharto verbotenen protestantischen Zeitung *Sinar Harapan*. Herr Budiarjo sprach mit uns über javanische Philosophie, aber auch, wo in der Nähe des Borobudurtempels, unter welchem Baum usw. er begraben werden wollte. Am Ende stieß auch noch ein *kiai* aus Ponorogo zu uns, der (islamische) Gebete sprach. Herr Budiarjo starb wenige Wochen später, das war also sein Abschied von uns. Im Gang, um 1 Uhr nachts, traf ich dann Hamengkubuwono X., den Sultan von Yogyakarta, der also auch gekommen war, bevor ich dann *Semar Kuning* folgte. Um 7 Uhr morgens flog ich wieder nach Jakarta zurück. Später fragte ich Katoppo, weshalb wohl Budiarjo gerade uns beide zu sich gebeten hatte. Katoppo meinte, in dieser Nacht der Beschwörung des Guten sei er, Aristides, wohl als Vertreter der nichtjavanischen Indonesier eingeladen gewesen und ich als Vertreter der übrigen Menschheit. Bitte! Aber die Sache hatte noch einen Trick. Erst einige Monate später erfuhr ich von jemandem, der es wissen sollte, wer die ganze Veranstaltung (auch mein Ticket) bezahlt hatte: Es sei (Präsident) Suharto selber gewesen! Da hat also Suharto einen metaphysischen Salto mortale geschlagen, durch den er uns Oppositionelle – er hielt uns aber offenbar für integer – in einen Reinigungsritus einbinden wollte, der dann auch auf ihn Segen abgestrahlt hätte. Manchmal fragen mich (immer nur) Ausländer, wie ich als katholischer Priester und westlich aufgeklärter Mensch solche Erfahrungen aufnehme. Meine Anwort ist, dass ich da nicht einfach als sympathisierender Beobachter dabei bin, sondern auch als Partizipant. Auch wenn zum Beispiel islamische *kiai* mich bebeten. In Anwendung des alten Spruchs „There is more than meets the eye" habe ich mich von dem Drang, alles in meine wissenschaftlichen, philosophischen und orthodox-katholischen Koordinaten einspannen zu wollen, befreit. Ich halte einfach Verstand, Sinne und Herz offen. Ich spüre, dass ich dadurch mit Dimensionen der Wirklichkeit in Berührung komme, die sonst verschlossen bleiben. Ich verzichte dann darauf, immer gleich zu reflektieren. Natürlich gibt es auch Grenzen. Als mich anfangs der 1980er Jahre eine Gruppe von Freunden einlud, an monatlichen *Semar*-Meditationen (Semar ist eine machtvolle, enigmatische Figur aus dem *wayang*) bei Solo teilzunehmen, habe ich abgelehnt. Zu Recht, wie sich später herausstellte, denn der Meditationsort war auch der von Suharto, dort ist jetzt das Familiengrab der Suhartos, und meine Teilnahme hätte in javanischen Augen meine metaphysische Vereinnahmung durch Suharto bedeutet.

Zurück zu Gus Dur: Im Januar 1998 hatte Gus Dur einen schweren Schlaganfall, von dem er sich zwar langsam erholte, der aber schließlich zu seiner Erblindung führte (über die ich ihn nicht ein einziges Mal klagen gehört habe). In das Geschehen der entscheidenden Monate April bis Juni, in denen es zum großen Systemwechsel kam, war Gus Dur kaum einbezogen, und dass er im April die Studenten aufforderte, ihre Demonstrationen zu beenden und mit Suharto zu verhandeln, basierte auf einer, in meinen Augen, schweren Fehlinterpretation der Situation, die wohl mit seiner Erkrankung zu tun hatte. Ich war inzwischen zu Amien Rais gedriftet. Amien Rais war Führer der *Muhammadiyah* (der zweiten großen, puritanischeren islamischen zivilgesellschaftlichen Organisation Indonesiens), er galt als eher radikal, als Christen- und Chinesenfresser, und man hatte ihn auf Befehl Suhartos in der ICMI kalt gestellt. Im September 1997, Suhartos fünfte Amtszeit als Präsident ging dem Ende zu, ließ sich Amien Rais verleiten, sich öffentlich als alternativen Präsidentschaftskandidat anzubieten. Ich schrieb daraufhin einen Artikel im *Kompas*, in dem ich Amien Rais' Schritt belobigte. Das öffnete mir die Türen bei Muhammadiyah. Amien Rais entwickelte sich immer mehr zum Ansprechpartner der demonstrierenden Studenten und wurde im Mai zum prominentesten Politiker, der den Rücktritt Suhartos forderte. Im Mai 1998 lud Amien Rais mich ein, zusammen mit zahlreichen Persönlichkeiten, an einer Gruppe, MAR genannt (*Masyarakat Amanat Rakyat*, „Gesellschaft des Mandates des Volkes"), teilzunehmen, die darüber nachdenken wollte, was nach Suharto geschehen sollte. Aus MAR erwuchs später die

Partai PAN (*Partai Amanat Nasional*, „Partei des nationalen Mandates", die, dem Umfeld der Muhammadiyah nahestehend, für Indonesier aller Religionen offen sein wollte). Ich wohnte zwar der Parteigründung bei, weigerte mich aber, mit aufs Podium zu steigen. Als ich Gus Dur erzählte, dass ich bei Amien Rais' MAR dabei wäre, meinte er zwar *no problem*, aber ich würde ja sehen, wie es bei Amien Rais laufe. Gus Dur konnte, wie die meisten NU-Leute, Muhammdiyah und ganz persönlich Amien Rais nicht ausstehen (und es fuchste ihn fürchterlich, dass er es 1999 Amien Rais verdankte, dass er zum vierten Präsidenten der Republik gewählt wurde).

Dass Gus Dur die angetragene Präsidentschaft annahm, war meiner Meinung nach ein Fehler. Wie immer man es dreht, ein Blinder kann ein Land nicht führen. Gus Dur geriet dann auch bald in immer größere Konflikte, auch durch seine Wurstigkeit (sein in Indonesien geliebter Spruch lautete: „Sogar über so eine Kleinigkeit regt man sich auf!" – *gitu aje repot*). Einmal besuchten wir ehemaligen Demokratieforumler Gus Dur im Präsidentenpalast. Auf meine Frage an einen von Gus Durs Leuten, was denn die mit Plastikschnüren zugebundenen Pappkartons im Gang vor dem Amtszimmer des Präsidenten bedeuteten, erhielt ich zur Antwort, am nächsten Tag flöge Gus Dur auf Staatsbesuch nach China! So reisen Javaner im Zug und mit dem Bus. Nach einem Jahr Präsidentschaft hatte sich Gus Dur mit dem Parlament total festgebissen, und es war wieder Amien Rais, der nun auf eine vorzeitige Absetzung hinarbeitete. Das brachte die Beziehungen zwischen NU und Muhammdiyah, die nie gut gewesen waren, nahe an den Siedepunkt. In Ostjava erklärten NU-Jugendliche, sie würden zu hunderttausenden nach Jakarta kommen, um für Gus Dur zu kämpfen. Mitten in dieser Situation meinte Kiai Aqil Siradj, heute selber Chef der NU, scherzenderweise zu mir: „Pater, wie wärs, wenn NU und Christen zusammen Krieg gegen Muhammadiyah führen würden." Ich lehnte gerührt ab. Der Punkt ist natürlich, dass wenn Indonesier scherzen, es meist nicht scherzhaft gemeint ist. Vier Wochen vor Gus Durs Sturz rief seine Tochter Yenny einige persöliche Freunde von Gus Dur zusammen, darunter meinen Jesuitenmitbruder Professor Mudji Sutrisno und den Filmmacher Garin Nugroho, um mit Papa zu reden. Ich sagte Yenny, ich könne nicht lügen, ich würde ihm sagen, dass es besser wäre, wenn er selbst die Initiative ergreife und von der Präsidentschaft zurückträte. Yenny antwortete, zwar würde Papa sicher schimpfen, aber ich solle es trotzdem tun. Als wir dann bei Gus Dur saßen, wurde ich, das ist mir immer wieder passiert (Hanemann geh' du voran, du hast die größten Stiefel an), von den anderen bestimmt, als erster den Mund aufzumachen. Ich sagte also, was ich vor Gott und dem indonesischen Volk für richtig hielt, nämlich dass er es sich überlegen sollte, selbst das Amt niederzulegen. Gus Dur schimpfte nicht, erkärte uns aber dann, warum er das nicht tun könne.

Vier Wochen später setzte der Volkskongress (MPR) Gus Dur ab. Ein letztes Bild prägte sich vielen Indonesiern ein. Umgeben von seinen allertreuesten Anhängern, Frauen und Männern aus NGOs, darunter mein Jesuitenmitbruder Pater Sandyawan, trat er auf die große Veranda vor dem Präsidentenpalast, wo an jedem 17. August die Nationalfahne in einem feierlichen Staatsakt gehisst wird – in kurzen Hosen! Immer wieder habe ich Ausländer getroffen, die ernsthaft skandalisiert waren bzw. es beschämend fanden. Verständlich, aber von Indonesien haben sie nichts verstanden. Ich traf nicht einen Indonesier, der Gus Durs Auftritt in kurzen Hosen in irgend einem Sinn entwürdigend gefunden hätte. Im Gegenteil, das war wieder der echte Gus Dur! Im *wayang* zeigt sich ja das Göttliche nicht etwa in edler vollendeter Form, sondern in groteskem Äußeren, in der aber die Wissenden die Wahrheit, das Göttliche erkennen, so zum Beispiel bei Semar und den *Punakawan*. Gus Dur war endgültig zum *wali*, zum Heiligen, geworden.

Ich traf danach Gus Dur immer wieder, zum Beispiel auf einer Tagung, wo ich zu meiner Überraschung außer mit Gus Dur auch mit Heru Atmodjo auf dem Podium saß, einem der (angeblich) führenden Militärs des Putsches vom 1. Oktober 1965 (Heru war nach Jahrzehnten Haft freigekommen). Etwa 2008 trafen sich vier der Kernleute des ehemaligen Demokratieforums. Wieder wurde ich auserlesen („Von Ihnen nimmt er es an!"; hat er dann aber nicht), Gus Dur zu sagen, es wäre besser, wenn er sich völlig aus der aktiven Politik zurückziehen und sich auf seine unbestrittene Rolle eines *bapak bangsa*, eines Vaters der Nation, beschränken würde. Was ich dann auch tat. Acht Tagen später hatte Gus Dur Geburtstag. In seiner Ansprache gab er die Antwort: „Der Romo („Pater") Magnis hat mir zwar gesagt, ich solle aus der Politik ausscheiden und *bapak bangsa* werden, aber ich muss damit noch einige Jahre warten:" Die hat ihm Gott dann nicht mehr gegeben. 2009 starb er.

Gus Dur ist auch an Grenzen gestoßen. Die schmerzlichste war Ambon. Am 19. Januar 1999 – Gus Dur war noch nicht Präsident –

waren in der Stadt Ambon, der Hauptstadt der Molukken, blutige Zusammenstöße zwischen Christen und Muslimen ausgebrochen. Früh am Morgen des 20. fuhr ich mit meiner Vespa zu Gus Durs Haus im Süden von Jakarta. Es waren noch keine Besucher da. Gus Dur war krank, lag auf einem Teppich auf dem Boden und erzählte mir, er habe bereits seine NU-Leute in Ambon angerufen, sie sollten sich so schnell wie möglich mit den Christen zusammensetzen, um die Zusammenstöße zu beenden. Aber so weit reichte der Arm Gus Durs nicht. Die Zusammenstöße eskalierten zu einem fürchterlichen Bürgerkrieg, der die gesamten Molukken, von Halmahera über die Inseln Buru, Ceram und Ambon bis Tanimbar und zu den Kei-Inseln, überzog und schließlich 2002 mit etwa 7.000 Toten und einer halben Millionen Vertriebenen endete. Ein Jahr später, inzwischen war Gus Dur Präsident, gehorchte das Militär seinem Befehl nicht, ein Übersetzen der javanischen „Jihadkrieger" *(laskar jihad)* von Surabaya nach Ambon zu vereiteln, was dem Krieg eine neue, bösere Wendung gab.

Gus Dur wurde in Jombang, seinem ursprünglichen *pesantren*, begraben. Sein Grab ist jetzt ein Wallfahrtsort, zu dem täglich Tausende pilgern – nicht nur Muslime. Ich selbst finde bei der NU überall offene Türen, weil sie mich als „Freund von Gus Dur" kennen. Gus Dur war ein ganz außergewöhnlicher Mann, von dem ich gelernt habe, was Muslim- und Javanersein bedeutet, einer der größten Indonesier und Menschen, die mein Leben bereichert haben.

Nurcholish Madjid

Eine zweite, ganz andere, ebenso außergewöhnliche Persönlichkeit, die mir geholfen hat, den Islam besser zu verstehen, war Nurcholish Madjid, oft Cak Nur genannt. Es war Nurcholish Madjid, der am 20. Mai 1998 gebeten wurde, Suharto zu sagen, dass es Zeit sei, zurückzutreten. Am 19. Mai hatte Suharto die bedeutendsten muslimischen Persönlichkeiten Indonesiens – Gus Dur war krank und nicht dabei – zu sich gerufen, um doch noch seine Präsidentschaft zu retten. Es waren diese Muslime, die Nurcholish zu Suharto schickten. Er ging, wie er selbst erzählte, mit zitternden Knien. Am 21. Mai trat Suharto zurück.

Ich hatte den jungen Nurcholish 1973 als Gast bei einem Treffen indonesischer katholischer Studentenseelsorger getroffen. Nurcholish war Ende der 1960er Jahre Präsident des hochkarätigen Islamischen

Studentenverbandes HMI gewesen. Er war berühmt geworden durch seinen Satz „Islam yes, Islamic parties no!", womit er sagen wollte, dass die Fokussierung muslimischer Politiker auf politische Parteien überholt sei. Nurcholish verkündete auch, dass im Islam nur Gott sakral sei und alles Weltliche eben weltlich und dass daher der Islam die Säkularisierung begrüßen sollte. Seitdem wurde Nurcholish von muslimischen Hardlinern bekämpft. Das eskalierte erst recht, als er 1992 erklärte, „Islam" bedeute zunächst „Hingabe", und daher seien auch Nichtmuslime, wenn sie sich dem Absoluten hingäben, „Islam" und würden daher von Gott akzeptiert. Nurcholish beeindruckte mich damals so, dass ich ihn bat, an meiner Driyarkarahochschule Islamologie zu lehren. Etwas später ging er nach Chicago, um bei Fazlur Rachman Islamwissenschaften zu studieren. In den 1980er Jahren, nach seiner Rückkehr aus Chicago, gründete er *Paramadina*, eine Erwachsenenbildungsanstalt, zu der ich auch öfters für einzelne Vorlesungen eingeladen wurde. Über Paramadina formte Cak Nur Tausende von offenen, pluralistisch eingestellten muslimischen Intellektuellen. In den 1990er Jahren gründete er die Paramadina-Universität, die auf einem offenen Islam basiert. Was einem dort sofort auffällt, ist, dass viele Studentinnen kein Kopftuch tragen.

In den 1990er Jahren hatte ich eine ernstere Auseinandersetzung mit Cak Nur. Bei einer Veranstaltung in der *Universitas Indonesia* hatte Nurcholish, so wurde mir berichtet, Seltsames über Jesus verkündet: Dass er dem Kreuzestod entronnen sei (okay, im Koran steht in der Tat, dass Jesus nicht am Kreuz starb, allerdings ohne irgendwelche Erklärungen), geheiratet habe, geschieden worden sei, dann wieder geheiratet und schließlich mit Familie in Rom im Verborgenen seinen Lebensabend verbracht habe, immer in der Angst, dass herauskäme, dass er eigentlich einer offiziellen Todesstrafe entronnen sei. Gus Dur, den ich fragte, ob ich etwas tun solle, sagte ja (Gus Dur hatte mit Nurcholish gebrochen, nachdem dieser einige Jahre zuvor für einen der Lästerung des Islams beschuldigten katholischen Journalisten die Todesstrafe gefordert hatte), aber ich solle Nurcholish erst fragen, was er überhaupt gesagt habe. Das tat ich dann per Telefon. Nurcholish berief sich auf zwei Bücher, die ich mir dann beschaffte, Thiering, *Jesus the Man*, sowie Baigent und Leigh, *The Dead Sea Scrolls Deception* (die beiden letzteren ärgerten sich 15 Jahre später fürchterlich darüber, dass Dan Brown mit ihrer These im *Da Vinci Code* das große Geld machte). In meinen

Augen waren beide Bücher großer Mist, und ich protestierte in einem offenen Brief an den Rektor der Universitas Indonesia dagegen, dass auf seinem Gelände in einer öffentlichen Veranstaltung der christliche Glaube verunglimpft werde. Darauf bekam ich einen langen, höflichen Brief von Nurcholish, in dem er sich erklärte, den ich etwas kürzer und ebenso höflich beantwortete. Nurcholish antwortete wieder, worauf ich in meiner Antwort meinen Trumpf ausspielte. Ich schrieb: Wenn Jesus wirklich ein Prophet sei – das ist Lehre des Islam –, wie könne er dann mit seiner Familie friedlich ein bürgerliches Leben führen, während zur gleichen Zeit Leute wie Paulus überall verkündeten, Jesus sei von den Toten auferweckt und der Erlöser? Ein Prophet hätte sich da melden müssen und sagen, hallo, hier bin ich, was erzählt denn der Paulus für einen Unsinn. Ich unterstellte also implizit Nurcholish Beleidigung des Islams! Darauf hin beschlossen wir, unsere Korrespondenz zu beenden. Die hatte Nurcholish inzwischen überall in Indonesien herumgeschickt und jahrelang baten mich freundliche junge Muslime, unsere Korrespondenz als Beispiel interreligiösen Dialogs veröffentlichen zu dürfen. Was ich strikt ablehnte.

Erstaunlicherweise beendete dieser Vorfall unsere Freundschaft aber nicht. Wir trafen uns immer wieder. 2001 lud Cak Nur mich zur Eröffnung eines *Islamic Centers* ein. Nachdem er eine große Rede gehalten hatte, forderte er mich zu meinem Erstaunen auf, das Zentrum zu eröffnen, was ich dann mit ein paar lobenden Worten und drei Hammerschlägen tat. Ich dachte mir nur, wo in Deutschland würde man einen muslimischen Ulama auffordern, ein katholisches Zentrum zu eröffnen? Im Jahr darauf unterstützte ich seinen kurzen Versuch, sich für die Wahlen 2004 als Präsidentschaftskandidat aufstellen zu lassen – daraus wurde allerdings sofort nichts, als sich herausstellte, dass Cak Nur kein Geld hatte (um die Golkarwähler von seiner Qualität zu überzeugen). 2005 musste er sich in China einer Herzimplantation unterziehen, die aber nicht funktionierte. Wenige Tage vor seinem Tod im Jahr darauf besuchte ich ihn noch einmal. Einige Tage zuvor waren drei Mitglieder der *Majlis Mujahiddin Indonesia*, einer radikalen Gruppe in Yogyakarta, zu Nurcholish gekommen, um ihm zu sagen, dass er, wenn er sich nicht von seinen Ketzereien bekehre, in die Hölle käme. Einer seiner islamischen Freunde warf die drei zur Tür heraus. Bis heute werde ich zu allen Veranstaltungen über Nurcholish als sein Freund eingeladen.

Politische Dimensionen

Als politischer Philosoph und inoffizieller katholischer Ansprechspartner für viele, die nie auf die Idee kämen, einen Bischof einzuladen, hatte ich im Laufe der über 40 Jahre, die ich schon in Jakarta verbrachte, die Chance, zahlreiche hochinteressante Menschen aus Kultur, Religion und Politik zu treffen. Viele waren muslimische Persönlichkeiten. Zum Teil lernte ich sie über Cak Nur und Gus Dur kennen. Andere hatten Vorlesungen von mir gehört, wie etwa Masdar Mas'udi, jetzt einer der Leiter der NU, und Din Syamsuddin, jetzt Chef der Muhammadiyah. Besonders beeindruckt haben mich zwei inzwischen pensionierte Führer der NU und der Muhammadiyah, Kyai Hasyim Muzadi und Professor Achmad Syafii Maarif. Hasyim war der Nachfolger von Gus Dur als NU-Chef. Mehrere Male war ich mit ihm unter den Auspizien unseres Außenministeriums auf internationaler Religionsdialogtournee (ich hatte den späteren langjährigen indonesischen Außenminister Hassan Wira Yuda noch in der Suhartozeit auf einer Tagung kennengelernt, wo er mich dadurch beeindruckte, dass es sich, unter Suharto für einen Staatsbeamten ausgesprochen unopportun, klar für die Achtung der Menschenrechte aussprach). Nach dem Bali-Attentat 2002, dem über 200 Menschen zum Opfer fielen, hatte Hasyim zusammen mit Kardinal Julius Darmaatmadja ein „Nationales Moralforum" gegründet, wo sich Führer aller Religionen regelmäßig trafen.

2008 passierte in der ostjavanischen Großstadt Malang ein GAU. Eine evangelikale Gruppe legte einen Koran auf den Boden und sprach einen Exorzismus über ihn, sie wollten also aus dem heiligen Buch der Muslime den Teufel austreiben. Das wurde bekannt. In großer Panik gingen protestantische Führer und der katholische Bischof zu Hasyim (der in Malang zuhause ist) und berichteten ihm, was vorgefallen sein, und dass, wenn er nichts täte, am nächsten Morgen die Kirchen in Malang und vielleicht in ganz Ostjava brennen würden. Hasyim hätte ja sagen können: „Das ist Ihr Problem, meine Herren." Stattdessen sagte er, er werde die Angelegenheit übernehmen, die Polizei einschalten, um festzustellen, ob das Religionsbeleidigungsgesetz verletzt worden sei, weiter werde nichts passieren. Und er hielt Wort, es passierte nichts.

Din Syamsuddin war früher Führer der Muhammdiyah-Jugend. In den 1990er Jahren wurde er von der damaligen Muhammdiyahführung ins Abseits manövriert. Daraufhin wurde er Sekretär der *Majlis*

Ulama Indonesia (MUI, des halbstaatlichen sehr konservatien „Rates indonesischer Religionsgelehrter"), wo er sich durch eine harte antichinesische, antichristliche und antiamerikanische Einstellung Anerkennung als guter Muslim verschaffte. Das änderte sich 2005, als er sich um die Nachfolge von Syafii Maarif als Muhammadiyahführer zu bewerben begann. Offenbar realisierte er, dass Radikalinskis geringe Chancen haben würden, gewählt zu werden. Er besuchte den amerikanischen Beobachter, ließ sich zu konfuzianischen Veranstaltungen einladen und gründete mit dem Katholiken Theo Bela das *Indonesian Committee of Religions for Peace*/ICRP. Tatsache ist, dass sich Din seitdem konsistent für interreligiösen Dialog einsetzt und zugleich jemand ist, mit dem man interreligiöse Probleme offen besprechen kann.

2011 wurde ich eingeladen, bei einem „Forum religöser Persönlichkeiten" *(Forum Tokoh-tokoh Agama)* mitzumachen. Sponsoren waren Solahuddin Wahid (der Bruder von Gus Dur), Syafii Maarif (der Vorgänger von Din Syamsuddin als Chef der Muhammadiyah), der junge katholische Priester Benny Susetyo und Jerry Sumampouw vom Protestantischen Indonesischen Kirchenrat. Auch Persönlichkeiten anderer Religionen waren mit dabei, auch der Vorsitzende der katholischen Bischofskonferenz Mgr. Martinus Situmorang und Din Syamsuddin. Was uns zusammenbrachte war die Sorge um die ausufernde Korruption der politischen Klasse des Landes. Unser erstes öffentliches Treffen hatte im Gebäude der katholischen Bischofskonferenz stattgefunden, das zweite im Muhammdiyahhauptquartier. Als ich sehr verspätet dazustieß, wurde gerade eine Resolution vorgestellt, in der von den 18 Lügen des Präsidenten die Rede war (später hörte ich, dass die scharfen Wendungen auf den Hausherrn Din zurückgingen). Ich erklärte, dass ich eine Resolution in einer solchen Sprache nicht unterzeichnen würde, worauf sie nicht zur Abstimmung vorgelegt wurde. Auf Initiative von Din Samsuddin wurde für den folgenden Montag um 20 Uhr ein Treffen unserer Gruppe mit dem Präsidenten angesetzt. Inzwischen hatte sich der Präsident persönlich über SMS bei uns über Din Syamsuddin bitter beklagt, vor allem, dass ihm Lüge vorgeworfen worden sei. Am Montag Morgen bestritt ich in einer Fernseh-Frühstücks-Talkshow, dass unsere Gruppe jemals den Präsidenten der Lüge beschuldigt hätte. Von Din bekam ich per SMS dafür einen Rüffel. Ohne mein Wissen wurde für unser Treffen noch eine Erklärung vorbereitet, wo immer noch von „öffentlicher Lüge" – allerdings nicht mehr direkt auf den Präsidenten bezogen – die Rede war. Das Treffen im Präsidentenpalast begann mit einem Abendessen um 19 Uhr, zu dem von unserer Gruppe aber nur ich erschien. Syaffii und Solahuddin kamen überhaupt nicht, denn ihnen stank es, dass sich Din ohne Konsultation um diese Audienz bemüht hatte. Da sie neben Din die höchstgestellten nationalen Islampersönlichkeiten waren, schwächte ihr Fehlen unsere Gruppe sehr. Um 20 Uhr ging es los. Wir waren zu acht. Tatsächlich war nicht nur der Präsident mit Mitarbeitern da, sondern fast das gesamte Kabinett sowie andere Religionsführer. Im Ganzen etwa 50 Personen. Die Presse musste draußen bleiben. Nach kurzer Begrüßung durch den Präsidenten brachte Din Syamsuddin unsere Kritik vor. Danach las Bischof Situmorang die vorbereitete Erklärung vor. Ich selbst erklärte, wir hätten nie behauptet, der Präsident lüge, und erklärte, was wir mit „öffentlicher Lüge" meinten (später bestand ich darauf, dass das Wort Lüge aus unserem Sprachschatz ausgemerzt wurde; wir geben keine moralischen Wertungen ab, sondern nennen negative Tatbestände). Dann sprach der Präsident lange und es gelang ihm nicht ganz zu verbergen, wie sehr er sich verletzt fühlte. Die Stimmung wurde immer eisiger. Mehrere der Geladenen verteidigten den Präsidenten, dann beschuldigten uns einige Minister direkt der Unredlichkeit. Ich hatte so etwas in Indonesien noch nie erlebt. Da tut man im Allgemeinen wenigstens so, als ob alles in gutem Einvernehmen sei, auch wenn man eben mal nachfühlt, ob der Dolch im Gewand griffbereit hängt. Um Mitternacht musste für die immer noch wartende Presse ein Kommuniqué verfasst werden, was der Sicherheitskoordinationsminister, der emeritierte Luftmarschall Djoko Suyanto, mit leichter Hilfestellung von mir bewerkstelligte. Um 0.15 Uhr durfte die Presse herein und das Kommuniqué wurde vorgelesen. Alle verliefen sich dann sehr schnell. Ich selbst allerdings verabschiedete mich mit Handschlag vom Präsidenten. Die Aufregung im indonesischen Blätterwald war groß. Das hat einen kulturellen Hintergrund. Wenn in den alten Zeiten religiöse Führer aus ihren Klausen am Hof beim Herrscher auftauchten, um Kritik anzumelden, so wurden sie zwar geköpft, aber das Volk sah darin ein Zeichen dafür, dass der König seine metaphysische Kraft verloren hatte und seine Zeit abgelaufen war. Unser Auftreten musste in diesem Licht interpretiert werden. Der Unterschied zu früher war, dass weder uns die Köpfe abgeschlagen wurden noch die Zeit des Präsidenten abgelaufen war. Manchen ängstlichen Katholiken, die besorgt waren, dass Katholiken wie schon in den letzten Suhartojahren einen schlechten Namen als Opposanten bekommen würden, musste ich dann unser Auftreten erklären.

Eine ganz andere Persönlichkeit lernte ich über den protestantischen Pastor Supit kennen. Etwa 2005 lud er mich ein, mit zwei anderen Pastoren und einer charismatischen Dame zusammen Habib Rizieq Shihab zu besuchen. Habib Rizieq ist der Chef der berüchtigten FPI (*Front Pembela Islam*, Islamische Verteidigungsfront). Gerüchten zufolge wurde die FPI 1998 vom Polizeichef von Jakarta gegründet, um die gegen Präsident Habibie demonstrierenden Studenten zu terrorisieren. Wie dem auch sei, die FPI machte sich bald einen Namen dadurch, dass sie „Stätten der Sünde" wie Karaokebars, Alkoholausschankstätten und Glückspielhöhlen attackierten (böse Leute behaupten, die Polizei gäbe jeweils an, welcher Ort zu attackieren sei, um danach vermehrt *protection money* einziehen zu können). Vor allem gibt FPI aber sehr oft islamischen Hardliner-Gruppen *backing*, die Kirchenschließungen erzwingen wollen. Nur ein paar Monate vorher hatten lokale Muslimjugendliche mit FPI-Unterstützung eine katholische Pfarrgemeinde von etwa 8.000 Gläubigen durch Sperrung der Zufahrtsstraßen gezwungen, nicht mehr ihren Sonntagsgottesdienst in der Aula der katholischen Schule Sang Timur zu halten, was sie mit vorläufiger Erlaubnis seit 12 Jahren tat – die Baubewilligung für eine Kirche war immer noch nicht gegeben worden. Beim Habib wurden wir bestens empfangen, setzten uns auf den Teppich und hatten ein zweieinhalbstündiges Gespräch. Zuerst stellte uns der Habib seine Kommandeure vor: den Kommandanten von Nordjakarta, von Zentraljakarta, seinen Geheimdienstchef usw. Er erzählte uns auch, dass er seinen Intelligenzchef nach Sang Timur geschickt hätte und der habe ihm berichtet, dass unter dem früheren katholischen Pfarrer (einem Belgier) mit den lokalen Muslimen keine Probleme bestanden hätten, dass sich das aber geändert hätte, seit vor einem Jahr ein neuer Pfarrer (ein Filippino) gekommen sei. Ich selbst hatte schon vom Chef der nationalen Menschenrechtskommission Ähnliches gehört. Nach ihm lag es nicht so sehr am Pfarrer, als an der Schulleitung. Die hatte beschlossen, das Parkproblem für Hunderte von Autos, die täglich Kinder in die Schule brachten, selbst in die Hand zu nehmen. Elf Jahre lang hatten das islamische Jugendliche aus den umliegenden *kampung* getan. Die hatten also plötzlich eine beachtliche Einkommensquelle verloren. Ein kapitaler Fehler der Schulleitung. (In Bekasi im Osten Jakartas konnten wir das umgekehrte erleben. Dort protestierte eine große Masse angereister Muslime gegen die Benützung der Aula einer katholischen Schule für den katholischen Sonntagsgottesdienst. Worauf lokale Muslime, Straßenverkäufer, Parkwächter und umliegende Ladenbesitzer die Demonstranten bedrohten und sie aufforderten, sofort zu verschwinden; für sie hätte die Schließung der Sonntagsgottesdienste eine erhebliche Einkommensminderung bedeutet.)

Mit dem Habib blieb ich befreundet und wenn wir uns treffen, umarmen wir uns. Jahre später, als in Florida ein protestantischer Pastor namens Jones öffentlich Korane verbrennen wollte, drohte die FPI mit Saktionen. Darauf wurde ein Treffen von Bischof Situmorang und dem protestantischen Kirchenvorstand mit Habib Rizieq organisiert, zu dem ich auch eingeladen wurde. Am Ende verkündete der Habib vor versammelter Presse, wer Korane verbrenne, sei der Todesstrafe würdig, aber die indonesischen Christen hätten nichts damit zu tun und es dürfte zu keinen Ausschreitungen gegen Christen in Indonesien kommen.

Habibie

Mitte August 1995 erhielten mein Jesuitenmitbruder und Philosophenkollege Pater Mudji Sutrisno und ich eine Einladung zu einem Gespräch mit Herrn Habibie in dessen Haus. Bacharuddin Jusuf Habibie war, wie schon erwähnt, Präsident Suhartos Technologiezar und enger Vertrauter. Suharto hatte Habibie 1974 von den Hamburger Flugzeugwerken Messerschmitt-Bölkow-Blohm, wo er Abteilungsleiter war, nach Indonesien zurückgerufen, um in Bandung eine Flugzeugindustrie (IPTN) aufzubauen. Habibie war in Indonesien äußerst umstritten. Seine Idee war es, durch den Aufbau einer technologisch hochanspruchsvollen Industrieproduktion eine kritische Masse von Spitzeningenieuren und anderen Fachleuten heranzubilden, die Indonesien unter Überspringung einer klassischen Industrialisierungphase sozusagen technologisch direkt ins 21. Jahrhundert katapultieren sollten. Ab den 1980er Jahren baute IPTN in Zusammenarbeit mit der spanischen Firma Casa kleinere Passagierflugzeuge, aber auch in Zusammenarbeit mit Bölkow Hubschrauber. Gemunkelt wurde, dass Suharto Habibie unbegrenzte finanzielle Mittel zur Verfügung stellte. Die Mehrzahl der indonesischen Wirtschaftfachleute, darunter die Gruppe um Professor Widjojo Nitisastro, die Suhartos Wirtschaftspolitik machten, hielten das für volkswirtschaftlich unverantwortlich. Habibies größter Triumpf wurde „Gatotkoco", ein von Indonesien allein gebautes Turboprop-Passagierflugzeug für 50 Passagiere. Am 12. August 1995, also zurecht zur 50-Jahresfeier der Unabhängigkeitserklärung Indonesiens (am 17. August 1945), hatte Gatotkoco vor Suharto und der gesamten indonesischen Regierung den allerersten Probeflug von 60 Minuten erfolgreich bestanden. Noch umstrittener war Habibie als Chef der 1991 gegründeten islamischen Intellektuellenorganisation ICMI. 1993 macht Suharto deutlich, dass er Habibie als Vizepräsidenten haben wollte, aber die Armee war damals noch stark genug, um das zu verhindern.

Mudji und ich fragten uns natürlich, was Habibie, drei Tage nach Gatotkocos Flug, wohl von uns erwartete. Wir beide hatten bisher keinerlei Kontakte mit ihm gehabt. Bei Habibie wurden wir von einem katholischen Ingenieur von Habibies Flugzeugwerken empfangen. Kurz darauf kam Habibie, begrüßte uns und begann zu erzählen. Er redete über die politische Lage, darüber, dass er keine politische Ambitionen habe, warum drei Zeitschriften, die sich über den von Habibie initiierten Kauf von 30 gebrauchten Kriegsschiffen der ehemaligen DDR lustig gemacht hatten, verboten worden seien. Und so weiter. Am Ende kam Habibie aber zum Thema. Er bot uns an, unter seinen Fittichen eine katholische Intelligenzorganisation zu gründen, also eine katholische ICMI. Solche Organisationen gab es bereits für Protestanten und Hindus, aber die Katholiken hatten schon lange ISKA („Bund Katholischer Akademiker Indonesiens") und ISKA hatte sich im Jahr zuvor Habibie verweigert. Was Habibie nicht wusste war, dass ich ISKA damals geraten hatte, unabhängig zu bleiben. Nach 45 Minuten legte Habibie eine Pause ein, die ich benützte, um mich einzuschalten. Ich dankte ihm für das Angebot, sagte aber, wir seien nicht dafür geeignet, da wir als Mitglieder eines katholischen Ordens dazu die Erlaubnis des Kardinals (von Jakarta) bräuchten, und dass wir angesichts der Existenz von ISKA die katholischen Intellektuellen nicht spalten wollten.

Habibie verstand sofort, dass wir ablehnten, und verzichtete darauf, uns noch irgendwie unter Druck zu setzen. Es herrschte eine etwas bedrückte Stille. Da kam mir eine Idee. Ich fragte ihn nach dem Habibieeffekt. Habibie hatte in Deutschland eine Formel zur Ausbreitungsgeschwindigkeit von Haarrissen an Tragflächen gefunden, die inzwischen zur Standarttechnologie des Flugzeugbaus gehört. Damit war das Eis gebrochen. Habibie kam in Fahrt. Ich fragte dann, wie er sich gefühlt habe, als Gatotkoco mit noch ausgefahrenen Rädern – sie konnten noch nicht eingefahren werden – den Jungernflug gemacht hatte. Wir redeten noch zwei Stunden. Seitdem waren wir Freunde. Zu Weihnachten schickte Habibie mir einen echten deutschen Weihnachtsstollen.

Was mich bei Habibie so beeidruckte, war, dass er uns nichts nachtrug. Wir hatten ihm einen Traum zerstört. Er hätte so gern Suharto die religiösen Intellektuellen des Landes als unter ihm geeinigt und damit als Unterstützer der Suhartoordnung präsentiert. Und jetzt machten die Katholiken nicht mit. Damit war der Bruch zwischen pro- und anti-Suhartointellektuellen offensichtlich geworden. Dass Habibie diese Torpedierung eines aus seiner Perspektive wichtigen und großzügigen Planes ohne Hass- und Rachegedanken akzeptierte, ließ meine Hochachtung vor diesem Manne gewaltig steigen.

Als Habibie am 21. Mai 1998 plötzlich Nachfolger von Suharto als Präsident Indonesiens wurde, sah ich das damals mit gemischten Gefühlen. Ich fürchtete zweierlei. Erstens, dass Habibie die Revolution verwässern und die „Neue Ordnung" fortsetzen würde. Zweitens fürchtete ich, dass über Habibie ICMI an die Macht käme, die sich, wie oben bereits berichtet, u. a. durch eine scharf antichristliche Haltung und Unterstützung Suhartos ausgezeichnet hatte. Mehrere führende, mir durchaus verdächtige ICMI-Leute kamen tatsächlich in Habibies Kabinett. Auch fürchtete ich, dass Habibie sein inzwischen auf Druck des IWF gestoppte Zertifizierung und Weiterentwicklung des Bandunger Fliegers wieder aufnehmen würde, und das in einer Zeit, wo wegen der südostasiatischen Finanzkrise das indonesische Sozialprodukt um sage und schreibe 10 Prozent geschrumpft war. Wieder überraschte Habibie. Im Moment großer Verantwortung zeigte er Qualität und Charakter. Sein Lieblingskind, die Flugzeugindustrie, nahm er nicht wieder auf. Vor allem aber schaffte er nach nur einer Woche die Pressezensur ab, erlaubte die Bildung politischer Parteien und ließ politische Gefangene, darunter meine PRD-Freunde, frei. Ich fragte ihn später einmal, wie er dazu den Mut gewonnen habe, zumal das Militär dagegen gewesen sei. Seine Antwort: Geschwindigkeit. Er habe so schnell gehandelt, dass das Militär, das ja immer noch mit den weiterlaufenden

Studentendemonstrationen (die Habibie als ehemaligen Mann Suhartos stürzen wollten) und internen Spannungen beschäftigt war, nichts dagegen tun konnte. Im Übrigen erwies sich Habibie als Präsident von nationalem Format. Seine Politik war in keiner Weise islamlastig. Später ordnete Habibie um drei Jahre vorgezogene Parlamentswahlen an, die ersten wirklich freien Wahlen nach 1955, die dann 1999 stattfanden und indirekt zu Habibies Sturz führten.

Habibies größte Leistung – die dann wohl der Grund war, warum ihm der Volkskongress (MPR) im Oktober 1999 nicht das Vertrauen aussprach – war sicherlich, dass er im Januar 1999 der osttimoresischen Bevölkerung ein Referendum darüber anbot, ob es weiter bei Indonesien bleiben wollte oder nicht, und durch Einschaltung der Vereinten Nationen sicherstellte, dass dem Ergebnis des Referendums auch Folge geleistet würde (im Referendum Ende August 1999 sprachen sich 78 Prozent aller Teilnehmer gegen ein weiteres Verweilen in Indonesien aus). Dass Habibie, nachdem ihm das MPR im Oktober 1999 das Vertrauen verweigert hatte, aus eigener Initiative seinen Rücktritt einreichte und damit ein Zeichen für ein elegantes Loslassen der Macht setzte, rundet das Bild dieses Mann ab, der sich in Krisenzeiten als Staatsmann mit Mut, Integrität und Weitsicht erwiesen hatte.

Ich persönlich profitiere von Habibie. Er lädt mich immer wieder zum Essen ein, zu zweit, aber auch mit seinen Enkeln, und wir reden dann Deutsch. Die häufigen Begegnungen mit einem der größten Indonesier, den ich meinen Freund nennen darf, sind für mich jedesmal eine Bereicherung – und natürlich auch immer wieder superinteressant. Dabei hat er sich auch als tiefreligiöser Mensch erwiesen, als einer von den vielen Muslimen mit scharfem Verstand und weitem Herzen, die mir Mut und Optimismus für die Zukunft Indonesiens geben.

Schlammpreis und ein Rüffel aus dem Palast

Im Juni 2007 rief mich Rizal Mallarangeng, der Leiter des *Freedom Institute*, an, ich sei der Empfänger des diesjährigen Bakriepreises für „gesellschaftliche Ideen" *(pemikiran sosial)*. Rizal Abdul Bakrie ist einer der reichsten Männer Indonesiens, Chef des Bakriekonglomerates (2008 wurde er an die Spitze der Golkarpartei gewählt). Der Preis in Höhe von hundert Millionen Rupien (2007 gute 7.000 Euro) wurde jährlich an fünf Personen für Leistungen in verschiedenen Bereichen vergeben. Aber ich lehnte ab. Im Jahr zuvor hatte Lapindo, eine der Firmen Bakries, in Ostjava in 2.000 m Tiefe nach Erdgas gebohrt, es war zu einem *blow-out* gekommen, und aus dem Boden brodelten seitdem täglich etwa 160.000 m^3 Schlamm (jetzt sind es nur noch ein Zehntel). Ein Gebiet von über tausend Hektar wurde verwüstet, 60.000 Menschen verloren ihre Häuser, über hundert größere und kleinere Fabriken mussten schließen. Ein Katastrophe. Lapindo wurde beschuldigt, bei der Bohrung sei, um zu sparen, kein *casing* verwendet zu haben. Aber Lapindo zahlte nichts. Meine Ablehnung des Preises erhielt erhebliche Publizität.

Ein halbes Jahr später erhielt ich eine Einladung nach Sidoarjo in Ostjava, der Stadt am Schlammsee. Aktivisten hatten dort zusammen mit Opfern der Katastrophe eine Art Fest organisiert. Bei dieser Gelegenheit wurde uns – Solahuddin Wahid, Syafii Maarif, Rieke Pitaloka (Parlamentsabgeordnete und frühere Filmcelebrity) und mir – als Dank für unser Engagement ein „Schlammpreis" (*lumpur award*) überreicht. Der Preis, ein dort gemaltes Bild, wo ein Bulldozer Schlamm verschiebt, hängt jetzt im Speisesaal meiner Kommunität.

Im Mai 2013 gab es Aufregung. Ich hatte von einer empörten Bekannten gehört, dass eine New Yorker *„Appeal of Conscience Foundation"* unserem Präsidenten Susilo Bambang Yudhoyono („SBY") ihren diesjährigen *statesman award* überreichen wollte, und zwar in Anerkennung seiner Verdienste für Religionsfreiheit und Toleranz. Mir platzte der Kragen und ich schrieb der Stiftung eine extrem scharfe E-Mail (auf das nie eine Reaktion kam), wie sie dazu kämen, einen solchen Preis zu verteilen, ohne die Beteiligten hier zu fragen. Ich fügte hinzu, der Präsident habe sich vor allem gegenüber Schiiten und Ahmadis schmählich verhalten. Die Mail ging sofort durch die Medien, eine Unterschriftsammlung gegen die Preisverleihung wurde organisiert, ich selbst bekam sehr viel Unterstützung, aber einige Mitarbeiter des Präsidenten kritisierten mich als engstirnig, unkorrekt usw. Einer von ihnen, Herr Dipo Alam, erklärte, da Muslime diese Preisverleihung unterstützten, sollte die Minderheit dann nicht dagegen maulen. Das wiederum erregte Proteste in der Öffentlichkeit und die nationale Menschenrechtskommission lud Dipo Alam wegen Menschenrechtsverletzung vor (Bestreitung des Rechtes von Minderheiten auf freie Meinungsäußerung). Der Präsident erhielt den Preis am 31. Mai trotzdem. Inzwischen erschien ein 824 Seiten starkes Buch von Präsident SBY mit dem Titel „Es

gibt immer eine Wahl" („Selalu ada Pilihan"), wo er sich auch auf faire
Weise gegenüber meiner Kritik rechtfertigt. Ich habe mich allerdings
strikt geweigert, mich für meinen Brief zu entschuldigen.

Indonesischer Islam und Demokratie

Dem Leser dürfte aufgefallen sein, wie sehr mich der Islam in Anspruch nimmt. War es in den ersten Jahrzehnten in Indonesien die javanische Kultur, die mich faszinierte, so ist es jetzt der indonesische
Islam. Natürlich habe ich auch von außergewöhnlich beeidruckenden
Katholiken profitiert. Darunter sind die beiden Erzbischöfe von Jakarta, Mgr. Leo Soekoto SJ und sein Nachfolger Julius Kardinal Darmo-
atmadja SJ (der 1967 bei meiner Priesterweihe in Yogyakarta als Minis-
trant fungierte), oder auch Pater Soenarjo SJ, der erste indonesischen
Jesuitenprovinzial, der mich jungen Priester 1969 bis 74 ständig beim
Aufbau der Driyarkarahochschule unterstützte. Oder Frans Seda von
Flores, Minister unter Sukarno und Suharto, Gründer der Atmajaya
Universität, ein gewitzter mutiger Mann, auf den man sich hunderpro-
zentig verlassen konnte, oder auch mein Freund und langjähriger politischer Gegner (weil pro-Suharto) Harry Tjan. Aber auch Jaya Suprana,
Humorist chinesischer Abstammung, Konzertpianist, Unternehmer
und nationaler Medienmensch, für den ich zu meiner Überraschung
für eine nationale Fernsehübertragung „Indonesien, mein Mutterland"
singen musste, zusammen mit Frau Megawati (damals gerade Präsidentin geworden) und anderen. Rührenderweise hat mich Jaya Suprana auch ins MURI aufgenommen, sein „Museum für indonesische
Weltrekorde" (!), und zwar als „ersten Geistlichen, der alle 16 Dreitau-
sendergipfel auf Java bestiegen hat" (zutreffend, aber nicht wirklich
gültig, da er keinerlei Beweise verlangte; an Reinhold Messners „alle 14
Achttausender" komme ich da allerdings nicht heran).

Aber seit den 1970er Jahren gewann für mich der Islam an Bedeutung. 1970 hatte mich Akbar Tanjung, damals Führer des HMI, des großen islamischen Studentenverbandes in den 1960er Jahren, und mein
Schüler auf dem Kanisiuskolleg in Jakarta, heute immer noch einer der
einflussreichsten Politiker des Landes, mit der Führungsriege des HMI
zusammengebracht. Seitdem wurde ich über Jahrzehnte vom HMI immer wieder eingeladen, bei ihren nationalen Kaderkursen über Themen wie Demokratie oder Marxismus zu reden. Durch Abdurrahman

Wahid kam ich mit NU-Jugend zusammen. Ich gehörte einer kleinen Gruppe katholischer Intellektueller an, die in den 1970er Jahren auf Abstand zum Suhartoregime gingen und eine neue Einstellung der Christen gegenüber dem Islam anmahnten. Wir waren der Meinung, dass die Christen in Indonesien nur dann auf Dauer überleben würden, wenn es ihnen gelänge, vertrauensvolle Beziehungen – *win-win relations* – mit Mainstream-Muslimen aufzunehmen.

In den 1970er Jahren hatte Indonesien, und vor allem Java, unter Suharto eine tiefgehende Islamisierung erlebt. Suharto hatte zwar den politischen Islam kaltgestellt, aber im Rahmen seines Antikommunismus die Intensivierung des javanischen Islams vorangetrieben. Die sogenannnten *abangan*, die frühere Mehrzahl der Javaner, die mehr aus alten javanischen religiösen Vorstellungen als aus dem Islam gelebt hatten, waren größtenteils zu betenden Muslimen geworden. Obwohl nach der demokratischen Wende 1998 die islamischen Parteien keine Rolle spielten, läuft heute ohne den Islam nichts in Indonesien.

Indonesien verdankt seine Stabilität, die half, die schweren Verwerfungen nach Suhartos Sturz beseitigen zu können, dem durch NU und Muhammdiyah vertretenen Mainstream-Islam. Die indonesische Demokratie funktioniert, da sie von einem sozial-kulturellen Block getragen wird, der fast 90 Prozent der indonesischen Gesellschaft umfasst und im Wesentlichen hinter dem bestehenden Pancasila-Staat steht. Dieser Block umfasst vom NU-/Muhammadiyah-Mainstream-Islam über die sogenannten Nationalisten die ganze Vielfalt der Bevölkerung bis hin zu den nicht-islamischen Gemeinschaften.

Inzwischen ist ein Kampf um die Seele des indonesischen Islams im Gange. Puritanische, exklusive, „transnationale religiöse Bewegungen" (wie es in einem Text der islamischen Staatsuniverstität in Pekanbaru stand) versuchen, endlich den von ihnen als synkretistisch und halbheidnisch angesehenen indonesischen Islam wirklich islamisch zu machen. Nach dem von Abdurrahman Wahid 2011 (über die Lib-ForAll Foundation in Jakarta) herausgebrachten Buch „The Illusion of an Islamic State" (mit dem Untertitel „How an Alliance of Moderates Launched a Successful Jihad Against Radicalization and Terrorism in the World's Largest Muslim-Majority Country", die zuvor erschienene indonesische Ausgabe kann nicht öffentlich verkauft werden) handelt es sich vor allem um drei transnationale Strömungen, die gerade unter den Studenten der großen staatlichen Universitäten viele Anhänger finden: den saudi-arabisch geförderten Wahabi-Salafismus, die Ideen der ägyptischen Muslimbruderschaft (Hassan al-Banna und Sayed Qutb, dazu gehört auch der Pakistani Mawdudi) sowie Hizbuth Tahrir, eine in Jordanien entstandene internationale Organisation, die aus Prinzip den Nationalstaat ablehnt und das islamische Kalifat wieder einführen möchten. NU und Muhammadiyah fühlen sich von diesen Bewegungen belagert. Das ist einer der Hintergründe, weshalb beide Organisationen so stark auf Nationalismus *(kebangsaan)*, Inkulturation (vor allem die Muhammdiyah; die NU hat das nicht nötig) und sogar auf Pluralismus setzen.

Heraus aus alten Denkmustern

Das zeigt, wie wichtig für Indonesien der Nationalismus ist. Europäern muss man das oft erst erklären, da sie aufgrund ihrer Geschichte Nationalismus meist als etwas Negatives ansehen. Aber in Indonesien vereint der Nationalismus, das Gefühl, „wir sind alle Indonesier", die Menschen, die Hunderten von verschiedenen Ethnien und Kulturen angehören, auf Tausenden von Inseln wohnen und religiös äußerst vielfältig engagiert sind. Nationalismus ist ein Gegengewicht gegenüber Lokalfanatismus und religiösem Exklusivismus. Das Bewusstsein, Indonesier oder Indonesierin zu sein, geht meist zusammen mit einem tiefen Eingebettetsein in die eigene Kultur, etwa die javanische, die minangkabau'sche oder die buginesische, und wer in eine gewachsenen Kultur eingebettet ist, der wurzelt auch in menschlichen Grundwerten wie Wohlwollen, einem Gefühl für Fairness, Mitleid, Gastfreundschaft und dem tiefen Wissen, dass Neid, Misstrauen, Hass, Rachegefühl und Bosheit etwas Schlechtes sind. Wessen gesamte Identität dagegen nur auf einer religiösen oder ideologischen Lehre basiert, hat oft das Gefühl für grundlegende Werte verloren. Solche Menschen sind gefährlich, weil sie, etwa um gütig zu sein, erst einen ideologischen Satz brauchen (Richard Rorty sprach von „metaphysical liberalists", Menschen, die nur positiv zu anderen sind, wenn sie eine philosophische Begründung dafür finden – Menschen denen man, frei nach Adorno, erst Gründe dafür bringen muss, um Auschwitz zu verurteilen).

In Indonesien nimmt die religiöse Intoleranz zu. Nicht nur aufgrund des wachsenden Einflusses eines exklusiven Islamismus, sondern auch aufgrund der Härte des täglichen Kampfes ums Überleben, wo dann für Toleranz kein Raum mehr bleibt, sowie der Schwäche des Staates. Gefährdet sind nicht die Christen oder die (balinesischen) Hindus oder die Buddhisten und Konfuzianer (also die Anhänger der gesetzlich anerkannten Religionen), sondern sogenannte Sekten wie die Anhänger der Ahmadiyya-Bewegung oder die (wenigen) Schiiten. Solchen Sekten wird von staatlicher Seite kaum Rechtsschutz gewährt.

Von den Christen verlangt diese Situation, dass sie aus alten Denkmustern aussteigen. Das Zweite Vatikanische Konzil hat Katholiken da ja klare Weisungen gegeben. Wir dürfen uns mit Muslimen nicht mehr in einem *win-lose*-Verhältnis sehen, sondern sollten durch Kommunikation Vertrauen bilden und damit zu einer *win–win*-Situation kommen. Und zwar mit dem islamischen *mainstream*, also NU und Muhammdiyah, was bereits in beachtlichem Maße gelungen ist. Einer der bekanntesten, als Hardliner bekannten muslimischen Intellektuellen, Herr Adian Husseini, besuchte mich einmal und fragte, wie das Zweite Vaticanum einerseits sagen könne, dass auch Nichtgetaufte in den Himmel kommen könnten, andrerseits aber die Kirche weiterhin zur Mission auffordert. Seine Frage trifft den Kern der Sache. Ich erklärte ihm, dass der Inklusivismus des Zweiten Vatikanums ein neues Verständnis von Mission zur Folge gehabt habe. Mission ist dann nicht mehr Anhänger suchen, sondern Zeugnis geben. Nicht in erster Linie, in dem man vom Evangelium spricht – ich bin der Meinung, dass Menschen das Recht haben, in ihren Glaubensüberzeugungen in Ruhe gelassen zu werden –, sondern indem die Menschen, die Jesus nachfolgen, in ihrem Leben, Sprechen und Tun die Haltungen des Evangeliums bezeugen, also Güte, Demut, Mitleid, Empörung über Ungerechtigkeit, Barmherzigkeit, Großzügigkeit. Wenn dann jemand uns fragt, wo die Wurzel für diese Haltungen sei, dann können wir von Jesus sprechen, und wir werden im Namen der Religionsfreiheit fordern, dass dieser Mensch, wenn ihn sein Herz dazu bewegt, getauft und Mitglied der Gemeinde der an Jesus Glaubenden werden kann.

Ich selbst bin ja seit Jahren ständig auf Tagungen, in Talkshows oder auf Kaderisierungsverstanstaltungen von Studenten, und zwar aller religiöser Gruppen. Da muss ich dann sowohl zu prinzipiellen Fragen wie Demokratie oder Religionsfreit als zu aktuellen wie zum Beispiel zur Korruption unserer politischen Klasse oder Parlamentswahlen sprechen. Dabei habe ich mich auf gewisse Punkte eingeschossen, die ich sozusagen als *ceterum censeo* bei jeder sich bietenden Gelegenheit *opportune* (und gelegentlich auch *importune*) vorbringe. Dazu gehört das Recht der Ahmadis und Schiiten auf vollen Schutz vor Gewalt und auf Gottesdienstfreiheit, und dass ich von meinen muslimischen Freunde erwarte, dass sie sich dafür einsetzen. Sodann Aktualisierung der Pancasila: Pancasila nicht nur als traditionelle indonesische Werte, sondern als Verpflichtung zu kontemporärer politischen Ethik. Für mich ist Pancasila dann auch Verpflichtung zu (1) Religions- und Glaubensfreiheit, (2) Null-Toleranz gegenüber Gewalt und kompromisslose Respektierung der Menschenrechte, (3) Verantwortung für unser gemeinsames Indonesien, (4) Demokratie und (5) Solidarität mit den Schwachen, Armen und Diskriminierten im Lande. Und gegenüber einer vor allem von ehemaligen Militärs vorgebrachten Kritik, die demokratischen Nach-Suharto-Reformen seien vom Liberalismus verseucht, bestehe ich darauf, dass bei eventuellen Nachbesserungen die demokratische Substanz der Nach-Suharto-Verfassung sowie die in sie aufgenommenen Menschenrechte nicht angetastet werden dürften. Wir wollten ja wohl nicht mehr zurück zu einer Zeit, wo Menschen beliebig interniert und umgebracht werden konnten.

Damit schließe ich meinen Rückblick auf die vergangenen 20 Jahre. Welch eine für mich interessante, aufregende, bereichernde Zeit! Vor allem bin ich voll Dankbarkeit. Als ich 24-jährig 1961 nach Indonesien kam, hatte ich das Gefühl, da angekommen zu sein, wo ich hingehöre. Das Gefühl hat mich bisher nie verlassen. Dafür bin ich Indonesien und den Indonesiern dankbar.

Ach Indonesien!

Werner Kraus

Meine Vermessung der Welt begann mit einer skurrilen Briefmarkensammlung, die ich mir als Kind zusammengetragen hatte und die mich über viele Jahre begleitete. Geboren im vorletzten Jahr des großen Krieges, 1944 in Bamberg, wuchs ich in bescheidenen Verhältnissen auf. Der Vater starb drei Wochen nach meiner Geburt an der Front in der Slowakei und meine Mutter hatte alle Hände voll zu tun, um mich und meine beiden Geschwister zu versorgen. Die Ärmlichkeit, in der wir subjektiv lebten, war mir als Kind nicht bewusst, da die meisten meiner Freunde in unserer Straße in den gleichen abgetragenen Kleidern herumliefen und ihr Pausenbrot dem meinen glich. Allein dass die Mutter wenig Zeit für uns Kinder abzweigen konnte und oft bis spät in der Nacht an der Nähmaschine saß, empfand ich manchmal als schmerzhaft. Doch lernte ich früh zu akzeptieren, dass dies von den Umständen nicht anders vorgesehen war. Der Imperativ meiner Kindheit hieß deshalb: Selbstbeschäftigung. Und das war keine schlechte Grundlage für ein Kind, das schon früh die Welt erkunden wollte. Zu den größten Schätzen meiner Sammlung, die hauptsächlich aus vielen „Papa Heuss"-Marken in allen Farben bestand, zählten einige Marken aus Thailand und Indonesien, die mir ein Geigenbauer aus Bubenreuth bei Erlangen geschenkt hatte. Offensichtlich exportierte die dortige kleine sudetendeutsche Enklave bereits in den frühen Jahren der Bundesrepublik Instrumente nach Südostasien. Die Briefe, die aus der Republik Indonesia nach Bubenreuth kamen, waren voll geklebt mit farbigen Briefmarken, die in die innerste Kammer meiner Schatztruhe wanderten. Ich erinnere mich noch ganz besonders deutlich an zwei Marken. Die eine zeigte eine Gruppe von wilden Tieren: Tiger, Büffel, Hirsche, die vor einem Feuer auf der Flucht waren und sich in einer schwierigen Situation befanden – hinter ihnen wütete das Feuer und vor ihnen tat sich eine tiefe Schlucht auf. Eine ausweglose Situation. Die andere Marke zeigte einen von zwei Löwen angefallenen Büffel. Erst viel später wurde mir klar, dass diese Marken zwei

Hauptwerke des javanischen Malers Raden Saleh zeigten, dessen Leben und Werk mich durch viele Jahre begleiten sollte. War diese frühe Begegnung und meine spätere Obsession ein Zufall? Ja, natürlich war es ein Zufall. Aber gleichzeitig zeigt diese Begebenheit, dass vieles eng aneinandergelegt ist und es nur die richtigen Bewegungen braucht, um Zusammenhänge sichtbar werden zu lassen.

Sicher ist, dass ich mich damals oft vor einen alten, groben Atlas setzte, meine Marken auf die jeweiligen Länder schob und mich in große, gefährliche Reisen hineinträumte. Das Gefährlichste waren die Schlangen und die Tiger. Elefanten dagegen waren eher hilfreich. Diese langen Nachmittage, die ich vor meiner kleinen Sammlung und in den Wäldern Sumatras und Borneos zugleich verbrachte, kann ich mir noch heute lebhaft vor die Seele stellen. Und dann spüre ich wieder die gleiche Ruhe und die gleiche Tröstung, die dem einsamen Kind bei seiner Epiphanie vor seinen Briefmarken zuteilwurde. Es war ja nicht nur die Erkenntnis, dass es da draußen eine große Welt gibt, die erkannt werden möchte, sondern gleichzeitig geschah in einem dieser Augenblicke vor den Marken auch jene ungestüme Erkenntnis, die mein geliebter Landsmann Jean Paul Richter bereits 200 Jahre früher am eigenen Leib erfahren und so trefflich beschrieben hatte: „An einem Vormittag stand ich als ein sehr junges Kind unter der Haustür und sah links nach der Holzlege, als auf einmal das innere Gesicht ‚ich bin ein Ich' wie ein Blitzstrahl vom Himmel vor mich fuhr und seit dem leuchtend stehen blieb: da hatte mein Ich zum ersten Mal sich selber gesehen und auf ewig."[1] Nun war es bei mir nicht rechts vor der Holzlege und einen Blitzstrahl habe ich auch nicht gesehen, aber dass ich ein Ich bin, das wurde mir auf diesen Phantasiereisen bewusst und diese Erkenntnis war genauso aufregend wie später das Sprießen der ersten Barthaare oder die Erfahrung der ersten Erektion.

In meinem Erwachsenenleben gab es eine Zeit, in der ich voller Mitleid der armseligen frühen Jahre dieses Kindes gedachte. Dann wieder, einige Jahre später, war es eher eine leise Bewunderung für den tapferen Umgang des Kindes mit dem Mangel und mit seiner selbstverständlichen Art, daraus das Beste zu machen. Heute, nachdem ich viele Geschichten gehört und gelesen habe (etwa die wunderbaren Kurzgeschichten der Alice Munro), weiß ich, dass meine Kindheit keine unge-

[1] Kemp, Friedrich: Jean Paul, Werk, Leben, Wirkung, München, Piper, 1963, S. 30

wöhnliche war; nein, sie war eine wie sie von Abertausend Menschen meiner Generation und früherer Generationen gelebt wurde. Speziell war vielleicht nur die Abwesenheit von Männern – Vätern, Onkeln, Nachbarn –, die alle vom Krieg verschlungen worden waren. Gleichwohl: kein Grund zur Aufregung.

Die Erinnerung an jene Tage vor den Briefmarken war mir wohl tief in die Seele gebrannt, denn als ich in den letzten Dezembertagen des Jahres 1969 in Belawan/Sumatra von einem chinesischen Gemüseboot, das mich von Penang her für ein paar Dollar mitgenommen hatte, an Land ging, formulierte sich in mir allein das Wort „endlich". Endlich war ich da angekommen, wohin mich die Sehnsucht der trüben Nachmittage in Nachkriegsdeutschland immer wieder getragen hatte.

Ich hatte in der Zwischenzeit Stahlhoch- und Brückenbau studiert und als junger Ingenieur Erfahrungen gesammelt. Dann kam die Zeit, die so viele Lebensentwürfe durchgeschüttelt und unser Land so grundlegend verändert hat. Ich spreche vom glorreichem 1968er Jahr, das kein sozialistischer Umsturzversuch war, sondern eine große Heimatbewegung. „Es war", wie Gert Heidenreich einmal schrieb, „der Versuch, eine Heimat zu gewinnen, deren man sich nicht schämen musste." Vorbereitet von der neuen Jugendkultur, den Rhythmen einer bis dahin ungehörten, unerhörten Musik, riss die Vorstellung, dass das alte System der 1950er Jahre, die Geducktheit der Adenauer-Jahre, veränderbar sei, den Schleier auch von meiner Seele. Der entwicklungsverzögerte junge Mann aus der damals absolut grauen, katholischen Kleinstadt Bamberg, kam in Bewegung. Wie im Rausch tobte ich durch Versammlungen, Demonstrationen, *sit-ins* und *walk-ins* und schüttelte dabei all den Mief von tausend Jahren aus meinen Kleidern. Und beim Schütteln flogen so einige Zeitungspakete durch Verlagsfenster. Solche und andere Übertretungen der Gesellschaftsverkehrsordnung machten aus mir einen Landesfriedensbrecher in einem Land, das den täglich aufs Neue gebrochenen Frieden in Vietnam nicht als Verbrechen verstand und den Giftkrieg mit Agent Orange und Napalm zur notwendigen zivilisatorischen Aufgabe erklärte. Da brannten Kinder wie Fackeln vor unseren Augen. Wie Fackeln! Und wir sollten uns nicht empören! Als man mich für meine Empörung zu Geldstrafen verurteilte, war meine Verachtung für diese moralisch bankrotte Gesellschaft kaum zu zügeln. Ich weigerte mich, die Strafe anzunehmen, und verließ das Land. Zum Glück besann ich mich auf jene stillen Tage vor meinen Briefmarken und be-

45

schloss, der alten Sehnsucht nach der blauen Ferne nachzugeben. Zum Glück. Zusammen mit meiner tapferen Freundin machte ich mich auf den Weg. Es war der Herbst des Jahres 1968.

Mit einem alten Kleinwagen ging es über Istanbul, Isfahan nach Kabul, damals noch ein Hort des Friedens. Das Auto wollte nun nicht mehr weiter, aber da gab es Busse nach Lahore und Züge nach Delhi, Madras und Colombo. Als wir von Darjeeling nach Kalkutta zurückkamen, hatten wir gerade noch genug Geld, um entweder zurück nach Europa zu tuckern oder zwei Flugtickets nach Bangkok zu erwerben. Wir entschieden uns für Bangkok. Meine Freundin verkaufte dort Bibeln an die jungen amerikanischen Frontsoldaten, die für zwei Wochen aus Vietnam zu den jungen Frauen nach Bangkok geschickt wurden – beide unschuldige Opfer eines grausamen Spiels. Ich versuchte meine Fachkenntnisse als Ingenieur hier und da einzusetzen. Immer wieder mussten wir nach Laos ausreisen, um ein neues Visum für Thailand zu erwerben, und nutzten diese Wochen für die Tempel von Luang Prabang, für tagelange Flussfahrten auf dem Mekong. Wenn wir Pathet Lao-Gebiet passierten, mussten wir uns unsichtbar machen und in einem Dorf, das hoch über den Stromschnellen des Mekongs lag, bot man uns, mitten in der Wildnis, Löwenbräu-Dosenbier an. Ein Versorgungschiff für den königlichen laotischen Haushalt in Luang Prabang war kürzlich an den Schnellen gescheitert und die Dorfleute tauchten so manches aus dem Wasser, u.a. Dosenbier aus München! Jene Monate waren Monate der Grenzenlosigkeit. Nichts und niemand in der Welt war in der Lage uns aufzuhalten. Wir waren frei! Bewegung in jede Richtung war möglich.

Einmal sahen wir, wie auf einem zentralen Platz in Vientiane ein Podium errichtet wurde. Ich fühlte mich zunächst an eine Szene aus einem Western erinnert: das Podium für den Galgen. Und in der Tat hämmerten die Handwerker, als ob sie dem Takt einer imaginären Filmmusik folgen würden. Ob sie die gleichen Filme gesehen hatten wie ich? Zeigte sich hier der Zipfel einer Weltkultur? Aber natürlich wurde hier kein Podest für eine Hinrichtung gezimmert, sondern eines für eine gigantische Vorstellung. Ein überdimensionierter Amerikaner, also ein sehr großer, stellte, zusammen mit zwei normal dimensionierten, also sehr kleinen Laoten, eine meterhohe Antenne aufs Podium und dazu ein Fernsehgerät. Beides, Antenne und Fernsehgerät, waren damals in Laos, das noch keine Fernsehstation besaß, unerhörte Gegenstände, die die Menschen zum Verweilen zwangen. Um das Podium bildete sich schnell ein Auflauf. Eine Menge Laoten versammelten sich. Niemand hatte eine Ahnung, was da im Anzug war, aber jeder ahnte, dass etwas Außergewöhnliches inszeniert werden sollte. Bald machte die Nachricht die Runde, dass jeden Moment ein Amerikaner auf dem Mond landen würde und dass wir, die wir im verschlafenen Vientiane des Jahres 1969 standen, das alles hier auf dem Platz mit ansehen könnten. Ungläubige Gesichter, wohin man blickte, und einer fragte sehr unschuldig: „Wie, haben denn die Amerikaner auch einen Mond?" Während sich Neil Armstrong bereitmachte, um die ersten menschlichen Spuren in den Mondstaub zu drücken, war allerdings auf dem Fernsehapparat nur ein elektronisches Schneegestöber zu sehen. Der überdimensionierte Amerikaner, dessen Gesicht inzwischen krebsrot angelaufen war, brüllte ständig an den kleinen laotischen Techniker hin, der verzweifelt an allen Knöpfen des fremden Apparates drehte, ohne dass es ihm gelang, Armstrong irgendwie aus dem Schneegestöber heraustreten zu lassen. „Fix it, fix it, motherfucker, fix it", schrie der sehr große, dicke Mann. Doch nichts ließ sich einstellen, die Signale aus dem benachbarten thailändischen Fernsehnetz waren wohl nicht stark genug. Und so geschah es, dass Laos die Mondlandung verpasste, was die Menge vor dem Podium nicht aufs Geringste irritierte. Allein der Amerikaner auf dem Podium war der Raserei nahe, und die Karriere des laotischen Technikers beim CIA Vientiane wird an jenem Tage ihr Ende gefunden haben. Wir folgten beschwingt der unaufgeregten Menge ins nächste Café, wo niemand über den Mond, über Spuren im Staub oder einem Mann namens Armstrong sprach. Ein wunderbares Lehrstück über kulturelle Prioritäten.

Nach einem halben Jahr in Bangkok zogen wir südwärts. Wir heuerten bei einem einheimischen fliegenden Medizinhändler an, der unsere weißen Gesichter als Werbefilm für seine chinesischen Kräuterpulver verwendete. Unsere Aufgabe war es, mit ihm auf gottverlassenen Marktplätzen zu stehen und zu sagen: „Nüng song, ha Baht, sam song sip Baht." Dabei, und das war das Glück, reisten wir durch das wunderschöne Hinterland Südthailands, durch die Lagunendörfer auf Pfählen, die abgelegenen Siedlungen der Kautschukzapfer, an deren Rändern riesige Leguane träge über die Straßen gingen, saßen in den wundersamen Kalkhöhlen Phatthalungs, Höhlen, die durch stehende, sitzende und liegende Buddhas in Kathedralen verwandelt worden waren. Nach einigen Wochen ließen wir den Fünf-Tage-Marktzyklus Südthailands zurück und kamen schließlich nach Penang, wo ich mir den ersten Sony-Kassettenrecorder meines Lebens kaufte. Reisen mit Musik! Welch ein Luxus!

Ende Dezember 1969, ein Jahr nach unserer Abreise aus Deutschland, fuhren wir auf dem schon erwähnten kleinen, mit Schmuggelgut bepackten Gemüseboot durch die Nacht von Penang nach Medan.

Indonesien empfing uns freundlich. Eine Familie gewährte Gastfreundschaft und erste Einführung in ein fremdes System, das darauf bestand, dass meine Freundin und ich in getrennten Zimmern zu schlafen hatten, da wir ja nicht verheiratet waren und dies von einem Gott Namens Allah nicht geduldet werden konnte. Es bahnte sich etwas an, was mich für den Rest meines Lebens nicht mehr verlassen werden sollte: Zuneigung, Zugehörigkeit, Freundschaft. Und obgleich ich in den letzten Jahrzehnten immer auch die dunklen Seiten des Landes kennengelernt habe, gab weiterhin jenes Grundgefühl der respektvollen Zuneigung den Ton an. Wenn ich mich an das Tobaland erinnere, das unser erstes Ziel war, dann sind es die gigantischen Adathäuser und Steinsetzungen, die Fahrt hinüber nach Samosir, der Insel im wolkenverhangenen Tobameer. Eine seltsame Stille lag damals über dem Land. Die quirlige, farbenfrohe Lebendigkeit der thailändischen Märkte war hier nicht zu finden. Es hing eher eine düstere Melancholie über den Marktplätzen. Verstanden wir da etwas falsch? Beeinflusste uns die Härte der Bataksprache? War es die Nähe der Massenmorde, die ja erst vor vier Jahren geschehen waren? Hing da noch ein Grauen in der Luft? Ich wusste es nicht und kann mir auch im Nachhinein keinen Reim auf diesen ersten düsteren Eindruck machen. Jeder Alp war jedoch verschwunden, als die Gläubigen am Sonntag in ihren hölzernen Kirchen ihre Lieder sangen: Gewaltige Inbrunst brachte die Kirchen zum Schwingen, und die auch so vertrauten und dennoch so fremden Choräle zogen hart an meiner Seele. Da sah ich mich wieder als kleiner Chorknabe im Dom zu Bamberg und erinnerte mich an das innere Zittern, das entsteht, wenn man inmitten eines Chores steht und sich in 40 Stimmen auflöst. Diesen Gesang aus den Batakkirchen werde ich immer in mir tragen. Die vertrauten Melodien, gesungen in dieser fremden, kehligen Sprache, erschufen die perfekte Illusion von gleichzeitiger Fremdheit und Nähe. Ein produktiver Zustand der Verwirrtheit. Das alles war Auftrag!

Vergessen sind die elenden Busse, die jede Fortbewegung auf noch elenderen Straßen zur Herausforderung machten. Herausfordernd war auch die Überfahrt von Sibolga zur Insel Nias. Zunächst wusste niemand, ob und wann die *Agape*, so hieß das Missionsschiff, tatsächlich kommen wird, und als sie schließlich im Hafen lag und wir dann einen engen Platz auf ihr finden konnten, stach sie in eine raue See, aber nur um nach einer Stunde wieder umzukehren. Dem Kapitän waren die Wellen zu hoch geworden. Er hatte Respekt vor den Kräften der Natur. Das war lästig und beeindruckend zugleich. Wieder so ein kleines Lehrstück, das man kaum wahrnimmt (und leicht übersieht), aber das später als etwas Bedeutendes aus dem Unterbewussten aufsteigt.

Ich wusste damals noch nicht, dass wir ungefähr die gleiche Route fuhren, wie das Transportschiff *van Imhoff* im Januar 1942. Die *van Imhoff* sollte deutsche Internierte nach Britisch-Indien bringen. Doch leider kamen diese dort nie an. Nach kurzer Fahrt wurde das nichtmarkierte Schiff vor Nias von einem japanischen Jagdflieger, der es für einen holländischen Truppentransporter hielt, versenkt. Kein Rettungsboot wurde den deutschen Internierten gewährt, und das holländische Schiff *Boelongan*, das später vorbeikam und retten hätte können, fuhr ungerührt weiter. Ihr Kapitän wollte lediglich wissen, ob Holländer unter den Schiffbrüchigen waren. Als klar war, dass nur Deutsche in Lebensnot waren, drehte die *Boelangan* ab. Der Krieg ist sicher nicht der Vater aller Dinge, aber sehr oft ist er der Vater von grausamer Herzlosigkeit und menschlicher Kälte. Mögen wir vor solchen Prüfungen in Zukunft verschont bleiben. Unter den kläglich Ertrinkenden war auch der Maler und Musiker Walter Spies, dessen Angedenken mir später, als Vorstandsmitglied der deutschen Walter Spies Gesellschaft, viel wert werden sollte.

Meine ersten indonesischen Monate waren abwechslungsreich. Nicht nur reisten wir als interessierte Laien durch Nordsumatra und erfreuten uns an Aus- und Einsichten. Ich durfte auch als junger Ingenieur der fabelhaften Schwester Käthe von der Rheinischen Mission in Hilisimaetano auf Nias bei der Rehabilitierung alter kolonialer Hängebrücken helfen, auf dass die Kranken von jenseits des Flusses in ihr Krankenhaus getragen werden konnten, ohne durch den Fluss zu müssen. Dort lauerten angeblich noch Krokodile. Belustigt hat mich die seltsame Konkurrenz zwischen der protestantischen und der katholischen Mission, beide von deutschen Männern und Frauen getragen, auf dieser (damals) abgelegenen Insel. Das erinnerte an jesuitische Kämpfe aus der Zeit der Gegenreformation, an Unerhörtheiten, auf die Walter Benjamins Engel der Geschichte mit aufgerissenen Augen starrt.

Von Padang nahmen wir ein Frachtschiff nach Jakarta, das auch in Bengkulu Halt machte, wo ich zum ersten Mal mit der englischen Kolonialgeschichte Indonesiens konfrontiert wurde in Form von Grabsteinen von meist sehr jungen Männern. Später verbrachten wir unbeschwerte Tage in Yogyakarta und Umgebung: Prambanan, Borobudur, Imogiri. All das waren zu jener Zeit Ruinenfelder, die jedem zu jeder Tag- und Nachtzeit offen standen. Ich erinnere mich noch an jene junge Bauersfrau, die dem Reittier Shivas, Nandi, das als Vollplastik in einem der zugefügten Tempel steht, um den Hals fasste, als wollte sie dem Tier einen Strick anlegen. So wird jeder von der Ästhetik der Form zu eigenen Reminiszenzen angeregt. Der Kunsthistoriker produziert einen professionellen Kommentar zu hindu-javanischen Ausprägung des Stieres Nandi, und die junge Bäuerin prüft mit routiniertem Griff die Länge des Weidestricks fürs Tier.

Zu meinen eindrücklichsten Erinnerungen an jene Zeit zählt eine Vollmondnacht, die ich mit Freunden und einigen chemischen Substanzen in den Ruinen von Ratu Boko, hoch über der Ebene von Prambanan, verbrachte. Um uns die warmen Steine des alten Palastes, gegenüber von uns die Silhouette der Vulkans Merapi, der in unendlicher Symmetrie die Welt ordnete, und in der Mitte der Ebene der Shiva-Tempel von Prambanan, der wie der *paku alam*, der Nagel der Welt, eine Mitte schuf, die sich zugleich als eine kosmische und als eine ganz und gar mich betreffende anfühlte. Nie wieder habe ich ein so klares Gefühl der Einheit des Seins verspürt, so ein sorgloses Glück, wie unter dem Vollmond von Ratu Boko. Während der Mond zwischen Abenddämmerung und Morgengrauen seinen Halbkreis über unser Mysterium legte, versank ich tiefer und tiefer in den großen, warmen Stein, auf dem ich saß, genoss dieses Aufgehen in ein unendliches Sein und sehnte mich gar nicht in einen Körper zurück, der mich von Stein und Tier und Mensch schied. Könnte sich so der Tod anfühlen? Könnte er eine solche warme Gelassenheit sein? Tod, wo wäre dein Stachel? Hölle, wo ist dein Sieg?

Hingerissen hat uns auch der steinerne Berg des Borobudur. Da leuchtete aus der Tiefe der indonesischen Geschichte ein Licht, wie man es selten findet. Die umlaufenden Friese und die Buddhas auf den höheren Ebenen – als perfekte Harmonie und geradezu zwingende

Anleitung zur Kontemplation. Rainer Maria Rilke erwachte jeden Morgen, als er bei Rodin in Meudon lebte, mit den Blick auf einen (kopierten) Buddha Amitabha des Borobudur: „ … und unten vor dem Fenster steigt der Kiesweg zu einem kleinen Hügel an, auf dem in fanatischer Schweigsamkeit ein Buddha-Bildnis ruht."[2] Dieses javanische Buddha-Bildnis hat Rilke zu einem der schönsten Buddha-Gedichte angeregt, die ich kenne.

> Als ob er horchte. Stille: eine Ferne …
> Wir halten ein und hören sie nicht mehr.
> Und er ist Stern. Und andre große Sterne,
> die wir nicht sehen, stehen um ihn her.
>
> O er ist Alles. Wirklich, warten wir,
> daß er uns sähe? Sollte er bedürfen?
> Und wenn wir hier uns vor ihm niederwürfen,
> er bliebe tief und träge wie ein Tier.
>
> Denn das, was uns zu seinen Füßen reißt,
> das kreist in ihm seit Millionen Jahren.
> Er, der vergißt was wir erfahren
> *und der erfährt was uns verweist.*

Übrigens wurde auch Paula Modersohn-Becker durch den Borobudur inspiriert. Von ihrer geliebten Tante Cora von Bültzlingslöwen, die mit ihrem Mann lange in Java lebte, erhielt sie eine Reihe von Bildpostkarten mit Ansichten der Reliefs des Borobudur, die sie (wie übrigens auch Gaugin) in einigen ihrer Bilder aufgriff und transformierte. Es wäre sicher spannend, weiter über die vielfältigen Bezüge zwischen deutscher und indonesischer Geisteswelt zu berichten, aber das muss an anderer Stelle geschehen.

Bali, die nächste Station auf unserer Reise, war wirklich die große Nummer, die wir erwartet hatten. Damals, im Jahr 1969, gab es auf der Insel kaum Fremde. Der Massentourismus war noch nicht erfunden, und Hans Höfer schrieb noch an seinem legendären „Guide to Bali". In Kuta gab es keine Übernachtungsmöglichkeit, das letzte Bemo fuhr nach den schwelgenden Sonnenuntergängen zurück nach Denpasar, und selbst in Ubud waren die Abende still. Auf der Hauptkreuzung

---

[2]   Rilke. *An Clara Rilke Meudon-Val-Fleury, chez Rodin, Mittwoch den 20.September (1905), Briefe,* Insel Verlag, S. 112.

Ubuds, direkt am Markt, gab es zwei Warungs. Der eine gehörte der majestätischen Ibu Rai, und hinter dem anderen saß die hübsche Okawati. Beide boten den gleichguten *nasi campur* an, und doch saßen wir häufiger bei der jungen Okawati mit ihrem offenen Lächeln. Heute betreibt sie eines der Luxushotels in Ubud, ihre Kinder haben in Kanada studiert, und als ich sie vor Jahren auf die Zeit an der Kreuzung unter dem Banyanbaum ansprach, versicherte sie aufrichtig, dass das die schönsten Jahre ihres Lebens waren. Was wird sie wohl damit gemeint haben? War es die Armut, die ihr als Ideal anmutete? Wohl kaum. Es muss dieser verrückte Mond, diese Stille in der Dunkelheit auf der verlassenen Kreuzung eines verschlafenen balinesischen Dorfs gewesen sein, diese Stunden, als die wenigen Gäste eng in den Schein der Öllampe ihres Warungs rückten und sich gegenseitig ihre Welten erklärten und sich darüber ein seltsamer Zauber ausbreitete. In Penestanen adoptierte uns ein altes kinderloses Ehepaar, und wir erfuhren, wie erbittert auch in Bali Verwandte miteinander umgehen können. Ich hatte Jahre später die Freude, die Kremation der beiden Alten, die wie Philemon und Baucis in heiliger Gelassenheit auf ihren Tod hinlebten, ermöglichen zu können.

In diesen späteren Jahren, als ich so manches besser verstand, begannen mich Scham und Entsetzen zu plagen. Ich begriff, dass der damalige opulente Festkalender Balis, all die nicht enden wollenden Zeremonien in Tempeln und an magischen Plätzen, etwas mit den unerlösten Seelen der tausendfachen Ermordeten zu tun hatte, deren Blut 1965 die Flüsse Balis rot färbte. Und Scham erfasste mich wieder, als mir noch ein paar Jahre später der Maler Djoko Pekik erzählte, dass zu jener Zeit, als ich auf der Malioboro in Yogyakarta den neuerfundenen *es alpukat* schlürfte, er nur einen Steinwurf entfernt gefangen saß und sich mit Baumrinde am Leben hielt. Das alles und vieles mehr musste mit meiner seltsamen Liebe zu Indonesien in Übereinklang gebracht werden und brachte mich oft an den Rand meiner emotionalen Möglichkeiten. Wie sollte ich die Vollmondnacht in Ratu Boko nach der Geschichte Joko Pekiks im inneren Gerüst meines Lebens verankern? Wie jene seligen Monate auf Bali mit dem Blut in den Flüssen in Übereinstimmung bringen? Da war ich aus einem Land geflohen, das in der vorangegangenen Generation die millionenfache Vernichtung von Menschen organisiert hatte und das zu meiner Zeit den tausendfachen Mord in Vietnam tausendfach hinnahm. Und nun lebte ich unter sanften, lächelnden Menschen, von denen jeder ein Massenmörder gewesen sein konnte. Als Jugendlicher wurde ich durch die Erkenntnis der Verbrechen Deutschlands während der Naziherrschaft traumatisiert. Die indonesischen Verbrechen und mein anfänglicher lockerer Umgang damit lösten ein sekundäres Trauma aus. Vielleicht lässt sich in dieser seltsamen Verstrickung auch ein Teil meiner Faszination für dieses Land erklären.

Aufrechte Bewunderung für das moderne Indonesien empfand ich nach jenem Fußmarsch von Atampupu/Timor nach Balibo/portugiesisch Timor, als uns plötzlich aus einem Fort des 16. Jahrhunderts eine Gruppe angolanisch-portugiesischer Soldaten mit altertümlichen Flinten ansprang. Und als auf den Märkten, im immer noch kolonialen Timor, die Menschen scheu vor uns zurückwichen, weil sie sich nicht trauten, von Europäern einen angemessenen Preis für ihre Waren zu verlangen, wurde mir die historische Bedeutung der indonesischen nationalen Revolution geradezu körperlich nahegebracht. Die Würde des Menschen, die in keinem kolonialen System die nötige Achtung fand, diese Würde hatte sich das indonesische Volk durch seinen revolutionären Kampf und durch die Erklärung seiner Unabhängigkeit im Jahre 1945 zurückgeholt. Es sollte noch etwas dauern, bis auch die Leute von Timor diesen Schritt vollzogen, und es war eine böse Ironie der Geschichte, dass Indonesien, das selbst im Feuer der Revolution geboren worden war, nun die Unabhängigkeit seines kleinen Nachbarn nicht anerkennen wollte und Timor brutal unter seine militärische Knute zwang. 25 Jahre nach der eigenen Befreiung vom Kolonialismus war das Land bereit, ein anderes vorübergehend zu kolonialisieren! In Dili/Timor traf ich aber auch junge portugiesische Offiziere, die in Abendschulen einheimischen jungen Leuten eine Vision von einer freien Gesellschaft vermittelten. Ihnen schickte ich später aus Australien Bücher von Franz Fanon und Herbert Marcuse.

In diesen Wanderjahren als faszinierter Hippie habe ich unendlich viel gesehen und unendlich wenig verstanden. Gleichwohl legte diese visuelle Erfahrung eine tiefe Spur in meine Seele, und als ich später an die Universität nach Heidelberg und Cornell zurückkehrte, fielen schnell die einzelnen Bruchstücke des Puzzles ineinander. Die nächtlichen Übungen mit der *silat*-Gruppe in Bukittinggi, die Faszination, die der *tari caci* (Peitschentanz) – in der Manggarei/Flores auf uns ausübte, die exquisite Form der Karo Batak-Adathäuser in Lingga und die der Penisis bei Bulukumba in Sulawesi Selatan, die endlose Steintreppe hinauf nach Bawomatalue und jene zu den Sultansgräbern in Imogiri, all das fügte sich zu neuem Sinn zusammen.

Mein Eintritt nach Indonesien war also ein spielerischer, ein pittoresker, ein ganz und gar unwissenschaftlicher. Als ich an die Universität zurückkehrte, trieb mich auch der Wunsch, mehr von dem Gesehenen, Gefühlten, Erahnten zu verstehen. Leider muss ich sagen, dass dies so nicht eintrat und auch gar nicht eintreten konnte, da Wissenschaft zwar auf die Unmittelbarkeit der Begegnung mit der wirklichen Welt angewiesen ist, sich aber gleichzeitig in eine nötige Distanz zum Alltag des Forschungsobjekts begeben muss, um zur Abstraktion, dem Kern jeder wissenschaftlichen Methode, zu gelangen.

Ich schrieb mich an der Universität Heidelberg ein und studierte Südostasienkunde und Ethnologie am Südasien-Institut. Bewusst legte ich mein zweites Studium ziemlich breit an. Neben Veranstaltungen mit asiatischem Bezug hörte ich Literatur- und Religionsgeschichte und ein wenig Soziologie. Aber es war schon damals der historische Zugang zur Welt, der mich interessierte, und das hat sich auch nicht verändert. Besonders fasziniert war ich vom universalhistorischen Ansatz des Professors Emanuel Sarkisyanz, der mit der gleichen Kompetenz über die Kulturgeschichte Zentralasiens lesen konnte wie über die nativistischen Bewegungen in den Andenstaaten. Sein Spezialgebiet war Burma, und in seinem Buch „Buddhist Background of Burmese Socialism" lenkte er den Blick auf politische Ereignisse durch das Prisma der Kultur und Religion Burmas und kam damit zu wesentlich tieferen Einsichten als vorausgegangene Historiker. Sarkisyanz' Arbeiten zur Geschichte der unterschiedlichen messianischen und chiliastischen Bewegungen in Russland und Südostasien waren vom gleichen Geist und der gleichen Methodik geprägt. Ähnlich arbeitete auch Professor Bernhard Dahm (in seiner Dissertation über Sukarno), mit dem ich später zusammenarbeiten durfte. Als ich mein Studium in Heidelberg mit einer Arbeit zur Geschichte der Ethnographie der Minangkabau abgeschlossen hatte, hatte ich das Glück, ein Stipendium am Southeast Asian Program der Cornell University zu gewinnen. Cornell war zu jener Zeit das Mekka der Südostasienwissenschaft und die oben erwähnte Methodologie von Professor Sarkisyanz und Professor Dahm war dort zur Perfektion entwickelt worden. Dies war möglich, weil amerikanische Wissenschaftler jener Zeit – wesentlich mehr als deutsche – ausgedehnte Feldforschungsaufenthalte in den Ländern ihres Interesses einplanen konnten und dadurch den Geschmack einer Kultur tief in ihren Kleidern hängen hatten. Zwischen Heidelberg und Ithaca/New York lag aber zunächst Bukittinggi/Westsumatra, wo ich eine längere Feldforschung einschob. Es war damals meine Absicht, die kulturellen Wurzeln und politischen Spuren des minangkabauschen Kommunisten Tan Malaka kennenzulernen, denn ich hatte mich entschlossen, eine Dissertation über sein Leben und Werk zu schreiben. Tan Malaka, der als Kominternvertreter Südostasiens und später als Gegenspieler Sukarnos eine wichtige Rolle in der asiatischen Linken und im politischen Leben der indonesischen Nationalbewegung und der frühen Republik spielen sollte, war zu jener Zeit noch recht unerforscht. Das war nicht verwunderlich, da im damaligen Indonesien, in der „Neuen Ordnung" Suhartos, jeder Aspekt der kommunistischen Beteiligung an der nationalen Bewegung und am Unabhängigkeitskampf verschwiegen, verborgen, verteufelt werden musste. Ein Exemplar von Tan Malakas Hauptwerk „Madilog" erwarb ich in einem Antiquariat unter geradezu konspirativen Bedingungen. Alle seine Werke waren in Indonesien verboten. Die Geschichtsschreibung Indonesiens ist noch heute dabei, 15 Jahre nach dem Sturz Suhartos, sich aus den Schlingen einer autoritären Wissenschaftspolitik der *Orde Baru* zu befreien – bislang mit mäßigem Erfolg. Zu tief verwurzelt sind 30 Jahre autoritäre Indoktrination. Es war damals schwierig, Menschen zu finden, die eine Ahnung davon hatten, wer Tan Malakka war, und die willig waren, mit mir darüber zu sprechen. In Westsumatra kontaktierten mich einige, die in den 1950er Jahren Mitglieder der Partai Murba waren, also jener Partei, die sich auf das Erbe Tan Malakas berief. Sie erzählten unzählige Geschichten und Verschwörungstheorien, die alle sehr interessant, aber historisch zweifelhaft waren. Wichtig war allerdings ihr Hinweis auf Tan Malakas Geburtshaus in Suliki, einer entlegenen Gegend des Regierungsbezirks Agam. Ich machte mich mit örtlichen Verkehrsmitteln auf den Weg, die mich in die nähere Umgebung des Hauses brachten. Nach längerem Fußmarsch lag das alte Rumah Gadang, ein Familienhaus mit nach oben gebogenen Giebelstangen, unter mir in einer Senke. Ein wenig fühlte ich mich wie der Eichendorff'sche Taugenichts auf dem Weg zurück in die elterliche Mühle, obgleich hier in Suliki weder Mühlrad noch elterliche Verbundenheit zu erwarten waren. Ich war literarisch aber soweit in das Leben Tan Malakas eingedrungen, dass ich glaubte, seine Gefühle beim Anblick des Elternhauses im Tal nacherleben zu können. In diesem Haus im Tal, am Ende der Welt, wurde der Junge von seinem Vater in die Welt der Bücher eingeführt, und seine Mutter erzählte ihm am Abend die *Kisah Yusuf,* die Geschichte von Joseph und seinen Brüdern, die etwas später und an ganz anderem Ort von Thomas Mann in eine literarisch betörende Form gegossen wurde.

Von den Großneffen des weitgereisten Kommunisten wurde ich mit einer Mischung aus Verlegenheit, Unsicherheit und auch Stolz empfangen. Gerne erzählte man mir biographische Gerüchte, und gleichzeitig war man sicher, dass der Name Tan Malaka verbrannt sei und daraus keine große indonesische Erzählung mehr werden könnte. Im Rückblick hatten die Großneffen glücklicherweise Unrecht. Nach der Ablösung des autoritären Suharto-Regimes, 1998, erregte Tan Malaka für eine Weile mehr Aufmerksamkeit in der politischen Publizistik als jeder andere politische Held der Vergangenheit. Mein Dissertationsthema starb übrigens einen schnellen Tod, denn es erschien plötzlich die phantastische Tan Malaka-Biografie von Harry Poeze, die ich in ihrer Genauigkeit nie hätte übertreffen können. Dieses Buch und die drei Ergänzungsbände, die später folgten, sind Meilensteine der biografischen Literatur Indonesiens. Es war ein ausgesprochener Glücksfall, dass eine große historische Persönlichkeit – Tan Malaka – in einem großen Historiker – Harry Poeze – seinen Biografen gefunden hat.

Ich fand bald ein anderes Thema für meine Dissertation, nämlich die kultur- und religionshistorische Aufarbeitung der Jahre zwischen dem Ende der Padrikriege und dem Beginn des islamischen Modernismus (*kaum muda*) in Minangkabau. Diese Zeit zwischen den Jahren 1849 und 1908 war historisch wenig bearbeitet, erschien mir jedoch wichtig, da gerade in jenen Jahren die kolonialen Strukturen in die Seele des Landes eingebrannt wurden, Strukturen, die in gewisser Weise Westsumatra und Indonesien bis heute prägen. Als es sich herausstellte, dass in diesem Zeitraum Sufibruderschaften vor allem die Naqshbandiyya, eine wichtige soziale und politische Rolle gespielt hatten, konnte ich an ein Interesse anknüpfen, das mich schon seit Jahren beschäftigt hatte.

So kam ich also nach Cornell mit einem Thema, das dort zwar Niemanden interessierte, aber das, durch die intellektuelle Atmosphäre vor Ort, doch eine ständige und stetige Reifung erfuhr. Neben einer exzellenten Gruppe von älteren Studenten, die genau wie ich an ihren Dissertationen saßen, traf ich dort jene legendären Wissenschaftler – George McKahin, Ben Anderson, James Siegel –, die die Grundlagen

einer neuen Indonesistik gelegt hatten und deren Bücher mein Lehr-
material in Heidelberg waren. Wie das an amerikanischen Eliteuniver-
sitäten damals so üblich war, beschränkte sich der Umgang zwischen
Lehrenden und Lernenden nicht allein auf den Kontakt an der Universität, sondern dehnte sich auch auf das Leben jenseits des Campus
aus. Und bald sprachen sich Lehrende und Lernende mit Vornamen
an, eine Umgangsform, die an einer deutschen Universität vollkommen undenkbar gewesen wäre.

Meine Zeit in Cornell veränderte mein Amerikabild, das bis dahin
hauptsächlich von den imperialistischen Eskapaden seiner Regierung
geprägt war. In Ithaca lernte ich ein intellektuelles, mitfühlendes, em-
pathisches Amerika kennen, das sich in seiner politischen Haltung nur
wenig von der meinigen unterschied. Und ich lernte ein Amerika der
ungebremsten Lebensfreude kennen. Unvergessen jene Nächte, in denen die Bahama Mamas aus Buffalo in die Stadt kamen und uns mit
ihrer Musik zum endlosen Tanzen zwangen. Auch erlebte ich in jenen
Monaten die damaligen Helden meines Musikgeschmacks – Bruce
Springsteen, Sting und Van Morrison – live auf der Bühne.

Einer meiner Lieblingsplätze in Cornell war die Wason Library. Diese Bibliothek besaß so ungefähr jedes Buch, das in irgendeiner Form
einen Indonesien-Bezug hatte, und ich verbrachte viele süße Nächte
darin. Manches Mal ließ ich mich absichtlich einschließen und sank
erst früh am Morgen über einem Buch zusammen. Dort begegnete mir
zum ersten Mal der Name des javanischen Malers Raden Saleh. Es fiel
mir das kleine Buch „Dua Raden Saleh, dua nasionalis dalam abad ke
19" von Soekanto in die Finger, aus dem ich erfuhr, dass ein indonesischer Maler namens Raden Saleh im 19. Jahrhundert Europa besucht
hat und – welch ein Wunder – auch einige Monate in Coburg, das nahe
meiner Heimatstadt Bamberg liegt, gelebt hatte. Die Verbindung eines
Javaners zu meiner Herkunftsregion hat sich tief in mein Bewusstsein
gegraben und sollte später wieder reaktiviert werden.

Nach meinen Aufenthalt in Cornell schloss sich das Übliche und
Unabwendbare jedes Amerikaaufenthaltes an: die Reise quer durch
den Kontinent nach Kalifornien. Auch mich begeisterten die wunderbaren Naturtableaus des Mittleren Westens – von Wyoming bis nach
New Mexico. Und als ich schließlich den Pazifischen Ozean erreichte,
wäre auch ich, wie der ominöse spanische Eroberer, am liebsten in die
Gischt gewatet – aber es gab ja nichts mehr zu erobern, und eine Fahne

hatte ich auch nicht parat. Und so genoss ich Kalifornien auf die Art, wie man das in den Siebziger Jahren eben tat – als touristischer Pilger in Haigh Ashbury und als Tagesgast im bezaubernden Willard Park in Berkeley, der damals als Ho Chi Minh Park bekannt und Treffpunkt der „freien Gesellschaft" Berkeleys war.

Aber da gab es ein weiteres Ziel. Ich hatte bereits in Europa den taoistischen Lehrer und Tai-Chi-Meister Gia Fu Feng kennengelernt und wusste, dass er in den Bergen Colorados das taoistische Meditations- und Lebenszentrum „Stillpoint" betrieb. Dorthin zog es mich für die nächsten Monate. Ich lebte in einer kleinen, abgelegenen Holzhütte und stand täglich um vier Uhr morgens zur Meditation auf. Bei Sonnenaufgang trafen wir uns zur Tai-Chi-Praxis auf der großen Plattform, direkt vor dem gewaltigen Gebirgspanorama der Rocky Mountains. Am Vormittag pflegten wir ein paar Stunden Gemeinschaftsarbeit im Garten oder im Gelände, und am Nachmittag saß ich geistig erfrischt und konzentriert an meiner Dissertation. Diese Zeit der äußeren und inneren Stille schuf die gemäße Energie für mein intellektuelles Unternehmen. Innerhalb weniger Monate hatte ich auf einer alten Schreibmaschine die wesentlichsten Texte meiner Arbeit heruntergeklappert und musste sie später nur noch durch gezielte Archiv- und Bibliotheksrecherchen verfeinern. So saß ich also auf über 2.000 m Höhe in den Bergen Colorados und dachte über die religiösen und geschichtlichen Verwerfungen Westsumatras im 19. Jahrhundert nach. Über die verschiedenen wirtschaftlichen Entwicklungen in Agam, Tanah Datar und Limapuluh Koto und die daraus resultierenden unterschiedlichen religiösen Gestaltungen. Weshalb dominierte in manchen Gebieten weiter die traditionelle Shattariyya-Sufibruderschaft den religiösen Diskurs, während in anderen die neuangekommene Naqshbandiyya die Überhand gewann und eine neue Elite gebar? Meine Kollegen in Stillpoint lächelten still vor sich hin, wenn ich ihnen von meinen sumatranischen Leidenschaften erzählte. Agam und Naqshbandiyya waren ihnen genauso fremd und fern, wie sie den meisten Lesern dieser Zeilen sein werden. Für mich aber waren das Begriffe und Prozesse aus einer Gegend, die mir als eine meiner möglichen Heimaten erschien – zumindest im Bloch'schen Sinne: Heimat als zu schaffende Utopie.

Der weitere Prozess der Promotion war schnell geschafft. Die Fakultät für Orientalistik und Altertumswissenschaft der Universität

Heidelberg erteilte mir, meiner Leidenschaft gemäß, die schöne Beurteilung *summa cum laude* und entließ mich in mein zweites Leben. Das hatte bereits gut angefangen, denn ich hatte meine zweite Frau kennen und lieben gelernt und Zukunftspläne mit ihr geschmiedet. Und dann bekam ich vom Doyen der deutschen Indonesienwissenschaft, Professor Dr. Bernhard Dahm, das ehrenvolle Angebot, ihn bei der Gründung des ersten deutschen Lehrstuhls für Südostasienkunde an die Universität Passau zu begleiten. Nach Java und Sumatra, Marokko und den Rocky Mountains, nun Passau in Niederbayern! Es wurde eine gute Zeit und wir leben noch heute dort und werden voraussichtlich dort sterben.

Neben der Lehrtätigkeit, die ich von Anfang an liebte, kam schnell ein großes Forschungsprojekt. Ich wollte, Bescheidenheit war nicht angesagt, eine Kulturgeschichte der *tarikat*, der Sufibruderschaften, in Südostasien schreiben. Glücklicherweise finanzierte die Volkswagen-Stiftung dieses Vorhaben, und ich suchte mir ein kleines Team indonesischer Mitarbeiter zusammen. Es waren Djohan Effendi, der damals für die Forschungsstelle des indonesischen Religionsministeriums arbeitete, sowie Moeslim Abdurrachman, der im gleichen Department beschäftigt war. Als freier Mitarbeiter des Projekts war für eine Zeit auch Abdurrahman Wahid, der besser unter dem Namen Gus Dur bekannt ist, engagiert. Er versorgte uns mit guten Kontakten und mit einem Strom von Witzen, denen nichts, außer einer unverbrüchlichen Liebe zu den Menschen, heilig war. Dass dieser wundervolle, lebendige Mann einmal Präsident der Republik Indonesien werden könnte, stand in den 1980er Jahren allerdings nicht in den Sternen, und es war mir später ein großer Schmerz, miterleben zu müssen, wie grandios er an dieser Aufgabe gescheitert ist und wie dabei alte Freundschaften zerbrachen, etwa die zu Johan Effendi, der ja lange der Bürochef des Präsidenten Abdurrahman Wahid war.

Als wir das Sufibruderschaften-Projekt starteten, waren wir nicht sicher, ob wir einer historischen Chimäre hinterherliefen, denn zeitgenössische Berichte zu Bruderschaften lagen kaum vor. Wir durchstreiften als Team West-, Mittel- und Ostjava. Wir besuchten Pesantren in Städten und in entlegenen Gegenden, und wo wir auch hinkamen und nachfragten, eröffnete sich uns ein soziales Feld, das bis dahin von der Forschung ungesehen war. Sufibruderschaften, *tarikat*, waren dicht mit der Struktur der indonesischen Religionspraxis verwoben, aber strebten nicht nach öffentlicher Sichtbarkeit. Und wir stießen auf eine verwirrende Vielfalt. Da gab es die neo-sufistische Tijaniyya in Buntet/ Cheribon, die im gleichen Pesantren mit der altertümlichen Shattariyya koexistierte. In Surayalaya bei Tasikmalaya lernten wir den charismatischen Scheich Abah Anom kennen, der seine Naqshbandiyya-Qadiriyya über weite Teile Westjavas und Banjumas verbreitet und sie zu einer Art Lokalreligion entwickelt hatte. Surayalaya war nicht nur eine Ausbildungsstätte für islamische Wissenschaften, sondern auch für weltliche Bildung. Daneben engagierte sich das Pesantren in der Rehabilitation drogenkranker Jugendlicher. Mit großem Vergnügen erinnere ich mich an jene Tage im freundlichen Pesantren Surayalaya; nicht zuletzt auch an jene junge hübsche Studentin der Psychologie aus Yogyakarta, die ohne Kopftuch und im kurzen Rock als Sprecherin des Scheichs, der, obgleich er Abah Anom (der junge Scheich) hieß, bereits damals sehr alt war, agierte. Wie passten die Beiden zusammen? Sichtbar problemlos. Über Äußerlichkeiten, Kleiderordnungen und anderen Einschränkungen scheint man im damaligen Surayalaya wenig nachgedacht zu haben. Als ich wenige Jahre später noch einmal Surayalaya besuchte, war der Scheich von einem Schlaganfall gezeichnet. Der Strom gläubiger Besucher, die seinen Segen suchten, wollte nicht abreißen. Der dort gelebte Islam war die javanische Version der großen Weltreligion: eine unaufgeregte, offene und tolerante Spiritualität, die neugierig war auf alle möglichen Erfahrungen. Der Prozess der Globalisierung hat diese Balance zerstört. Heute reagiert die Umma immer mehr auf politische Verwerfungen in irakischen Städten und afghanischen Tälern, auf religiöse Ängste und Triumphgesänge, die keine Verbindung zur eigenen Lebenserfahrung haben, sondern allein ideologischer Natur sind. Seltsamerweise hat diese Öffnung hin zur Welt eher ein gestörtes als ein entwickeltes Selbstbewusstsein gefördert. Wir sind uns alle näher gerückt und können nun unseren gegenseitigen Geruch nicht mehr ertragen.

Eine Vorahnung jener späteren Entwicklung dämmerte mir beim Besuch im Pesantren Pagendingan/Tasikmalaya, in dem man sich zum Tarikat Idrisiyya bekannte und das nur wenige Kilometer von Surayalaya entfernt liegt. Dort wurde mir klar, dass es innerhalb und außerhalb der indonesischen Sufibewegung auch ganz andere Muster gab. Dort reichte man mir, dem Ungläubigen, nicht die Hand, die Frauen trugen die Burka – einschließlich schwarzer Handschuhe. Ein Rauchverbot war in Kraft, was im Indonesien der 1980er Jahre ein schräges Phänomen war, und die Auslegung der Sharia war strikt und scharf. Ernüchtert zogen wir uns nach Suryalaya zurück, und nie hätte ich mir damals träumen lassen, dass die hoch ideologisierte Atmosphäre Pagendingans ein attraktives Modell für zukünftige Generationen indonesischer Muslime werden könnte. Nicht die Gelehrsamkeit, Toleranz und Freundlichkeit Suryalayas wurden zum Modell, die Rigorosität, das Dogma und die Freudlosigkeit Pagendingans erwiesen sich als mindestens genauso stark. Dass es heute Muslimen in Aceh und anderen Provinzen verboten ist, Christen eine gesegnete Weihnacht zu wünschen, dass die Scharia-Polizei auf den Straßen Banda Acehs Leute verhaften soll, die es wagen, das neue Jahr mit einem Böller zu begrüßen, dass überall nach jungen Paaren geschnüffelt wird, die sich vielleicht küssen könnten (Gott bewahr!), das alles habe ich im Jahr 1985 in Indonesien für undenkbar gehalten. Die Geschichte hat uns etwas anderes gelehrt. Die Anziehungskraft des Radikalen, das sich in einer tiefen Kränkung wähnt, die nur gewaltsam überwunden werden kann, erwies sich weltweit und auch in Indonesien als sehr stark. Kann es sein, dass der Islam, der viele Jahrhunderte im Archipel eine segensreiche Rolle spielte, der lokale Vorstellungen und Kulturtradition in sein System integrieren konnte, sich nun zum Rechtssystem verengt, in dem die Barmherzigkeit und Gnade des angebeteten Gottes keine Rolle mehr spielt? Beginnen nicht 80 der 81 Suren des Korans mit der wunderbaren Anrufung: *bismi 'llāhi 'r-raḥmāni 'r-raḥīmi – Im Namen des barmherzigen und gnädigen Gottes*? Kann es wirklich sein, dass der allmächtige Herr der Schöpfung sich von einem nichtbedeckten Haupt einer Frau belästigt fühlt? Gekränkt von einem Muslim, der einem Andersgläubigen die Hand reicht, obgleich er sie schon fürs Gebet gereinigt hatte? Könnte er all die endlosen Verbote und dürren Regeln der Freudlosigkeit von seinen Gläubigen fordern? Könnte es sein, dass Religion an sich das Problem und eben nicht die Lösung ist? In Indonesien, in Europa und sonst wo auf der Welt? Aber wofür würde eine solche Erkenntnis nützlich sein? Zum Glück geht bis heute die übergroße Mehrheit der indonesischen Muslime davon aus, dass dem nicht so ist. Aber auch jene, die vollendete Tatsachen schaffen wollen, die als große Reiniger unterwegs sind, beginnen ihr Gebet mit *bismi 'llāhi 'r-raḥmāni 'r-raḥīmi – Im Namen des barmherzigen und gnädigen Gottes*.

Ich gehöre seit meinem 18. Lebensjahr keiner Denomination oder Religionsgemeinschaft mehr an. Ungestört von unverstandenen heiligen Regeln stehen im Mittelpunkt meiner Ethik das Mitgefühl und die Empathie. „My religion is compassion, my temple is my heart." Die Praxis dieser Regel ist auch nicht einfach, aber ich könnte keiner anderen als dieser selbstbestimmten Ethik folgen. Sie fordert meine ständige Wachsamkeit heraus.

Doch zurück zu dem Sufi-Projekt. Ich reiste nicht nur in Java, sondern auch quer durch Sumatra, Kalimantan und Sulawesi. Immer auf der Suche nach alten und neuen mystischen Strukturen, nach Suluk-(Exerzitien-)Häusern und privaten Bibliotheken. Ein besonderes Interesse entwickelte ich für die *silsilah*, die Übertragungs- und Überlieferungsketten lokaler Scheichs. Sie dokumentieren mit erstaunlicher Genauigkeit, wer von welchem Scheich initiiert wurde und von welchem Scheich wiederum dieser Scheich seine *ijazah* (Lehrerlaubnis) erhalten hatte. Diese Dokumentation lässt sich über viele Generationen verfolgen und zeigt klar und eindeutig, welche Einflüsse aus welcher Ecke der islamischen Welt im Archipel wirksam wurden. Wo haben die Lehrer der Lehrer studiert? In Mekka? Bei welchen Gelehrten saßen sie? Bei Kurden? Ägyptern? Daghestani? Welche Version des Sufismus haben sie aufgenommen und mit in den Archipel gebracht? Eine kontemplative Variante? Oder den aktivistischen Neo-Sufismus, der den Widerstand gegen die kolonialen Kafiren forderte? All das lässt sich an den *silsilah* ablesen. Ich konnte damit z.B. nachweisen, dass die heute in Aceh existierende Shattariyya nicht jene ist, die der große acehische Gelehrte Abdur Rauf al-Singkeli bei dem brillanten kurdischen `alim Ibrahim al-Kurani gelernt hatte und mit nach Sumatra brachte, sondern dass die *silsilah* der heutigen Shattariyya in Aceh über den südthailändischen Gelehrten des 19. Jahrhunderts, Scheich Daud Yusuf Patani, laufen und dass es sich deshalb um eine Wiedereinführung dieser Bruderschaft handelt, einer Shattariyya, die sich einem anderen theologischen Programm verpflichtet fühlt als der Abdur Rauf'schen Shattariyya, die heute noch in Westsumatra praktiziert wird. Solche kleinen Erkenntnisse sind Anlass genug, um über die Kontinuitäten im indonesischen Islam zu philosophieren. Eigentlich stützen sie Professor Johns These, dass die Islamisierung des Archipels kein linear und zügig verlaufender Prozess war, sondern dass neben raschen Ausbreitungswellen Zeiten der Regression, der Regionalisierung und des

Stillstands gedacht werden müssen, die dann wieder von Wellen der Erneuerung abgelöst wurden. Der mystische Islam ist in diesem Spiel keineswegs eine beharrende, traditionalistische Kraft gewesen, sondern stand oft im Mittelpunkt von Reformbewegungen, von theologischen Erneuerungen, die durch reformierte Bruderschaften aus dem Haramayn nach Indonesien gebracht worden waren.

Wendungen in meinem Leben und meiner Karriere führten dazu, dass ich mich eines Tages dazu entschloss, die große Unternehmung, das Schreiben der Kulturgeschichte der *tarikat* in Südostasien zunächst nicht weiterzuverfolgen. Und so sitze ich bis heute auf einem Turm von wundervollem Primärmaterial und hoffe auf jenen jungen Gelehrten, der sich dieses Schatzes bemächtigen möchte.

Ein zweites Forschungsinteresse, das ich schon seit einiger Zeit parallel zu meinen Islamstudien verfolgte, war die Frage nach dem Verlauf des Modernisierungsprozesses im Java des 19. Jahrhunderts. Bald musste ich feststellen, dass die Quellen, die normalerweise in anderen Weltregionen zur Erforschung von Modernisierungsprozessen zur Verfügung stehen (literarische, philosophische, religiöse Texte), in Indonesien so nicht vorhanden sind. Es gab keine ausgeprägte einheimische Literatur (zumindest keine, die mir zugänglich war), anhand derer dieser Prozess nachverfolgt werden konnte. Aber es gab visuelle Zeugnisse: Bilder, Zeichnungen, Architekturen. Und auf diese wollte ich mich konzentrieren. Sollte es möglich sein, über eine javanische Semiotik einen Zipfel des Modernisierungsprozesses zu erhaschen?

Dieser Ansatz führte mich zurück zu dem javanischen Maler Raden Saleh, dem ich ja, wie oben berichtet, bereits im Bibliotheksbunker der Wason Library in Cornell begegnet war. Raden Saleh und die Moderne in der indonesischen Kunst sollten fortan im Zentrum meines wissenschaftlichen und persönlichen Interesses stehen. Ich zog mich aus dem akademischen Betrieb zurück, da meine neue Leidenschaft nicht so recht in das Lehrprogramm einer deutschen Universität passen wollte und gründete das privat organisierte „Centre for Southeast Asian Art", das es sich zum Ziel macht, die moderne Kunst in Südostasien, Schwerpunkt Indonesien, zu dokumentieren und zu erforschen.

Der Höhepunkt dieser wunderbaren Arbeit, der ich viele gute Begegnungen verdanke, war die 2012 in der Galeri Nasional Jakarta gezeigte Ausstellung „Raden Saleh dan Awal Seni Lukis Modern Indonesia". Zum ersten Mal überhaupt sollte das Werk des javanischen

Großmeisters, der in Coburg mit Königin Victoria und anderen Mitgliedern des europäischen Hochadels speiste und in Dresden mit Clara und Robert Schumann die Gegend um Maxen durchstreifte, in einer Einzelausstellung gezeigt werden. Dass es zu dieser komplexen Werkschau des Kosmopoliten Raden Saleh kommen konnte, ist in erster Linie der Leidenschaft und Energie des damaligen Direktors des Goethe-Instituts Jakarta, Franz Xaver Augustin, zu verdanken. Gegen alle Widerstände und mit hohem persönlichem Risiko setzte er sich über Monate für das Projekt ein, an dessen Ende eine Ausstellung stand, wie es bis dato noch keine in Südostasien gegeben hatte. Menschen aller Gesellschaftsschichten strömten in die Galeri Nasional und ließen sich von den Bildern „ihres Rembrandts" und der exquisit und aufwendig gestalteten Präsentation derselben verzaubern. Ein vielfältiges Beiprogramm, das vom wissenschaftlichen Symposium, über kommissioniertem *wayang kulit*, bis zum Wettbewerb junger Modestudenten zum Thema „Raden Saleh" reichte, zog zusätzliches öffentliches Interesse an. Am Ende bildete sich vor dem Ausstellungsgebäude eine lange Schlange von Menschen, die auf Einlass warteten. So etwas hat es in Indonesien noch nie gegeben. Mehr als 20.000 begeisterte Besucher sollten es werden. Die Ausstellung wurde zum Mythos. Beigetragen haben dazu natürlich viele, aber nennen muss ich unbedingt meine Assistentin Irina Vogelsang, ohne die vieles nicht möglich gewesen wäre. Der Erfolg war für mich ein Moment der Dankbarkeit und des Stolzes. Ein Höhepunkt der Liebesbeziehung zwischen Indonesien und mir. Die Ausstellung und das dazugehörende Buch waren für mich auch deshalb so befriedigend, weil es mir damit gelungen war, langjährige Forschungsergebnisse dort abzuliefern, wo sie hingehören: beim indonesischen Volk. Diesen Ansatz, der exemplarisch und mit großen Erfolg von meinem Freund Peter Carey, Trinity College Oxford, praktiziert wird, betrachte ich als Auftrag für zukünftige Indonesienwissenschaftler. Ergebnisse sollten dort vermittelt werden, wo sie gesammelt werden: im Herzen jener Gesellschaft, die man so oder so studiert hat. Peter Carey gelang es, seinen Forschungsschwerpunkt, das Leben und Wirken des javanischen Prinzen Diponegoro, Anführer des letzten großen Kolonialkrieges auf Java, durch Rückübersetzungen, Lesungen, Theater- und Tanzaufführungen und anderer Aktivitäten in Indonesien unter die Leute zu bringen und dabei eine neue gesellschaftliche Debatte um Diponegoro auszulösen. Wenn westliche

Regionalforschung nicht im Elfenbeinturm der Universitäten verenden will, muss sie Wege der Vermittlung zurück in die Ursprungsländer anstreben. Ich kann versichern, dass dies eine sehr erfreuliche Aufgabe ist.

Meine Beziehung zu Indonesien hat aber auch ganz andere Seiten gesehen. Etwa im Januar 2005, als ich mit drei jungen Freunden nach Meulaboh/Aceh aufbrach, um den vom Tsunami überrollten Menschen beizustehen. Wir schlugen uns in eine niedergewalzte Stadt durch, in der traumatisierte Menschen wie Gespenster liefen, Gespenster die uns unbedingt und immer wieder ihre Geschichten erzählen mussten. Das Ausmaß an Zerstörung und an Leid war von jener Art, die kaum zu ertragen war, und wenn wir am Abend in unserem Zelt im UN-Camp saßen, hielten wir uns und waren froh, dass wir uns hatten. Die Intensität dieser Erfahrung, diese Bilder der Verzweiflung, wird uns nie wieder verlassen. Verlassen wird uns aber auch nicht der Stolz, dass wir, dank unserer unkonventionellen Arbeit, innerhalb weniger Tage ein Stipendien-Programm für 100 SMA-Schüler, die Eltern oder Elternteile in der Flut verloren hatten, organisieren konnten und dass wir am Ende unser Versprechen, die Kinder bis zum Abitur zu unterstützen, haben halten können. Eine ganz herausragende Rolle spielte bei dieser Arbeit mein Freund Gunnar Stange, dessen ausgezeichnete Sprachkenntnis und Empathie den Grundstein für unsere erfolgreiche Arbeit in Aceh legten.

Als wir bei einem der nächsten Besuche eine komplette Ausrüstung für die Feuerwehr von Meulaboh mitbringen konnten, die vom Ehren-Brandmeister der Stadt Passau, Herrn Joseph Aschenbrenner, auf dem Appellplatz dem Bupati der Region überreicht wurde, da war die Anspannung schon gewichen. Gespenster gab es keine mehr und der Tod war bereits dem Leben danach gewichen. Es hat mich immer wieder erstaunt, wie schnell sich die Menschen in Indonesien wieder dem Leben zuwenden können. Mögen die Verluste auch noch so groß sein, die Hinwendung zum Leben folgt auf dem Fuß. Aceh, das am Ende eines jahrelangen, blutigen Konflikts noch eine Flut ertragen musste, die etwa 170.000 Menschen das Leben kostete, scheint heute dieses Trauma überwunden zu haben. Oder ist das nur scheinbar? Die politische und kulturelle Entwicklung der letzten Jahre zeugt von keiner großen Souveränität der Herrschenden. Immer enger wird der Handlungsspielraum der Menschen definiert, als ob die vergangenen

Heimsuchungen auf individuelle und gesellschaftliche Verfehlungen zurückgeführt werden könnten. Der Sturm aus dem Paradies, der dem Engel der Geschichte Trümmer auf Trümmer vor die Füße schleudert, ist laut Walter Benjamin das, was wir Fortschritt nennen. Zurzeit ist der Trümmerhaufen, den dieser Sturm kontinuierlich auftürmt, exemplarisch in Aceh zu besichtigen.

In jeder Katastrophe findet sich aber auch ein Juwel. In Banda Aceh trafen wir den Maler Mahdi Abdullah, dem der Tsunami nicht allein Eltern und Geschwister nahm, sondern auch sein Atelier mit all seinen Bildern weggespült hatte. Er lebte mit Frau und Kindern auf engstem Raum in einem Häuschen und fand dennoch Platz und Muse zum Malen: fulminante Bilder, die die Erfahrungen der jüngsten Geschichte Acehs zum Thema hatten. Da war nichts konstruiertes, keine ausgedachten Bildwelten, sondern alles war elementare Erfahrung. Und dies machte seine Kunst so stark. Wir versprachen Mahdi zu helfen und konnten ihn später als ersten Artist-in-Residence des Center for Southeast Asian Art nach Passau holen. Drei Monate blieb er bei uns, und weil er auf seiner Abschiedsausstellung gut verkaufen konnte, eröffnete sich für ihn ein neuer Weg in seiner Heimat. Mahdi Abdullah ist heute ein angesehener und respektierter Künstler in Yogyakarta, der mit einer Serie von acehischen Porträts auf künstlerisch eindrucksvolle Weise sein Trauma bearbeitet.

Eine weitere wichtige Begegnung, die vor 15 Jahren begann und anhält, war die mit der Performancekünstlerin und Aktivistin Arahmaiani. In den letzten 15 Jahren haben wir in unendlichen Gesprächen uns unsere Welten erklärt, und sie wies mir viele Wege zum tieferen Verständnis ihrer Gesellschaft. Natürlich könnte ich hier weiter endlos Namen von wichtigen Begegnungen aufzählen und mich selbst zu endlosem Geschwätz verführen. Genannt werden müssen aber noch Dr. Heinrich und Karin Seemann. Unsere Freundschaft begann als Heinrich Botschafter in Jakarta war. Irgendwie haben wir entdeckt, dass in beiden von uns eine endlose Neugier angelegt ist und nie mangelt es uns an Gesprächsstoff. Dabei geht es oft um die geistigen Verbindungen zwischen Deutschland und Indonesien, ein Forschungsfeld, das Heinrich Seemann durch eine Ausstellung und ein Buch eindrucksvoll in die Öffentlichkeit gebracht hat.

Ich habe bis hierher hauptsächlich Geschichten erzählt, die mir oft erst wieder beim Akt des Schreibens einfielen. Diese jedoch sind nur äußerliche Beschreibungen von gesammelten Eindrücken. Wie aber manifestierte sich Indonesien in meiner Seele? Wie hat mich die Begegnung mit Indonesien verändert?

Das ist nicht so leicht zu schildern, da ja bekanntlich die Bewegung der Seele eine verborgene ist. Jedenfalls hat meine Seele in den letzten 45 Jahren im Angesicht Indonesiens so ziemlich jede Anmutung empfunden, die in einer Beziehung möglich ist: naive Begeisterung, tiefe Ablehnung, wissenschaftliche Annäherung, emotionale Erschütterung durch menschliches Leid und Getragenheit durch menschliche Zuneigung. Das hat meiner Seele den Raum für jene selbstverständliche Gelassenheit geöffnet, die Respekt und Zuneigung mit einer kritischen Distanz verbindet. Als ein Deutscher der ersten Nachkriegsgeneration wurde ich von Lehrern erzogen, die irgendwann einmal auch einen Eid auf den Führer geleistet hatten. Der Faschismus lugte in der deutschen Nachkriegsgesellschaft noch aus allen Falten. Das Fremde war nicht nur fremd, sondern musste zugleich abgewertet werden. Das Fremde begann im katholischen Bamberg bei den protestantischen Flüchtlingskindern. Niemand lehrte uns, mit Alterität umzugehen. Dies alles habe ich in und mit und durch Indonesien (und in langen Gesprächen mit meiner Frau Hanna) lernen dürfen. Und dafür bin ich dankbar.

Sutan Takdir Alisjahbana, indonesischer Dichter, Sprachwissenschaftler, Philosoph, schrieb einmal, dass es keine „anderen" Kulturen gibt. Jene Eigenschaften, die wir bei anderen als anders erleben, sind nichts anderes als unsere eigenen, bisher unentdeckten Potentiale. Das klingt wie ein guter Schlusssatz.

Annäherungen an Indonesien

Heinz Schütte

In memoriam Grant Evans
Mildura, 11.10.1948 – Vientiane, 16.9.2014

Voyages autour de ma chambre

Berthold Damshäuser hat mich aufgefordert, über meine Erfahrungen mit Indonesien zu schreiben. Aber ein solcher Bericht schüttelt sich nicht aus den Ärmeln, zumal ich infolge begrenzter Kenntnisse nichts Handfestes über Indonesien zu sagen habe; mein Parcours weist nichts Außerordentliches auf, hat höchstens für mich selbst Bedeutung und dürfte eine Leserschaft kaum interessieren. Ich bin ein Spätkommer, der sich erst seit Kurzem und mit nur wenigen Themenbereichen auseinandergesetzt hat, sich ständig den Lücken des Nichtwissens konfrontiert sieht, und ich will keinem in der Akademie, der sich lebenslang mit Indonesien beschäftigt hat, ins umfassende Wissen des gelehrten Handwerks pfuschen oder mich gar an ihm messen. Wenn ich dennoch versuche, meine mit Indonesien wie ein Flickenteppich verbundenen Erinnerungen und Erfahrungen aufzuzeichnen, indem ich nun, um dem Freund den Wunsch zu erfüllen, eine Annäherung nachvollziehe, setzt sich eine lang zurückreichende Assoziationskette in Gang, die es notwendig machte, in die Archivkammer zu steigen, längst abgelegte Briefe, Aufzeichnungen, Dokumente aller Art zu durchforsten. Das Ergebnis der Recherche ist dürftig – entweder habe ich die frühen Notizen nicht gefunden, oder es gibt sie nicht (mehr). Ich nehme an, dass ich damals – in den 1960er und frühen 1970er Jahren – weder langfristig noch die Ereignisse abstrahierend dachte, geschweige denn ein auf Dauer angelegtes wissenschaftliches Projekt verfolgte, eher die Impressionen goutierte, sie mit den Begleitern des Augenblicks diskutierte, nur wenige Notizen im Taschenkalender machte, dies und das auf Tonbänder aufnahm, die aber entweder verloren gingen oder im Laufe der Jahrzehnte sich wie altes Tuch zersetzt haben. Nur spärliche Briefspuren finden sich, in denen ich wenig Konkretes über Vergangenes entdecke. Das nachlässig Aufgezeichnete, zufällig Gerettete nimmt ungeahnte Bedeutung an, weil daraus Vergessenes rekonstruiert wird, wogegen das umfangreichere Geschehen versunken bleibt. Und trotzdem – auch die lückenhafte Lektüre alter Notizen, aufgehobener Zettel und Briefe ist wie die Entdeckung aufeinander gehäufter Identitätssplitter, die sich im erstaunten Rückblick als verschüttete Vorgeschichte erweisen, als Elemente des Gewesenen … Leider allerdings weisen selbst die allesamt aufgehobenen Taschenkalender nicht immer die Spur, denn manchmal war ich um die Jahreswende nicht an Orten, wo der abgelaufene im Schreibwarenladen nebenan ersetzt werden konnte, so dass die Eintragungen im Folgejahr erst Monate später beginnen, so etwa Anfang 1972 in meiner damaligen Heimat Australien.

Anfang Dezember 1971 war ich von Melbourne über Cairns im Norden von Queensland nach Port Moresby in Papua-Neuguinea gereist und verbrachte die Weihnachtszeit in Wewak im Nordwesten in Gesellschaft von Michael Somare,[1] nunmehr *Sir Michael*, ein *elder statesman*. Damals war er ein klug und vorsichtig, geschickt lavierender Aufmüpfiger gegen die australische Kolonialherrschaft, der es sich mit keinem verderben wollte, und Veronica Somare freute sich an den ersten Teilen eines sich langsam aufbauenden Silberbestecks. Einige Monate früher hatten mehrere der führenden neuguineanischen Unabhängigkeitsbeweger in meinem Haus in Melbourne kampiert – Michael Somare vom Sepik, John Kaputin von der Gazelle-Halbinsel, Leo Hannett von Bougainville, John Kasaipwalova von den Trobriand-Inseln. Wenige Tage vorher, am 5. Juli 1971, meinem 34. Geburtstag, hatte ich eine Kollegin der französischen Fakultät unserer La Trobe University, Marie-France Inserra, getroffen; sie saß im Auto, mit dem mein damaliger Student Richard Curtain mich zum *lunch time talk* zur Monash University chauffierte, wo ich über Tanzanias *ujamaa villages* referierte, nachdem ich am Vormittag ein Seminar zur *Critical Theory* der Frankfurter Schule abgehalten hatte. Es war der australische Winter, ich war stark erkältet, Marie-France war verlockend in einen Pelz gehüllt, ich hatte bald Gelegenheit, ihr von meiner Einsamkeit zu berichten, was ihr angesichts der bunten Gästeschar in meinem Hause seltsam erschien, und wir heirateten ein paar Wochen später. Als das Vorhaben meinen

---

[1]   Wir picknickten am Meer, sehr zum naserümpfenden Erstaunen der (weißen) Strandbesucher …

Studenten bekannt wurde, gab es einen Aufschrei des Entsetzens, Delegationen erschienen, die darauf bestanden, dass die Heirat eine bourgeoise Institution sei und uns mahnten, von dem konterrevolutionären Vorhaben abzulassen; doch wir ließen uns nicht beeindrucken, sondern reisten bald zusammen für einige Monate nach Papua-Neuguinea, das wir politisch korrekt, den Namen für das Land entsprechend dem *Melanesian Pidgin* indigenisierend, *Niugini* schrieben.

Seit Mai 1969 lebte ich als Hochschullehrer für Soziologie in Melbourne. Die Epoche war bestimmt von 1968, das mehr war als eine Studentenrevolte, Unterschiedliches je nach Bedarf und Befindlichkeit bedeuten konnte. Das Verhältnis zwischen den Geschlechtern wurde ein anderes, und das zu den Autoritäten, die sich, so dachten wir, als nur vermeintliche entpuppten, hatte sich geändert. Für mich war es das Ende der Hierarchien, der Herrschaft des Geheiligten und Unbezweifelbaren. Das bedeutete, sich infrage zu stellen, akademischem sowie sozialem Status und den vorgeblich ultimativen Wahrheiten zu misstrauen, das Leben spielerischer, kritischer, gleichzeitig verpflichtender und selbstverantwortlicher anzugehen und sich dem Karrieredruck zu entziehen – ich bin und war keinen letzten Wahrheiten verpflichtet und habe keine institutionell eingebundene Karriere angestrebt. Damit ergab sich auch die Bewegung gegen den Krieg in Vietnam, wenngleich wir nicht erkannten, dass es sich wesentlich um einen vietnamesischen *Bürgerkrieg*[2] handelte, aber wir ahnten, dass das mörderische Vorgehen des Westens keine Lösung sein konnte. Es wurde uns zum Vorwand, unsere eigenen Gesellschaften und die Generation unserer Väter zu kritisieren. Vietnam, über das wir tatsächlich nichts wussten, kam da recht gelegen, genauso wie die Entdeckung der „Dritten Welt" als Alternative zur eigenen Welt erschien – es brauchte lange, bis wir begriffen, dass „das Andere" und „die Anderen" nur unterschiedliche Möglichkeiten menschlichen Daseins darstellten ... In Australien war die Vietnambe-

---

[2] Siehe hierzu neuerdings Tuong Vu, Triumphs or tragedies: A new perspective on the Vietnamese revolution, in: Journal of Southeast Asian Studies, 45(2), 2014, der die nationalistische (1945-46) von der sozialistischen Revolution (1948-88) abgrenzt und in diesem Bruch den Beginn des Bürgerkrieges zwischen einem kommunistischen und einem anti-kommunistischen Block ansiedelt. Dazu auch meine beiden 2010 in Berlin erschienenen Bücher: Fünfzig Jahre danach. Hundert Blumen in Vietnam 1954-1960, S. 14/15, 98/99 sowie Hanoi, eine nach-sozialistische Moderne, S. 59/60, 86 ...

wegung auf dem Höhepunkt. Am 4. Juli 1969, dem Unabhängigkeits-
tag der USA, zog ich mit meinen Studenten zur Demonstration gegen
den Krieg und wurde von den Polizisten hoch zu Pferde zusammen-
geschlagen.[3] Ich war in den Antipoden angekommen, aber so anders
als Westeuropa waren die unter den Bedingungen des Kalten Krieges
nicht, zumal Australien an der Seite Amerikas in Vietnam die bis heute gebetsmühlenartig als ultimative Rechtfertigung aller Gräuel be-
schworene Freiheit verteidigte – der Totschlaghammer, wenn es darum
geht, kritische Fragen und abweichende Meinungen zu ersticken. Meine Reputation des aufrechten anti-imperialistischen Linken war damit
jedenfalls, Vietnam sei's gedankt, lange bevor ich seine Wirklichkeit
entdeckte, etabliert.

Ich schweife ab ... Es war um diese Zeit, möglicherweise schon im
August des Vorjahres, dass ich westlich von Wewak bzw. Vanimo nahe
der Grenze zu West-Papua, wahrscheinlich durch Vermittlung des einsamen Möchtegernpolitikers William Hawarry, mit Flüchtlingen und
Widerständlern aus dem von Indonesien besetzten Teil Neuguineas
zusammentraf. Zu jener Zeit gab es gar den Traum von einer unabhängigen melanesischen Föderation, die West Irian, Papua-Neuguinea,
die britischen Salomon-Inseln und die anglo-französischen Neuen
Hebriden umfassen sollte.[4] Hawarry verfügte nicht über die von in
Priesterseminaren oder am East-West Center der University of Hawai'i
erworbene, von den absehbar ex-kolonialen Partnern erwartete bieg-
same Weltläufigkeit, um auf den Zug der im unaufhaltsamen Aufstieg
befindlichen, pragmatisch agierenden neuen Politstars zu springen.
Der moralisch empörte, unsicher in den Begriffen von Recht und Unrecht denkende Provinzpolitiker, der in vagen Formulierungen davon
träumte, seine in Rabaul gegründete *Sepik Youth Movement* und seine
Ein-Mann-*National Labour Party* gegen die bereits etablierten Bewegun-

---

[3]   Ich trug dabei einen hellen, in australischen Protestkreisen recht ungewöhnli-
       chen, für mitteleuropäische (bürgerliche) Studenten und Akademiker hingegen
       durchaus den gängigen Kleidernormen entsprechenden „Staubmantel" und ge-
       schmeidige Lederhandschuhe. Dadurch war ich für die Ordnungshüter leicht
       als Gruppenführer auszumachen ...
[4]   Siehe: West Irian's rebels make belated plea for Black Melanesia. Nicolaas Jouwe
       writes to John Guise but it's too late, in: FOCUS (produced, printed and published
       by the Independent New Guinea News Service Ptd. Ltd.), No. 6, October 1971.

gen auszubauen,[5] solidarisierte sich mit den Leuten von Irian Jaya und war für die Politikmacher des kommenden unabhängigen Inselstaates kein Partner. Die widerwilligen Papua-Indonesier hatten sich in der Erwartung auf politische und militärische Unterstützung ihres Begehrens nach Unabhängigkeit von Indonesien über die Grenze nach *Niugini* geflüchtet. Mir bleibt eine schattenhafte Erinnerung an dieses Zusammentreffen mit ohnmächtig ratlosen, bettelarmen Männern, die zwischen die Interessenblöcke geraten waren. Die Republik Indonesien begründet ihren Anspruch auf den westlichen Teil Neuguineas damit, dass ihr Staatsgebiet das gesamte ehemalige Niederländisch-Indien umfasse, und Australien bzw. das bald in die Selbständigkeit entlassene Papua-Neuguinea wollten es sich nicht mit dem mächtigen indonesischen Nachbarn und dem Militärregime der Neuen Ordnung unter General Suharto verderben.[6] Heute noch ist die Lage der Papua-Provinzen innerhalb der Republik Indonesien eher die einer Kolonie (wenngleich die politische und soziale Wirklichkeit Papua-Neuguineas kein Vorzeigebeispiel für ein freies Land sein kann). Ihre als „geschichtslos" abgetane Bevölkerung, so hört man in Indonesien, könne sich nicht selbst überlassen werden. Für die korrupten politischen und militärischen Oberschichten Indonesiens ist West-Papua mit der Ausbeutung reicher Bodenschätze und einträglichen Palmölplantagen für den globalisierten Markt ein ideales Feld der Kapitalakkumulation. Das bedeutet die eliminierende Zurückdrängung der hergebrachten kleinbäuerlichen Wirtschaft,[7] Verarmung und soziale Ausgrenzung.

---

[5]   Gespräche mit P. Francis Mihalic SVD am 17. 12. 1971 in Wewak und William Hawarry in Kreer/Wewak am 19. 12. 1971. „My fellow countrymen need a voice to fight for their rights", unterstrich Hawarry mit unbeholfen stockender Stimme, und er meinte insbesondere die für einen Hungerlohn arbeitenden Plantagenarbeiter; seine politischen Vorstellungen von einer *Labour Party* waren nicht klar zu trennen von denen der im Westsepik grassierenden Cargo Kulte …

[6]   Das Militär schrieb sich die Macht des alleinigen Herrschers im Staate zu und nahm sich die Möglichkeit, alte Formen der Beziehung zu Staat und Gesellschaft zu zerstören, um ein neues Muster der Entwicklung des Staates und seiner Beziehung mit der Gesellschaft aufzubauen – Robert H. Taylor, The State in Myanmar, London 2009, S. 5.

[7]   Daran hat auch die seit 2001 gültige Sonderautonomie für Papua nichts geändert; s. hierzu die Darstellung von Bobby Anderson, Special Autonomy has crippled health services in the Papuan Highlands, www.insideindonesia.org/? option=com_content&view=article … Für lokale Eliten, Beamte und mächtige Clans bzw. deren *big men* sind, wie fast überall in Indonesien, Dezentralisie-

Durch massive Einwanderungswellen aus übervölkerten Landesteilen Indonesiens werden die Papuas zu einer Minderheit in ihrem Lande. Erst kürzlich hat die Asiatische Menschenrechtskommission (AHRC) dem Suharto-Regime bei seiner militärischen Offensive in der Provinz Papua 1977/78 Völkermord vorgeworfen.[8] Krieg und Massaker zum Zweck der Machtsicherung gegen die eigene Bevölkerung waren die Grundlage der indonesischen Militärherrschaft.

In diesem Zusammenhang mögen einige weitere Zeilen über die frühe Geschichte des sich auf die Unabhängigkeit vorbereitenden Papua-Neuguinea erhellend sein, weil sie das langfristige Verhältnis des Landes zu den papuanischen Provinzen Indonesiens vorwegnehmen: Am 16. November 1971 erinnert mich Somare, damals Mitglied des House of Assembly, daran, dass wir über die Möglichkeit einer bundesrepublikanischen finanziellen Unterstützung für seine *Pangu Paty* (Papua New Guinea Unity Party) gesprochen hatten, denn „we certainly need finance to combat … against the United Party who are actually financed by big business both in Niugini and Australia. We are in a very weak position at the moment as we have not the kind of money to win elections this time." Er bat mich um einen Draht zu den deutschen Sozialdemokraten oder einer Stiftung, „which would be prepared to help us and our course for freedom in this country" in der Vorbereitung auf die Wahlen im kommenden Jahr. Ich wandte mich an die Friedrich-Ebert-Stiftung in Bonn; der Leiter des Forschungsinstituts informierte mich postwendend, dass er „leider negativ reagieren" müsse; die FES finanziere keine parteipolitischen Aktivitäten, und „wir (sind) nicht in der Lage, in abhängigen Gebieten politische Aktionen zu unterstützen", denn das sei „die Voraussetzung dafür, daß wir die Bundesrepublik nicht in unendliche außenpolitische Schwierigkeiten bringen."[9] Das Schreiben erreichte mich in Wewak; der Realpolitiker Somare meinte, man müsse wohl auf *self government* warten, bevor man mit Unterstützung rechnen könne. Einige Monate später wird er Chief Minister, ist weiterhin an der FES interessiert, denn „Pangu Pati still has problems

---

rung bzw. die Verlagerung von Zuständigkeiten der Nach-Suharto-Periode auf Provinzen und regionale Autoritäten längst zur Quelle von Bereicherung und Machtzuwachs geworden.

[8]   Thomas Berger, Indonesiens verdrängter Genozid, in: Junge Welt, 7.11.2013.
[9]   Brief Horst Heidermann 7.12.1971.

of funds, even though we are the government. A lot of these people still think they should only give money to the United Party."[10] Doch die Stiftung bleibt zögerlich – „what would our Indonesian friends say if we work with the Niuguinians?", hatte man mir zu verstehen gegeben.[11] Suhartos Indonesien ist der unumgängliche Partner in der Region. Das kann der Chief Minister verstehen, er hält sich von jeder offenen Rückenstärkung der armen Rebellen westlich von Wewak zurück und schickt 1978 als Prime Minister seine Truppen an die Grenze mit Irian Jaya, um den eingeklemmten Aufständischen zu zeigen, wo es langgeht und dass mit einem unabhängigen Papua-Neuguinea nicht zu spaßen ist.[12]

Das war meine ursprüngliche Erfahrung mit Indonesien bzw. dem Widerstand gegen seine territorialen Ambitionen an der Peripherie des Inselreiches. Möglicherweise ziehe ich hier im nebulösen Rückblick Ereignisse zum Zwecke der Erzählung und in Ermangelung weiterer Quellen zusammen, die den Abläufen nicht exakt entsprechen, doch ich kann für ihre strukturelle Stimmigkeit garantieren; die Ereignisse haben sich als Eindrücke eines Vergangenen wie Fossilienspuren in mir festgesetzt. Ich war nach frühen Ausflügen in die Soziologie Afrikas im Prozess der Entkolonisierung auf dem Weg in die pazifische Inselwelt, längerfristig in den uralten indochinesischen Kulturraum zwischen Indien und China – eine lange, holperige Entdeckungsreise, auf der ich versuchte, meine kulturelle Verankerung zu begreifen. Das Verstehen anderer Kulturen meint, sofern die Machtverhältnisse es erlauben, sich dialogisch in einem gleichgewichtigen Verhältnis der Unterschiedlichkeit zu verorten. Wenn ich über Vietnam, über Neuguinea oder Indonesien schreibe, versuche ich, das Spezifische der Anderen zu begreifen, in ihr Denken und die Logik ihres Tuns einzudringen. Sie werden nicht so oder so vorwegnehmend benannt, begrifflich festgelegt, „viel-

---

[10]   Brief Michael Somare 8.6.1972.
[11]   Brief Heinz Schütte an Michael Somare 27.12.1972.
[12]   „It was quite predictable for Somare and Olewale to send troops to the border. There's little consciousness of the Irian Jaya situation in Port Moresby. Students were quick to strike over a rather trivial, isolated incident of an influential student being suspended for striking his lecturer, but not a rumour over the Gov't bowing to appease the Indonesians." Brief David Tenenbaum, Port Moresby, 17.6.1978.

mehr setzt man sich ihnen aus, ohne sie auf sich selbst zu beziehen"[13], um sie endlich zu erkennen. Gleichzeitig spüre ich abgrenzend meinem europäischen Lebensfeld nach, um im Versuch des Diskurses das Gemeinsame zu entdecken und das Unterscheidende zu begreifen. Stephen Greenblatt „gelangt zu einer Art von Akzeptanz des Anderen in sich selbst und von sich selbst im Anderen."[14] Und so schreibe ich, um W. G. Sebald über Robert Walser zu zitieren, um welches Thema es auch sich gerade handeln mag, immer am gleichen Text, den man „als ein mannigfaltig zerschnittenes oder zertrenntes Ich-Buch" bezeichnen könnte,[15] dem sich jedesmal neue, bislang verschüttete Gesichtspunkte hinzufügen, als wären es (mögliche) Stücke von meiner Welt. *Je m'amuse*, ich entdecke meine Eigenheiten – zumindest dann, wenn mir das Schreiben gelingt – es entspannt, ist beglückend und bringt Klarheit, wenngleich Letztere schnell dem fragenden Zweifel weicht, denn jedes Werk oder Wissen ist ein Momentanes, das alsbald überholt wird. Die Studien von Margaret Mead über Samoa und Neuguinea liefern Hinweise auf amerikanische Selbstunzufriedenheit. Dabei geht es, trotz zeitweilig unwirscher Ungeduld, weder um Hierarchien noch um die Umsetzung eigener Normen in ein preskriptives Modell für andere Gesellschaften. So hoffen wir, uns im Versuch des Verstehens kultureller Differenz, gesellschaftlichen und politischen Handelns aus Kulturblindheit zu befreien, um gegenüber und mit den Anderen nachsichtiger zu werden und sie weniger zu gefährden.[16] Wenn ich mich bemühe, diese Sicht auf fremde Gemeinwesen anzuwenden, kann es nicht um eine kritiklos idealisierende Lobhudelei ‚anderer' Zustände gehen, zumal die in der Zeit kapitalistischer Globalisierung keine Anderen mehr sind. Wir stehen vielmehr in der solidarischen Pflicht, eine

---

[13] Günter Figal, Nachwort, in: Ernst Jünger, Das Abenteuerliche Herz. Zweite Fassung. Figuren und Capriccios, Stuttgart 1999, S. 185.

[14] Stephen Greenblatt, Wunderbare Besitztümer. Die Erfindung des Fremden: Reisende und Entdecker, Darmstadt o. J., S. 206.

[15] W. G. Sebald, Logis in einem Landhaus, Frankfurt am Main 2000, S. 147

[16] Thomas Meaney, The Swaddling Thesis, in: London Review of Books, vol. 36, no. 5, 6 March 2014. – „Sich nicht nur selbst behaupten in der Welt, sondern das Andere als es selbst zu verstehen" bezeichnet Robert Spaemann als ein grundlegendes menschliches Interesse, und er fährt fort: „Verstehen heißt: nachvollziehen können." Ders., Über Gott und die Welt. Eine Autobiographie in Gesprächen, Stuttgart 2012, S. 336/337.

globalisierte Kritik der neoliberalen Ungerechtigkeiten zu betreiben, wo immer sich das Dumme, Böse und Barbarische auch finden mag.

Indonesien, ebenso widersprüchlich wie andere Gesellschaften, erschien mir von Anfang an als ein Land, dessen Eliten ihre Interessen mit rücksichtsloser Gewalt durchzusetzen wussten, wobei Herrschaft in ein ungemein verfeinertes Netz von moralischen, künstlerischen und gesellschaftlichen Formen, die ihre eigene Gesetzlichkeit haben, legitimierend eingebunden war – in Religion, Musik, Tanz, Malerei, Literatur, Theater, Baukunst, Ethik – die bis auf die Ebene der *kampung* (Dörfer) herabreichen. Ich wollte Indonesien (oder Papua-Neuguinea oder Vietnam) verstehen, und es ging mir um eine ethisch begründbare, nicht durch den Zeitgeist vorgegebene Handlungsanleitung[17] für die soziale und politische Sache, um die Ungerechtigkeit des Bestehenden … Nachdem ich 1980 meine universitäre Anstellung in Australien aufgegeben hatte, haben mir Fachkollegen die Verfolgung meiner Arbeiten ermöglicht. Denn wo der Forscher vorwiegend durch institutionelle Einbindung definiert ist, braucht der Einzelkämpfer Unterstützung durch Alliierte in Universitäten, Forschungseinrichtungen und Kulturinstituten, auf deren Rückhalt er setzen kann und die ihn legalisieren. Als ich nach Europa zurückkehrte, um in Paris ein freischwebender Forscher zu werden, etwa so wie ehedem der Privatgelehrte, war da der in Orissa/Indien als Missionarssohn geborene Hamburger Missionswissenschaftler Theodor Ahrens, der mich über einen Lehrauftrag an sein Institut band. Das ermöglichte nicht nur den Austausch mit Kollegen und Studenten, sondern auch den Zugang zu Forschungsgeldern für meine Neuguinea-Arbeiten. Danach hat mir der Historikerfreund Wilfried Wagner von der Universität Bremen – er wurde auf Sumatra ebenfalls als Missionarssohn geboren und verbrachte seine ersten Lebensjahre auf den Mentawai-Inseln – über seinen Lehrstuhl jahrelang den Zugang zur universitären Welt und zu Forschungsmitteln geebnet und auf diese Weise die institutionelle und materielle Basis für meine Untersuchungen in Vietnam ermöglicht. Ich bin in seiner Schuld und hoffe, ihn nicht enttäuscht zu haben. Und das gilt natürlich für Franz Xaver Augustin, von Hause aus Historiker, ein mutig trickreicher Widerspruchsgeist, der nicht nachgibt, wenn es darum geht,

---

[17] Vgl. Spaemann, op. cit., S. 177 (Partei ergreifen des Bürgers – Verstehen des Philosophen) und S. 126 (Tyrannei der Werte im Anschluss an Carl Schmitt).

dem offiziell Vorgegebenen auf den Grund zu gehen, das ideologisch Unantastbare im Mantel des diplomatisch akkreditierten Unschuldslamms fintenreich zu hinterfragen. Er schlägt sich soviel um die Ohren, das er organisatorisch umzusetzen hat, dass er selbst kaum zum Schreiben kommt – außer zu zahllosen Vor- und Geleitworten für Publikationen, Ausstellungen, Tagungen, Aufführungen, die er veranlasst hat. Aber das ist eben seine Aufgabe. Wenn er nicht wäre, hätte ich, ein lieber zuhörend und lernend im Hintergrund Sitzender, vom Rampenlicht Eingeschüchterter, kein Debattenredner, nicht die Erfüllungen erfahren, die mir mit Hilfe von Theo Ahrens, Wilfried Wagner und Xaver Augustin ermöglicht wurden. Fast 15 Jahre lang hat mir dieser Leiter des Goethe-Instituts in Hanoi, danach Regionalleiter der Goethe-Institute Südostasien mit Sitz in Jakarta, über die Runden geholfen, indem er seine Hand gleich einem schützenden Mantel gegenüber den misstrauischen leninistischen Alleswissern Vietnams über mich hielt. Denn Autonomie und persönliche Freiräume sind in einem System wie dem Vietnams, in dem die Fragen a priori *ex cathedra* beantwortet sind, nicht vorgesehen. Etwas aus reiner Lebens- und Wissensfreude zu tun und es wie ein „magisches Kraut"[18] zu genießen, einer Frage nachzugehen, ihren Grund zu erforschen, ist da höchst suspekt. Intellektuelle und institutionelle Unabhängigkeit bedeutet, der Kontrolle durch die allgegenwärtigen Partei- und Staatsinstanzen zu entgleiten, und das ist Ketzerei, und der Ketzer, wie Brecht wusste, „gehört in den Zinksarg". Das kann nicht gut gehen.

So kam es zu dem, und das gilt insbesondere für Indonesien, was man gemeinhin als Auftragsarbeiten bezeichnet, die hingegen immer dem entsprachen, was ich ohnehin verfolgt hätte bzw. was an Vorhergegangenes anknüpfte. Denn Xaver, dem guten Genius, wäre es nicht eingefallen, mir etwas anzutragen, das meinen intellektuell-emotionalen Ambitionen entgegenstand und das er, der Missionar west-östlich kultureller Begegnung, nicht selbst auf sich genommen hätte, wäre er eben nicht der Einfädeler solcher Unternehmungen – ein glückliches Zusammentreffen. Waren es also manchmal von außen an mich herangetragene Themen, so habe ich sie doch zu meinem *plaisir* betrieben, für meine Bewusstwerdung – eine Sache des Sicherkennens über den Umweg der Entdeckung eines anderen sozialen, historischen Moments

[18]   Reinhold Messner, Alleingang. Nanga Parbat, München 1979, S. 230.

oder eines Menschen, der mir neue Horizonte eröffnete. Schreiben ist, ebenso wie Lesen, kontinuierliches Arbeiten an sich selbst und dem Ausschnitt der Welt, an dem man angesiedelt ist.

Politisch und aus der Ferne war Indonesien mir in den frühen 1960er Jahren gegenwärtig – es war die Zeit von Sukarno, Nasser, Nkrumah, Nyerere[19], Lumumba, Nehru, U Nu, charismatischen Gestalten mit politischen Visionen, die sich oft als Anti-Ideologien entpuppten, die den Aufbruch in eine gloriose Zukunft versprachen. Und sie hatten kein wirtschaftliches Projekt, hinter dem sich widerstreitende gesellschaftliche Kräfte hätten einigen können und das über Gruppeninteressen hinausging und nicht nur die Bereicherung Weniger, sondern die Teilnahme der Vielen gebracht hätte. Es war die Suche nach dem Dritten Weg jenseits der Blöcke, die jeweils die allein seligmachende Sache postulierten … Wenn ich heute durch meine Wohnung gehe, habe ich den Eindruck, dass Indonesien seit Jahrzehnten zu mir gehört. Denn da hängen an den Wänden oder liegen auf Regalen, Schränken und Kaminsimsen wunderbare, an das klassische Griechenland erinnernde javanische Theatermasken, Hinterglasmalereien, *wayang*-Figuren, märchenhaft geheimnisvolle balinesische Zeichnungen und Gemälde, winzige Schnitzereien und deftige Skulpturen, Dolche mit zart ziselierten Knäufen aus dem Batakland neben einem feinen, majestätisch-ephebenhaften Bronze-Krishna aus dem alten Java – kürzlich sind zwei Lithographien von Raden Saleh hinzugekommen – neben zahllosen Zeugnissen aus Neuguinea, Afrika, Indien, Nepal, den Philippinen, Malaysien, Thailand, Japan – Utamaro, Hiroshige –, China und Vietnam, *bark paintings* und Boomerangs der australischen Ureinwohner, ägyptische Ikonen, ein wenig auch aus Mexiko und Brasilien. Es sind Objekte, die an physisch-emotionale Freuden erinnern, intellektuellen Gewinn beschwören, aber auch an Versagungen, denen nicht nachgegangen zu sein ich bedaure; sie erinnern an mancherlei Gefährdungen, an Schuld und Übertretungen, die ich im Rückblick lieber nicht begangen hätte – ein *mea culpa* allerdings, das den Genuss des vergangenen Augenblicks auch im Nachhinein weder schmälert

---

[19] Während Nyereres Chinareise 1964 war ich in Dar es Salaam; es ging das Gerücht, dass er alle, die ihm politisch gefährlich werden konnten, mit auf die Reise genommen hatte – wieso denn das? Es gab also Widersacher und Zweifel, und das beschwor auch bei mir frühe Zweifel.

noch bereut.[20] Ich bin ein Sammler, der sich nicht nur die Gegenwelt schafft, sondern in den ihn umgebenden Objekten das Ingenium der vielen Kulturen und sich selbst zu entdecken hofft, so dass sich aus ihnen meine Geschichte und Gedankenwelt, die des Sich-Reibens an, des Austauschs mit den Anderen ablesen lässt;[21] von da ist es nur ein Schritt zum Forschen. Sammeln ist jedoch auch dies: Objekte sind Lebensbegleiter und geben Momenten der Vergangenheit in der assoziativen Rückschau Beständigkeit. Denn sie beziehen sich auf Erlebtes, auf Begegnungen, Freuden und Schmerzen, die in sie eingeschrieben werden, kurz: Sie werden dem Sammler zu Metaphern für Stationen seines Lebens, das sich in ihnen als Erinnerung abbildet, so dass jedes Stück eine Geschichte verkörpert. Gegenstände werden durch den, der sie zusammenträgt, indem er sie mit einem Erleben verbindet, aus einem originären Zusammenhang gerissen; im Akt der Übernahme werden sie re-interpretiert und erhalten neuen Sinn. Der „schön geformte und verzierte Krug", schreibt Robert Spaemann, gehe nicht auf in seinem Gebrauch, sondern „wird etwas als es selbst."[22] Es ist wie mit einem fremden Lied, dessen Text unverständlich bleibt, dessen Klang dem Zuhörer hingegen Geborgenheit und Empathie, Trost und Erklärung, Trauer und Verzweiflung vermittelt. Die Wohnung, in der das Gesammelte aufbewahrt wird, ist der vertraute Besinnungsort[23], die widerborstig vor Eindringlingen gehütete Höhle, das Pendant zur Unstetigkeit des Reisens. Denn „(d)u läufst bis ans Ende der Welt und

---

[20] Ein „Geist der Verkehrtheit" ist dabei im Spiel, der mich „gerade diejenigen verletzen ließ, die mir die Wege ebneten." Und das führt zu „unangenehmen Erinnerungen, wie sie zuweilen aus den Schichten der Vergangenheit auftauchen." – Ernst Jünger, Afrikanische Spiele, Stuttgart 2013, S. 97.

[21] Der Sammler ist ein schüchterner Mensch; er kommt nicht eigentlich zurecht mit der Welt und baut sich eine Kunstwelt aus den Dingen, die er mit dem Verlorenen verbindet. Oder aber er sammelt Dinge, die ihm den Kontakt mit Land und Leuten ersetzen: Er ist auf Beutezug, um die Leere zu füllen, seine Ankerlosigkeit kompensierend, um Verlorenes zu retten. Er wäre fähig, liebenswürdige alte Damen, die ihm sehr am Herzen liegen, spurlos um die Ecke zu bringen. Und er verfolgt die Gegenwelt des Schönen und Widerspruchslosen …

[22] Robert Spaemann, Über Gott und die Welt. Eine Autobiographie in Gesprächen, Stuttgart 2012, S. 318.

[23] Er ist freilich auch der Fokus der banalen Alltäglichkeit und der sorgenvollen materiellen Daseinssicherung, doch um das Bild nicht zu verwackeln, wird dieser Aspekt ausgelassen.

kommst schließlich dahinter, daß überall schon einer gewesen ist."[24]
Meinen Sie Zürich zum Beispiel ...

Ursprünglich hatte Indonesien infolge der frühen Erfahrung etwas
Bedrohliches, es blieb ein gemiedenes Zwischenland – das gewaltige
Inselreich gleich ‚neben' Papua-Neuguinea, jenseits von Australien
und dem mir zugänglicher erscheinenden Indien – und dieses Gefühl
wurde verstärkt durch das politische Klima der Epoche, durch die
nachträglich in Australien eingetroffene so genannte Studentenrevolte.
In Melbourne verband sie sich mit dem ideologisch aufbereiteten Widerstand gegen das mörderische Suharto-Regime, mit dem, was meine Kollegen und Freunde von der Monash University um Herb Feith,
meine Studenten und ich über die Massaker von 1965/1966 wussten
und mit der Solidaritätsbewegung für Osttimor (Invasion von und Anschluss an Indonesien Dezember 1975/Anfang 1976).[25] Ich hatte vergeblich versucht, eine Besuchserlaubnis für den westlichen Teil der Insel
Neuguinea zu erhalten ... Aber gleichzeitig hatte Indonesien etwas
Verlockendes, das sich mit alten Kulturen und Zivilisationen, mit Südsee und lauen Lüften, mit parfümiertem Charme und poetischer Raffinesse, mit Versöhnung und Aufeinanderprallen der Religionen, mit
heroischem Unabhängigkeitskampf und theatralisch-messianischer
Politik, mit pharaonisch-utopischen Visionen, mit Bandung 1955, der
Bewegung der Blockfreien und einer ausweglosen wirtschaftlichen
Lage reimte. Es war darüber hinaus die Welt zwischen dem hindu-
istisch-buddhistischen und dem konfuzianisch-taoistischen Kultur-
bereich, Indochina, in dem sich die unterschiedlichen Zivilisations-
ströme mit einem synkretistischen Islam paarten.

Lesen, Reisen im malaiisch-indonesischen Archipel

Meine Reisen, sofern sie nicht Teil eines Forschungsunternehmens
sind, aber auch da kann man nie ganz sicher sein, sind weder ratio-
nell noch effizient. Ursprünglich geboren aus verlockender Lektüre
und bedrängter Jugendlichkeit in Zeiten knapper Ressourcen während

---

[24] Jünger, Afrikanische Spiele, op. cit., S. 84.
[25] Ein für den Kalten Krieg typisches Szenario – das indonesische Militärregime,
Opfer seiner eigenen und der Phobien seiner Verbündeten, sah in FRETILIN
eine kommunistische Bedrohung vor seiner Haustür.

der 1950er Jahre – der Traum von der Möglichkeit, sich aus der Ordnung in die ersehnte existentielle Unordnung zu katapultieren, wozu es mir an Ausbruchsmut mangelte – ist daraus eine bürgerlich gezügelter Daseinsstil geworden. Nie laufen sie ab ohne psycho-physische Hochgefühle ebenso wie Zustände völliger Erschöpfung, da die Unordnung sich ganz anders einstellt als erwartet, nämlich als eine unerträgliche[26] oder als die Wiederholung des Alltäglichen, die alsbald unüberwindlich erscheint. Solche Zustände des Misserfolgs, Gefühle des Scheiterns, halten mehrere Tage an, bis sich aus ihnen neue Energie bildet – es ist allerdings die des Unsportlichen, der sich nicht aus physischen Reserven, sondern aus der Imagination speist. Die Reisen sind das Stück Chaos, Ausbruchsversuche, von nicht überwundener pubertärer Romantik getriebene Traumfahrten in einen eingebildeten Exotismus vom ansonsten Gewöhnlichen – die sich wiederholende Einübung in eine andere Umgebung. Sie rücken mich zurecht und erweisen sich als Methode, über die Infragestellung des Eigenen die Zwischenschichten über das touristisch Aufbereitete hinaus bei den Anderen zu entdecken. Das hat einerseits mit Träumen zu tun – nicht nur das aus dem Unterbewussten sich Einstellende, sondern die erstaunte Ahnung davon, dass die Dinge anders sein könnten. Träumen bedeutet auch, sich den Möglichkeitssinn zu bewahren und die Gewissheit, dass Persönliches, Gesellschaftliches und Politisches historisch machbar sind. Daraus leitet sich die (altmodische) Kategorie des Verstehens ab; sie meint, um es zu wiederholen, Sich-Öffnen, Hinhören, Hinschauen, das Gehörte und das visuell Wahrgenommene begreifen im Sinne von Aufnehmen – als Konstrukt und Kontaktangebot wahrnehmen, nicht: zugreifen, in Besitz nehmen und abtransportieren – es im Dialog zu formulieren und sich fragend vor das geistige Auge zu stellen. Reisen ist die Hoffnung auf Solidarität, Unerwartetes, auf Erkenntnisse, Genüsse, und darin gleicht Reisen der Lektüre. Lesen ist ein aktives, gar revolutionäres Unternehmen, der Schlüssel zum Verständnis von Wirklichkeit, die sich in Texten abbildet und hinterfragt wird. Das Lesen hat mir seit der späten Kindheit das Reisen vorgezeichnet. Der junge Antifaschist Rudy Schröder hatte sich als Le Duc Nhan dem antikolonialen Widerstand des Viet Minh im Dschun-

---

[26] „Wir werden ein wenig zu wild geboren und heilen die gärenden Fieber durch Tränke von bitterer Art", schreibt Ernst Jünger, Afrikanische Spiele, op. cit., S. 175.

gel Nordvietnams angeschlossen und las 1946 in seiner Bambushütte „dem Sumpf spätbürgerlicher Fäulnis entstiegene Philosophie", nämlich Sartres *L'Être et le Néant, Das Sein und das Nichts*. Die Debatten um den Existentialismus konnte er sich nur schwer vorstellen, doch er fand es „überraschend interessant". Im Dschungel ist man allein, manchmal eine zeitlang abgeschnitten von der Welt. Der Mann, der im Dickicht des Dschungels an einem Kampf teilnimmt, über dessen Auf und Ab die Welt sich neugierig unterrichtet, kennt bisweilen seine eigene Lage nicht. Man sieht nicht weit im Dschungel, man verliert die Welt aus den Augen. Da war die Lektüre von Sartres philosophischer *Summa* erregend. Sie brachte mich zurück in die Welt, nah ans Herz der Welt. Ich war nicht länger in namenlosen Wäldern verloren, diese Wälder gehörten zur Welt. In der Lektüre dieses Buches lernte ich die Welt sehen, wie ich sie bis dahin noch nie gesehen hatte, und mich in ihr."[27] Ich war nie Dschungelkämpfer, aber manches Mal habe ich auf indonesischen und neuguineanischen Inseln, in Afrika (unter kriegerischen Bedingungen während des Biafrakrieges in Nigeria) oder an philippinischen Küstenstreifen in Bambushütten, in Vergessenheit der mir ansonsten gewohnten Welt, soziologische, philosophische oder historische Abhandlungen gelesen, die jene unter den Leseumständen nur scheinbar ganz unwirkliche Welt betrafen, sie mir tatsächlich symbiotisch nahebrachte – Walter Benjamin, Theodor W. Adorno, Fernand Braudel, Eric Wolf oder Carlo Ginzburg, W. G. Sebald und Robert Walser, um nur diese zu nennen. Die Reflexion solcher Lektüre abseits der gewohnten Welt hat ihre widerspruchsvolle Einheit gelehrt und ermutigt, den von Robert Musil vorgeführten Möglichkeitssinn an Bord zu nehmen. Lesen ist freudiges Erstaunen, permanente Erneuerung der Welt; alles ist überwältigend und erstes Entdecken. Wenn es ein ewiges Leben gibt, dann stelle ich es mir vor wie eine holzgetäfelte Bibliothek aller Bücher aller Zeiten aller Sprachen mit tiefen Sesseln, weichen Sofas und soliden Schreibtischen.

Die Reisen nach Malaysia und Indonesien begannen um 1970; ursprünglich waren es ausgedehnte Zwischenstationen auf dem Wege von Australien nach Europa. Trotz ihres impressionistischen Charakters führten sie zu empirischen Einsichten, die meine theoretischen

---

[27] Heinz Schütte, Zwischen den Fronten. Deutsche und österreichische Überläufer zum Viet Minh, Berlin, 2. Auflage 2007, S. 150/151.

Vorgaben aus dem Elfenbeinturm erheblich ins Wanken brachten. Denn tatsächlich fehlten mir die Theorien, um das Erfahrene zu verstehen.[28] Mehrmals begannen die Ausflüge in Bali, sanft, duftig, blütenschwer, wenngleich ich wusste, dass das Blut da 1965/1966 in Strömen geflossen war. Es gab Gesprächsversuche mit zurückhaltenden Balinesen, mit Studenten, ich begann dies und das zu ahnen. Ich erinnere mich an hitzige Diskussionen mit Englisch sprechenden Indonesiern, die das Suharto-Regime verteidigten, indem sie auf die materiellen Erfolge breiter Bevölkerungskreise verwiesen – sie selbst besäßen ein neues Fahrrad, ihre Eltern hätten nun ein Motorrad, ein Transistorradio, unter Sukarno sei daran nicht zu denken gewesen, und überdies sei politisch Ruhe eingekehrt, so dass man sich dem wirtschaftlichen Vorankommen widmen könne. Viele verteidigten die Vernichtung der Linken – meine Gesprächsmöglichkeiten waren begrenzt, ich sprach nicht Indonesisch und drang kaum unter die Oberfläche vor. Yogyakarta wirkte hier und da wie eine mittelalterliche Feudalstadt; in Hinterhöfen und auf Gassen gab es *wayang*-Aufführungen – *à la recherche du temps perdu*, Bilder einer Kindheit in ländlich-kleinstädtischer, von Bauern, Handwerkern und Händlern bestimmten, endgültig verlorenen Kultur beschwörend. Und der mystisch überwältigende, kaum touristisch aufbereitete Borobodur, wo man sich am frühen Morgen als einsamer Besucher in einem Dschungelheiligtum wähnte. Dann jedoch Jakarta, mehr und mehr auch Yogyakarta: Das Straßenbild wurde zum Inbegriff der Verdrängung der Welt des kleinen Volkes und zur Versteckstrategie des Miserablen, Schreckensvision des globalisierten Kapitalismus. Hinter den für den Autoverkehr geschaffenen Adern, an denen sich die glitzernden Hochhäuser der Banken und *shopping malls* ansiedeln und über die die wohlhabenden Bürger der „Mittelklassen" in mit weichen Kissen als Salon eingerichteten Limousinen früh am Morgen und nach Büroschluss in dichtem Stau, der sich kaum fortzubewegen scheint, in ihre behüteten Wohnviertel zurückkehren, verbergen sich auf zunehmend eingeschränktem Grund die *kampung* der Straßenhändler, Arbeiter und sonstigen kleinen Leute, die sich nicht vertreiben lassen, ihre dürftigen Waren, quälenden Darbietungen, untertänigen Dienste und perversen Animationen in dem verpesteten

---

[28]   Oder aber: Die mir geläufigen Theorien führten in eine Richtung, die das (vermeintlich) Erfahrene ganz und gar dem Begreifen entrückten.

Gewühl anbieten und nicht wissen, ob sie vielleicht morgen schon in weiter abgelegene Vorstadtslums weggeräumt werden. Jakarta ist eine zweigeteilte Stadt. Franz Magnis-Suseno SJ, über den zu reden sein wird und der im Januar 1961 in Jakarta auf dem damals noch mitten in der Stadt gelegenen Flughafen Kemayoran, aus dessen Rollbahn längst eine Schnellstraße geworden ist, eintraf, sah sich in einer grünen, von Reisfeldern umgebenen Stadt. Sie erschien ihm wie ein Garten mit seinen niedrigen Häusern, Bananenstauden, Palmen und blühenden Büschen, es war heiß und schwül, mitten in der Regenzeit, und er verbrachte die ersten Tage im Kanisius-Kolleg, das heute unter den umstehenden Wolkenkratzern verschwindet. In dem wüsten Einbahnverkehr gegenüber von Kanisius, wo drei oder vier Straßen spitz aufeinander zulaufen, wurde ich im Februar 2012 von einem flotten, aus der anderen, dafür nicht vorgesehenen Richtung kommenden Radfahrer angefahren. Wir landeten beide auf dem Asphalt, ein besorgt-freundlicher Fußgänger – *„are you alright?"* – half mir hoch, was ich, froh, nicht von den kreuz und quer dahinreisenden Autos überrollt worden zu sein, bejahte, wir drückten uns die Hände, der Radfahrer trat kräftig in die Pedale und machte sich davon, doch der große Zehnagel meines rechten Fußes, wie sich bald herausstellte, war gespalten, ich humpelte hingebungsvoll in meine Herberge und dachte mir, nicht zum ersten Male, dass Forschung eben nicht nur das reine Vergnügen sei und dass es sich hier aufs Neue um das unvermeidlich darzubringende Opfer auf dem Altar der Bereicherung meines Wissens handele. So konnte ich mich befriedigt der langen Reihe der dem Höheren Verpflichteten und dafür Geschundenen zuordnen. Wenngleich mir, dem überzeugten Flaneur, Jakarta, wo ich mich niemals ‚heimisch' fühlte, immer bedrohlich als Moloch erschien, so hat es im Rückblick gleichwohl etwas melancholisch Anheimelndes, doch das hängt mit der freundschaftlich insulären Selbstverständlichkeit des Hauses Augustin in der Jalan Cirebon in Menteng, dem kolonialen Weltevreden zusammen. Da war der Fremde geborgen, umsorgt von der unentbehrlichen Ibu Atun, der wiss- und lernbegierigen, umtriebigen, liebenswerten und verständnisvollen Haushälterin, die nichts mehr ersehnte, als die Sorgen der Anderen auf sich zu nehmen, sie zu ihren eigenen zu machen. Und es ist das Gefühl der Unwiederbringlichkeit, das sich einstellt, wenn der Faden abgerissen ist, bevor die Möglichkeiten ausgeschöpft sind.

Ibu Aswatun, genannt Atun, verdient einige Zeilen, denn sie hat mich manchen Aufenthalt in Jakarta als heimelig empfinden lassen. Sie ist Mitte 40 und stammt aus dem bäuerlichen Ostjava, wo sie Land aus familiärem Erbe besitzt; sie hat sich ‚hochgedient' bei *expatriates* in Indonesien und ist ihnen nach Deutschland und Lateinamerika gefolgt und ist verheiratet mit dem im deutschen Kulturinstitut als Fahrer tätigen Pak Darno; das Paar hat zwei 7- und 11-jährige Söhne. Atun und Darno besitzen ein bescheidenes Häuschen in einem städtischen *kampung* unweit von Menteng, doch mit dem durch ihren Arbeitgeber bereitgestellten Kredit konnten sie ein respektables Haus in der Umgebung von Jakarta erwerben. Am Ende von dessen Amtszeit übernahmen sie – Krönung ihres sozialen Vorankommens – seinen Kijang (‚der Hirsch')-Geländewagen, mit dem die Familie sogleich während einiger Ferientage Anfang Oktober 2013 zur Fahrt in das Heimatdorf von Atun aufbrach, wo sie als bewunderte Vertreter der in der Kapitale Reüssierten erschienen, Repräsentanten der neuen unteren Mittelklasse, in deren Söhne große Hoffnungen gesetzt werden. Sie waren dem bäuerlichen *und* dem proletarischen Milieu dank der unbegrenzten Möglichkeiten der großen Stadt entwachsen. Doch nun ist Atun – die körperlich winzige, starke Frau, von deren überlegenen Fähigkeiten alles abhängt – belastet mit der ewigen Furcht des Kleinbürgers, durch widrige Umstände, die seiner Kontrolle entgleiten, zurückzufallen in die Bodenlosigkeit des städtischen (Sub-)Proletariats; sie wird, wenn erforderlich, wie eine Löwin für die wirtschaftliche und politische Sicherheit ihrer Brut kämpfen. Darno folgt gehorsam dem Ruf des Muezzin, wie er vertrauensvoll den Anordnungen seiner Ehefrau folgt … Atun ist eine grandiose Köchin west-östlicher Köstlichkeiten, und ihren Patronen wurde sie, die diskrete, listig begabte Strippenzieherin, nicht zuletzt wegen ihrer ausgezeichneten Deutsch- und Englischkenntnisse, eine unentbehrliche Mittlerin und Lehrmeisterin im Alltag indonesischer Komplexitäten. Sie ist eine wahre Brückenbauerin; Dialogisieren, Hilfeleistung und Einfädeln sind ihr Kapital.

Ich eile voraus … Mehrmals bin ich seit den 1970er Jahren von Jakarta aus mit Bussen bis in den Norden Sumatras gereist; das Ziel war manchmal das Land der Minangkabau, manchmal der Tobasee auf den Spuren der Kultur des Batakvolkes, wo, glaubt man den Menschen, Jedermanns Groß- oder Urgroßvater von dem Barmer Missionar Ludwig Ingwer Nommensen getauft wurde. Dann wieder habe ich, von Bali kommend, Java durchstreift … Zur Illustration solchen Vagabundierens füge ich einen Exkurs mit der Überschrift „Warum ich schwarz trage" ein, den ich vor Jahrzehnten in Penang aufzeichnete, doch er könnte gleichwohl aus Medan, Yogyakarta, Padang, Denpasar oder Solo stammen – Penang erschien sehr geheimnisvoll:

I.

Spätabendliche Lebuh Chulia, eine chinesische Suppenküche, lang und dünn nach hinten gestreckt und gekachelt, Deckenfans, um die stickige Hitze zu verteilen und Empfinden von Kühlung zu vermitteln. Vom fünfjährigen, freudig beschäftigten, hüpfenden Jungen bis zum rheumatischen und gichtgeplagten, spindeldürren Alten – er spricht das beste Englisch –, die Zigarette im Mundwinkel, schleift alles geschäftig, animiert und selbstvergessen-belustigt über den Fliesenboden, die Gäste an den Plastiktischen auf ebensolchen leuchtend roten Stühlen – eine gewisse Idee von Modernität – mit der jeweils gewünschten, reich variierenden Suppenspeise zu bedienen. Eine freundliche, lachende, spaßige Großfamilie. Man hat den Eindruck, dass jedes der Mitglieder mit der hier gelebten, ganz natürlich gespielten Rolle identisch ist. Zum Beispiel eine junge Frau, um die 30 vielleicht, vielleicht auf vormoderne Weise ein wenig geistessimpel, rundlich-flaches, glattes Gesicht, volle kurzgeschnittene Haare, ein feiner Oberkörper, es fehlen mehrere Zähne, die mittleren Körperteile unmäßig hängend, die Füße heben sich nicht vom Boden ab, die Beine bleiben im Gehen eng aneinanderliegend fußinnen gekehrt. Sie ist gelassen beschäftigt, gönnt sich wie jedermann Ruhepausen oder einen Schwatz. Oder der zwanzigjährige junge Mann, goldbebrillt, Typ Juniorchef, auch er um die von einer großen weißen Maggi-Schürze bedeckte Mitte schwammig-erheblich: der in die Verantwortung Hineinwachsende. Und die Chefin, die die Kasse hält, von gepflegtem Äußeren, zu dem auch Goldschmuck gehört und nicht ein billig-beliebiges Baumwollhemd, sondern die Blumenbluse, dezent geschminkt und mit maßgeschneiderter Hose anstatt der unbestimmt wehenden. Sie hat eine junge Frau zur Hand von diszipliniert-bebrilltem Aussehen, dünn und eifrig, die zwar ein mieses weißes T-Shirt trägt, dazu aber Goldkettchen und Goldarmband, Vorwegnahme des späteren Status mit der Blumenbluse: Man meint die nach internalisierter Direktive dirigierende, einteilende, verteilende Laborassistentin vor Augen zu haben. Jeder sieht so aus wie das, was er tut, und jeder tut das, für was er bestimmt und wozu er fähig ist, abhängig von Geburtsfolge und Alter, von die Sache in ihrem komplexen Ablauf unterstützenden körperlichen und geistigen Fähigkeiten. Es bleibt keiner unbeschäftigt, für jeden findet sich eine Rolle, durch die er sich in ein Ganzes einfügt, das allen Mitgliedern dient, das sie behütet und eisern einschließt, so dass ein Ausbruch unmöglich erscheint. Nur ganz selten hebt der sich keine Späße erlaubende, immer strenge Chef, der die Sache im Auge und in der spärlichen Gestik hat, die Stimme, so dass nichts und keiner aus dem Geleise kommt. Ein gut geöltes Uhrwerk tickt hier vor sich hin, eine von den Zeiten unberührte Inszenierung. Sie läuft ab mit Hingebung, mit Gelassenheit und Selbstverständlichkeit und in dem gewiss nicht vorhandenen Gefühl der Ausweglosigkeit – es hat den Anschein des zeitlos organisch Gelebten. Gibt es da Einsamkeit, Verlassenheit, Verzweiflung, individuelle Krisen? Wie werden sie gelöst? Wohl kaum durch psychiatrische Hilfe auf der Basis von Gebührenordnungen. Man müsste in 20 Jahren wieder vorbeikommen und nachsehen, was aus den Teilnehmern geworden ist.

II.
Als ich das Etablissement verlasse, raunt mir ein alter ausgemergelter Inder zu: »You wear black ... very beautiful.« Und nach einigen Schritten flüstert er mir lockend hinterher: »Hey, blackman, you want something to smoke?«

Forschen

Dieses beliebige, leicht widerspenstige, dahinträpfelnde Verhältnis zu Indonesien hätte sich fortsetzen können, wäre es nicht glücklicherweise über den Haufen geworfen worden in einem Moment, da es sich andeutete, dass ich mit meinen Arbeiten über Vietnam, die mich an die 15 Jahre umgetrieben hatten, in eine Sackgasse geraten war;[29] dies war der Fall kurz nach Franz Xaver Augustins Übernahme der regionalen Goethedirektion in Jakarta. Ich sollte anmerken, dass ich im Oktober 2007 bei einem zauberhaften Spaziergang in der Nähe von Pienza in der Toscana ausrutschte – im Fallen knirschte es im linken Unterschenkel; in klarsichtigem Erstaunen wusste ich instinktiv, mein Leben würde sich ändern. Bis hierher war es einfach weitergegangen, doch der Ausrutscher machte alles anders; er war in vielfacher Hinsicht das

---

[29] In einem Lande wie Vietnam bleiben Misstrauen der offiziellen Stellen und geheimdienstliche Überwachung nicht aus; so lange es gut ging, empfand ich das spannend wie in einem Katz- und Mausspiel. Doch weil ich keiner Forschungsinstitution angehörte, folglich weder bürokratisch diszipliniert noch organisatorisch abgesichert war, wurde mir schließlich das Wasser abgegraben – ich saß auf dem Trockenen ...

Ende der Leichtfüßigkeit. Das Bein war zersplittert, es folgten mehrere Operationen, lange Krankenhausaufenthalte, letztlich eine Staphylo-kokken-Infektion. Ich stand vor der Wahl, mich entweder für den Rest der Tage dieser Behinderung zu widmen, mit dickköpfiger Energie zu leiden, die Leere des Alters kultivierend, oder, soweit die physische Befindlichkeit es erlaubte, sie zu ignorieren und mich an die Arbeit zu machen. Es war klar, dass ich alt, endlich, sterblich war. In der Annahme des Gegebenen konstatierte ich ein Glücksgefühl – wie einfach und natürlich, gar nicht schmerzlich erschien all das, eine ebenso träumerische wie klarsichtige Zwischenwelt – gläubige Menschen nennen so etwas „die Gnade der Krankheit". Das ist auch für einen Nichtgläubigen nachvollziehbar, wenn es uns dahin bringt, die Dinge des Lebens zu ordnen und das als wesentlich Erkannte zu betreiben. Der Status des Patienten, die Krankenhaus-Atmosphäre bewirken ein Loslassen, Nicht-mehr-Betroffensein von bedrückender Alltäglichkeit – bis hin zum zeitweiligen Verlust einer entspannten und zivilisierten Kommunikationsfähigkeit, Zuständen der Erschöpfung, aus denen keine Belebung mehr zu erwarten scheint. Seltsamerweise gibt es trotzdem weiterhin Momente, in denen ich selbst im öffentlichen Vortrag aufgehe, doch das bleibt die Ausnahme. Es dominieren Lesen und Schreiben, das Kultivieren des sprichwörtlichen kleinen Gartens, Weitermachen auf reduzierter Stufenleiter. Man richtet sich ein, et c'est très bien ainsi. Gleichzeitig setzte ein, was mich seitdem begleitet: eine existentielle, spielerisch gelebte Unsicherheit, das Bewusstsein, dass sich jederzeit das im toscanischen Ausrutschen erfahrene schwarze Loch öffnen kann, um mich zu verschlucken. Es ist die intensiv gelebte Phase der Einübung darin, dass die Welt über uns hinweggeht … Noch im Krankenhaus machte ich mich an die Arbeit. Wenn es gelingt, Lektüreergebnisse und Archivstudien mit mündlich gesammelten Informationen und Geschichten über distanzierte Reflexion schreibend wie in einem Bächlein zusammenfließen zu lassen, stellt sich ein tranceähnliches Gefühl der Befriedigung ein. Die mit vergnüglichem Lesen und Schreiben, wenn sich alle Sinne angestrengt ausrichten, einhergehende Entspannung wirkt sich gleich einer wundersamen Medizin balsamartig lindernd auf das körperliche Wohlbefinden aus. Bereitschaft und Fähigkeit zum Sozialisieren haben, wie gesagt, und das ist ein Gewinn, erheblich nachgelassen, doch der Zustand erfordert ihm angepasste Strategien, um Glücks- und Erkenntnismomente nicht auszuschließen.

Man verzeihe mir diese Abweichungen – sie umschreiben die persönlichen Befindlichkeiten des Umfeldes, in dem ich mich seit 2009 mit Indonesien auseinandergesetzt habe. Sie sind Begrenzung und erweiterte Sensibilität gleichermaßen.

Franz Wilhelm Junghuhn

Ich werkelte im Krankenhaus an dem Manuskript für „Hanoi, eine nachsozialistische Moderne", als Franz Xaver Augustin im Dezember 2008 eine Junghuhntagung anlässlich der 200. Wiederkehr des Geburtstages des großen Gelehrten ankündigte, bei der ich das Einführungsreferat halten sollte. Also fing ich an, mich gleichzeitig mit Junghuhn zu beschäftigen, las das Wenige, was es über ihn gibt und einige seiner Werke, soweit sie mir unter den Bedingungen zugänglich waren.[30] Wenn man einen Menschen verstehen will, sollte man sich an seinen Ursprung begeben. Mit Hilfe von chauffierenden Freunden reiste ich im Mai 2009 mit Krücken nach Mansfeld im Südharz in Sachsen-Anhalt, um die frühen geographischen und hoffentlich kulturellen, sozialen und umweltlichen Bedingungen seines Lebens in den Griff zu bekommen. Von Mansfeld, wo man mir von ihr berichtete, begab ich mich nach Berlin zu Renate Sternagel, die sich seit vielen Jahren mit Junghuhn beschäftigte und die an einem dicken Manuskript über ihn arbeitete.[31]

Die kleine Reise war ein Aha-Erlebnis, denn sie öffnete mir nicht nur den Weg zu Junghuhn, sondern nach Jahren auch wieder nach In-

---

[30] Seltsame Fügung: Am 15. Dezember 2008 fragte ich in einer Mail bei Rüdiger Siebert, der in *Deutsche Spuren in Indonesien* über Junghuhn geschrieben hatte, ob es ein Junghuhn-Archiv bzw. einen schriftlichen Nachlass gäbe. Am 10. Januar 2009 antwortete mir Margarete Siebert aus Phnom Penh – ihr Mann war am 6. Januar im Süden Kambodschas unerwartet nachts im Hotel verstorben. Die Sieberts waren seit dem 15. Dezember unterwegs, um Material für ein Buch über den Mekong zu sammeln und wollten von Nordlaos zum Delta reisen.

[31] Ich verdanke Renate Sternagel zahllose Hinweise und Anegungen. Siehe ihr „Der Humboldt von Java. Leben und Werk des Naturforschers Franz Wilhelm Junghuhn 1809-1864", Halle (Saale) 2011 sowie Heinz Schütte und Renate Sternagel, Der Naturforscher Franz Junghuhn (1809-1864), Leipzig 2009; Heinz Schütte, Von Mansfeld nach Java: Notizen zum Porträt eines jungen Naturforschers, in: Goethe-Institut Jakarta, Hrsg., forschen – vermessen – streiten. Franz Wilhelm Junghuhn (1809-1864), Berlin 2010.

donesien, diesmal mit einem Arbeitsprojekt; Franz Wilhelm Junghuhn (1809-1864) wurde für mich zum Brückenbauer *malgré lui.* Er war ein von früh auf aufmüpfiger Geist, streitbar und misstrauisch gegenüber den Menschen und besonders den Etablierten, und er verfolgte seine Ziele gegen das Bestehende, ihn Einengende mit Leidenschaft. Er konnte Mansfeld gar nicht schnell genug fliehen, wo seit dem Mittelalter Bergbau betrieben wird und wo Luther aufwuchs; der Bergbau bringt harte, spröde Menschen hervor. Freiheit bedeutete für Junghuhn, den brummigen Widerspruchsgeist, sich ganz seinen Forschungen zu widmen, bis er in Niederländisch-Indien als „Humboldt Javas" seine Wirklichkeit fand. Das verstand ich während zweier Tage in dem „miserablen Mansfeld", wie der Harzreisende Joseph von Eichendorff 1805 geschrieben hatte. Aus der räumlichen und zeitlichen Entfernung ist das Bild von Mansfeld verführerisch anziehend wie ein romantisches Kalenderblatt; aus der Nähe enthüllen sich kleinbürgerlich-proletarische Enge, materielle und kulturelle Armut, ein trauriges Städtchen damals wie heute. Junghuhn war ein nahezu Vergessener, der im Schatten von Alexander von Humboldt blieb und der nie ins Rampenlicht einer hauptstädtischen Gelehrtenwelt trat … Und doch hat er ein Werk hinterlassen, das zu den Ruhmesblättern des 19. Jahrhunderts zählt. Er gefiel mir auf Anhieb, oder sollte ich sagen: er faszinierte mich, denn wenn einem jemand gefällt, ist Zuneigung im Spiel, und davon kann bei Junghuhn keine Rede sein. Es ist etwas Besessenes an ihm, und hier bot sich eine Möglichkeit, die Welt durch die Persönlichkeit eines Anderen zu sehen, sie aus ihren Lebensbedingungen und aus der geschichtlichen Lage zu verstehen.

So formulierte er seine *Lebensprinzipien*:

> Lebe für Dich allein. – Gehe mit Niemandem um. -- / Laß Dich in keine Händel, keine Intrigen ein. / Nimm an keiner Neuigkeitskrämerei Theil. / Suche keine Befriedigung bei Andern, / kein Glück außer Dir, / kein Ergötzen außer der Natur; / Dein Glück, – Dein Trost, – Deine Hoffnung, – Dein Glaube / sei allein die N a t u r in ihren Körpern, / in ihren stillen, sich ewig gleichen Kräften.

Diese Zeilen schrieb Franz Junghuhn 1835 bei der Abreise von Holland nach Indonesien, dem damaligen Niederländisch-Indien;[32] er war 25

---

[32] Max C. P. Schmidt, Franz Junghuhn. Biographische Beiträge zur 100. Wiederkehr seines Geburtstages, Leipzig 1909, S. 68.

Jahre alt. Es sind erstaunlich eindeutige, ‚erwachsene' Grundsätze. Der Mann wusste früh, was er wollte, und dieses (Selbst-)Bewusstsein gab ihm gewaltige, eindimensionale Kraft für sein Werk; sein Gefühlsleben war diesem Vorhaben untergeordnet.[33] Mit schier übermenschlichem Willen überwand er die Hindernisse, die sich ihm immer aufs Neue in den Weg stellten. Seine *maîtresse*, seine ungeteilte Liebe war die Natur, die er erst im Harz, dann in der Eifel, auf Umwegen über Halle, Berlin, wo er Medizin und Botanik studierte, Koblenz, auf einer Fußwanderung durch Frankreich, in der Fremdenlegion in Algerien und wiederum in Paris und den Niederlanden endlich in Indonesien fand. Die Kolonien waren allezeit ein Auffangbecken für diejenigen, die mit den heimischen Konventionen nicht zurechtkamen. Sehr früh erwies er sich als einer, der das Wissen suchte, ein Forschender, auch dann, wenn er damit die Gefühle Anderer verletzte. Er rieb sich an den Menschen und zog es vor, sich mit der Natur auszutauschen; sie war ihm Manifestation des Göttlichen, aus ihr kam alle Offenbarung, aus der sich ethisches Verhalten der Menschen ableitet. Die Gegensätzlichkeit von Mensch/Stadt/Zivilisation versus Einsamkeit/Gebirge/Wald/ Natur ist für Junghuhn identisch mit der Dichotomie von Beschränkung gegenüber Freiheit. Der Natur, den Wäldern und Bergen gilt sein Eifer; ihnen zu frönen erfordert körperliche Anstrengung, physische Ertüchtigung, Abhärtung und idealistische Hingabe. Er war ein gepanzerter Mann, der sich von frühester Jugend darauf vorbereitet hatte, mit Widerständen fertig zu werden. Die Natur ist seine Heimat; er bezeichnet sich einmal als „Bürger der Natur"[34]. Nach seinem ersten, 13-jährigen Aufenthalt in den Tropen schreibt er in der *Rückreise*: „Nur im Hochgebirge kann ich glücklich sein."[35] Aber es muss dicht bewachsene Bergnatur sein – nicht die „Gebirge in ihrer … schauderhaften

---

[33] Selbst seine späte Heirat scheint eher der Konvention denn einer Neigung verpflichtet; Anzeichen ehelicher Liebe und ehelichen Glücks sind nicht zu erkennen, ebenso wenig wie innige Freundschaft oder erfüllte Liebesbeziehungen. Auch die Vaterschaft – 1857 wurde ein Sohn geboren – dürfte Junghuhn gefühlsmäßig kaum in Anspruch genommen haben.

[34] Dr. Friedrich (sic!) Junghuhn, Topographische und naturwissenschaftliche Reisen durch Java, hg. von Dr. C. G. Nees von Esenbeck, Magdeburg 1845, S. 9.

[35] Franz Junghuhn, Rückreise von Java nach Europa mit der sogenannten englischen Überlandpost im September und October 1818. Aus dem Holländischen übertragen von J. K. Haßkarl, Leipzig 1852, S. 40/41, das mir Gerhard Aust freundlichst zur Verfügung gestellt hat.

Wildheit", da werden auch sie zur „traurigen Einöde". Die Abwesenheit von Bäumen bedeutet ihm die Abwesenheit eines menschlichen Maßstabs,[36] und ihm graut vor der nackten Brutalität der Natur. Das gilt auch für seine Landschaftsästhetik: Luxuriöser, feuchter, schattiger Natur, „kein Fleckchen unbedeckt lassender Waldungen" steht kahle, flache, magere, trockene Landschaft gegenüber[37] – man sieht die balinesische Malerei von Walter Spies und seinen Nachfolgern vor sich, wo alles im Ideal tropischer Üppigkeit gefüllt, kein Plätzchen freigelassen ist und der Mensch sich traumhaft eingebettet weiß. Die mit der Idee von Heimat und häuslichem Herd, Gewohnheit und Routine einhergehende Beschränktheit konnte nicht Junghuhns Form sein; nur durch Weggehen und Distanz zu den Menschen konnte er seinen Ehrgeiz befriedigen. Die Befreiung aus dem Korsett der Dogmen der Herkunft sollte ihn frei machen für die Erfahrung, dass er auch anderswo als im Harz oder im Hunsrück botanisieren konnte, so dass er ein Grenzgänger zwischen Ländern, Sprachen und Kulturen wurde, geleitet von der Liebe zur Natur und dem Drang nach Forschung und Wissen.

Der erste Anblick von „dem neuen Lande" am 10. Oktober 1835 enthüllte „eine Natur, deren Schönheit und wilde Größe alle meine Vorstellungen weit übertraf ... Man kann sein Entzücken nicht verbergen, man besteht ganz aus Hoffnung und schwellender Erwartung."[38] Von kleinen Javanen, schreibt er, „kupferbraun von Farbe", geruderte, mit Matten, Früchten, Meerestieren, Hühnern, Vögeln und Affen reich beladene Kähne nähern sich dem Schiff – das Paradies scheint zum Greifen nahe. Am nächsten Tag betritt der Reisende den Boden von Batavia. Das neue Land ist nicht das Paradies, sondern eine Kolonie. Doch das berührt ihn wenig, denn „(h)ier", und das ist die Hauptsache, „... gibt's zu botanisieren! Hier gibt's auch Pilze!" schreibt Junghuhn an einen Freund in Koblenz.[39] Die Arbeit kann beginnen, seine Energie ist grenzenlos. Das damalige Java war ein Dorado für den Sammler, und die koloniale Wirklichkeit erfordert es ohnehin, sich die so genannten Ein-

---

[36] Ibid., S. 103-107.
[37] Ibid., S. 17-18.
[38] Junghuhn, Topographische und naturwissenschaftliche Reisen durch Java, op. cit., S. 27, 28.
[39] M. Koernicke, Zur Erinnerung an Franz Junghuhn. Briefe Junghuhns an Ph. Wirtgen, Sonder-Abdruck aus den Verhandlungen des Naturhistorischen Vereins der preuß. Rheinlande und Westfalens, 66. Jg., 1909, S. 294.

geborenen so weit wie möglich vom Leibe zu halten, und das kommt ihm, dem Menschenscheuen, sehr entgegen. In Niederländisch-Indien war er als Europäer Mitglied der kleinen herrschenden Klasse. Die durch soziale Herkunft oder (mangelnde) akademische Ausbildung bestehenden Hindernisse, die es zu überwinden galt, um als Naturforscher anerkannt zu werden, waren deshalb geringer als in Europa, zumal seine Fähigkeiten gerade in dieser Epoche des kolonialen Vordringens als äußerst nützlich erkannt worden sein dürften. Er wurde als „the last colonial intellectual who combined scientific expertise with literary excellence" beschrieben.[40] Allerdings zahlte er ein Leben lang mit unermüdlicher Arbeit, mit unerhört intensivem und strapaziösem Einsatz, doch das war ihm angemessen. Seine Bärenkräfte waren erschöpft, als er 1864 im Alter von nur 55 Jahren in Lembang auf Java verstarb. Auch in Niederländisch-Indien sieht Junghuhn die Natur übrigens in den Formen und Kategorien des ursprünglichen Erlebens, die aus der primären Sozialisation zeitlebens mitgeschleppt werden. Daran messen sich und werden erstes Erkennen und ästhetische Einordnung fremdartiger, ‚exotischer' Phänomene bewältigt, so zum Beispiel da, wo er meint, Tannenwälder vor sich zu sehen, wenngleich sich beim Näherkommen erwies, dass es sich um „die zauberischen Wälder der Casuarina" handelte – Synthese kindlicher Erinnerungen und beglückenden Entdeckens auf Java. Dieses Näherkommen meint die Erfassung des eigenständig Anderen (anstatt des vom Eigenen nur vergleichsweise Abweichenden, das die Anerkenntnis des Anderen in seinem „Selbstsein" nicht zulässt). Im Laufe der Jahre scheinen sich Junghuhns kulturelle Wertungen verschoben zu haben, denn die Form der Casuarina „ist viel edeler, schlanker, luftiger, aetherischer" – Europa ist nicht mehr der Maßstab aller Dinge.[41]

Vor Ort, wo ich Junghuhn suchte – in Jakarta, in Lembang nördlich von Bandung in 1.300 Metern Höhe, einem südlichen Ausläufer

---

[40] E. M. Beekman, F. W. Junghuhn (1809-1864), Elevating Tropical Nature, in: ders., Troubled Pleasures. Dutch Colonial Literature from the East Indies, 1600-1950, Oxford 1996, S. 148.

[41] Junghuhn an Wirthgen, 30. 7. 1838, in: Koernicke, op. cit., S. 307.

des Vulkans Tangkuban Perahu, dem ‚Hausberg' von Bandung,[42] den Junghuhn so liebte – fand ich betonierten Tourismus; es war wie am Schwarzwälder Titisee. Die Zeit, die Landschaft und die physischen Orte seines Wirkens sind über ihn hinweggegangen, da findet man ihn nicht wieder, kann sich ihn nicht vorstellen. Das Denkmal, das seine Witwe ihm über seinem Grab nahe dem nicht mehr lokalisierbaren Wohnhaus in Lembang errichten ließ, bevor sie in die Niederlande zurückkehrte, steht verloren unter verwahrlost sprießenden Cinchona-Bäumen, trotz wiederholter Versuche des Goethe-Institus Bandung, den Ort zu pflegen.

Junghuhn repräsentiert den europäischen Geist der Zeit; abgehärtet und neugierig trägt er bei zur Beobachtung, Vermessung, Katalogisierung und Beherrschung der kolonialen Besitzungen der Niederlande. In seinen heute noch mit Gewinn und Vergnügen lesbaren Werken verbindet er anregende Schilderung mit wissenschaftlicher Darstellung. Sie erschienen auf Niederländisch oder Deutsch. Er kolonisierte das in ihnen zusammengetragene Wissen über und die Sicht auf das frühere Niederländisch-Indien. Es wäre ihm nicht in den Sinn gekommen, die Ergebnisse seiner Forschungen in malaiischer Sprache vorzulegen, um sie den Menschen von Sumatra und Java zugänglich zu machen und sie einzubeziehen, und bis heute liegt keine seiner Schriften in Bahasa Indonesia vor. Bei einem Mann von der wenig sozialen Disposition eines Junghuhn ist es nicht erstaunlich, aber dem kolonialen Beziehungsmuster, in dem er wirkte, durchaus angepasst, dass er die Menschen Javas nicht als kulturell Gleichgestellte betrachtete – ebenso wenig wie er deutsche Bauern oder Bergleute als seinesgleichen angesehen hätte. Aber die Tatsache, dass er an Menschen ohnehin nicht

---

[42] Siehe Wikipedia, ‚Franz Wilhelm Junghuhn'. Dank an Renate Sternagel, die meinem Gedächtnis auf die Sprünge geholfen hat; sie schreibt am 29. 4. 2014, der Tangkuban Perahu sei seit den Anfangszeiten des Tourismus wegen seiner Nähe zu Ansiedlungen und seiner leichten Zugänglichkeit der meistbesuchte javanische Vulkan; auch die Wiener Reisende Ida Pfeiffer sei dort gewesen und habe eine „echt Pfeiffersche Beschreibung geliefert". Für Junghuhn war der Berg von Bedeutung; in der Nähe des Kraterrandes hatte er sich 1848 eine Hütte bauen lassen, in der er in der Zeit bis zu seiner Abreise wegen seines schlechten Gesundheitszustandes lebte. Später hat er dort mehrfach fotografiert, und die Legende sagt, dass er vor seinem Tode den Arzt bat, das Fenster seines Schlafzimmers zu öffnen, damit er den geliebten Berg noch einmal sehen konnte – ein Goethe'scher Topos des „Mehr Licht"?

besonders interessiert war – es sei denn, sie wären seinen Forschungen förderlich gewesen –, bedeutete eben auch, dass er nicht fähig war, die Bewohner der Inseln in ihrer kulturellen Eigenart zu begreifen. Er spricht von ihnen als „Menschen, deren Gutmüthigkeit und natürl. Gastfreundschaft keine Kultur verdarb"[43], und anderswo rechnet er sie zu den „halbkultivierten Völkern" – das heißt den nicht im europäisch-bürgerlichen Sinne „Zivilisierten". Sie werden in seinen Schriften zeit-los-unhistorisch idealisiert. Er zeichnet von ihrer Lebensweise das von der Wirklichkeit abgehobene Bild eines vorindustriellen guten Lebens (*moral economy*), was dazu beiträgt, die Distanz zwischen Europäern und Kolonisierten als unüberwindbar zu zementieren. Die „heiligen Ruinen aus dem höchsten Alterthum"[44], die er auf Java in zauberhafter Natur findet, deutet er als Zeugen einer längst vergessenen Kultur, von der die Heutigen nichts mehr wissen – ein Topos des 19. Jahrhunderts, der zur Rechtfertigung des Kolonialismus als *mission civilisatrice* von Missionaren und Wissenschaftlern, weniger von Händlern und Pflanzern, manchmal von wohlmeinenden Verwaltungsbeamten herangezogen wurde. Es ging darum, die so genannten Wilden (genauso wie die europäischen Bauern und Proletarier), ob sie nun edel oder böse waren, auf den allein gültigen Gipfel europäisch-bürgerlicher Kultur zu hieven. Die Überbleibsel der Vergangenheit bewiesen, dass sie, geleitet von der starken Hand der Europäer, *kulturfähig* waren – das ideale Zeitalter ist immer und überall in die Vergangenheit verlegt, und manchmal ist seine Beschwörung auch als Schutzschild nützlich, um die brutale Nacktheit der kolonialen Ausbeutung zu verbergen.

Franz Wilhelm Junghuhn ist ein Forscher und Schriftsteller zwischen klassischem Realismus und romantischer Ehrfurcht, analytischer Distanz und hingerissener Begeisterung, bei dem die Grenze zwischen Wissenschaft und Literatur durchlässig bleibt. Anders als Alexander von Humboldt, der aufgrund sozialer Herkunft, materiellen Wohlstands und wissenschaftlicher Bildung ins Rampenlicht rückte (und der Junghuhn sehr schätzte), kam Junghuhn aus kleinbürgerlichen, eher ärmlichen Verhältnissen und war, gemessen an den Erwartungen der altphilologischen Gelehrtenwelt seiner Zeit, mit lückenhafter Bildung ausgestattet. Er kompensiert die Randständigkeit seiner

---

[43] Junghuhn an Wirthgen, 30. 7. 1838, in: Koernicke, op. cit., S. 304.
[44] Junghuhn an Wirthgen, 30. 7. 1838, in: Koernicke, op. cit., S. 308.

Position, indem er sich als einsamer Kämpfer gegen die (preußische) Obrigkeit und die Unbelehrbarkeit der trägen Eingeborenen und in unablässigem Ringen mit der geliebten Natur darstellt. So inszeniert er sich als heroischer Forscher, der sich ständig am Rande des Scheiterns bewegt, das nur durch unablässigen Kampf, rücksichtslose Askese und die Verwurzelung in einem fortschrittsgläubigen Pantheisms abgewendet werden kann. Mit solcher Selbstdarstellung fordert er Autorität ein, die ihm aufgrund seiner Herkunft versagt war; sie wird abgesichert durch das umfangreiche Pionierwerk eines großen Forschers.

Die vom Goethe-Institut Jakarta veranstaltete Tagung anlässlich der 200. Wiederkehr des Geburtstages von Franz Wilhelm Junghuhn fand vom 19. bis 20. Oktober 2009 in der Technischen Hochschule (*Institut Teknologi*) Bandung statt, wo Präsident Sukarno 1955 die Konferenz der Blockfreien abhielt, unweit von Lembang, wo Junghuhn gelebt hatte. Von Jakarta aus nahm ich den Zug durch das bizarr schöne Bergland in eine klimatisch mildere Gegend … Gleichzeitig wurde eine von Renate Sternagel und Gerhard Aust besorgte Ausstellung über Leben und Werk Junghuhns eröffnet, die erste überhaupt, mit reichlich bebilderten Katalogen auf Indonesisch, Deutsch und Englisch.[45] Für die indonesischen Teilnehmer und Besucher war Junghuhn ein Mythos, wenn sie überhaupt von ihm gehört hatten; nur die älteren unter ihnen wussten aus dem Schulunterricht, dass die indonesischen *Cinchonapflanzungen*, aus denen das Chinin gegen die Malaria gewonnen wurde, auf ihn zurückgehen. Es gab nachfragende, lebhafte Diskussionen mit Besuchern, Studenten und historisch-kulturell interessierten Zuhörern; Junghuhn erschien wie ein Indonesier vor seiner Zeit aus der dunklen Kolonialgeschichte, *ihrer* Geschichte, dessen Wirken in Niederländisch-Indien zur Identität des heutigen Indonesien beigetragen hatte. Durch die Gleichzeitigkeit von Vorträgen und Ausstellung gelang es, Junghuhn als einen Wissenschaftler vorzustellen, dessen Bedeutung für das gegenwärtige Indonesien bislang nicht gewürdigt wurde. Ein Ergebnis der Tagung ist der 2010 vom Goethe-Institut Jakarta herausgegebene und bei regiospectra in Berlin erschienene Band mit dem Titel „forschen – vermessen – streiten". Es ist das erste Junghuhn gewidmete deutschsprachige Buch seit einhundert Jahren, und nur wenig ist in anderen Sprachen über ihn geforscht und geschrieben

---

[45] Die Ausstellung befindet sich nunmehr dauerhaft in Mansfeld.

worden. Es wäre zu wünschen, dass „forschen – vermessen – streiten"
ins Indonesische übertragen würde. Es könnte dazu beitragen, eine
Lücke in der Geschichte Indonesiens zu schließen, ein wenig Licht ins
Dunkel der Kolonialzeit zu bringen.

Indonesien und die Welt 1965

Mein ‚Einstieg' in die indonesische Geschichte erfolgte also über einen
europäischen Naturforscher in niederländischen Diensten während
des 19. Jahrhunderts. Über Junghuhn kam ich dem kolonialgesellschaft-
lichen Beziehungsmuster näher und entdeckte einen Wissenschaftler
in seinen persönlichen und historisch bedingten Widersprüchen, die
nur uns Heutigen als solche erscheinen. Eine weitere Gelegenheit der
Beschäftigung mit der neueren Geschichte Indonesiens bot eine vom
Goethe-Institut Jakarta, dem Büro der Friedrich-Ebert-Stiftung und
dem Zentrum für Geschichte und politische Ethik (PUSDEP) an der Sa-
nata Dharma-Universität in Yogyakarta vom 18. bis 21. Januar 2011 veranstaltete viertägige internationale Historikertagung. Ihr Thema war
„Indonesia and the World in 1965". Dabei ging es um den Versuch einer
Klärung des Putsches vom 30. September 1965, der darauf folgenden
Massaker, um den ansatzweisen Beitrag einer Aufarbeitung des inner-
indonesischen und internationalen Kontextes jener Zeit, um den Sturz
von Präsident Sukarno und die Machtergreifung des Militärs unter General Suharto. Das Tempo-Institut in Jakarta hatte eine Ausstellung mit
Fotocollagen, Filmen, Comics und Gebrauchsgegenständen von ehemaligen *Tapol* (politischen Gefangenen) aus Gefängnissen und Lagern
ausgerichtet; es gab Theater- und Tanzvorführungen, in denen der Einbruch des Grauenhaften in dörfliche Gemeinschaften vorgeführt wurde. Besonders eindrucksvoll waren Berichte von und Diskussionen mit
überlebenden Häftlingen, ihren Witwen und anderen Familienmitglie-
dern sowie Vertretern der Opferverbände und hohen Militäroffizieren
von beiden Seiten der Tragödie. Es ging um Fragen des Erinnerns, von
Politik, Kultur, Versöhnung, des Zusammenlebens in Gesellschaft. Für
viele aus dem überwiegend jungen Publikum war dies die erste Gelegenheit der Auseinandersetzung mit der verschwiegenen Geschichte
ihres Landes unter dem Diktat des Nicht-Erinnerns. Angesichts der
deutschen Geschichte der ersten Hälfte des vorigen Jahrhunderts war
das Goethe-Institut der geeignete Ort für diese bahnbrechende Ver-

anstaltung. Der Leiter der seit 1967 in Jakarta tätigen Friedrich-Ebert-Stiftung wies darauf hin, dass auch die FES im Kalten Krieg mitgespielt hatte. Als Erwin Schweißhelm die Leitung des Büros der FES in Jakarta übernahm, „(he) went back to the early office archives and found clear evidence that the FES staff of the time had full knowledge of the events of 1965-66, were in full support of the Suharto regime and did not raise the issue of human rights violations."[46]

In den frühen 1960ern hatte der riesige Archipel nach China und der Sowjetunion die drittgrößte kommunistische Partei der Welt, und ein Blick auf die Landkarte zeigt, dass die geostrategische Lage Indonesiens bedeutender ist als die Vietnams, wo ein erbitterter Krieg wütete – teils Stellvertreter-, teils Bürgerkrieg – zwischen den beiden um Hegemonie kämpfenden Blöcken, der auch in Indonesien ausgefochten wurde.[47] Von Nordvietnam über China bis nach Ostberlin war die Welt kommunistisch … In den späten Sukarnojahren, da die Wirtschaft am Boden lag und der Präsident sich mit anti-imperialistischen Parolen und Aktionen und mit Hilfe der Kommunistischen Partei Indonesiens behauptete, waren viele einschließlich der Christen davon überzeugt, dass die Kommunisten an die Macht kommen würden. Die Lage im Lande, berichtet der junge Jesuit Magnis am 3. Juni 1961 seinen Eltern, sechs Monate nach seiner Ankunft im Lande, sei keineswegs rosig, denn Sukarno habe es von Beginn an mit zwei gegnerischen Kräften zu tun, gegen die er die Kommunisten zu glauben brauche: „Den Partikularismus der anderen Inseln, die sich durch das kulturell überlegene Java wirtschaftlich ausgebeutet fühlen … Das zweite ist der radikale Islam, gegen den sich Sukarno mit Erfolg gewehrt hat, stärkstens unterstützt von der katholischen und protestantischen Mission."[48]

Am 30. September 1965 war es zu einem dilettantisch, wahrscheinlich von linken, vielleicht kommunistischen Kräften angezettelten Putschversuch gekommen, der so genannten Bewegung 30. September (Gerakan 30 September, G30S). Die Ereignisse von 1965 waren der Kul-

---

[46] Richard Tanter, Indonesia's dangerous silence, in: Inside Story – http://inside. org.au – 28.4.2011.

[47] Innerhalb des kommunistischen Blocks entstand infolge des XX. Parteitags der Sowjetunion 1956 ein Schisma zwischen den kommunistischen ‚Brüdern', die zu erbitterten Feinden mutierten, in ein China- und ein UdSSR-orientiertes Lager. Für die indonesische Innenpolitik hatte dieser Bruch schlimme Folgen.

[48] Schütte, Dialog, Kritik, Mission, S. 94.

minationspunkt eines Machtkampfes zwischen dem Präsidenten, dem Militär und der Kommunistischen Partei (PKI).[49] Der Putsch lieferte rechts gerichteten Elementen des Militärs unter General Suharto den Vorwand, Präsident Sukarno sukzessive kaltzustellen und zugleich die diabolisierten Kommunisten bzw. Linke und alle, die man, um sie aus dem Wege zu schaffen, ihnen zuordnete – Landreformkader und gewerkschaftlich organisierte Arbeiter, Lehrer, Ingenieure, Journalisten und Schriftsteller – mit Messern, Beilen, Säbeln, Drahtschlingen und Gewehrkugeln in einem hysterisch-begeisterten Blutrausch auszurotten oder zu verbannen; eine Zivilisationskatastrophe insofern, als der als „kommunistisch" stigmatisierte Teil der Bevölkerung vernichtet wurde. Ein Großteil der indonesischen Intelligenz und der sozial und politisch engagierten Schichten fiel ihr zum Opfer. Nie wieder, so darf man annehmen, sollte ein Potential für eine linke Revolution entstehen, also wurden *die* linke Partei sowie alle neutralistisch-nationalistischen, einer autoritär rechtsgerichteten, vom Militär beherrschten kapitalistischen Ordnung sich widersetzenden Gruppierungen in Acht und Bann geschlagen, und am liebsten hätte man wohl alle Parteien abgeschafft.[50] Stattdessen wurde *Golkar* nach korporatistischem Muster als vorgeblich demokratisches Feigenblatt erfunden. Dem mordlustigen Rausch fielen zwischen 500.000 und zwei Millionen Menschen zum Opfer; Hunderttausende verschwanden für Jahrzehnte in Gefängnissen oder Konzentrationslagern auf abgelegenen Inseln wie Buru in den Molukken. Unlängst haben vereinzelte Regierungsmitglieder verkündet, dass die Tötungen gerechtfertigt gewesen seien, weil sie Indonesien vor dem Kommunismus bewahrten.[51] Was in der Nacht vom 30. September auf den 1. Oktober 1965, als sechs hochrangige Offiziere getötet wurden, genau geschah und wer die Drahtzieher waren, ist bis heute nicht geklärt. Es wird geschwiegen, *man* spricht nicht darüber, und der

---

[49] Hierzu etwa Ragna Boden, The ‚Gestapu' events of 1965 in Indonesia, in: Bijdragen tot de Taal-, Land- en Volkenkunde (BKI) 163-4 (2007), S. 509.

[50] Zum historischen Vergleich: Sebastian Haffner, Anmerkungen zu Hitler, München 1978, S. 20, 158.

[51] Siehe Christian Gerlach, Extrem gewalttätige Gesellschaften. Massengewalt im 20. Jahrhundert, München 2011; John Roosa, Pretext for Mass Murder. The September 30th Movement & Suharto's Coup d'État in Indonesia, Madison und London 2006.

Aufarbeitung sind schon deshalb Grenzen gesetzt, weil die Archive verschlossen bleiben – das Ganze bleibt *tabu*.

Der 30. September 1965 war der Beginn einer mehr als drei Jahrzehnte andauernden Depolitisierung der indonesischen Bevölkerung, eines Rückzugs in die Angst, ins Zittern ums Überleben. Es hat den Anschein, dass die „Säuberungen", die keine ethnischen, sondern ideologisch-klassenbedingte waren, von der militärischen Elite geplant waren. Dabei wurde die Bevölkerung angehalten, ihre antikommunistische Haltung durch aktive Teilnahme an den Massakern unter Beweis zu stellen.[52] (Wenn bei so genannten „ethnischen" Säuberungen kulturelle Identität zugeschrieben oder nach Bedarf *ad hoc* erfunden wird, so ging es hier um die Zuschreibung von abweichender politischer Identität. Das führte zu einer Trennung der Bevölkerung in Kommunisten und Nicht-Kommunisten, die Guten und die Bösen.) Das ließen sich viele nicht zweimal sagen. Es war die Aufforderung zur Begleichung von Konten etwa zwischen Landreform-Anhängern und Landbesitzern, zwischen Plantageneignern und gewerkschaftlich organisierten Arbeitern. Die „Schuld" an den Massakern lässt sich nicht einer einzelnen Gruppe zuordnen, sondern wurde von vornherein unter militärischer Oberleitung sozial umverteilt. Auch deshalb ist die Aufarbeitung so verzweifelt schwierig. In der Epoche des Kalten Krieges sowie des heißen Krieges in Vietnam war General Suharto der Mann des Westens, der Indonesien aus dem Lager der Blockfreien führte. Unter den Bedingungen des Schismas zwischen Moskau und Peking (seit dem XX. Parteitag der KPdSU 1956) war überdies für die Sowjetunion die Zerschlagung der mächtigen, mit China verbündeten kommunistischen Partei, mit deren Hilfe Präsident Sukarno seine Macht gesichert hatte, zumindest hinnehmbar.[53] Nach dem Ende des Kalten Krieges hingegen hatte der Mohr seine Schuldigkeit getan, zumal die wirtschaftliche Lage Ende der 1990er Jahre sich, ebenso wie Mitte der 1960er unter Sukarno, dramatisch verschlechtert hatte; der

---

[52] Wie es dazu kam, dass Teile der Bevölkerung, die sich an den Massakern beteiligten, unempfindlich gegen mörderische Gewalt wurden und sie rechtfertigen konnten, ist eine andere Frage; die Propaganda des Militärregimes dürfte erheblich mitgespielt haben. Zu einer Parallele während der Landreform im Norden Vietnams in den 1950ern, siehe Tuong Vu, op. cit., S. 253.

[53] Siehe hierzu ferner: Ragna Boden, Die Grenzen der Weltmacht, in: sehepunkte 7, 2007, Nr. 2.

Ruf nach Demokratie und Reformen steigerte sich wiederum zu einer gewalttätigen Flut.[54] Mehr als drei Jahrzehnte vorher hatte ein Berichterstatter der Tageszeitung *Le Monde* geschrieben, der neue starke Mann, General Suharto, verbinde feinste javanische Höflichkeit mit (weltläufig) heutigem Geschmack. (Und hatte uns eben dies nicht an Präsident Sukarno fasziniert?) „Er ist ein Mann mit gesundem Menschenverstand, resolut, doch völlig frei von politischen Ambitionen", hieß es da, und darüber hinaus sei er unbestechlich, da er es abgelehnt habe, in die luxuriöse Villa seines Vorgängers General Yani zu ziehen und sein schlichteres Domizil beibehalten habe. „Seine Intelligenz ist von gutem Durchschnitt, und er ist ein moderater Muslim ... General Suhartos Bescheidenheit scheint echt", schließt der entzückte Berichterstatter.[55] Der französischen bürgerlichen Öffentlichkeit wurde versichert, dass es in Indonesien auf dem rechten Wege aufwärts gehe und das Land in guten Händen sei.

Die vom Suharto-Regime dekretierte Geschichtsklitterung um das Geschehen des 30. September, die bis heute offiziell gültig ist, alle „Linken" als Dämonen darstellt und ihnen den Status des Opfers verweigert, wurde zum Gründungsmythos der Militärherrschaft der *Orde Baru* (Neue Ordnung). Wie heikel selbst eine wissenschaftliche Beschäftigung mit den tragischen Ereignissen noch ist, zeigte sich am Vorabend der Konferenz in Jakarta. Es zirkulierten Gerüchte, dass radikale Gruppen aus dem fundamentalistischen Spektrum um die Front zur Verteidigung des Islam (*Front Pembela Islam*, FPI) das Goethe-

---

[54]   Ebenso wie das Christentum oder der Islam als Glaubens- und gesellschaftliche Organisationsmodelle sich synkretistisch kulturellen, wirtschaftlichen und politischen Vorgaben anpassen, ist auch Demokratie, traditionelle Gesellschafts- und Herrschaftsmodelle infrage stellend, nach den Erfahrungen der beiden Weltkriege zur universellen Forderung mutiert, als Institutionengefüge gefügig. Indonesien nach Suhartos autoritär-zentralisierter Militärherrschaft ist ein Lehrbeispiel. Die wirtschaftlichen und politischen Eliten haben sich den Institutionen der unter Präsident Habibie eingeführten demokratisch-dezentralisierten Ordnung angepasst. Die Grenzen institutionellen Wandels bzw. die (synkretistische) Anpassung alter (oligarchischer) Machtinteressen an neue Parteien und Parlamente im Zuge der Dezentralisierung unter den Bedingungen von Indonesiens sozio-ökonomischen Gegebenheiten untersucht Vedi R. Hadiz, Localising Power in Post-Authoritarian Indonesia. A Southeast Asia Perspective, Stanford, California 2010, z. B. S. 69 ff., 75 ff. ...

[55]   Le général Suharto est un homme sans ambitions politiques, in: Le Monde, 22. 10. 1966, S. 3.

Institut angreifen würden, um die Zusammenkunft zu verhindern; das Institut sah sich genötigt, vorsorglich Polizeischutz anzufordern. An jenem Abend rückten einige Dutzend Mitglieder der *Youth Islamic Movement* (*Gerakan Pemuda Islam*, GPI) mit Plakaten an, auf denen die seit Jahrzehnten mit Stumpf und Stiel ausgerottete Kommunistische Partei Indonesiens angeprangert wurde, denn, so war darauf zu lesen, „Kommunisten sind keine Opfer" und „Geht zur Hölle". Kommunisten und Liberale, die die indonesische Geschichte besudelten, sollten das Goethe-Institut verlassen, in diesem Land sei für sie kein Platz, so ein Sprecher. Sie forderten martialisch den Abbruch der Veranstaltung[56] und denunzierten ihre Teilnehmer lautstark als *komunis, komunis*. Die Leitung des Goethe-Instituts lud die Hüter der anachronistisch-obskurantistischen Ordnung zur Diskussion ein, doch daran waren diese nicht interessiert. Einige der ausländischen Historiker wurden von der Polizei zur Kontrolle ihrer Aufenthaltspapiere vorgeladen; für in Indonesien Ansässige bzw. solche, die im Lande Familien hatten, sah es bedrohlich aus, da sie Vergeltung und den Entzug ihrer Aufenthaltsgenehmigung fürchteten. „Die konservativen Kräfte in unserem Land haben sich konsolidiert", zitiert die Journalistin Anett Keller den PUSDEP-Direktor Baskara T. Wardaya SJ. „Zu stark ist der Einfluss der Täter – Militär, religiöse Gruppen, denen die Roten und ihre Landreformen ein Dorn im Auge waren sowie andere Zivilisten, die aus Angst mitmachten." Die Deutungshoheit über die jüngere Geschichte Indonesiens liegt immer noch, trotz der unter Präsident Habibie 1998 eingeleiteten Phase der *reformasi*, bei denen, die 1965/66 im Namen der Republik das massenhafte Töten veranlassten und den Tätern die Verantwortung abnahmen.

Das Kernthema der Tagung war, wie gesagt, die Reaktion des Auslands auf die indonesischen „Ereignisse" von 1965/66; sie sind in stark gekürzter Form auf Indonesisch und Englisch in einem von Bernd Schäfer und Baskara T. Wardaya besorgten, vom Goethe-Institut herausgegebenen und 2013 in Jakarta erschienenen Sammelband „1965 – Indonesia and the World – Indonesia dan Dunia" zusammengefasst. Mir war es zugefallen, die Berichterstattung in der französischen Pres-

---

[56] Siehe Hans David Tampubolon, Conference on 1965 tragedy overshadowed by FPI threat, in: The Jakarta Post, 19. 1. 2011; Tanter, op. cit.; Anett Keller, Geschichte schreiben. Wie sah die Welt auf die Ereignisse von 1965?, in: SUARA 1/11.

se unter dem Titel „The 30th September 1965 and its aftermath in French press reporting" aufzuarbeiten. Zu diesem Zweck hatte ich mich in der *Grande Bibliothèque Mitterrand* durch fünf Pariser Tageszeitungen (Le Monde, Le Figaro, L'Humanité, Combat und La Croix) für die Zeit vom September 1965 bis Oktober 1966 gewühlt. Mein Beitrag beruhte auf den Informationen dieser Presseorgane, aus denen sich die Leser eine gelenkte Ansicht bilden konnten. Information und Interpretation können schon deshalb nicht streng getrennt voneinander werden, weil die Zeitungen der so genannten *opinion press* zuzuordnen sind. Und so ergibt sich ein Bild der Einübung, wenn nicht gar der Fabrikation von öffentlicher Meinung in einem Land Westeuropas.

Kein reines Vergnügen, in dem labyrinthisch-babylonischen Komplex sich den Studien hinzugeben, denn das die Präsidentschaft von Francois Mitterrand beschwörende „Bibliotheksgebäude, das durch seine ganze Anlage ebenso wie durch seine ans Absurde grenzende innere Regulierung den Leser als einen potentiellen Feind auszuschließen suche, sei, so sagte Austerlitz, sagte Lemoine," lese ich bei W. G. Sebald, „quasi die offizielle Manifestation des immer dringender sich anmeldenden Bedürfnisses, mit all dem ein Ende zu machen, was noch ein Leben habe an Vergangenheit." Und dennoch provoziert die Grande Bibliothèque, wie Sebald entdeckte, Assoziationen an ein anderes, noch viel größeres Massaker im Europa der 1940er Jahre, denn das Gelände war ab 1942 der Lagerplatz Austerlitz-Tolbiac für jüdisches Beutegut. Wo die Sachen hingekommen sind, „das will heute niemand mehr wissen, wie ja überhaupt die ganze Geschichte im wahrsten Wortsinn begraben ist unter den Fundamenten der Grande Bibliothèque unseres pharaonischen Präsidenten, sagte Lemoine"[57] – ein Aufruf dazu, nichts Scheinbares als das Wirkliche hinzunehmen und historische Wachsamkeit zu üben.

Doch das Ergebnis meiner Studien, bei denen ich alle Tage aufs Neue einen enervierenden Kampf gegen die Reglementierungswut des Etablissements zu führen hatte, hat sich ausgezahlt. Ich lernte eine

---

[57] W. G. Sebald, Austerlitz, Frankfurt am Main 2003, S. 404 und 409. – Und noch einmal Sebald, dessen Aussage ich mir zu eigen mache: „Ich habe immer versucht, in meiner eigenen Arbeit denjenigen meine Achtung zu erweisen, von denen ich mich angezogen fühlte, gewissermaßen den Hut zu lüften vor ihnen, indem ich ein schönes Bild oder ein paar besondere Worte von ihnen entlehnte ...". W. G. Sebald, Logis in einem Landhaus, Frankfurt am Main 2000, S. 139.

Menge einerseits über das, was in Indonesien 1965/66 geschehen war, anderseits darüber, wie es gedeutet wurde, also über die Haltung der so genannten Freien Welt, einschließlich der kommunistischen, eher dem Moskaulager verpflichteten Tageszeitung *L'Humanité*. Bei der mehrwöchigen Lektüre von Artikeln und Berichten in der National-bibliothek mag man leicht ihrer nachgerade narkotischen Suggestion verfallen. Das gilt sogar für die Berichterstattung von *L'Humanité*. Sie unternimmt keine kritische Analyse der verfügbaren Informationen, sondern operiert mit den gewohnten linguistischen Stereotypen und passt die indonesischen Ereignisse dem vorgegebenen weltanschauli-chen Rahmen an – die interpretierende Tendenz der Berichterstattung der jeweiligen Zeitung lässt sich aus ihrer politischen Verankerung in der französischen Gesellschaft vorhersagen; der von ideologischer So-lidarität des Kalten Krieges bestimmte Blickwinkel leitete die Wahr-nehmung der Realität des jeweiligen Blattes. Die bürgerliche Presse Frankreichs vermittelte den Eindruck, dass Indonesier anders sind als Europäer, dass das Regime unter Sukarno eine bizarre Diktatur war,[58] dass Suharto die Dinge richten werde – Indonesien ist mit ihm zur Normalität zurückgekehrt, *rentrée dans les normes*[59] – und dass das ungeheuerliche Massaker, dessen Opfer ohnehin resigniert das Unver-meidliche annahmen, ihre Mission erkannten, den Tod wie Lemminge auf sich nahmen, um die Gesellschaft zu säubern, dazu beitrug, eine bessere Zukunft zu gestalten, eben hingenommen werden müsse.[60] All das sei sehr zu bedauern, doch es handle sich um einen unausweich-

---

[58] „La République de Soekarno est le royaume du père Ubu", schrieb ein Korre-spondent am 22. Oktober 1965 nicht ohne euro-paternalistische Untertöne an-gesichts der chaotisch-revolutionären Situation in Jakarta während KIAPMA – International conference for the liquidation of foreign military bases: J. Jacquet-Francillon, La République de Soekarno transformée en royaume du Père Ubu. Les Chinois se font traiter de colonialistes tandis que s'y tient la plus virulente des conférences communistes internationales, in: Le Figaro, 22. 10. 1965, S. 4.

[59] Le prix d'une erreur, in: Le Monde, 27.10.1966, S. 1.

[60] Die Berichterstattung ist oftmals geleitet von orientalisierendem Sarkasmus, wenn es z. B. in *Le Monde* heißt, dass in diesem Teil Südostasiens die Konfronta-tionslinie mehr oder weniger dem Äquator folge, wo die Treibhausatmosphäre die Leidenschaften genauso spektakulär wie die tropische Vegetation anwach-sen lässt. L'indonésie et ses voisins, in: Le Monde, 21.5.1966, S. 1. – In Le Figa-ro stellt sich der Berichterstatter im August die rhetorisch-beruhigende Frage, ob der Horror, den er angesichts der Tötungen empfindet, „nicht nur von uns Westlern" empfunden werde …

lichen Kollateralschaden im Kampf für ein letztendlich richtiges Ziel. Der indonesische Kommunismus und der sich den Blöcken widersetzende radikale Nationalismus waren eliminiert.

Suharto und das Militär haben Indonesien 1965/66 vor einer möglichen kommunistischen Machtübernahme bewahrt – ein potentieller Domino war gerettet (und nach Sukarno wurde auch *konfrontasi*, die Konfrontation mit Malaysia beendet). Ihr ungeheuerliches Pogrom – das nicht das einzige des Regimes bleiben sollte;[61] Indonesien ist als *État massacreur*, als Massenmörderstaat bezeichnet worden[62] – führte zur Vernichtung der größten Volkspartei und ihres Einflusses auf die indonesische Politik und Gesellschaft. Das ebnete den Weg für die Erschließung der Region durch westliche (ökonomische und militärische) Interessen. Viele Fragen bleiben offen. Was wissen wir zum Beispiel über die Klassenzugehörigkeit der Getöteten und Verbannten? Stimmt es, was in einem Bericht des *Figaro* vom August 1966 über Bali angedeutet wurde, dass es sich bei der Mehrheit derjenigen, die zu sterben verdammt waren, um landlose Bauern oder Landreformkader handelte? Wer waren die Opfer auf Java und Sumatra? Zum großen Teil scheinen sie Fabrik- und Plantagenarbeiter gewesen zu sein. Wurden sie für schuldig befunden, weil sie traditionelle Hierarchien und aktuelle wirtschaftliche Interessen infrage gestellt hatten? Wenn wir lesen, dass Entscheidungen über Leben und Tod „kommunal getroffen" wurden, dass die Getöteten sich geweigert hätten, „am Gemeinschaftsleben teilzunehmen", dass diejenigen, die geschont wurden, durch ein Sühneritual in die Gemeinschaft wieder eingegliedert wurden – dann stellt sich die Frage, ob die vorgebliche Wiederherstellung der kommunalen Harmonie nach Tötungen und Reinigungsritualen nicht mit der Durchsetzung einer sozialen Ordnung der dominanten Klassen gegenüber denjenigen, die gegen ihre Hegemonie zu rebellieren gewagt hatten, gleichgesetzt werden muss. Militär und zivile Gruppen, die die Massaker schürten, verübten und die indonesischen Medien kontrollierten, haben die gesamte Linke einschließlich Kulturschaffender und

---

[61] Irian Jaya kam vergleichsweise leicht davon, aber Osttimor erlitt eine Gewaltorgie, die die von Sukarno angewandten Maßnahmen für die Schaffung eines größeren Indonesien vergleichsweise harmlos erscheinen lassen.

[62] Jean-Louis Margolin, Indonésie 1965: Un Massacre Oublié, in: Revue Internationale de Politique Comparée, vol. 8, no. 1, 2001, S. 61.

Schriftsteller wie Pramoedya Ananta Toer, um nur ihn zu nennen, als Personen außerhalb der menschlichen Gemeinschaft dargestellt. Doch in den französischen Presseorganen, die mir vorlagen, gibt es keinen Versuch, die vorgeblich spontanen Massaker-Initiativen aus der Bevölkerung mit der Begleitung und dem Schutz, gar der Aufwiegelung durch das Militär, das Milizen bildete, in Verbindung zu setzen, um die größtmögliche Anzahl von Personen einzubeziehen und die Schuld für das Gemetzel in einer breiten Gemeinschaft der Schuldigen umzuverteilen.[63]

Franz Magnis-Suseno SJ

Anfang 2011 schlug Franz Xaver Augustin, einer Einflüsterung des Bonner Literatur-Indonesisten Berthold Damshäuser folgend, mir vor, die Biographie des Jesuiten Franz Magnis-Suseno zu schreiben. Die Geschichte eines Menschen zu schreiben bedeutet, eine Persönlichkeit aus ihren individuellen Anlagen und ihrer sozialen und historischen Umwelt zu begreifen. Doch eine Biographie bleibt ein literarisches Konstrukt; sie ist geformt von den moralischen Werten und intellektuellen Prämissen ihres gestaltenden Autors.[64] Deshalb ist Subjektives aus ihr nicht nur nicht zu verbannen, sondern es ist konstitutives Element. Und mehr noch: Jede Schrift ist ein Versuch ihres Autors, sich in einem gegebenen Moment zu hinterfragen, eine Bestandsaufnahme des Ich vorzunehmen …

Da dieser Text eine persönliche Bilanz ist, kann ich nicht verschweigen, dass seit dem Frühjahr 2012 körperliche Symptome auf einen Magenkrebs hindeuteten. Was tun? Ich wollte mir den Erkenntnisgewinn des Unternehmens nicht verderben, entschloss mich deshalb, das Heft des Handelns nicht den Ärzten zu überlassen und alles daran zu setzen, das Manuskript gelassen abzuschließen. Hatte ich bislang oft wie eine honigsaugende Biene schlafwandlerisch suchend herumgetastet,

---

[63] „The army worked hard to whip up popular anger against the PKI from early October 1965 onward" … and „the arrival of the army's Special Forces (RPKAD) functioned as the trigger" of the violence, and espcially in the case of the island of Bali, schreibt John Roosa, in: op. cit., S. 28/30, 200/201.

[64] „Stets entwirft ein Fremder ein Dasein und erzählt … nach den ihm vertrauten Maßstäben, die nicht die Maßstäbe seines Helden" sind. – Johannes Fried, Ein Leben erzählen, in: Die Zeit, 2.1.2014.

so ging es diesmal um mich berührende erkenntnistheoretische Fragen, und das wäre doch ein schöner Abschluss. Über Franz Magnis-Suseno entdeckte ich den Philosophen Robert Spaemann, die Ethikerin Iris Murdoch (die mir bislang nur als Romanschriftstellerin bekannt war), ich vertiefte mich in Schriften von Emmanuel Lévinas. Überdies erforderte der Einstieg in das spannende Leben des Jesuiten die Auseinandersetzung mit der indonesischen bzw. javanischen Kulturgeschichte und der politischen Evolution Indonesiens im 20. Jahrhundert. Am 30. 6. 2013 um Mitternacht schickte ich das Manuskript an die Verlegerin in Berlin. Am 1. Juli begab ich mich ins Krankenhaus zur Untersuchung; sie ergab eine Hiatushernie (Barrett-Syndrom), die medikamentös gelindert werden kann. Es war ein falscher (beflügelnder) Alarm; das Leben erscheint „in einem neuen Sinn, ferner und deutlicher als sonst."[65] Weiter zu arbeiten will die mit Altsein und Gebrechlichkeit einhergehende demütigende gesellschaftliche und berufliche Ausgrenzung hinauszögern *und* die Glücksmomente nicht dem Zufall überlassen. Das Buch erschien unter dem Titel „Dialog, Kritik, Mission. Franz Magnis-Suseno, ein indonesischer Jesuit aus Deutschland" am 2. September 2013 bei regiospectra in Berlin.

Warum eine Biographie über diesen Mann, und wer eigentlich ist Magnis-Suseno? 1936 auf Schloss Eckersdorf in Schlesien als Franz Graf von Magnis geboren, ist er das begabte und bewunderte, von allen geliebte Kind; für jedermann war er fraglos der Mittelpunkt, der Fähigste, der Klügste, wohl auch der Tugendhafteste, und deshalb hat er „das Gutsein auch leichter gehabt als andere Leute."[66] Er ist Jesuit, Universitätslehrer, Philosoph, Hochschulgründer, Publizist, ein öffentlicher Intellektueller, Vorkämpfer für Demokratie und Menschenrechte, ein hervorragender Vertreter des Dialogs zwischen Religionen und Kulturen. Als zehnjähriger Schüler der Internatsschule St. Blasien im Schwarzwald hatte er beschlossen, Jesuit zu werden und wurde zum Flüchtling von der (drohenden) Position des Familienchefs. Diese so früh gefestigte, unwandelbar geradlinige Lebensentscheidung ist dem Außenstehenden ein wenig unheimlich, weil es daran, so scheint es, nie Zweifel oder Hadern, keinen Bruch gegeben hat. Er selbst erklärt sie

---

[65] Jünger, Das Abenteuerliche Herz, op. cit., S. 122/123.
[66] Wilhelm Raabe, Abu Telfan oder Die Heimkehr vom Mondgebirge, Freiburg und Braunschweig 1951, S. 105.

mit seiner *Berufung* – „man *wird* berufen, man beruft sich nicht selbst". Nur der in seinem Glauben Gefestigte kann so sein Leben begründen;[67] Ernst Jünger spricht von „Überzeugung … ein geistiger Akt, der sich im Dunkel vollzieht – eine geheime Einflüsterung und eine innerste Zustimmung, die dem Willen nicht untersteht."[68] Seit Januar 1961 lebt Franz Magnis in Indonesien, 1977 wurde er indonesischer Staatsbürger und nennt sich seitdem Magnis-Suseno. „Sich einzumischen, aus dem kontemplativen Abseits hinein in die Welt zu gehen, hin zu den Menschen und ihren Händeln, die Welt zu begreifen, zu erklären und sie so zu ihrem Besseren zu verändern – dies hatte vor knapp 500 Jahren der Gründungsgeneral Loyola seinen jesuitischen Ordensbrüdern als die wahre Form des Dienstes an Gott und seiner Schöpfung befohlen. Konsequenter konnte man diesen Auftrag kaum befolgen, als dies Franz Magnis-Suseno in seinem Leben als Priester, Intellektueller und Mensch im letzten halben Jahrhundert in Indonesien getan hat und immer noch tut", schrieb Franz Xaver Augustin im Vorwort zu „Dialog, Kritik, Mission". Der Jesuit soll *contemplativus in actione* sein, kontemplativ und bewusst in der Aktion, um Zeugnis werktätiger Caritas zu geben, „aber wir spüren", so Magnis, „dass Gott dabei ist", und „wir finden, nach Ignatius, Gott in allen Dingen."[69] 1971 hat er in München mit einer Arbeit über die normativen Grundlagen im Denken des jungen Karl Marx promoviert – eine lustvoll beflügelte Demystifikationsarbeit, in der er Marx vom wissenschaftlich-analytischen Kopf auf die ethisch-wertgeleiteten Füße stellt.[70] Während seines Studiums der Ordensphilosophie in Pullach bei München hatte er sich (im Klima des Kalten Krieges und unter dem Einfluss seiner Lehrer) in die

---

[67] Julian Barnes hat in einem Aufsatz über Lucian Freud im Zusammenhang mit der *philosophy of the self* auf die *existentielle*, nicht moralische Unterscheidung zwischen *narrativists* und *episodicists* hingewiesen, konträren (idealtypischen) Polen, die sich in der Realität nur als Annäherungen finden. Magnis-Suseno (ebenso wie F. W. Junghuhn) ist nach diesem Modell ein Narrativist, der sein *enduring self* der Berufung zuschreibt, wenngleich der Biograph – selbst eher ein Episodizist – den Nachdruck auf einen früh ausgeformten Willen legt, das Leben als ein sinnvolles, gutes zu gestalten. – Julian Barnes, Heart-Squasher, in: London Review of Books, 5.12.2013.

[68] Jünger, Das Abenteuerliche Herz, op. cit., S. 27.

[69] Schütte, Dialog, Kritik, Mission, op. cit., S. 418.

[70] Franz von Magnis, Normative Voraussetzungen im Denken des jungen Marx (1843-1848), Freiburg und München 1975.

Schriften von Marx und Engels vertieft, erkannte ihre kritische Kraft für das Verständnis kapitalistischer Gesellschaften und dachte sich, dass in der deutschen Kirche genügend Experten seien – „da brauchen sie eigentlich nicht noch jemand, aber vielleicht in Indonesien", wo es eine starke kommunistische Partei gab „und eine ernste Gefahr, dass Indonesien kommunistisch wird, da könnte die Kirche jemand brauchen, der eine Ahnung hat von marxistischer Theorie ... und dann hab ich mich gemeldet."[71] Er entscheidet sich für das, was Andere nicht tun und sichert sich damit von vornherein Exklusivität und Dominanz.

Magnis' Entschluss, als Missionar nach Indonesien zu gehen, war eng verbunden mit der politischen Lage und der Parteieinlandschaft des Landes vor 1965. Als Professor an der von ihm gegründeten Driyarkara-Hochschule für Philosophie und an der Nationaluniversität in Jakarta, berichtet ein ehemaliger Student, der Soziologe Hilmar Farid, bot Magnis in der bleiernen Zeit des Suharto-Regimes einen der wenigen Orte geistiger Freiheit in Indonesien. Kritische Geister und Studentenaktivisten, die aus politischen Gründen ihren Abschluss an anderen Universitäten nicht machen konnten, gingen zu den Jesuiten. Hier wurden intellektuelle und politische Auseinandersetzungen – zum Beispiel über Osttimor – geführt, und, sagt Hilmar, sie baten Magnis-Suseno immer wieder, Seminare über Themen abzuhalten, die anderswo undenkbar waren. Bei solchen Veranstaltungen wie im persönlichen Verkehr spielte sich der Professor nie in vorderster Linie auf, sondern blieb zurückhaltend, reserviert, kühl, formal, spröde – *kaku* –, aber in der Sache blieb er immer anspruchsvoll und fordernd, fördernd, ermutigend, unterstützend.[72] Bondan Gunawan S., ehemaliger Staatssekretär von Präsident Abdurrahman Wahid und dessen engster Mitarbeiter im *Forum Demokrasi* (zu dem auch Magnis-Suseno zählte), hörte erstmals 1965 als Student an der Gajah Mada-Universität „von dem jungen Mann aus Deutschland, mit dem kann man reden, der ist voller brillanter Ideen". Er sei bescheiden, glaubt Bondan, immer zurückhaltend, er hat Prinzipien, sei dennoch flexibel, und seine Grundsätze verteidige er nicht aggressiv, sondern dialogisch, und er sei bestrebt, eine alle zufriedenstellende Lösung zu finden, und um das zu

---

[71] Judith Behnen, Interview-Transkript mit Franz Magnis-Suseno SJ am 18.11.2010 in Nürnberg.
[72] Gespräch mit Hilmar Farid, Jakarta 12.1.2012.

erreichen, diskutiere er so lange wie nötig. Magnis, ist er überzeugt, ist zuerst Javaner, dann Deutscher; er denkt in erster Linie javanisch, erst in zweiter Linie setzt er seinen deutschen Rationalismus ein.[73]

Neben seiner philosophischen Lehrtätigkeit, aus der seit Jahrzehnten kritische und gesellschaftlich engagierte Intellektuelle hervorgegangen sind, ist Franz Magnis-Susenos größtes Verdienst in Indonesien sein Beitrag zum Dialog zwischen den Religionen, insbesondere zwischen Islam und Christentum. Dem liegt eine Ethik zugrunde, die auf dem Sich-Öffnen gegenüber den Anderen beruht, auf Verstehen und Wohlwollen. Auf diese Weise hat er zum Ausgleich zwischen Interessen und Klassen, zur Herausbildung einer Zivilgesellschaft beigetragen und mitgeholfen, die Christen als Akteure in die Mitte der indonesischen Gesellschaft zu führen. In einer hierarchischen Gesellschaft wie der javanisch-indonesischen ist es nicht gelitten, sich anzubiedern – das wäre *kasar*, unhöflich, unzivilisiert, roh. Magnis dagegen, sagen viele Gesprächspartner, wirkt *(h)alus*, kultiviert, gelassen, höflich, diszipliniert, und er ist ein Mann ohne *pamrih*, der nicht machtpolitisch manipuliert und frei von Eigensucht seine Sache betreibt.[74] Glücklicherweise kann er auch aus der Haut fahren, selbstgerecht, ruppig und verletzend sein …

Meine Studie war im März 2011 bei einem Treffen mit dem Jesuitenpater in Jakarta konzipiert worden: Wir hatten uns telefonisch verabredet, um, wenn möglich, ein ursprüngliches Einverständnis herzustellen. Ein nieselig-grauer Abend, tropisch schwül. Magnis-Suseno kam, einem abenteuernden Reiter nicht unähnlich, auf seiner Vespa, helmbewehrt gegen den frenetischen Verkehr und mit Regencape gegen die Feuchtigkeit verpackt, grüßte die dienstfertigen guten Geister des Hauses, die, formvollendete javanische Muslime, dem berühmten *Romo* – Vater, Pater – die Hand küssten, auf Indonesisch, erbat sich bei mir auf Deutsch einen Moment, bis er alles abgelegt habe und erklärte, es sei nicht weit, ob ich den Weg zum Restaurant gehen könne, es seien nur anderthalb oder zwei Kilometer. So zogen wir los. Magnis-Suseno

---

[73] Gespräch mit Bondan Gunawan S., Jakarta 15.1.2012.
[74] Zu *(h)alus* und *kasar* bzw. *pamrih*, s. Clifford Geertz, The Religion of Java, Chicago 1960, S. 232 sowie Benedict Anderson, The Idea of Power in Javanese Culture, in: Claire Holt, ed., Culture and Politics in Indonesia, Ithaca und London 1972, S. 38-40.

111

ging sicher und bestimmt voran, seine agile Körperlichkeit selbstbewusst einsetzend, ein wenig gotisch nach links vorgebeugt, den Kopf vorgestreckt, schlenkernd die großen Hände wie Ruder nutzend, mit denen er sich durch die Strömung brachte. Ich stützte mich (wegen des kaputten Beines) auf meine Krücke und folgte ihm schnaufend und schwitzend. Dabei kam die Unterhaltung in Gang, und als er mich fragte, wie viele Bücher ich geschrieben hätte, murmelte ich irgendwas, denn es war ohnehin klar, dass er, der eminente Weise, unvergleichlich mehr zustande gebracht hatte – wenigstens 30 Bücher und über 500 populäre und wissenschaftliche Beiträge über Ethik, Politische Philosophie und javanische Weltanschauung. Mir stand es folglich zu, die Tugend der Bescheidenheit zu üben … Das von ihm ausgewählte Restaurant in einem Einkaufszentrum von Menteng, wo vergnügte Mehrgenerationenfamilien im kulinarischen Ritual versammelt waren, sagte uns beiden zu. Die Meeresfrüchte waren köstlich, das Bier, anregend und erfrischend, half uns über die von sozialen und generationsbedingten Konventionen mitgegebenen Hemmungen hinweg. An der Stirnwand des Etablissements befanden sich riesige Abbildungen von *wayang*-Figuren aus der Welt des Schattenspiels, was meinem Zechgenossen den Anlass zu einer Einführung in die javanische Ethik gab. Unter ihnen befand sich der tollpatschige Semar, Urvater der Javaner, der als Beschützer ihrer Insel eine zentrale Stellung in ihrer Mythologie einnimmt, die, folgt man Magnis-Suseno, auch heute noch Denken und Handeln im Alltag und in der Politik mitprägt. Semar, dozierte er vergnügt, sei in der Gestalt seines lebenserfahrenen, großen Freundes Abdurrahman Wahid alias Gus Dur, des vierten Präsidenten Indonesiens, ins Leben zurückgekommen. Magnis-Susenos Verständnis für und die Identifikation mit Indonesien ebenso wie seine Wertschätzung als öffentlicher Intellektueller in dem Lande, das er im Alter von 24 Jahren erstmals betrat, haben sich wesentlich über die Erforschung der javanischen Ethik hergestellt; sie nimmt einen gewichtigen Platz in seinem literarisch-theoretischen Schaffen ein. Das javanische Schattentheater ist Unterrichtung in konkreter Moral.

An diesem Abend steuerte er den Erzähl- und Unterhaltungsfluss, und so konnte ich ihm mit zumutenden Fragen nicht zu nahe kommen. Stattdessen versuchte ich, mir seine psycho-physischen Umrisse und seinen sprachlichen Habitus einzuprägen. Es ging wesentlich um die Festlegung von Distanz, was mir durchaus entgegenkam. Mit begeisterter Erzählgestik fegte er einige Bierflaschen vom Tisch, und nach anfänglich kokettem Zögern auf meine versteckte Frage, ob er überhaupt an dem vorgeschlagenen biographischen Unternehmen interessiert sei – Rüdiger Siebert habe ja schon dies und das über ihn geschrieben, und der sei bei Weitem nicht der einzige – bot er mir die etwa eintausend Briefe an, die er seit seiner Ankunft in Indonesien an seine Eltern geschrieben hatte. Das Eis war gebrochen, wir waren handelseinig geworden. Auf diese Weise hat Magnis-Suseno zumindest die inhaltlich-methodische Richtung vorzugeben versucht, wogegen Darstellungsweise und Interpretationen mir überlassen blieben. Es sollte sich wieder einmal erweisen, dass auch Dutzende von Interviewgesprächen keinen gleichwertigen Informationsschatz hätten liefern können. Interviews, wenn sie sich auf Vergangenes beziehen, sind aus der Perspektive des Heutigen zusammengeklaubte Rekonstruktionen des Ehemaligen, wogegen Briefe das Unmittelbare, die Erfahrung und die Struktur einer Zeit und des Schreibers wiedergeben – der Briefschreiber wird zum Zeitzeugen. Und überdies ist „die Lektüre der Handschrift ... eine Art von persönlicher Begegnung"; Briefe spiegeln „das Gesicht eines Menschen".[75] Interviews in Form offener Gespräche sollten trotzdem geführt werden, und zwar da, wo es sich um Weiterungen des brieflich Formulierten, um Fixierung des Umfeldes oder um theoretische Ausführungen, Darstellung, Evolution und Deutung seines Denkens handelte.

Ich konnte mich an die Arbeit machen und lebte bald in intimer Symbiose mit meinem Thema, das mich zunehmend faszinierte als eine andere, sogar attraktive Lebensform und Geisteswelt eines Altersgenossen, als ein Weg zwischen den Kontinenten und Kulturen, bei dem es oft zu intellektuellen Grenzüberschreitungen kam. Es wurde eine Reise in die Geschichte einer aristokratischen Familie aus Schlesien seit den 1940er Jahren, in das Werden und Wirken eines Jesuiten, in die Geschichte Indonesiens im 20. Jahrhundert. Solch eine Reise gleicht der eines Schauspielers, der in eine Rolle tritt, in eine ihm bis dato fremde Existenz – wenn er aus ihr herausschlüpft, ist er nicht mehr derselbe, denn sie wird ihn im Innersten berührt haben ... Franz Magnis' Briefe von 1965 und 1966 etwa vermitteln die Innenansicht der Ereignisse des 30. September und führten mich über die Lektüre histo-

---

[75] Spaemann, op. cit., S. 158.

rischer Darstellungen sowie Gespräche mit Akteuren und Zeitzeugen zu Gewichtungen, die antagonistische Positionen in der katholischen Kirche Indonesiens und konträre Haltungen gesellschaftlich Handelnder gegenüber dem und im *Orde Baru*-Regime deutlich werden lassen. Ich habe mit Mitgliedern der Familie Magnis, mit zahlreichen Jesuiten, Kollegen von Magnis, mit Philosophinnen, Soziologen und früheren Studenten in Jakarta und Yogyakarta, Islamgelehrten, einem hinduistischen Guru, mit Sozial- und Indonesienwissenschaftlern und Politikern, Schriftstellern und ehemaligen Gefangenen, Überlebenden der Suharto-Repression in Europa und Indonesien, mit Diplomaten und Fachleuten unterschiedlicher Provenienz und Nationalität gesprochen, die seit Jahrzehnten in Indonesien leben.[76] Und natürlich hatte ich ein umfangreiches Literaturstudium zu bewältigen, denn ich bin, um es zu wiederholen, kein Indonesienspezialist; meine Bibliothek ist dabei um einige Bücherregale angewachsen. Indonesien ist konkreter, fassbarer, vertraut(er) geworden, weniger geheim und wunderlich. Es war ein bereicherndes Unternehmen, zwei erfüllte Jahre. Allerdings: Der Abschied von einer Sache, der man sich ursprünglich entgegengesehnt hatte, die dann, als sie entschieden und einem anvertraut war, als unerfüllbar, weil jenseits der eigenen Gestaltungsmöglichkeiten angesiedelt erschien, deshalb Angst vor dem Mut einjagte, die man in der Folge als freudig arbeitsreichen Alltag wie Opium genoss und die endlich, weil abgeschlossen, durch finale Buchform in Ernüchterung ausläuft, macht einen haltlos, so dass man wackelig nach dem Krückstock greift, um weitergehen zu können.

---

[76] Mit Vergnügen erinnere ich mich an einen Besuch bei Yenny Wahid, der Tochter von Gus Dur, im Haus der Familie Wahid in Jakarta, einem Ort des ursprünglich antikolonialen Sentiments, wie sich herausstellte, nicht nur der islamischen Erneuerung: „Hier also lebte Gus Dur ...", „Yes, and also Tan Malaka visited here ...". Ich hielt Yennys jüngste Tochter Amyra, Abdurrahman Wahids Enkelin, im Arm.

Feldforschungen auf Java und Studien zu indonesischen und regionalsprachlichen Etymologien

– Hobby und Beruf eines Sprachwissenschaftlers

Bernd Nothofer

Auf Java unterwegs

Pakai celana (zu Fuß laufen, wörtlich: die (Wander-)Hosen anziehen), *naik ojeg (sepeda)* – mit dem Fahrradtaxi (auf dem mit Schläuchen umwickelten Gepäckträger) als Sozius fahren, *naik bis* (im Bus – oder auf dem Dach des Busses – fahren), *naik truk* (auf der leeren Pritsche oder der Ladung des LKWs mitfahren), *naik oplet* (mit dem Sammeltaxi fahren), *naik superben* (mit den zwischen Jakarta und Bandung verkehrenden Taxis fahren), *naik dresin* (Draisine fahren), *naik lori* (auf einer flachen Lore fahren, die dem Transport von Zuckerrohr dient), *naik perahu* (mit dem Boot fahren), *naik sampan* (im Einbaum fahren): Das sind einige der vielen Fortbewegungsarten während meiner Feldforschungsreisen durch West- und Zentraljava in den Jahren 1971/72, 1976 und 1979. In fast 200 Dörfern sammelte ich in mehrstündigen Interviews sundanesisches, javanisches und jakarta-malaiisches Dialektmaterial, das die Grundlage für linguistische Analysen der zwei größten Regionalsprachen und der Nationalsprache Indonesiens bildete. Bevor wir uns im zweiten Teil dieses Beitrags mit Beispielen von Ergebnissen sprachwissenschaftlicher Untersuchungen (Etymologien) befassen, möchte ich zunächst vier kleine Geschichten aus dem reichen Erlebnisrepertoire der Feldforschungen erzählen, die mir bis heute in Erinnerung geblieben sind:

Naik ojeg (siehe oben) war zu jener Zeit noch die Anmietung eines Fahrrads. Heute besteigt man als Sozius ein Motorrad, um von der Landstraße auf meist nicht geteerten Wegen ohne Anstrengungen ins oft weiter entfernte Dorf zu gelangen. In der Region Majalengkas (Westjava) fragte ich 1971 einen Fahrrad-*ojeg*-Besitzer, ob er mich ins nächste Dorf fahren könne. Er willigte stolz ein, obwohl mir bereits Bedenken bezüglich der Umsetzung dieses Unterfangens im Verlauf des Preisaushandelns kamen: Der Junge war erst ca. 14 Jahre alt und schmächtig, der zu transportierende *bule* („Albino", Bezeichnung für alle Nicht-Indonesier auf Java, kommt von *kebo bule*, „Albino-Wasser-büffel") war 190 cm lang und recht kräftig. Wir einigten uns auf einen Preis und stolz fuhr er an, während ich mich schwungvoll auf den Ge-päckträger warf. In Schlangenlinien ging es ca. drei Meter voran, be-vor wir laut schreiend stürzten. Nachdem wir uns wieder aufgerappelt und vom Staub befreit hatten, waren all meine Versuche vergeblich, ihn davon zu überzeugen, mir doch einfach das Fahrrad auszuleihen. Ich versprach ihm, das Vehikel nach meinen Interviews im Dorf, das man nur auf demselben Weg auch wieder verlassen konnte, unbeschä-digt zurückzugeben. Er ließ sich auf ein solches, für ihn wunderlich klingendes Angebot nicht ein, sondern bestand darauf, an meiner statt als Sozius aufzusteigen. Es blieb nur diese Wahl, um das Dilemma zu lösen und nicht *per pedes* ins Dorf gelangen zu müssen. So fuhren wir dann gemeinsam los und erreichten unversehrt die Ansiedlung und später auch wieder die Landstraße.

Überhaupt führte die Zufußgehen-Vermeidungsstrategie zu manch kurioser Begebenheit. Ohne offizielle Erlaubnis des *Bupati* (Regierungs-präsident) ist Feldforschung in Regierungsbezirken nicht möglich. Als ich den *Bupati* von Rangkasbitung (Banten) um eine Forschungsgeneh-migung bat, erhielt ich diese umgehend. Da ich wusste, dass er plante, mit seinem Jeep Wahlveranstaltungen in meiner Untersuchungsregion durchzuführen, bat ich ihn, mich mitzunehmen. Er stimmte sofort zu, machte aber zur Bedingung, dass ich mich bereit erklärte, Bestandteil seines dort ablaufenden Wahlprogramms zu werden. Ich war natür-lich einverstanden, obwohl ich nicht wusste, was auf mich zukam. So geschah es, dass ich während der Wahlveranstaltungen in diversen Dörfern auf einer Bühne als *orang dari seberang* (Mensch von jenseits des Ozeans) vorgestellt wurde und in gebrochenem Sundanesisch über meine geplanten Befragungen und über meine Heimat berichten muss-te. Ich war *der* „Renner"! Nach meinem Auftritt folgte die Vorführung eines mit Schießereien gespickten Cowboy-Films, bevor dann endlich als Höhepunkt eine sich in die Länge ziehende Rede des *Bupati* statt-fand, während der eine immer größer werdende Zahl der ursprünglich anwesenden Schaulustigen abwanderte. Meine Rolle erinnerte mich irgendwie an das Schaubudenprogramm auf den Kirchweihfesten der 1950er Jahre in Deutschland, in denen „Kleinwüchsige" und „Schwarze Menschen" als Attraktion ausgestellt wurden. Aber ich hatte mein Ziel ja erreicht: Der Zweck heiligt die Mittel!

Käse in Konservendosen kann zum Geschoss werden! Zum Proviant auf den Fußmärschen durch die Dörfer des südlichen Banten gehörten Dosen von *kornet* (corned beef) und *keju* (Käse), die im Rucksack untergebracht waren. In einem sehr armen Dorf in der Nähe von Ujung Kulon (Naturreservat) saß ich am Abend vollkommen durchnässt und erschöpft auf dem Bambusboden einer Hütte und wärmte mich am offenen Feuer, als es plötzlich in der benachbarten Hütte einen lauten Knall gab. Dorthin laufend sahen meine Gastgeber und ich rings um die Feuerstelle einige Personen, die dort mit recht verdutzten Gesichtern saßen: Man hatte offenbar eine Käsekonserve, die der vielleicht achtjährige, stets nackt herumlaufende und mich allzeit begleitende Sohn des Nachbarn während meiner Abwesenheit aus meinem Gepäck stibitzt hatte, in die Glut geworfen. Man hatte gehofft, dass sich der Deckel durch die Hitze langsam anheben und öffnen würde, um so Zugang zu der leckeren Speise zu erlangen. Stattdessen war die Dose geplatzt und der flüssig gewordene Käse hatte sich überall verteilt. Die zähe, klebrige Masse war ungenießbar. Ein verlegenes Lachen machte sich breit, nachdem sich der erste Schreck gelegt hatte. Ein wenig verschämt wandte sich mein kleiner Begleiter, den ich wohl nicht zu Unrecht *Si Nakal* (Lausbub) getauft hatte, ab. Ich hatte ihm vor einigen Tagen diesen Namen gegeben, da er mich während meines Besuchs im Dorf ständig verfolgte und mehrfach keck versucht hatte, mit meiner Kamera Fotos zu schießen, meinen Kassettenrekorder in Gang zu setzen und ein paar meiner kleinen Leckereien zu erhaschen. Was für faszinierende Spielzeuge waren doch die technischen, so fremden Geräte! Wenn er den Fotoapparat schon nicht in der Hand halten, geschweige denn bedienen durfte, so wollte er doch zumindest fotografiert werden. Nie hörte er auf, mir nachzurufen: *Mau dikodak, mau dikodak!* (fotografiere mich, fotografiere mich!). Man muss wissen, dass *Kodak* damals in Banten nicht nur Produktname war, sondern auch Nomen und Verb für ‚Fotoapparat' und ‚fotografieren'. Aber ich konnte ihn glücklich machen: Da er sich unbedingt mit mir fotografieren lassen wollte – siehe da – wurden wir letztendlich zusammen ge*kodak*t!

Da ich mir für die Feldforschung im Jahr 1979 bereits die Anmietung eines Fahrzeugs erlauben konnte, wurden Fahrzeuge wie das *ojeg* überflüssig: Mir stand dank der Finanzierung durch die DFG ein Jeep mit javanischem Fahrer zur Verfügung, um die Dialekte in zentraljavanischen Dörfern aufzuzeichnen. Manche Begebenheit auf unserer gemeinsamen dreimonatigen Reise war bemerkenswert und spiegelt kulturelle Unterschiede wider: Dank meines detaillierten Kartenmaterials war ich in der Lage, meinem Fahrer Richtungsanweisungen zu geben. Es stellte sich schon bald heraus, dass bei den Rufen „links" und „rechts" die Reaktion recht unterschiedlich ausfiel und eher zufällig richtig war. Erst bei der Verwendung von Kompasspunkten wurden meine Angaben perfekt umgesetzt: „Norden", „Süden" etc. waren die adäquaten Begriffe.

Eines Tages rutschte unser Jeep auf einem glitschigen Feldweg in ein großes, mit Wasser und Morast gefülltes Loch. Das linke Vorderrad versank darin bis zum Oberteil des Schutzblechs. Wir waren bewegungsunfähig. Alle Versuche, uns selbst aus der misslichen Lage zu befreien, waren vergeblich. Wir waren gefangen und auf fremde Hilfe angewiesen. Einige Bauern auf den umliegenden Nassreisfeldern sahen unser Missgeschick und eilten herbei, um den schräg hängenden Jeep und den verzweifelten *bule* zu bestaunen. Man bedauerte unser Schicksal und schaute uns mitleidig an. Erst die Einleitung von Lohnverhandlungen führte letztendlich zu gemeinsamen Bemühungen, das Fahrzeug zu befreien. Dank der dann kräftigen Mithilfe der Bauern war der Wagen bald angehoben und wieder fahrbereit. Die Reise ging weiter, und die Bauern teilten sich die so unerwarteten, aber hochverdienten Einkünfte.

Etymologien

Wie einleitend angedeutet, bildete die intensive, sich über mehrere Jahre erstreckende Feldforschung die Grundlage für mein ausgeprägtes Interesse an der Geschichte regionalsprachlicher und nationalsprachlicher Daten und kulminierte in der Erstellung eines Buches, dessen Manuskript 2013 fertiggestellt wurde und das noch dieses Jahr vom Nationalen Sprachenzentrum Indonesiens (*Badan Pengembangan dan Pembinaan Bahasa*) publiziert werden soll. Es wird den Titel *Pengantar Ilmu Etimologi Indonesia* („Einführung in die indonesische Etymologie") tragen und ist nicht nur meiner Familie, sondern insbesondere auch den Baduy in Banten und der Banyumas-Bevölkerung im westlichen Zentraljava gewidmet. Diese so offenen und liebevollen Menschen stehen mir seit meiner Feldforschung besonders nah, denn sie sind Indonesier, die sich nicht scheuen, auch ohne Scham oder Gewissensbisse „*henteu*" (Sundanesisch) beziehungsweise „*ora*" (Javanisch) – „nein, nicht" – zu sagen.

Das Werk versucht, Antworten auf Fragen wie die Folgenden zwei zu finden:

1) Haben die Wörter für Bedeutungen wie „Koran" (*Al-Qur'an, Quran, Kuran, Koran*), „Zeitung" (*koran*) und „agil, forsch, flott, toll, lebendig, schick (Kleidung), schnell laufend (Pferd)" (*keren*) eine gemeinsame Geschichte?

2) Woher kommt das Wort *oplet* für ein Sammeltaxi?

Lassen Sie mich im Folgenden versuchen, diese beiden etymologischen Fragestellungen zu beantworten. Beginnen wir mit der ersten:

Es kann nicht verwundern, dass die indonesischen Formen für die Heilige Schrift des Islam (*Al Qur'an, Qur'an, Kuran, Koran*) aus dem Arabischen stammen. Die Quelle ist das arabische Wort القرآن (*al-qur'ān*, die Lesung, Rezitierung, Vortrag). Das Wort gelangte um das 10. Jahrhundert in der Bedeutung „Heilige Schrift des Islam" mit arabischen Händlern und islamischen Gelehrten über die Handelsrouten des Indischen Ozeans nach Südostasien.

Auch *koran* „Zeitung" ist ein entlehntes Wort, jedoch nicht aus dem Arabischen, sondern aus dem Niederländischen. In Niederländisch verfasste koloniale Zeitschriften verwendeten die Formen *courant* und *kourant* für „Zeitung" (gesprochen [kurant]). Bereits in den Jahren 1810-11 erschien in Niederländisch-Indien eine Zeitung mit dem Titel *Bataviaasche Koloniale Courant*. Die Zeitung *Java-Bode* vom 5. Januar 1886 enthält einen Text, der die Schreibweise mit *k-* verwendet (*Soerabaia Kourant* – „Surabaya Zeitung" – und *kourantenartikelen* – „Zeitungsartikel").

Diese niederländischen Formen wurden mit drei Veränderungen ins Malaiische der damaligen Zeit übernommen: 1) die Schreibweise mit *c-* entfiel, 2) der Laut [u] (geschrieben *ou*) wurde durch [o] ersetzt und 3) das finale [t] wurde nicht ausgesprochen, da in ursprünglich indonesischen Wörter keine Folge von zwei Konsonanten am Wortende stehen kann. Beide Lautwandel, nämlich die Öffnung des Vokals [u] >

[o], vor allem vor [a], und der Wegfall des zweiten Konsonanten in einer Konsonantenfolge am Wortende, treten im Malaiischen häufiger auf, z. B. bei den ursprünglich niederländischen Wörtern *bultzak > bolsak*, *bulsak* (Matratze), *punten > ponten* (Punkte) sowie *restaurant > restoran* (Restaurant) und *adjudant > ajudan* (Adjutant). So entstand das malaiische Wort *koran* [koran] – „Zeitung".

Was aber ist der Ursprung dieses niederländischen Wortes? Die Schreibweise mit *c*- oder *k*- am Anfang sowie *ou* für den Laut [u] deutet bereits auf eine Entlehnung hin, und zwar aus dem Französischen, da Niederländisch in ererbtem Vokabular [k] durch *k*- und [u] durch die Buchstabenfolge *oe* wiedergibt. Bereits im Jahr 1659 findet man im Niederländischen das Wort *courant* für „Zeitung".[1] Dieses Wort ist eine Kurzform der niederländischen Phrase *courante nouvellen*, „laufende (aktuelle) Nachrichten", die für das Jahr 1616 belegt ist und aus Adjektiv und Nomen besteht. Das Plural *-e* sowie das Nomen sind weggefallen. Die Form *courante nouvellen* [kurantə nuvɛlən] geht auf das französische *nouvelles courantes* [nuvɛl kurãt], „aktuelle Nachrichten", zurück und zeigt die Adaption der Wortstellung: Da im Niederländischen das Adjektiv dem Nomen vorausgeht, kommt es zu einer Umstellung der beiden Elemente. Außerdem wird das französische Plural *-es* (nicht gesprochen) durch das niederländische Plural *-e* [ə] ersetzt und der nasale Vokal des Französischen [ã] wird durch die Folge Vokal und nasaler Konsonant [an] wiedergegeben. Das französische *courantes* ist die feminine Pluralform des Partizip Präsens *courant* [kurã], das als Adjektiv verwendet wird und „aktuell, laufend, lebendig, strebsam" bedeutet. Dieses Adjektiv ist von der Infinitivform *courir* [kurir] „laufen" abgeleitet, die regelmäßig das gleichbedeutende lateinische *currere* fortsetzt.

Was ist mit dieser Entlehnung im modernen Niederländisch geschehen? Heute noch gibt es Zeitungen, die das Wort *courant* in ihrem Titel verwenden, so z. B. die niederländische Regionalzeitung *De Twentsche Courant Tubantia* oder die jede zweite Woche in Kanada erscheinende Zeitung *De Nederlandsche COURANT*, die von der *Dutch Canadian Bi-Weekly Inc.* herausgegeben wird und in Niederländisch für Einwanderer aus den Niederlanden publiziert wird. Neben dieser Form, die die französische Schreibweise und Aussprache bewahrt, existierte bereits seit dem

---

[1] Veen, P.A.F. van Veen und N. van der Sijs (1997): *Van Dale Etymologisch Woordenboek*.

18. Jahrhundert (1776/77) die niederländische Form *krant*, „Zeitung", die bis heute unverändert benutzt wird.[2] Das initiale *c-* wird damals bereits durch *k-* ersetzt und der Vokal [u] entfällt. Zu den modernen Blättern, die diese Form in ihrem Titel enthalten, gehört die überregionale Zeitung *de Volkskrant* oder die regionale *Barneveldse Krant*.

Folglich bleibt festzuhalten, dass das niederländische *krant* und das indonesische *koran* historisch miteinander eng verbunden sind und dass das indonesische *koran* nicht mit dem Wort für die Heilige Schrift des Islam verwandt ist.

Woher aber stammt das indonesische *keren* [kərɛn, krɛn] „agil, forsch, flott, toll, lebendig, schick (Kleidung), trendy, schnell laufend (Pferd)"? Dieses Wort ist eine Entlehnung aus dem Jakarta-Malaiischen, wo *keren* „cool, nett gekleidet, toll" bedeutet. Es ist eine Entlehnung des englischen Begriffs *current* [kʌrənt] („gegenwärtig, aktuell, gängig, in Mode, modern, up-to-date") mit den Lautwandeln [ʌ] > [ə] oder Ø und [ə] > [ɛ]. Der Wegfall des finalen *-t* geschieht aus denselben Gründen, wie oben erläutert. Wahrscheinlich wurde das englische Wort zu Beginn des 19. Jahrhunderts übernommen, als Niederländisch-Indien unter britischer Herrschaft stand (Sir Stamford Raffles war Gouverneur in Batavia von 1811 bis 1816). Diese Hypothese wird durch einen aus Batavia stammenden Text (*Syair Buah-Buahan*, geschrieben um 1870)[3] gestützt, in dem *keren* in dieser Bedeutung erscheint. *Current* ist ein Wort, das im Englischen erstmals um 1300 in der Bedeutung von „laufen, stattfinden, im Gange sein, fließen"[4] auftritt. Es ist wie das niederländische *courant, kourant* eine Entlehnung der französischen Form *courant*.

Es wird deutlich, dass sowohl *koran* als auch *keren* letztendlich Entlehnungen desselben Wortes sind, nämlich des französischen *courant*. Das erste ist über das Niederländische und das zweite über das Englische ins Malaiische des 19. Jahrhunderts gedrungen.

Nun zur zweiten Frage: *oplet* stammt vom Wort *Opelette*, das aus dem Namen des Gründers der gleichnamigen Firma *Opel*, die 1931 von *General Motors* aufgekauft wurde, und dem französischen Diminutiv-

---

[2]   http://www.etymologiebank.nl/trefwoord/krant.
[3]   *Malay Concordance Project* (http://mcp.anu.edua.au).
[4]   Online Etymology Dictionary (http://www.etymonline.com/index.php?term=current&allowed_in_frame=0).

suffix -*ette* besteht.[5] Dieses Fahrzeug wurde für den niederländisch-indischen Markt produziert, wo es an Transportmitteln für Personen und ihre Waren mangelte. Gemäß einer Bekanntmachung in der Tageszeitung *De Indische Courant* von Januar 1927 fasste der amerikanische Konzern General Motors in diesem Jahr den Beschluss, in Tanjung Priok eine Montagefabrik mit 600 lokalen Arbeitern zu errichten. Die Firma plante den Zusammenbau von 7.500 PKW und Lastwagen im ersten Produktionsjahr.

Anfang der 1930er Jahre kam dann auch die Montage eines Sammeltaxis namens *Opelette* hinzu. Anzeigen von 1932 in Niederländisch, Sundanesisch und Javanisch belegen das Produktionsjahr. Es war ein Gefährt ohne Luxusausstattung, um Gewicht zu sparen (geringer Spritverbrauch). Hinter dem Fahrer befand sich ein überdachter Kasten mit Sitzbänken links und rechts, um Personen und ihre Habe zu transportieren.

Wie kam es zur Bildung des Namens *Opelette* für das Taxi? Offensichtlich basierte diese Namensgebung auf der Bezeichnung für ein Renault-Modell namens *Voiturette*, das 1898 in Frankreich gebaut wurde, und/oder der Bezeichnung für ein drei- und vierrädriges Modell namens *Autolette*, das die Firma Bingham & Co. im ersten Jahrzehnt des 20. Jahrhunderts in den Niederlanden (Rotterdam) entwickelt hatte.

Es scheint, dass in den ersten Produktionsjahren General Motors mit dem *Opelette* ein Monopol auf vierrädrige Sammeltaxis besaß. Es gab aber offensichtlich bereits ein erstes Konkurrenzmodell, nämlich das dreirädrige *Autolette* namens *Atax* der Firma *Raleigh*. Jedoch muss das *Opelette* das am häufigsten verkaufte Modell gewesen sein. Anders lässt es sich nicht erklären, dass dieser Name bald zur generischen Bezeichnung für vierrädrige Transportmittel mit zwei seitlichen Sitzbänken wurde. Mit dem Wandel der Verwendung des Eigennamens dieses Fahrzeugs zu einem Begriff für Sammeltaxis welchen vierrädrigen Typs auch immer ging die Adaption der Schreibweise an die Aussprache dieser Art von Fahrzeugen einher: Das [ɔplɛt] gesprochene Wort wurde in Anlehnung an seine Phonetik in der Schrift bald als *oplet* wiedergegeben.

---

[5]   Wie auch im Deutschen *Oper* vs. *Operette*.

Aber damit noch nicht genug. Gemäß dem Wörterbuch von Stevens und Schmidgall-Tellings (2010)[6] wurde Mitte des 20. Jahrhunderts das Wort *oplet* nicht nur für Fahrzeuge, sondern auch für einen Flugzeugtyp gebraucht: ein effizientes Flugzeug in kastenähnlicher Form als Transportmittel für Personen und Güter mit seitlich eingebauten Sitzen war die *C-46 Dakota*, die man aufgrund ihres großen Stauraums mit dem Taxi verglich und daher ebenfalls *oplet* nannte.

Amüsant und den Einfallsreichtum von Sprechern belegend ist der Gebrauch von *oplet* im übertragenen Sinne: Der idiomatische Ausdruck *oplet kosong*, wörtlich „leeres *oplet*", steht für Frauen, die ständig Männern nachstellen.[7] Wir wissen, dass Fahrer und *kenek*, „Gehilfe" (< niederländisch *knecht*), dieser Taxis fortwährend lauthals ihre Fahrroute ausrufen, um Passagiere zum Zusteigen zu animieren.

Nun aber zurück zum oben genannten dreirädrigen *Autolette* [otolɛt]: Dieses Gefährt mit der Modellbezeichnung *Atax* [ataks] war ein dreirädriges Sammeltaxi mit kastenartigem Aufbau, das vom englischen Autokonzerns *Raleigh* hergestellt wurde und das ein Importeur namens *Borneo Sumatra Handel Mij.* in den früheren 1930ern in Indonesien und in den Straits Settlements vertrieb. Es ist anzunehmen, dass die Modellbezeichnung auf das oben erwähnte Produkt der niederländischen Firma Bingham & Co. zurückgeht. Gemäß Stevens und Schmidgall-Tellings (2010) werden auch heute noch die Formen *otolet* [otolɛt] und *atak* [atak] für diese Art von dreirädrigen Fahrzeugen verwendet. Wie das Wort *oplet*, so haben sich auch diese Wörter in ihrer Aussprache und Schreibweise dem Malaiischen angepasst: In *Atax* [ataks] wurde der zweite Konsonant der Konsonantenfolge am Ende des Wortes fallen gelassen (siehe oben).

In Jakarta gibt es für Sammeltaxis neben *oplet* noch eine weitere Bezeichnung. Gemäß Abdul Chaer (1976)[8] wird auch *otopelet* [otopəlɛt] benutzt. Dieses zweite Wort ist offensichtlich das Resultat eines volksetymologischen Prozesses. *Oplet* und/oder *otolet* wurden auch *otopelet* genannt. Diese Form enthält zwei Wörter: *oto*, „Auto", und *pelet* [pəlɛt]

---

[6]   Stevens, A.M.und A.Schmidgall-Tellings. (Hrsg) (2010): *Comprehensive Indonesian-English Dictionary: Second Edition*. Ohio University Press.

[7]   Stevens, op. cit.

[8]   Abdul Chaer (1976): *Kamus Dialek Melayu Jakarta--Bahasa Indonesia*. Ende: Penerbit Nusa Indah.

für „schälen, Rinde entfernen". Da das Taxi einfach nur ein effizientes Transportmittel sein sollte, hatte es keine Chromteile und andere überflüssige Accessoires. Das Sammeltaxi sah wie ein geschältes, „abgespecktes" Auto aus, und so fügte man halt diese beiden Wörter zu einem neuen zusammen, das den ursprünglichen Formen *oplet* und/oder *otolet* einen Sinn gab.

In den 1970ern kamen im Indonesischen mit der Konstruktion neuerer Typen von Sammeltaxis, die eher einem kleinen Van ähneln und quer gestellte Sitzbänke besitzen, neue Wörter für Sammeltaxis auf: Das Wort *mikrolet* begann gebraucht zu werden.[9] Normalerweise sind es Fabrikate wie *Toyota Kijang, Suzuki Carry* oder *Mitsubishi Colt*. Im Wort *mikrolet* hat das Präfix *mikro-*, „klein", das unter anderem in *mikrobus, mikrobis* –„Kleinbus" – vorkommt, die erste Silbe des Wortes *oplet* ersetzt. Die zweite Silbe von *oplet*, die das ursprüngliche Suffix -*ette* (Diminutiv) enthält, wurde mit dem ursprünglichen Präfix *mikro* für „klein" zu einem neuen Wort zusammengefügt. Also doppelt „klein"!

Vielleicht vermitteln diese wenigen Zeilen einen Einblick in meine unvergesslichen Erlebnisse in einem Land, das ich immer als *tanah air saya yang kedua* – „mein zweites Heimatland" – bezeichnet habe. Mit großem Enthusiasmus habe ich über seine Nationalsprache und seine Regionalsprachen und ihre Geschichte geforscht. Und ich tue dies immer noch! Wenn es mir gelungen ist, dem Leser Aspekte meines Hobbys und meines Berufs näher zu bringen, dann hat es sich gelohnt, einen Beitrag zu diesem Buch zu leisten.

---

[9] In Poerwadarminta (Poerwadarminta, W.J.S. (1982): *Kamus Umum Bahasa Indonesia*. Balai Pustaka) gibt es dieses Wort noch nicht. Erst die erste Ausgabe des *Kamus Besar Bahasa Indonesia* (1988) listet das Lemma *mikrolet*.

Wieso Indonesien und nicht Tunesien?

Karl Mertes

1975: Seit drei Jahren bin ich als Redakteur beim Westdeutschen Rundfunk angestellt und im Schulfernsehen beschäftigt. Das Studium in Aachen und Köln hatte ich als Diplom-Pädagoge abgeschlossen, mit dem Schwerpunkt auf Medienpädagogik. Das war vor mehr als vierzig Jahren etwas Neues, war doch das Fernsehen zur Unterstützung der Curricula und anschaulichen Darstellung komplexer Sachverhalte im Unterricht erst ein paar Jahre zuvor als zeitgemäße Neuerung für den Unterricht eingeführt worden.

Für mich war mit der Arbeit beim Schulfernsehen ein komprimierter und komplexer Lernprozess verbunden: Alle denkbaren Sendungsformen wurden produziert, vom frontal dargebotenen Vortrag über Spielszenen, Dokumentationen, Quiz, Animationen, fiktionale ebenso wie realistische Berichte, Nachrichten, Magazine, Gesprächsrunden. Kurz, die Sendungen des Schulfernsehens deckten nahezu sämtliche Programmarten ab und waren auch noch auf spezifische Zuschauergruppen hin definiert; außerdem wurden die Sendungen durch schriftliches Begleitmaterial (sowohl für Lehrer als auch für Schüler) ergänzt; in Einzelfällen fand auch eine direkte Kooperation mit dem Radio, in diesem Fall dem Schulfunk, statt. Alles das, was heute crossmediale, zielgruppenorientierte Publikumsbindung heißt, das hatte seine Vorläufer schon in den 1970er Jahren. Bloß haben wir damals Programm gemacht und nicht Formate entwickelt.

Und was hat das mit Indonesien zu tun? Nun, ich war gerade 26 Jahre alt, hatte eine interessante und sichere berufliche Position, aber dennoch fehlte mir etwas. Im Verlauf des Studiums hatte ich mich intensiv mit internationalen Fragen auseinandergesetzt – sowohl zu erziehungswissenschaftlichen Themen als auch zu Aspekten politischer Rahmenbedingungen und entwicklungspolitischer Perspektiven. Ich war aufgeschlossen und neugierig, zu dem seinerzeit noch nicht so benannten Thema *One World* nicht nur mehr wissen, sondern auch etwas dazu beitragen zu wollen.

Also wandte ich mich an Organisationen und Kollegen, die im journalistischen Bereich in der damals sogenannten Dritten Welt aktiv waren. Es gab von meiner Seite keine konkreten Vorstellungen oder Erwartungen, auch keinen beruflichen Druck, sondern bloß die brieflich bekundete Neugierde: Was macht ihr da, wie geht das, was habt ihr für Ziele und wie kann man vielleicht einmal mitarbeiten ...? Meine „Luftpost"-Briefe [*gibt's das heute überhaupt noch, diese auf extrem dünnem Papier in dünnen Umschlägen verschickte Post, die gesondert markiert und frankiert werden musste, im Extremfall nur als „Aerogramm", einem zusammenfaltbaren Blatt?*], diese Korrespondenz also ging – soweit ich mich erinnere – nach Tunis, Nairobi, Lima, Kuala Lumpur, Jakarta. Dort gab es Einrichtungen mit deutschen Journalisten, die in entwicklungspolitischen Projekten tätig waren. Ich hatte keine Eile, auch keine genaue Vorstellung, auf was ich mich da eventuell einlassen würde.

Umso überraschter war ich, als mich eines Tages mein Chef, der Abteilungsleiter des Schulfernsehens, mit zum Programmdirektor nahm, der mich wiederum fragte, was ich denn in Indonesien wolle. „Wieso Indonesien?", fragte ich erstaunt zurück, denn die Situation war mir unheimlich bis unangenehm. Folgendes hatte sich zugetragen: Der WDR unterstützte seit Ende der 1960er, Anfang der 1970er Jahre medienpolitische Initiativen der Bundesregierung, so auch eine Fernsehausbildungsstätte in Indonesiens Hauptstadt Jakarta, wofür einige Mitarbeiter freigestellt worden waren. Den deutschen Leiter dieses Trainingszentrums hatte ich mit meinem „Rundbrief" auch angeschrieben, ohne allerdings irgendwelche Detailkenntnisse über das Projekt, geschweige denn über Land und Leute gehabt zu haben.

In Jakarta standen 1975/76 Vertragsverhandlungen über die Fortsetzung der Förderung dieser Fernsehausbildungsstätte an, und die waren gekoppelt an die Einführung eines indonesischen Erziehungsfernsehens ... Dem deutschen Projektleiter lag damals also zufällig die unverbindliche Anfrage eines WDR-Kollegen vor, der sich für das Projekt interessiert zeigte. Deshalb ging postwendend ein Schreiben an den WDR-Direktor: Bitte schicken Sie diesen Mann des Schulfernsehens sofort zu uns nach Jakarta, damit der den Aufbau des Bildungsprogramms unterstützen kann.

Von Indonesien wusste ich nur, dass die Hauptstadt ehemals Batavia hieß, auf Sumatra Zigarren hergestellt wurden, die Verwünschung „Geh doch hin, wo der Pfeffer wächst" sich auf die sogenannten Gewürzinseln bezog und es einen eingängigen Kindervers gab: „Der Elefant von Celebes hat am Popo was Gelebes." Gewiss hatte ich auch von der Bandung-Konferenz und der Initiative zur Gründung der Blockfreien durch Sukarno gehört. Aber das war's dann auch schon.

Und nun dies: Da zeigt sich mein Arbeitgeber bereit, mich als jungen Redakteur mit fachspezifischen Kenntnissen in ein entwicklungspolitisches Projekt zu vermitteln.

Es waren gewiss ein paar schlaflose Nächte, die meiner Entscheidung vorausgingen: Jawohl, ich mach' das! Dafür habe ich mich beurlauben lassen, um im Auftrag des Bundesministeriums für wirtschaftliche Zusammenarbeit und Entwicklung (BMZ) entsandt zu werden. Und so fing ich Ende 1975 an, mich auf Indonesien und die Aufgaben in dem TV-Trainingszentrum vorzubereiten. Die Durchführung des Projektes lag damals in Händen der ProFunk, einer Tochter der Deutschen Welle. Dort fand die etwa dreimonatige Einführung statt, ich absolvierte einen flüchtigen Sprachkurs in Bahasa Indonesia und machte mich mit professionellen Fragestellungen vertraut.

Im Frühjahr 1976 ging es dann los. Gemeinsam mit einem Kollegen brach ich auf, erstmals nach Asien zu reisen und mich einer spannenden Herausforderung und wichtigen Aufgabe zu stellen. Auf der Hinfahrt machten wir noch Station in Malaysia und Singapur, um vergleichbare Projekte kennenzulernen.

Wayang hidup – oder lebendiges Fernsehen

In Jakarta erwarteten uns Kollegen, die schon längere Zeit in dem TV-Trainingszentrum tätig waren. 1962 war in Indonesien das Fernsehen aus Anlass der Asian Games eingeführt worden. Zehn Jahre später wurde neue Technik angeschafft und das Personal sollte weitergehend qualifiziert werden. Und dafür hatte sich das BMZ engagiert und einen mehrjährigen Auftrag der indonesischen Regierung erhalten. Ich stieß also in der zweiten Phase dazu und hatte die Aufgaben, einerseits ein methodisch und pädagogisch professionelles Lehr- und Unterrichtssystem zu entwickeln (mit Lernmodulen, multimedialen Lehrmitteln, einem Zertifizierungssystem), andererseits als Dozent Aspekte der Programmplanung zu unterrichten und eben auch beratend an Konzepten für ein Bildungsprogramm mitzuarbeiten.

Das war allerhand, was da auf mich zukam und vor Ort eben ohne Beispiel war. Mit den berufserfahrenen und älteren deutschen Kollegen kam es zu guter Teamarbeit und in Verbindung mit anderen vergleichbaren internationalen Einrichtungen ergaben sich hilfreiche Kontakte. Darüber hinaus stand ich im fortwährenden Austausch mit den indonesischen Instruktoren und Dozenten.

Der staatliche Fernsehsender TVRI (Televisi Republik Indonesia) war zwar über ein großes Sendernetz und einen eigenen Satelliten landesweit verbreitet, aber gleichwohl doch meist nur in den Städten verfügbar, auf dem Land allenfalls in TV-Clubs oder als „Dorf-Fernsehen" beim Bürgermeister. Die Geräte waren teuer und das nur stundenweise ausgestrahlte Programm offensichtlich nicht sonderlich attraktiv. Ein tatsächliches Massenmedium war Fernsehen in den 1960er und 1970er Jahren – im Unterschied zum Radio – also noch nicht. Da aber vorhersehbar war, dass diesem Medium mehr und mehr Aufmerksamkeit und Publikum zuwachsen würde, sind entsprechende Bemühungen um eine personelle Qualifizierung und technische Neuausstattung unternommen worden.

Vielen Indonesiern, namentlich Javanern und Balinesen, war eine Jahrhunderte überlieferte aufregende und abwechslungsreiche Bildergeschichten-Präsentation bekannt und vertraut: *wayang*, das bekannte Schattenspiel *wayang kulit* oder auch das Holzpuppenspiel *wayang golek*. Es geht dabei um die Vermittlung traditioneller und mythischer Geschichten, die stundenlang über Nacht erzählt und mit aktuellen, lokalen Ereignissen verwoben werden. Mit dem Aufkommen des Fernsehens betrat nun ein Medium die Bühne, das ebenfalls in zweidimensionaler Form, vergleichbar den aus Leder geschnitzten Schattenspielfiguren, lebhaft und lang neue Geschichten erzählte, anfangs schwarz-weiß und später auch in Farbe. Um dies neue Ding, diese neue Erzählform und Informationsbörse, korrekt umschreiben und abgrenzen zu können, wurde es *wayang hidup* – lebendiges Wayang – genannt.

Auf diesem Wege bin ich also zum Wayang gekommen. Die Befassung mit dieser fest verwurzelten und populären kulturellen Vorstellungswelt hat mir in manchen Situationen geholfen, schwierigere Zusammenhänge zu verdeutlichen, indem ich beispielhaft Namen oder Rollen aus den Wayang-Geschichten verwandte. Besonderes Interesse hatte ich an dem *wayang beber* gefunden, einer in Vergessenheit geratenen Form von Bildrollen-Erzählungen.

Ansonsten waren die Gegenstände meiner beruflichen Beschäftigung aber ausgesprochen gegenwartsbezogen und zeitgemäß: Strukturelle Fragen der Programmplanung mussten Konditionen der Produktion, der Platzierung im Sendeschema, des erwartbaren Zuschauerverhaltens, der publizistischen Relevanz, etc. berücksichtigen. Es gab verschiedentlich Konflikte bei der Erörterung bestimmter Programminhalte – Meinungs- oder Pressefreiheit und Unabhängigkeit waren nicht die konstituierenden Merkmale eines staatlichen Senders unter einer autokratischen Regierung. Gleichwohl konnte ich als Außenstehender mit interessierten Studenten „akademisch" Alternativen zur seinerzeit geübten Programmpraxis durchspielen. Der Aufbau des Bildungsfernsehens zog sich hin; konkurrierend zum Informationsministerium hatte auch das Kulturministerium begonnen, sich damit zu befassen.

Neben den Unterrichtsverpflichtungen hatten wir uns im Team auch mit Personalbedarfsplanung, der Entwicklung von Kursmodellen und schließlich der ersten Konzipierung eines berufsübergreifenden Ausbildungssystems für unterschiedliche Medien befasst.

2015: Vierzig Jahre nach meiner ersten Auseinandersetzung mit der Mediensituation in Indonesien haben sich – natürlich – grundlegende Änderungen vollzogen. Wenn anfangs der staatliche Fernsehsender TVRI ein Monopol hatte (wie parallel auch der Hörfunk RRI), so sind ab den späten 1980er und frühen 1990er Jahren eine Reihe von konkurrierenden kommerziellen Sendern gegründet worden. Staatliche Kontrolle, Zensur war auch dort angezeigt, zumal die frühen Gründungen aus dem Dunstkreis der Präsidentenfamilie Suhartos betrieben wurden. Nach dessen Rücktritt und der daraufhin eingeleiteten *Reformasi* ist dann Meinungs- und Pressefreiheit zugelassen und auf sehr lebendige Art und Weise umgesetzt worden. Die technische Entwicklung hat dazu beigetragen, dass nun Fernsehen tatsächlich ein Massenmedium geworden ist, durch Satellitenübertragung, Internet etc.

Das vor Jahrzehnten geplante Erziehungsfernsehen ist in Reinkultur so nicht zum Tragen gekommen, obgleich es auch Programme mit Bildungsinhalten gab und gibt. In erster Linie ist Fernsehen jedoch ein Unterhaltungsmedium – und die kommerziellen Sender belegen unübersehbar und aufdringlich mit Werbespots und gesponserten Programmen ihr vorwiegend ökonomisches Interesse. Politische Diskussionsrunden finden auf nahezu allen Kanälen statt und finden großes Interesse.

Das auch durch deutsche Unterstützung konzipierte Multi-Media-Trainings-Centre in Yogyakarta hat sich etabliert und ist als Akademie eine wichtige Berufsausbildungsstätte.

Durch den Archipel – entlang des Äquators

Meine Aufgaben brachten es seinerzeit mit sich, nicht nur in Jakarta als Dozent und Berater zu agieren, sondern auch die anderen Studios in dem großen Inselreich zu besuchen, dort Workshops zu organisieren und Fernsehproduktionen modellhaft zu entwickeln.

Dieser Tatsache verdanke ich, nicht nur rasch Indonesisch gelernt zu haben, sondern vor allem, sehr viel im Lande unterwegs gewesen zu sein. Somit habe ich fraglos eine Menge erfahren und gelernt. Ob das, was ich als Dozent den Studenten und Trainees habe vermitteln wollen, so viel war, wie ich mitgenommen habe, das vermag ich nicht einzuschätzen. In jedem Fall bin ich unendlich reich an Erfahrungen, Erkenntnissen, Ermutigungen geworden …

Über die dienstlichen Reisen hinaus konnte ich auch ausgedehnte private Touren entlang des Äquators unternehmen. Indonesien ist der weltgrößte Archipel mit mehr als 17.000 Inseln und ausgesprochen unterschiedlichen kulturellen Hintergründen. Gleichwohl wird landesweit Bahasa Indonesia gesprochen, dessen Beherrschung einem fremden weißen Mann zugutekommt – selbst wenn der ansonsten in den Dörfern von Kindern oft als *raksasa* (Riese) bezeichnet wird, vor dem sie Reißaus nehmen, und oft genug als *orang londo* (Holländer) angesprochen wird, denn das waren die meisten Europäer, die die Einheimischen als Kolonialherren kennengelernt hatten.

Neben der umfangreichen und abwechslungsreichen beruflichen Beschäftigung mit dem Gastland habe ich sehr wohl die Gelegenheit nutzen können, mich umzusehen und dabei bemerkenswerte Erfahrungen gesammelt. Notizen und Erinnerungen von damals verdeutlichen meine Erlebnisse und Einschätzungen aus der Zeit vor vier Jahrzehnten:

Papua – Kampung Jerman

„Oh ja, du kommst also aus dem Kampung Jerman", nickte der Häuptling verständnisvoll, nachdem ich zuvor mit ihm gemeinsam auf einer

Weltkarte ausgemacht hatte, wo sein *kampung* (die dörfliche Siedlung) Jiwika – in Westpapua im Baliemtal – liege und woher ich kam. Ein Schlüsselerlebnis für mich, der ich Mitte 1976 eine erste Reise nach Papua gemacht hatte. In einer Missionsstation saßen wir abends mit einigen der einheimischen Dani zusammen und versuchten, in Unkenntnis der jeweils anderen Sprache, miteinander ins Gespräch zu kommen.

Um ein verlässliches Thema für die Unterhaltung zu haben, hatte ich eine Karte heraus gekramt, damit ich zeigen konnte, wo Deutschland liege; ich wollte erzählen, wo ich zu Hause war. Diese abstrakten Farbflecke auf einem Stück Papier als Kontinente oder gar Länder auszumachen, war unseren Gesprächspartnern ungewohnt und letztlich auch unmöglich. Die ihnen vertraute Lebensform und Welterfahrung bezog sich auf ihre Siedlung, ihren Kampung eben. Wie vermessen deshalb von mir, einem alten Herrn deshalb mit der Ortsangabe meines Heimatlandes ,Jerman' daherzukommen! So erheiternd ich dessen Feststellung zunächst auch empfand (nämlich Jerman als *kampung* zu bezeichnen), so sehr machte sie mich doch auch betroffen und nachdenklich. Verdeutlichte diese Zuordnung doch, wie klein die Welt wirklich ist. Und trotzdem haben wir nicht aneinander vorbeigeredet. So unterschiedlich auch die Bezugsgrößen gewesen sind (einmal ein Land und ein andermal eine kleine Siedlung als *kampung* zu benennen), so sehr wussten wir dennoch, was wir uns mitteilen wollten. Wir hatten uns verstanden.

Bali – Nusa Penida

Mit deutschen Freunden, die längere Zeit in Bali lebten, plante ich eine Tour zu der vorgelagerten Insel Nusa Penida. Sie sei schwer zu erreichen, unwirtlich sei es dort und die Bewohner seien frech und nicht auf Gäste eingestellt – aber in einer Höhle gebe es Heiliges Wasser (*air tirta*). Allein dies rechtfertige doch schon eine solche Reise. So und so ähnlich redeten uns die Dorfbewohner von Sumampan zu. Walter Spies, Jane Belo und Margret Mead hatten in den 1930er Jahren eine Expedition auf die ehemalige Sträflings- und Aussätzigeninsel unternommen. Wir folgten ihren Aufzeichnungen, als wir uns frühmorgens mit einem Auslegerboot auf die stundenlange Überfahrt begaben. Neben uns drei

Deutschen fuhren noch ein Priester (*pedande*), ein kräuterkundiger Heiler (*dukun*) und ein junger Bursche mit.

Zwei Tage verbrachten wir auf Nusa Penida, nahmen an einer weihevollen Zeremonie in einem Tempel teil, wo wir auch übernachteten. Bei der Suche nach dem Heiligen Wasser waren wir erfolgreich, als wir in einer Höhle fündig wurden, das Wasser in Cola-Flaschen abfüllten und es in das in Zentralbali gelegene Dorf der Freunde brachten. Aufregende und eindrucksvolle Erlebnisse ...

Am nachhaltigsten habe ich jedoch die Bootsfahrten hin und zurück in Erinnerung: Die drei Balinesen waren Bauern, die ehrenamtlich den Tätigkeiten nachgingen, die sie zu der Reise veranlasst hatten. Meine beiden deutschen Freunde waren im Dorf gut bekannt, ich war nur gelegentlicher Besucher. „Nyoman Gede", wurde ich genannt und war der Adressat vieler Erzählungen und Erklärungen. Wir schipperten also mit dem kleinen Boot auf die Insel zu, bei mäßigem Wind waren die Segel nicht voll beansprucht. Das Wasser schwappte in den Kahn, ich saß – steif vor Angst zu kentern – in der Mitte. Die zwei Alten berichteten von den legendenumwobenen Taten der Göttin der Südsee, von ihren Drohgebärden gegenüber den Balinesen. Zur Besänftigung der Göttin sind immer wieder besondere Opfergänge notwendig. Und auch unsere Tour sollte unter einem guten Zeichen stehen. Also werden Gebete gesprochen, Gesänge angestimmt. Jahrhundertealte Texte singen der Priester und der Medizinmann, sie schlagen uns in Bann. Die Welt der Götter wird plötzlich lebendig. Wir sind so sehr der Naturgewalt des Meeres überlassen, dass ein Bezug zur Realität unwirklich wird. Die Sonne steigt höher, die Mützen und Tücher bieten keinen Schutz mehr vor der sengenden Hitze. Und doch nehmen wir diese Anstrengungen kaum wahr, viel zu erregend sind die Vorträge der alten ehrwürdigen Herren, wenngleich wir sie nicht verstanden, den Texten nicht folgen konnten, sehr wohl aber der Intention, der Atmosphäre.

Zum Vergleich: Ich stelle mir vor, mit einem Eifelbauern über seine Felder zu gehen. Und dabei zitiert er nicht nur das Nibelungenlied in Mittelhochdeutsch, sondern trägt auch noch Bibeltexte in Latein oder gar Hebräisch vor. So etwas bleibt Vision, Illusion. Unsereins ist nicht derart mit der Geschichte, mit der Tradition verbunden, wie es der durchschnittliche Balinese oder Indonesier von anderswo ist. Die Strapazen der Exkursion nach Nusa Penida treten in den Hintergrund, wenn ich mir dieses Erlebnis wieder in Erinnerung rufe. Ich war mit etwas Unbekanntem vertraut geworden.

Java – Wayang

Es ist neun Uhr abends, stockfinster, der Mond versteckt sich hinter Wolken. Nach dem Abendessen mache ich noch einen Gang durch Cirebon an der Nordküste Javas, um mir die Beine zu vertreten. Gamelanmusik weckt plötzlich mein Interesse. Ich stoße auf eine *wayang kulit*-Vorstellung. Cepot macht gerade seine derben Späße und wird von Semar zu besänftigen versucht.

In einer Ecke der Halle, wo sich gut einhundert Zuschauer versammelt hatten, fand ich einen Stuhl. Abwechselnd schaute ich auf die Leinwand und in den Zuschauerraum, um anhand der Publikumsreaktionen einigermaßen dem Verlauf der Geschichte folgen zu können. Nur hin und wieder schnappte ich Brocken der Dialoge in Bahasa Indonesia auf, ansonsten wurde Javanisch gesprochen, was ich nicht verstand. Aber auch ohne ausreichende Sprachkenntnis waren die Szenen unterhaltsam. Neben dem Hin und Her auf der Leinwand gab es aber ja noch genügend Aktivitäten davor: Die fliegenden Händler mit ihren Angeboten an Suppen, *krupuk*, *kretek* beobachtete ich ebenso mit Interesse wie die Schwätzereien der Zuschauer, die quirligen Kinder und die von Müdigkeit übermannten Erwachsenen. Erst allmählich wurde ich mir bewusst, dass auch ich ein Objekt neugieriger und aufmerksamer Beobachtungen geworden war. Als einziger Weißer fiel ich natürlich auf. Es dauerte denn auch nicht lange, bis mich zwei Männer ansprachen. Zwar bedeutete einer der beiden zunächst, „I want to practice my English", war aber dann doch erleichtert, dass ich mich auf Indonesisch mit ihnen unterhalten konnte. Nachdem die üblichen Fragen nach dem Woher und Wohin geklärt waren, bemühten sich die beiden, mir den Fortgang der Geschichte zu erklären. Fast zwei Stunden schaute ich mir die Vorführung noch an und wurde sachkundiger Zeuge der Auseinandersetzungen um Arjuna, da meine neuen Bekannten nicht müde wurden, mir alle Einzelheiten zu übersetzen bzw. zu erläutern.

Als ich mich gegen Mitternacht verabschiedete, war klar, dass wir uns am nächsten Tag wieder treffen würden. Ich fuhr am kommenden Morgen zu der mir angegebenen Adresse und wurde fast wie ein alter Freund begrüßt. Sofort stand ein Glas mit süßem Tee vor mir, die restlichen Familienmitglieder wurden vorgestellt und wir plauderten eine Weile über *wayang* und meine sowie der Gastgeber familiäre Situation. Schließlich begleiteten die beiden Männer, es waren Brüder, mich noch zu einer *batik*-Manufaktur, wo ich einen *sarong* erstand. Dann wurden noch Anschriften ausgetauscht und unsere Wege trennten sich. Die beiden habe ich nicht mehr wiedergesehen. Und doch habe ich die Begegnung beispielhaft in Erinnerung. Es war eine freundliche und unkomplizierte Bekanntschaft, die sich da angebahnt hatte. Höflichkeit, Mitteilsamkeit, gewiss auch Neugierde hatten die zwei Männer veranlasst, auf mich als Fremden zuzugehen. Wo gibt es so etwas bei uns in Deutschland? Auf welchen Ausländer, erkennbar zunächst am Aussehen, geht hier jemand zu, um ihm etwas zu erklären, ihn dann auch nach Hause einzuladen?! Als Besucher der *wayang*-Vorstellung hätte ich den Leuten eigentlich ja gleichgültig sein können – aber nein, da gilt Gastfreundschaft und Aufmerksamkeit doch mehr in Indonesien.

Sumatra – „Heil Hitler"

Mit Kollegen war ich unterwegs von Medan nach Sibolga, per Auto quer durch Nordsumatra. Die Fahrt war anstrengend. Hitze, Staub, die beengten Sitzverhältnisse im Wagen sowie der schlechte Zustand der Straßen wurden nur zum Teil durch den Reiz der abwechslungsreichen Landschaft wettgemacht.

In Sibolga angekommen, suchten wir ein Quartier und landeten in einem Hotel, das vor dem Zweiten Weltkrieg offensichtlich bessere Zeiten erlebt hatte. Vergebens fragten wir nach kühlen Getränken, um uns nach einem Bad auch innerlich zu erfrischen. Wie sich herausstellte, gab es keinen Strom im Haus; der Kühlschrank hinter der Rezeption diente also nur als praktische Aktenablage. Am frühen Abend baten wir deshalb in einem Restaurant, der Wirt möge doch ein paar Flaschen Bier kaltstellen, einen großen funktionierenden Kühlschrank hatten wir nämlich gesehen. Weder der in der Sonne warmgehaltene Gerstensaft noch der durch Eiswürfel gekühlte und verwässerte wollte uns nämlich schmecken. Gesagt, getan. Als wir zum Abendessen kamen, servierte der Wirt stolz das gekühlte Bier. Inzwischen hatte sich herumgesprochen, dass da ein paar Fremde angekommen waren. Und so gab es rasch interessierte Zuschauer, die prüfen wollten, ob und wie wir denn mit Messer und Gabel den köstlichen Fisch, das frische Gemüse, den Reis und die Gewürze verzehren würden.

„Heil Hitler", rief ein junger Mann – und wollte damit deutlich machen, dass er nicht nur wisse, wo wir herkamen, sondern auch bekunden, dass er sich in Geschichte und Politik auskenne. Ich war erschrocken. Der Gruß auf den „Führer" kam so unvermittelt und fast provozierend, dass ich mich empören und aufregen wollte. Wir baten den Mann an unseren Tisch, um im weiteren Gespräch zu erfahren, Hitler habe doch die berühmten deutschen Autobahnen gebaut und der Krieg sei ihm aufgezwungen worden. Woher hatte der Kerl bloß seine Informationen? Verrückte Welt, dachte ich, nun müssen wir uns hier am Äquator mit Argumenten der Ewiggestrigen aus Europa herumschlagen. Unser Disput hatte mittlerweile Aufmerksamkeit erregt und ein paar Zuhörer angezogen. Bei letztlich doch warmem Bier bemühte ich mich redlich um eine wahrheitsgemäße Berichtigung des Hitler- bzw. Deutschlandbildes des jungen Mannes. Überraschend war für mich die Hartnäckigkeit, mit der mein Gesprächspartner aber doch die Autorität, den Glorienschein, die demagogische Persönlichkeitsstruktur des ‚Größten Feldherrn aller Zeiten' (wie Hitler anmaßend und verblendet im Dritten Reich tituliert worden war) verteidigen wollte. Unter Beifall der Umstehenden warf er gar in die Diskussion: „Wir hier in Indonesien brauchen auch einen Hitler!" Ich bemühte mich, diese fixen Ideen zu zerstreuen und gewann im Laufe des Abends den Eindruck, das Hitler-Image zerstört und mit ein paar Legenden aufgeräumt zu haben. Wie ertragreich und wirkungsvoll diese Begegnung bei den Indonesiern in Erinnerung geblieben ist, konnte ich nicht mehr überprüfen.

Irgendwas muss da aber falsch gelaufen sein, dass sich derartige Vorstellungen in den Köpfen der Leute festgesetzt hatten. Wir fuhren am nächsten Tag weiter und hatten unter uns Deutschen noch ausreichend Gesprächsstoff über unser Bild im Ausland. Der Hitler-Gruß ist nämlich häufiger zu hören; meist ist er arglos gemeint und ohne Kenntnis des tatsächlichen Zusammenhangs. Und doch denke ich gelegentlich an diesen Abend zurück, wenn ich Gespräche über Nationalismus, politische Führungspersönlichkeiten und internationale Beziehungen habe.

Flores – Leib- und Seelsorge

Zu den Kleinen Sundainseln, östlich von Bali, hatte ich mich aufgemacht, um nach Flores zu reisen. Dort sind katholische Missionare tätig. Im Osten der Insel liegt die Bezirkshauptstadt Maumere, von wo aus ich in die Berge nach Watublapi fuhr, um einer Missionsstation einen Besuch abzustatten.

„Geduld musst du haben und Vertrauen in die Leute setzen, dann kannst du auch Erfolge haben ...", sagte Marie-Jeanne, eine belgische Entwicklungshelferin in der Waisenstation der Mission. Sie war für vier Monate in Erholungsurlaub nach Europa gegangen und hatte das von ihr aufgebaute Waisenhaus einer jungen engagierten Indonesierin überlassen. Verpflichtungen, die die 22-jährige Bernadina damit übernahm, waren die Organisation der Kinderaufnahme und -betreuung, die Lebensmittelbeschaffung, die Finanzbuchhaltung und die Abwicklung all der anderen täglichen Arbeiten. Entgegen einiger Unkenrufe und Befürchtungen, die der „Ibu Belgie" (der belgischen Mutter, wie Marie-Jeanne Colson genannt wird) gegenüber geäußert wurden, widerlegten die Erfahrungen nach der Rückkehr aus Europa, dass nämlich die junge Frau die ihr übertragenen Aufgaben zufriedenstellend und erfolgreich durchgeführt hatte.

Auf Flores, neben Timor die zweitgrößte Insel der indonesischen Provinz Nusa Tenggara Timur, ist die Bevölkerung nahezu ausnahmslos katholisch – eine besondere Situation in der fast zu 90 Prozent dem Islam angehörenden Bevölkerung Indonesiens. Mit etwa einer Million Einwohnern stellt Flores damit die größte katholische Gemeinde in diesem fünftgrößten Staat der Erde dar.

Die Pastorei Watublapi mit ihrer Missionsstation liegt im Sikka-Gebiet. Die Missionierung begann hier früh: Die Portugiesen setzten sich im 16. Jahrhundert auf ihrer Suche nach den Gewürzen und beim Aufbau ihres Kolonialreiches im Osten des ‚Indischen Archipels' an strategisch bedeutenden Punkten fest. Ihnen folgten ab dem 17. Jahrhundert die Holländer, die später erste Schritte im Sinne einer systematischen christlichen Missionierung unternahmen. Seit 1913 hat der Steyler-Missionsorden (SVD) die Aufgabe einer weiteren Missionierung bzw. einer Festigung der pastoralen Arbeit übernommen. Die Steyler Patres, Brüder und Schwestern stellen in Indonesien die größte Missionsgesellschaft; hauptsächlich sind sie auf Flores, Timor, Sumba und Sumbawa tätig. Eine direkte Missionierung als Hinführung der Bevölkerung zum katholischen Glauben ist auf Flores heutzutage nicht mehr erforderlich. Was ist also die Aufgabe der Mission?

„Leibsorge" ist ein einprägsamer Begriff für die Arbeit der Missionare und ihrer Helfer, die mehr und mehr Sozialarbeiter sind. Leibsorge, die die Seelsorge ergänzt. „Ich arbeite für die Entwicklung der Bevölkerung mit dem Ziel, dass sie etwas zu essen haben und lernen, ihre Felder zu bestellen, die Bewässerung zu organisieren, Straßen zu bauen, damit ihre Produkte abtransportiert werden können", so umschreibt Pater Heinrich Bollen sein Selbstverständnis des „Dienst am Menschen im Namen Christi".

In Watublapi werden nicht nur Waisen aufgenommen. Marie-Jeanne berichtet: „Vor einem Monat wurde uns die kleine vierjährige Maria von ihrer Mutter hergebracht, sie wog bloß fünf Kilo. Maria hatte Knochen-TBC. Trotz ihres Alters hat sie nur ein so geringes Gewicht, sie misst nur knapp 50 cm, hat Arme und Beine, dünn wie Stöckchen und eine Rückgratverkrümmung, die zu einem nicht mehr zu beseitigenden Buckel führte. Die Kleine wurde zunächst in ein Missionshospital gebracht, wo sie auf die akute TBC behandelt werden konnte. Dann kam sie zurück, um für die nächsten Monate hier eine bessere Ernährung und Pflege zu genießen, als es ihr zu Hause gewährt werden konnte. Ihre Mutter wohnt ebenfalls auf der Station und lernt, wie sie anschließend mit dem Kind umgehen kann. Diesem Mädchen ist vorerst geholfen worden."

Und dann gibt es da noch Franziskus. Er ist ein munterer eineinhalbjähriger Junge, der ohne Füße geboren worden war. Seine Eltern hielten ihn zunächst verborgen. Die Mutter schämte sich, über die Missbildung zu sprechen. Da sie von einigen Leuten über Watublapi gehört hatte, nahm sie eines Tages allen Mut zusammen, kam zur Waisenstation und bat um Hilfe. Nach einem Monat Aufenthalt ergab sich die Gelegenheit, dass der Junge dank einer Hilfsaktion aus Jakarta Prothesen angepasst bekommen konnte. Er war sich seiner fehlenden Füße vermutlich noch gar nicht richtig bewusst. Nun wird er gehen lernen. Diese Beispiele belegen im Grunde genommen, dass die Menschen einen Schritt der Hilfe zur Selbsthilfe gegangen sind. Zwar werden Maria und Franziskus und deren Umgebung lernen müssen, mit den körperlichen Gebrechen zu leben – sie können aber wenigstens leben! Sie, ebenso wie die vielen anderen gebrechlichen Kinder, denen hat geholfen werden können, und ebenso wie die ‚normalen' Waisenkinder, die in Watublapi aufgenommen werden. Sie alle benötigen zeitweilig eine Unterstützung von außen, werden aber lernen können, alleine die für sie auftretenden Probleme zu bewältigen. Bei all den notwendigen Aufgaben, die dort täglich zu lösen anstehen, drängt sich die Frage auf, wie lässt sich denn Bedürftigkeit und die Notwendigkeit für oder gegen bestimmte Vorhaben feststellen? Was gibt es in Angriff zu nehmen oder weiterzuführen: Waisenstationen, Krankenstationen, Haushaltskurse, Straßenbau, Feldbebauungsmethoden, Saatgutverteilung, Bewässerungsprojekte, Landwirtschaftsschule. Entwicklungshilfe also – wofür? Entwicklung – wohin?

Landwirtschaftliche und technische, politisch-ökonomische, soziale wie traditionelle Bedingungen haben zu einer Situation geführt, die den Menschen in und um Watublapi das tägliche Leben verdammt schwer machen. Diese Menschen haben jedoch ein Recht auf Nahrung, auf Gesundheit, Wohnung, Bildung, Arbeit. Sie haben einen Anspruch darauf, ein Leben zu führen, das sie selber als zufriedenstellend bezeichnen. Ihre gegenwärtige und schon lang anhaltende Erfahrung von Hunger, Krankheit, Armut, Abhängigkeit macht sie unfrei und eben nicht sorgenfrei. Es gibt Mittel und Wege, wie ihnen geholfen werden kann, sich selbst zu helfen. Dazu benötigen sie vorerst noch der Anregung und Unterstützung von außen.

Na und ...?

Mit einer mehrmonatigen Unterbrechung bin ich von Anfang 1976 bis Ende 1981 als Medienexperte in Indonesien gewesen. Danach habe ich dort noch für etwa zehn Jahre häufiger Workshops, Kurse und Fachberatungen für verschiedene Auftraggeber durchgeführt. Anfang der 1980er Jahre wieder zurück beim WDR in Köln, habe ich auch journalistisch für und über Indonesien gearbeitet, wenngleich ich beim Sender mit Aufgaben in aktuellen und kulturellen Programmen befasst war.

Es ist gleichwohl ausgesprochen viel hängen geblieben: Mein Leben hat sich verändert, die Einstellung zu vielen Fragen und die Suche nach Antworten. Da ich mit einer Indonesierin verheiratet bin, ist zudem bis heute familiäre Verbindung und Verpflichtung lebendiger Teil unseres Alltags.

Darüber hinaus konnte ich mich infolge des Indonesienaufenthaltes auch im politischen internationalen Bereich engagieren. Im WDR war ich lange Zeit im Arbeitskreis Entwicklungspolitik aktiv – den es heutzutage übrigens nicht mehr gibt; nach 1992 engagierte ich mich im Rahmen der One World Broadcaster, wo ich als Vice-Chairman viele professionelle Kontakte hatte und internationale Co-Produktionen begleiten konnte – auch dieser Zirkel existiert nicht mehr. Mit dem Studienkeis für Entwicklung und Tourismus habe ich über mehr als zwanzig Jahre eine ganze Reihe von publizistischen und publikumswirksamen Projekten bewerkstelligt.

Vor allem aber habe ich mich in die Deutsch-Indonesische Gesellschaft eingebracht, einem altehrwürdigen Verein, der 1950 die ersten formellen bilateralen Beziehungen zu dem jungen Land Indonesien aufgenommen hatte. Über mehr als drei Jahrzehnte bin ich dort tätig und will den kulturellen Brückenschlag fordern und fördern. Das wirkt sich in öffentlichen Veranstaltungen aus, in der Herausgabe eines Magazins, aber auch in vielen informellen Kontakten und Verbindungen sowie in fortlaufend persönlichen Kontakten. So habe ich in all den Jahren in Köln ein lebhaftes und immer anregendes Zusammentreffen mit vielen Journalisten, Dichtern, Malern, Musikern, Politikern, Wissenschaftlern und sozial, kulturell sowie politisch aktiven Indonesiern und Indonesierinnen gehabt. Das hat sich auch in der Unterstützung des Cologne Forum for Indonesia niedergeschlagen. Die so gewonnenen Vertrautheiten prägen das Alltagsleben.

Im Zusammenhang mit diesem Engagement ist es auch zur Gründung der Walter-Spies-Gesellschaft-Deutschland gekommen. Dort wird das Schaffen des deutschstämmigen Musikers und Malers aufgearbeitet, der insbesondere in Bali gewirkt hat und die Verkörperung von jemandem darstellt, der in mehreren Kulturen zu Hause sein konnte und diese miteinander verbunden hat.

Vier Jahrzehnte bewege ich mich nun also im deutsch-indonesischen Kosmos. Daraus ist eine Lebensaufgabe, eine Lebenseinstellung geworden. Meinen Alltag ohne Berücksichtigung zu Indonesien kann ich mir nicht vorstellen. Wobei sich dies ja nicht nur auf Erinnerungen an Verflossenem bezieht – nein – die bikulturelle, multiethnische, internationale, grenzenlose Beziehung, der vielfältige und reichhaltige Austausch (Kontroversen und gelegentliches Unverständnis eingeschlossen), sie sind Lebenselixier. Fragen und Erfahrungen der Andersartigkeit, der Verschiedenheit werden überlagert von akzeptierten Unterschieden, von Gemeinsamkeiten.

Übrigens: Wenn ich früher erwähnte, ich sei in Indonesien gewesen, führte dies oft zu Missverständnissen – „Ach so, in Tunesien warst du?!" Meine mittlerweile zweite Heimat war so weit weg und so unbekannt, dass es häufig zu dieser Verwechslung kam.

Begegnungen auf Java

Otto Abt

Auf verschlungenen Pfaden

Hoch über den Wolken brause ich im Jet über Indien dahin nach Indonesien. Mein Hausarzt, Herr Dr. Jung, ein echter Weltenbummler, hatte mir auf meine Frage hin diese Reise empfohlen; in einer etwas kuriosen Weise. Nachdem er mir ausführlich von den Schönheiten Mexikos vorgeschwärmt hatte, kam er dann doch ganz plötzlich und unerwartet zu dem Schluss: „Sie müssen unbedingt nach Indonesien reisen!" Kannte er mein Interesse an Asien, mit dem ich mich schon seit der Prima beschäftigt hatte? Sollte er mit seinem Vorschlag Recht haben? Erwartungsvoll schaue ich auf die Uhr. Endlich: Landung in Yogyakarta, der bekannten Stadt in Zentraljava.

Der übliche Empfang im Flughafen. Dann schreite ich durch die mir freundlichst geöffneten Portale meines Hotels. Zauberhafte in Batik gekleidete Frauen schweben durch die Halle, lächeln mir zu. Palmen wiegen sich draußen im Wind. Ein Springbrunnen plätschert. „Das fängt ja gut an", denke ich, während ich im Fahrstuhl nach oben zu meinem Zimmer gleite. Todmüde nach durchwachter Nacht falle ich ins Bett.

Am Morgen, frisch gestärkt durch ein Frühstück angereichert mit exotisch duftenden Früchten, erscheint eine junge Indonesierin, stellt sich vor und bittet uns – eine Gruppe von vier Reiseteilnehmern – ihr zu einer Besichtigungstour zu folgen. Das Mädchen ist so schön. Heiter, einfach und doch bestimmend. Im Taxi fahren wir zum berühmten Tempel Borobudur. Wir klettern empor zu den Relieffriesen. Mit weicher, glockenreiner Stimme erklärt unsere Führerin die dargestellten Szenen. Ihre Stimme klingt wie süße Musik in meinen Ohren, so sanft voller Klang. Der Inhalt ihrer Rede entschwindet mir zunehmend. Ich habe nur noch ein Ohr für die Melodie ihrer Sprache. Ihr Äußeres entspricht dazu meinem Ideal einer jungen Frau. Ich habe mich auf der Stelle in sie verliebt. Aber was tun?

Soll ich ihr einen Antrag machen? Sie hätte mich laut lachend zurückgewiesen. Ja, sicherlich wäre sie sogar böse geworden, weil ich sie ihrer Meinung nach mit einem billigen Mädchen verwechselt hätte. Alles aus!

In meiner Verzweiflung kommt mir die plötzliche Idee: „Darf ich von Ihnen ein Foto machen als Reiseandenken?" Sie setzt sich auf eine Bank und lächelt mir zu. Gut, der erste Schritt ist getan. Aber der reicht nicht. So frage ich ganz nebenbei, ob ich ihr das Foto zuschicken dürfe. Sie nickt ahnungslos zustimmend. Jetzt brauche ich nur noch ihre Adresse. Das ist doch logisch. Sie gibt mir diese, und ich bin meinem Ziel schon sehr nahe. Sie weiß es nur noch nicht. Die Tour nimmt seinen Fortgang. Abschied am nächsten Tag. Ein freundliches Lächeln.

Wenig später beginnt von Deutschland aus ein Briefwechsel, der damit endet, dass meine Angebetete für ein halbes Jahr nach Salzburg kommt. Nun, Salzburg liegt ja „direkt neben" meinem Heimatort in Nordrhein-Westfalen, und somit sieht mich jedes Wochenende die Autobahn nach Österreich fahren. Das Folgende ist leicht zu erraten. Das geschah vor über 40 Jahren.

Es folgt die gleiche Geschichte in der Version meiner indonesischen Frau Tieneke Parartini Abt:

Ich komme aus Solo und studierte damals Jura an der Gadjah Mada-Universität in Yogyakarta. Eigentlich wollte ich Archäologie oder Geschichte studieren, aber mein Vater meinte, das wäre nichts für mich. So war das damals in Indonesien und ist es oft noch heute, die Kinder haben ihren Eltern ohne Wenn und Aber zu gehorchen. Ich studierte also seinem Wunsch entsprechend Jura und war froh, als mich ein Freund der Familie fragte, ob ich neben meinem Studium nicht Lust und Zeit hätte, sein Reisebüro auf Vordermann zu bringen? Mit Freuden willigte ich ein und ordnete vor allem den Innendienst neu. Das Geschäft begann zu florieren, und ich war von der Abwechselung während meiner Studienzeit recht angetan.

Heute läuft im Büro alles seinen verkehrten Gang. Erst melden sich die Reiseführerinnen krank, dann wartet noch eine kleine Reisegruppe auf eine Führung. Eigentlich bin ich nur für den Innendienst vorgesehen, aber wegen des Personalmangels muss ich wohl oder übel die Reisegruppe betreuen. Ich lege widerwillig den gerade geöffneten Aktenordner zur Seite und eile nach draußen zum Hotel.

Dort erwartet mich schon die kleine Schar von Touristen. Gott sei Dank sind es nur 4, ein älteres, ziemlich mürrisch drein schauendes Ehepaar, ein junger Blondschopf, der nur dumme Fragen stellt und ein ziemlich schweigsamer Mann mittleren Alters. „Bei den paar Besuchern brauche ich bei der Führung wenigstens nicht so zu schreien", tröste ich mich selbst. Einer der Gäste, der Schweigsame, möchte, wie viele zuvor, ein Foto von mir machen. Warum nicht? Als er nach meiner Adresse fragt, um mir das Bild zu schicken, gebe ich sie ihm. Ob er überhaupt schreibt? Die meisten vergessen schnell ihr Versprechen. Die Zeit vergeht.

Eines Morgens liegt ein Brief aus Deutschland auf meinem Schreibtisch. Ich öffne ihn neugierig. Ein Foto liegt darin, ein Foto von mir. Ich erinnere mich wieder und bedanke mich in einem kurzen Antwortbrief. Nach einigen Wochen erhalte ich wieder einen Brief aus Deutschland. Auch diesen beantworte ich. Ich zeige den Briefwechsel meiner Schwägerin. Sie lächelt verschmitzt und zustimmend. So geht es weiter. Ich schließe mein Jurastudium erfolgreich ab und erhalte ein Stipendium zur Fortbildung in Salzburg. Was soll ich allein dort in Europa? Ich schreibe meinem ‚Fotografen', welcher hocherfreut reagiert. Wir treffen uns in Salzburg. Alles Weitere kann sich jeder selbst ausmalen. War das alles nur Zufall?

Vom Lächeln des Christkindes auf Java
– eine Weihnachtsgeschichte

Dritter Adventssonntag. Ich sitze zu Hause im Dämmerlicht vor unserem Adventskranz, blicke in das milde Licht der Kerzen und freue mich auf Weihnachten: Weihnachtsbaum, Krippe, nächtlicher Weihnachtsgottesdienst, Weihnachtslieder, Bescherung, gemeinsames Essen: deutsche Weihnacht!

Meine indonesische Frau kommt zu mir, unterbricht mein Sinnen und verkündet: „Soeben habe ich Nachricht aus meiner Heimat erhalten. Wir müssen nächste Woche nach Solo zu einem Familientreffen." „Warum so schnell? Was ist mit Weihnachten?" frage ich entsetzt. „Dieses mal werden wir *dein* Fest in Indonesien feiern", meint sie nur trocken. Ich freue mich sonst immer, nach Indonesien zu fliegen. Aber jetzt? Weihnachten soll ich in Java verbringen? Meine Frau nickt und trifft die Reisevorbereitungen. Verdutzt komme ich zu der Erkenntnis, dass ich mich wohl meinem Schicksal zu ergeben habe, und tröste mich selbst: „Ein Jahr ohne richtige Weihnacht werde ich überstehen."

Ein wundervoller Flug, eine warmherzige Begrüßung in Solo, der altehrwürdigen Stadt in Zentraljava. So viele Neuigkeiten stürmen auf mich ein. Besuch der langjährigen Freunde. Morgen ist Weihnachten. Ich wische mir den Schweiß von der Stirne: „Fast hätte ich in der Hitze das große Fest vergessen."

Der erste Weihnachtstag sieht uns schon früh auf den Beinen. Meine Frau und ich eilen zum Gottesdienst. Wir sind nicht allein. Von überall her strömen die Leute herbei. Wir erreichen die Kirche. Sie ist von großen Zelten umgeben, in denen Fernsehschirme aufgebaut sind, um die Feier nach draußen zu übertragen. Schon haben sich dort viele Menschen versammelt. Das Gotteshaus ist bereits nahezu gefüllt. Wir zwängen uns durch die Menge nach vorne und finden sogar noch einen Platz. Meine Augen schweifen durch den Raum. Ein großes Gamelanorchester[1] schimmert sanft in Bronzefarben. Jetzt kommen die Musiker, in prächtige Batikgewänder gehüllt. An ihren Hüften glänzt ein *kris*[2]. Eine unzählige Menge Kerzen beginnt nach und nach aufzuleuchten. Aus der Sakristei strömt bereits der Duft von Weihrauch. Erwartungsvolles Tuscheln der Gläubigen.

Ein majestätischer Gong ertönt. Die Feier nimmt ihren Anfang. Durch den Mittelgang nähert sich mit brennenden Kerzen und schwingenden Weihrauchgefäßen eine eindrucksvolle Prozession. Das Gamelanorchester füllt mit sanft feierlichen Klängen das weite Kirchenschiff. Der Chor gesellt sich mit altjavanischen Gesängen dazu. Ein anderer Chor antwortet. Derweil schreitet feierlich die prächtig gekleidete Messdienerschar, gefolgt von in Batik gewandeten Männern und Priestern im Festornat. Die Priester gehen zum Altar: Ein herzlicher Willkommensgruß, die Messe beginnt. Gesänge hallen durch den Raum, hüllen uns ein mit Wohlklang und Meditation. Der Priester bittet uns, den Friedensgruß auszutauschen. Wir reichen unseren Nachbarn die Hand. Nun eilen mit Lächeln viele Indonesier herbei, wollen uns ebenfalls begrüßen. Wir drücken ihre Hände, unaufhörlich, immer wieder drängen sich andere heran. Die feierlichen Zeremonien am Altar nehmen ihren Fortgang, enden. Die Menge strömt gemächlichen Schrittes nach draußen. Dort erneutes Händeschütteln, frohe Weihnachtsgrüße, freundliches Lachen, heitere Zurufe.

Meine Frau und ich gehen nach Hause. Unterwegs wiederum: „Frohe Weihnachten!" Es sind mit uns befreundete Muslime, die uns mit lautem Zuruf zu unserem Fest beglückwünschen.

---

[1]   Instrumentarium von Klangstäben und Gongs aus Bronze in Java.
[2]   Kunstvoll gefertigtes javanisches Kurzschwert mit magischer Bedeutung.

Dann ein gemeinsames Mahl mit Familie und Freunden. Ein Weihnachten so anders als in Deutschland, aber auch so schön.

Noch immer denk ich nach meiner Rückkehr voller Freude an die javanische Weihnacht. Jedes freundliche Lächeln lässt später vor mir das Geschehen von Bethlehem auf dieser Insel vor meinen Augen entstehen, und ich entdecke mich erinnernd nunmehr in jedem heiteren Gesicht auf dieser Welt den Widerschein des strahlenden Himmels javanischer Weihnacht als ein immerwährendes Geschehen. Dieses Erlebnis hat mich später zu einem Gedicht veranlasst:

Javanischer Weihnachtsgottesdienst

Wogen im Meer sich verschlingend:
Heil'ge Gesänge beginnen
zögernd, anschwellend vor Kraft
und brausen dahin.

Juwelen sinken vom Himmel herab:
Klänge des Gamelan.
Weihrauchschwaden, goldschimmernder Kris:
Majestätischer Zug zum Opferaltar.
Gewalt frommer Worte – seliges Schweigen.

Dunkles Meer erhellt sich zum Wellengekräusel
am sonnendurchfluteten Strand:
Erhab'nes verklärt sich zum Lächeln:
Selamat Natal – fröhliche Weihnacht:
Gottkönig verschenkt sich als Kind.[3]

Frieden den Menschen, die guten Willens sind[4] – eine etwas andere Weihnachtsgeschichte

Ein früher Nachmittag in Solo, der uralten Stadt in Java. Durch die sengende Hitze schleppe ich mich mühsam zu meinem Freund Soeharso dicht bei der Masjid Selatan[5]. Das Hoftor ist nur angelehnt, ich betrete einen mit Staub bedeckten Platz, an dessen Ende das einfache Eltern-

---

[3]   Otto Abt: Aufbruch Unterwegs Abschied – Gedichte. Verlag Arthur Göttert, 1999, S. 31.
[4]   Lied der Engel in der Heiligen Weihnacht im Lukasevangelium, Kapitel 2, Vers 14, in einer allgemein bekannten älteren Version. Die genaue Übersetzung lautet: Friede den Menschen seiner Huld.
[5]   Südliche Moschee.

haus meines javanischen Freundes steht. Unter einem vor der Sonne schützenden Vordach sitzen an einem etwas wackeligen Holztisch der Vater mit drei alten Männern beim Tee. Sie erheben sich freundlich, grüßen. „Mein Sohn ist noch nicht da; aber er wird jeden Augenblick kommen." Ich möge doch bei ihnen Platz nehmen. Das Hausmädchen bringt eilends Stuhl und Tee herbei.

Ein mühsames Gespräch nimmt seinen bescheidenen Anfang. „Wirklich, mein Indonesisch muss besser werden!" Meine freundlichen Herren versuchen es mit Niederländisch, leider mit dem gleichen Ergebnis. Wir lächeln uns an. Schweigen. So viel habe ich herausbekommen: Die vier Männer sind unzertrennliche Freunde, die sich hier jeden Nachmittag treffen. Es sind ehemalige Lehrer verschiedener Schulen. Vergnügt und friedlich plaudern die Pensionäre und genießen den Tee. Nach etwa zwei Stunden trennen sie sich, und jeder schlurft für sich nach Hause. So geschieht es Tag für Tag, Monat für Monat, Jahr für Jahr, stets mit dem gleichen Ritual, wie ich anschließend erfahre – ein Abbild von Genügsamkeit und Zufriedenheit.

Mein Freund erscheint. Wir ziehen uns zurück, und ich erhalte meinen Unterricht in der javanischen Kulturtechnik Marga Luyu 1 5 1. Dabei verständigen wir uns in Englisch. Abschied. Rückkehr nach Deutschland.

Nach einigen Jahren suche ich wieder unangemeldet das elterliche Haus meines Freundes in Solo auf, um ihn dort zu treffen. Alles ist so wie früher. Das Tor wartet halb geöffnet auf die spärlichen Besucher. Der sandige Platz empfängt mich verschlafen. Meine Augen schweifen auf das Haus. Nichts hat sich geändert. Der alte Tisch steht noch immer unter dem Vordach. Aber, wo sind die betagten Herren geblieben? Ich schaue auf meine Uhr: Nachmittag. Ehe ich mir Gedanken machen kann, öffnet sich die Haustür, und mein Freund umarmt mich mit schmerzlichem Lächeln.

Nach kurzer Begrüßung beginnt er spontan zu erzählen: „Nach deiner Abreise ging alles weiter seinen gewohnten Gang. Eines Tages fehlte bei der Teestunde einer der Männer. Betroffen vernahmen die Freunde, dass ihr Begleiter schwer erkrankt sei. Er sollte von seiner Krankheit nicht mehr genesen und verstarb bald darauf. Kurze Zeit später folgten die beiden anderen.

Dann näherte sich die Sterbestunde meines Vaters. Er rief uns Kinder herbei, sprach uns gut zu. Bestürzt wollten wir einen Arzt herbei-

rufen: „Ich bin alt und bereit, diese Erde zu verlassen", gab er zur Antwort. „Ich brauche keinen Arzt mehr." Wenige Tage später ging er in
Frieden heim."

Ich glaube fest, dass dieser fromme Muslim in der Huld Gottes
geborgen ist. Auch ihn hatte die Verheißung der Heiligen Nacht von
Bethlehem erreicht, wenn er auch nichts davon wusste.

Besuch in Kadilangu

Mein langjähriger indonesischer Freund Prof. Dr. Soetarno von der ISI
Solo hatte mich zu einem Besuch nach Kadilangu eingeladen. „Was
gibt es dort zu sehen?" frage ich ihn neugierig. Er lächelt mich viel-
versprechend an: „Lass dich überraschen." „Das klingt ja sehr ver-
heißungsvoll", und nach kurzem Zögern willige ich ein. Der nächste
Morgen sieht uns im Auto mitten im Gewimmel auf der schmalen und
löchrigen Straße nach Kadilangu. Alles, was Räder hat, ist unterwegs:
Handwagen, Pferdekutschen, *becak*[6], Fahrräder, Motorroller, Motorräder, Lastkraftwagen, Personenwagen, laut hupende Omnibusse. Diese
Vielzahl von Verkehrsmitteln quetscht sich auf die schmale Fahrbahn
und bewegt sich nach Gesetzen fort, die nur ein Indonesier kennt.
Manchmal verzieht sich mein Gesicht vor Schrecken, aber unser Chauf-
feur lächelt mich an. Unser Auto klettert einen Berg hinan, wird immer
langsamer. Der Fahrer stellt nur sachlich fest: „Ein Reifen ist undicht."
„Und jetzt?", entfährt es mir voller Angst. „Wir müssen ihn flicken",
kommentiert er seelenruhig. Wir halten mitten auf der Fahrbahn an
einer völlig unübersichtlichen Stelle direkt hinter einer Bergkuppe. Mit
akrobatischer Geschicklichkeit schlängelt sich der Verkehrsfluss um
unser Auto. Kein Hupen, kein Schreien oder Schimpfen, keine wohlge-
meinten Ratschläge. Sogleich macht sich unser Fahrzeuglenker an die
Arbeit, montiert den beschädigten Reifen ab und geht mit ihm zu den
nächsten Häusern, verschwindet. Nach einer ganzen Weile erscheint er
wieder, schraubt den Reifen an und fährt gelassen weiter.

Bald nähern wir uns dicht aneinandergedrängten Häuserreihen,
welche die Straße umsäumen. Zur Straße hin sind sie offen, und wir
entdecken eine Fülle von verschiedenem Krimskrams und Mitbring-
seln, die zum Verkauf angeboten werden; dazwischen drängt sich

---

[6] Javanische Fahrradrikschas.

eine wimmelnde Menschenmenge. „Wir sind in Kadilangu. Was ihr seht, sind Andenkenläden und fromme Käufer." „Hat hier nicht der berühmte muslimische Prophet Sunan Kalijaga gewohnt?", kommt es mir langsam in den Sinn, und ich wende mich fragend meinem Freund zu. Er lächelt erheitert: „Wir besuchen jetzt seine Familie, vielmehr seine Nachkommen: Herrn Raden Mohamad Soedioko[7] mit der Familie seines Sohnes Wijayanto, also der 15. und 16. Generation des großen Sunans." Ich bin erschrocken und erfreut zugleich. Aber schon hält das Auto. Die Familie hat uns bereits erwartet und begrüßt uns vor dem Haus. Mein Freund stellt uns vor: Umarmungen, Lachen, Worte der Freundschaft. Alle Scheu ist von mir abgefallen. Ich fühle mich unter Freunden. Dann durchzuckt mich jäh ein Gedanke: Diese netten Leute meinen, ich sei ein Muslim. So gestehe ich ihnen, dass ich kein Muslim, sondern katholisch bin. Lautes Lachen: „Ich schicke meine Kinder auch in die katholische Schule", entgegnet der Hausherr unvermindert herzlich.

„Wir sind ein bisschen spät." „Macht nichts, Sie wissen ja: *jam karet*[8]." Plaudernd lassen wir uns zu einem wunderbaren indonesischen Essen nieder. Danach besichtigen wir gemeinsam die von Kalijaga erbaute Moschee, besuchen sein Grab, welches in einem kleinen Mausoleum geborgen ist. „Jetzt ist es verschlossen, aber das Heilwasser können Sie trinken." Man schaut mich fragend an. Ich nicke zustimmend. Umständlich kurbelt man es aus einem Brunnen nach oben, schüttet einen Becher voll und überreicht ihn mir. Wie viel Menschen mögen schon vorher aus diesem Gefäß getrunken haben? Der Brunnen macht auch keinen hygienischen Endruck: Ich halte den Becher an den Mund und trinke ihn mit einem Zug leer. Wohlwollendes Geraune. Ein kurzes Gebet zum Sunan: „Hilf mir, dass ich den Trank gesund überstehe!" – Er hat geholfen.

Abschied mit dem Versprechen, noch einmal wiederzukommen. Wir waren noch oft da, auch beim Grab des berühmten Vorfahren. Als ich Raden Mohamad Soedioko mein Kalijagabuch[9] überreichte, war

---

[7] Sein voller Name lautet Raden Mohamad Soedioko Sesepuh Ahli Waris Kanjeng Sunan Kalijaga Raden Sahid.

[8] Zeit aus Gummi – in Indonesien sind die Zeitangaben dehnbar wie Gummi.

[9] Otto Abt: Auch das ist Islam – Sunan Kalijaga, der große Apostel aus Java; Triga-Der Verlag, 2010.

er sehr erfreut. Später erfuhr ich, dass der alte Herr nur mit seinen Niederländischkenntnissen mein in Deutsch geschriebenes Buch sich selbst übersetzt hatte.

2013 ist er – wie sein Ahnherr einst – sanft für immer eingeschlafen, wie mir sein Sohn gleich anschließend nach Deutschland berichtete. Ungefähr ein halbes Jahr zuvor hatten wir zwei alten Männer uns noch gemeinsam auf einer Bank sitzend über vergangene Zeiten unterhalten, und ich war damals sehr erstaunt, als er mir ein deutsches Lied auf Deutsch vorsang. Für diese Freundschaft werde ich immer dankbar sein.

Sunan Kalijaga

Auf diesen großen muslimischen Apostel möchte etwas näher eingehen, weil dessen Lehren und Erkenntnisse bis heute ihren Einfluss in Java nicht verloren haben. Seine Aussagen sind es wert, gewinnbringend auch in Europa vernommen zu werden. Deshalb habe ich ihm eines meiner Bücher gewidmet.

Kalijaga lebte im 15. Jahrhundert in Java als Sohn eines Fürsten bzw. des Königs von Tuban. Leider war sein Verhalten wenig adelig. Er betrog seine Eltern, führte ein liederliches Leben in den Spelunken der Küstenstadt und hatte die übelsten Gesellen zu Freunden gewonnen. Er musste daher das Elternhaus verlassen und fristete seinen Lebensunterhalt mit Raubzügen. Bei einem dieser Unternehmungen traf er seinen Onkel Sunan Bonang, den er zu überfallen trachtete. Gerade als er dessen Schmuck entwenden wollte, hatte er ein „Pauluserlebnis", erfuhr wie nutzlos sein bisheriges Leben mit seiner Jagd nach Reichtum und ungehemmten Vergnügen war.

Er bekehrte sich und lebte als Einsiedler an einem Fluss von Jepara. Er kam den Leuten beim Durchqueren der Furt zu Hilfe und wartete auf seinen Freund und Onkel Bonang, der versprochen hatte, wiederzukommen. Mit den Jahren begann in dem jungen Eremiten eine stetige Wandlung. Er meditierte und erkannte, dass er in Gott die einzige Zielrichtung seines Lebens gefunden hatte. Er unterstützte die Einwohner von Jepara mit Rat und Tat. Immer mehr wurde er als weiser Wohltäter bekannt. Erst jetzt kehrte Sunan Bonang zu ihm zurück und stellte mit Freuden fest, dass aus ihm ein richtiger Muslim, ein Freund Gottes geworden war. Beide Männer verließen nun Jepara.

Für Kalijaga begann eine steile Erfolgskarriere vom Schülerprimus zum Schulleiter einer Koranschule, bis zum Ratgeber des Königs von Demak, später sogar des obersten Herrschers. Zudem vereinigte er in sich das gesamte Wissen der damaligen Zeit, beherrschte alle Kulturtechniken, beeinflusste und entwickelte diese weiter. Er kannte die Arbeitsweisen fast aller Berufe vom Reisbauern bis hin zum Architekten von Moscheen und Palästen. Er stiftete Frieden unter den verfeindeten Stadtstaaten, half allen, die bei ihm Rat suchten. Doch die Habgier seiner Zeitgenossen und ihre Sucht nach Reichtum missfielen ihm sehr. Er begann, den Islam zu predigen in einer Ausdrucksweise, die auch das einfache Volk verstand. Zusätzlich gab er *wayang kulit*-Vorstellungen[10], welche die Ideale der wahren Gottsuche bildhaft vorstellten. Für ihn bedeutete der Islam die Krönung der Hindureligion. Seine Lehren waren geprägt von einer Anschaulichkeit und Überzeugungskraft, die noch heute beeindruckt. Sein Leben wurde bestimmt von Toleranz und Liebe zu Gott. So starb er im hohen Alter hochverehrt als islamischer Apostel von Java.

Heute noch trägt eine Universität in Yogyakarta seinen Namen, manche Adelige wohnen noch in den von ihm entworfenen Palästen, und das Lob Gottes erschallt in den von ihm erbauten Moscheen.

Auf mystischen Pfaden

Beim Meditationsmeister

Diesen Text schreibe ich auch auf Bitten anderer, da die in ihm beschriebenen Geschehnisse für westliche Ohren sehr fantastisch klingen, und wenn ich ehrlich bin, muss ich eingestehen, dass ich selbst meine Erlebnisse weder verstehen noch interpretieren kann. Doch beginne ich der Reihe nach:

Hier in Deutschland hatte ich bereits bei einem Chinesen aus Solo, Herrn Tjoa, Tai-Chi Chuan erlernt, welches ich noch heute praktiziere. In Java besuchte meine Schwägerin aus Solo mit mir einen Meditationsmeister und bat ihn, mich an seinen Sitzungen teilnehmen zu lassen. Ich wurde eingeladen und betrat den Übungsraum.

[10]   Schattenspielvorstellungen

Dort stellt mich der Meister seinen Schülern vor. Er bittet, dass ich den ersten Teil des Tai-Chi im originalen Yangstil vorführe. Ich folge seinen Anweisungen. Während ich mich bewege, sitzen er und seine Eleven im Kreis um mich herum auf dem Boden und haben ihre geöffneten Hände mit gespreizten Fingern wie Antennen auf mich gerichtet. Als ich meine Form praktiziere, huscht mir plötzlich der Gedanke in den Sinn: „Du musst deine erlernten Bewegungen akkurat ausführen." Das geschieht nur einen Augenblick, dann hat mich das unendlich weiche Fließen meines Tuns wieder gefangen. Am Ende sehe ich die Javaner fragend an. Unter der wohlwollenden Zustimmung ihres Lehrers erklären die jungen Leute, dass ich bei einer Phase nicht in meinem Körper anwesend war. Es war genau der Zeitpunkt, als mich mein plötzlicher Einfall gestört hatte. Eigentlich muss ich noch anführen, dass meine Tester ihre Augen bei dieser Probe nur halb geöffnet hatten.

Von nun an besuche ich meinen Meister regelmäßig. Einmal ermahnt er mich bei einer der Meditationssitzungen: „Herr Abt, konzentrieren Sie sich nicht nur auf ihren Rücken, sondern mehr auf ihren Bauch." Ich sitze ganz hinten im Raum, von anderen verdeckt. Woher weiß mein Lehrer, wo meine Gedanken und Gefühle gerade sind?

Marga Luyu 1 5 1[11]

Meine Frau verbrachte einige Tage auf Bali. So bat ich meinen Schwager Richard, mich mit einem Meister des Marga Luyu 1 5 1 bekannt zu machen. Der Schwager vernahm meine Bitte nicht so gerne, weil meine Frau dagegen war, dass ich mit dem jungen Lehrer in Verbindung trat. Sie hatte Angst vor den Folgen für mich.

Dr. Richard und Soeharso sind gute Freunde. Soeharso macht doch etwas große Augen, als er einen Europäer vor sich stehen sieht. Nach einführenden Worten meines Schwagers nimmt er mich in den Kreis seiner Schüler auf. Nun beginne ich langsam zu verstehen, worauf ich mich eingelassen habe.

---

[11] Eine Bewegungsabfolge, welche nur an Eingeweihte weitergegeben wird. Der Name Marga Luyu bedeutet: Folge dem heiligen Pfad. Die Ziffern 1-5-1, satu-lima-satu (eins, fünf, eins), beziehen sich auf die fünf indonesischen Staatsprinzipien, welche von den Einsen umrahmt werden.

Zweimal in der Woche übe ich mit einer Schar junger Indonesier die für einen Europäer völlig ungewohnten Bewegungsformen des Marga Luyu. Ich gebe mein Bestes, versuche keuchend vor Anstrengung, diese zu erlernen und auszuführen. Zwar ist es gerade 18 Uhr, die große Mittagshitze ist vorüber, dennoch läuft mir der Schweiß in Strömen vom ganzen Körper.

Meine Versuche haben sich herumgesprochen, und so entdecke ich von Mal zu Mal die wachsende Zahl der leuchtenden Augen meiner Zuschauer im Dunkeln. Schweigend beobachten sie meine wirklich stümperhaften Anfangsübungen. Keiner lacht, keiner spöttelt. Im Gegenteil, wenn ich am Morgen durch die Stadt gehe, öffnen sich die Fenster, und meine neuen Freunde rufen mir freundlich zu. Die Zeit verrinnt, und zu meinem eigenen Erstaunen erlerne ich langsam den Bewegungskanon dieser Geheimkunst.

Nach und nach weiht man mich auch in die inneren Geheimnisse des Marga Luyu ein. Mit Schaudern vernehme ich von den Kräften, welche in diesen enthalten sind, vom Töten bis zum Heilen. Jetzt erfahre ich auch den Grund der Freundschaft zwischen meinem Schwager und meinem Lehrer. Als Arzt vermittelt er seine von ihm nicht mehr ohne Erfolg behandelbaren Patienten an Soeharso, zuweilen mit überraschenden gesundheitlichen Resultaten. „Diese stehen in Gottes Willen", erklärt mein Freund und Lehrer.

Dann erfolgt nach langem Üben die Prüfung: zwei Stunden in unentwegter Bewegung. Ich bin mehr ohnmächtig als bei Sinnen. Mit letzter Kraft kämpfe ich gegen meine eigene Schwachheit. Der Schweiß fließt nur so herab. Ein Trost bleibt: Ich sehe, die anderen kämpfen genauso. Dann ist es geschafft. Wir lassen uns zu Boden sinken und kommen ganz, ganz langsam wieder zu uns. Plötzlich stellt sich große Freude ein: Von nun an gehöre ich zu der großen Familie der Marga-Luyu-Anhänger. Wir beten[12] und rauchen anschließend gemeinsam eine Zigarette als Zeichen der Brüderschaft, empfangen unsere Ausweise und Kennzeichen. Anschließend folgt noch ein strenges Fasten. Die unterste Sprosse der Leiter zu dieser Gemeinschaft habe ich erklommen. Später werden noch weitere folgen.

Nach einigen Jahren lade ich meinen Lehrer nach Deutschland ein, auch um meinen Schülern die Prüfung abzunehmen, wozu ich zur da-

---

[12]   Im Marga Luyu 1 5 1 sind alle Religionen vereint.

maligen Zeit noch nicht befugt war. Soeharso bereitete sich selbst auf die Prüfung gewissenhaft mit Fasten und nächtlichem Gebet vor.

In einer angemieteten Halle ziehen meine Schüler in der erlernten Form sich bewegend ihre Bahnen. Mein Freund steht für sie nicht sichtbar weit hinter ihrem Rücken und beginnt mit den Händen, die Übenden imaginär durch die Luft zu sich zu ziehen. Ein junger Prüfling taumelt plötzlich, fällt hinterrücks zu Boden und rollt auf den ziehenden Meister zu. Alle Schüler sind Zeugen dieses Vorgangs.

Was war der Grund dieses Geschehens? Soeharso gibt die Erklärung: „Meine aus beträchtlicher Distanz wirkende Kraft kann sich nur entfalten, wenn der Betreffende wirklich zornig und böse auf mich ist." Dann wendet er sich dem so unverhofft zu Boden Geschleuderten zu: „Nur du hast als einziger meine Anweisung befolgt, richtig wütend zu sein." Die beiden geben sich die Hände als Zeichen der Freundschaft.

Alle Teilnehmer sind sprachlos vor Verwunderung, da sie völlig ahnungslos diese Situation in keinster Weise erwartet haben. Der junge Mann übrigens ist alles andere als ein „Spinner": Er war damals ein promovierter Unternehmensberater.

Es gibt noch eine Fülle ähnlicher Beispiele. Als Verstehenshilfe diene folgender Vergleich: Aus der Bioenergetik kann man erlernen, wie man die Kraft eines anderen in kurzem Abstand ohne Berührung schwächen oder stärken kann, wie ich selbst schon dutzende Male praktiziert habe. Auch beim Tai-Chi kann ich bei den einzelnen Stellungen und Bewegungen die Richtigkeit der Ausführung prüfen, aber nur im unmittelbaren Kontakt mit der zu testenden Person, indem ich seine Standfestigkeit durch meinen Druck auf ihn erprobe.

All diese Erscheinungen bestärken mich in meiner Meinung, dass man nicht alle Phänomene rational erklären kann. Diese Annahme gehört zu meinem Alltag als Tai-Chi-Lehrer, damit gehe ich um und wende sie erfolgreich an.

Treffen mit jungen Menschen an der UNY[13], Yogyakarta

Wir hatten in Deutschland eine indonesische Dozentin, Yati Sugiarti, mit ihrem Seminar bei uns zu Gast, welche ihren jungen Deutschstudenten Deutschland zeigen wollte. Einige Jahre später lud diese mei-

[13]   Universitas Negeri Yogyakarta.

ne Frau und mich zu einem Gegenbesuch ein. Als wir bei ihr waren, fragte sie mich: „Haben Sie Lust, vor meinen jungen Leuten etwas in Deutsch zu lesen?" Gerne willigte ich ein. Meine Frau und ich trafen pünktlich an der Uni ein.

Mit einem freundlichen „Hallo" werden wir im Sekretariat empfangen. Man weiß Bescheid. Wenig später eilt die Dozentin mit strahlendem Lächeln herbei. Herzliche Begrüßung. Sie führt uns zum Veranstaltungsort. Ich bin etwas enttäuscht. Man hat einen freien Platz zwischen den Universitätsgebäuden für die Veranstaltung ausgesucht. Von den Zuhörern ist noch keiner da. Einige junge Männer basteln seelenruhig an einer Lautsprecheranlage herum. Ich schaue Frau Yati etwas ratlos an. Sie kann mein Erstaunen erkennen und lacht: „Warten Sie ab, die jungen Leute werden gleich kommen." Ihre Zuversicht beruhigt mich, und ich tu das, was sie mir empfohlen hat, in Ruhe abwarten.

Eine kleine Gruppe Jugendlicher nähert sich plaudernd und lachend und lässt sich auf dem Boden nieder. Neue Studenten stellen sich ein. Allmählich füllt sich der vorgesehene Platz. Frau Yati stellt mich kurz vor, und ich beginne mit meiner Lesung. Es ist ruhig. Nur die Vögel zwitschern und ergänzen meinen Vortrag. Jedes mal, wenn ich von meinem Text aufschaue, ist der Platz mehr gefüllt. Ich nähere mich dem Ende. Dicht zusammengedrängt, auf Mauern, auf Stühlen und auf dem Boden sitzend folgen sie gebannt meinen Worten. Klatschen und erneutes Lauschen. „Ob die Zuhörer überhaupt alle Deutsch verstehen?", fährt es mir durch den Sinn. Zum Schluss trage ich mein Indonesiengedicht vor. Laute Zurufe, Tränen in den Augen von Yati. Ich freue mich. Anschließend ist noch eine kurze Diskussion oder vielmehr eine Fragerunde. An eine Frage kann ich mich heute noch erinnern: „Wie erlernen die deutschen Kinder diese schwierige Sprache Deutsch?" Meine Antwort: „Genauso wie die indonesischen Kinder Indonesisch." Heiteres, wohlwollendes Lachen, man hat mich verstanden. Die jungen Leute nähern sich mir scheu. Wir plaudern, lachen, erzählen. Yati nickt mir zu: Zeit zum Abschied. Mit Winken, Lachen und Rufen trennen wir uns. Oft werde ich noch später von jungen Indonesiern angesprochen auf der Straße, am Borobudur, am Gartenzaun, wenn ich vorbeigehe. Immer habe ich das Gefühl, willkommen zu sein.

An dieser Stelle möchte ich ein von mir verfasstes Gedicht zu Indonesien anschließen:

**Indonesia
Tanah airku yang kedua**[14]

Menschen, Menschen, Menschen;
Lächeln, Schwatzen, Rufen.
Hupen von Autos,
Sing-Sang der Straßenverkäufer.

Auf den Straßen dunkle Dieselwolken.
Rote Mädchenkleider leuchten auf.
Der Händler zieht seinen riesigen Karren.
Schweiß läuft ihm durchs Gesicht.

Menschenmenge gewaltig,
wogend, heiter.
Woher das ausgelassene Lachen?
Es schwingt wie Vogelgezwitscher

Drüben die Felder:
Helles Grün vom jungen Reis;
dazwischen plätschert das Wasser.
Die Halme werfen zarte Schatten.

Kinderstimmen vom nahen Dorf.
Eine Kuh muht gemütlich.
Hühnergegacker.
Lobpreis Gottes von der Moschee.

Umspült von Menschenscharen,
getragen von Freundschaft
fühl' ich mich niemals
allein.

Weitere Erfahrungen bei meinen Besuchen

Was mich an Indonesien besonders interessiert, ist seine Kultur, seine von tiefen philosophischen Gedanken geprägte Lebensart. Darauf einzugehen, steht mir nicht an. Das haben andere bereits ausführlich dargestellt, wie z.B. Franz Magnis-Suseno SJ.[15] So möge die Aussage genügen, dass ich von meinen Indonesienreisen nicht einmal nach Hause zurückgekehrt bin, ohne festzustellen, dass ich jedes Mal viel gelernt

[14] Indonesien, mein zweites Heimatland. Aus: Otto Abt: Schon schimmert Licht – Gedichte. Diepenau, Arthur Göttert Verlag, 2001, S. 69.
[15] Franz Magnis-Suseno SJ: Javanische Weisheit und Ethik. München, R. Oldenbourg Verlag, 1981.

155

habe. Dafür bin ich dankbar. Der Reichtum des vom Hinduismus geprägten Lebensstils offenbart sich nämlich nur dem Besucher, der bereit ist, diese andere Lebensart als sehr wertvoll anzuerkennen.

Die meisten Reisenden fliegen nach Indonesien, um ihre touristischen Bedürfnisse zu befriedigen. Davon profitieren beide Seiten.

Eine Reihe Reisender kommt aber auch nach Indonesien, um zu helfen, zu schulen und zu lehren. Wenn sich diese Unterstützung auf ein
bestimmtes Einsatzfeld bzw. ein bestimmtes Vorhaben bezieht, ist dieses Wirken in der Regel sehr zu begrüßen. Wenn aber Europäer meinen, sie könnten selbstherrlich in allen Bereichen indonesischen Lebens
mitreden, ja bestimmen, und sich bei ihnen zugleich ein Überlegen-
heitsgefühl einstellt, erscheint ein partnerschaftlicher Dialog bzw. eine
Freundschaft zwischen ihnen und den Indonesiern unmöglich. Leider
bemerken das viele aus dem Westen nicht, die mit ihrem forschen Auftreten die Szene beherrschen. Sie scheinen stets die Gewinner zu sein,
selbst dann, wenn sie abgelehnt werden.

Die Herzen der Menschen öffnen sich erst, wenn man in Hochachtung und Ehrfurcht ihnen gegenübertritt. Das kann durchaus in einer heiteren Atmosphäre geschehen; denn Asiaten lachen sehr gerne.
Wenn man lernwillig ist, lässt die indonesische Bevölkerung bereitwil-
lig den Besucher an ihrem Erfahrungsschatz teilnehmen, ja, begegnen
ihm auch mit Respekt. So verneigen sich z.B. junge Indonesier beim
Hände geben vor dem älteren Gast und berührt dabei mit der Stirn
dessen Handrücken.

Sollte man als Europäer besondere Vorsicht im eigenen Verhalten
walten lassen? Nein, wenn die „Chemie" im Umgang miteinander
stimmt, darf man vieles falsch machen und erntet dann vielleicht ein
freundschaftliches Lachen.

Bemerkungen zur Gamelanmusik

In Java habe ich zum ersten Mal Gamelanmusik vernommen. Ich wurde
sogleich gleichsam magisch von ihr angezogen, wenn ich auch deren
Gesetze und Eigentümlichkeiten noch nicht verstand. Ihre Klänge, ihre
Ruhe und Ausgeglichenheit hinterließen in mir einen starken Eindruck.

Der berühmte französische Komponist Claude Debussy hatte ein
ähnliches Erlebnis. 1913 schrieb er begeistert von Gamelanaufführungen, welche er u.a. bei der Weltausstellung in Paris 1889 genossen hatte.

„Dort waren und sind noch heute Einheimische, für die trotz aller Übel der Zivilisation, Musik so natürlich ist wie das Atmen. Ihr Konservatorium ist der ewige Rhythmus des Meeres ..."

Anschließend bezeichnet er die kontrapunktische Verwendung durch Palestrina im Vergleich zu der der Gamelanmusik als Kindermusik und bezeichnet mit Bezug auf das Gamelan die westliche Rhythmik als primitive Geräusche einer Kirmesmusik.[16]

Ich möchte diesen vergleichenden Aussagen nicht unbedingt in allem folgen, die Debussy vielleicht aus spontaner Begeisterung geäußert hat, aber man kann doch daraus entnehmen, dass er den Wert dieser Musik als unbedingt eigenständig empfand, den man europäischem Musikvorstellungen nicht unterordnen konnte.

Heute, da ich mit dem eigenen Gamelanorchester[17] regelmäßig in einer Gruppe üben kann, erschließen sich mehr die Geheimnisse zu einem beglückenden Erleben:

Beim Lauschen dieser Musik bemerke ich neben dem für mich völlig neuen und andersartigen Klang die stetige Wiederholung von Melodieteilen. Sie erscheint so natürlich wie der Wellenschlag des Meeres (s.o.). Langeweile stellt sich dabei nicht ein, auch keine Ekstase, um die gegenteilige Wirkungsmöglichkeit zu nennen. Ich erkenne, dass die Wiederholung beim Gamelan ebenso natürlich ist wie das Atmen (s.o.). Der Atem ist unendlich wertvoll, weil er lebenserhaltend wirkt. Auch beim Gamelanspiel entdecke ich immer wieder neue bereichernde Eindrücke in der Wiederholung. Um ein anderes Bild zu gebrauchen: Es ist, als wenn ich auf Treppenstufen hinabsteige, die Stufen sind gleich, doch bei jeder Stufe ist die Aussicht etwas anders. Dieses Hinabsteigen verweist auf Meditation. In ihr gewinne ich immer mehr Tiefe, Weisheit und Kraft.[18]

Dieser Erfahrung entspricht auch die Betonung des letzten Tones einer melodischen Phrase. Wie das Wasser beim bekannten Brunnen des Klosters von Maulbronn bedeutet das Ankommen auf einer tiefer gelegenen Schicht das Hinabsteigen zum eigenen Wesen. In der

---

[16] Neil Sorrell: A Guide to the Gamelan. London u. Bosten, faber and faber, 1990, S. 2.
[17] „Siegener Gamelanorchester" in Privatbesitz.
[18] Vgl. Otto Abt: „Javanische Gamelanmusik – Ein Abenteuer für westliche Ohren", in: „Durchblick – Autorenzeitschrift", Siegen, 1/2015.

Tat ist Meditation das Schlüsselwort zum Verstehen des javanischen Gamelans. Eine javanische Weisheit lehrt, dass die Götter das Geheimnis des Universums tief im Menschen selbst verborgen haben.[19] In der meditativen Musik des Gamelans nähert sich der Mensch diesem Geheimnis. (Bitte nicht verwechseln mit sogenannter Meditionsmusik, welche ohne Anfang und Ende im Klangrausch verweht.) Er gewinnt eine Schau seiner selbst, welche zugleich den Blick auf das Unendliche richtet.

Diese Musik will prägen, das menschliche Herz weiten zur eigentlichen, zentralen Wahrheitserfahrung in der Begegnung mit dem All, mit ihrem Schöpfer.

Ist Gamelan also religiöse Musik? Man kann das ohne Abstriche bejahen. Dennoch ist Gamelan im gleichen Maße weltliche Musik; denn für Javaner ist der Lebensalltag auch von Religion untrennbar durchdrungen.

Leider ist das heute nicht mehr selbstverständlich: Einflüsse aus Europa verführen dazu, Elemente westlicher Musik in sich aufzunehmen, welche der Gamelanmusik wesensfremd sind, ja geradzu konträr gegenüberstehen. So kann man – wie bereits geschehen – Gamelanaufführungen als Popmusik verwenden. Dagegen ist nichts einzuwenden, jedoch sollte man so ehrlich bleiben, diese Art von Musik nicht als Gamelanmusik bezeichnen, sondern als Spiel auf Gamelaninstrumenten.

Gamelan – das einzigartige, heute noch existierende javanische Phänomen der Musik – gemahnt uns, dieses Kulturgut zu pflegen, unbeschädigt weiterzuvermitteln und gegebenenfalls jedoch nur in seinem eigenen Rahmen behutsam fortzuentwickeln.

Wo viel Licht ist, ist auch viel Schatten

In aller Bescheidenheit seien mir noch einige Bemerkungen unter Anwendung des deutschen Sprichworts erlaubt: „Wo viel Licht ist, ist auch viel Schatten." So will ich meinem aus dem Herzen kommenden Loblied auf die Indonesier auch ein wenig Schatten aus meiner Sicht folgen lassen:

Javaner vermeiden höflich ein direktes Nein. So weiß man nie genau, wie er oder sie gesonnen ist. Nur aus dem weiteren Verhalten kann

---

[19]   Laura Romano: Sumarah. Reichshof, ad-m-a Verlag, 2004, S. 80.

man entnehmen, was er oder sie wirklich meint. Erschwert wird das noch durch seine im Allgemeinen unpräzise sprachliche Ausdrucksweise, deren Bedeutung nur Javaner mehr erfühlen als verstehen und daher bei Europäern oft zu Missverständnissen führt.

Diesem Bild javanischer Höflichkeit entspricht das Bestreben, andere zu erfreuen, zuweilen auch durch sein Versprechen, bei dem man durchaus nicht sicher ist, ob man es einhalten wird. Rückt die Zeit zur Erfüllung desselben dann heran, besinnt man sich auf die Harmonie seines eigenen augenblicklichen Wohlbefindens, die man nicht durch etwas Unangenehmes stören möchte, und vergisst einfach, was einem nicht mehr so passt. Bei einem Deutschen wäre man daher geneigt zu sagen: „Man sollte sich nicht zu sehr auf ihn verlassen."

Was mir oft unangenehm auffällt, ist, dass die meisten Indonesier bei jedem Geschäft selbst mit engen Verwandten ihren Vorteil im Blick haben und den nach ihrer Meinung zustehenden Geldbetrag einfach stillschweigend einbehalten. Bei offiziellen Verkaufsabschlüssen wird natürlich in kluger Weise auch an den eigenen Profit gedacht.

Leider ist, wie überall auf der Welt, auch in Indonesien Korruption zu finden. Daher hat sich die indonesische Regierung den Kampf gegen diese auf ihre Fahnen geschrieben. Aber das ist ein langwieriger und schwieriger Prozess, der verständlicherweise leider nicht mit einem Hebelzug abzustellen ist.

Zu erklären sind diese letzteren, unangenehmen Verhaltensweisen mit der Sucht nach finanziellem Erfolg, die mehr und mehr wie in anderen Ländern leider auch das Handeln vieler Indonesier bestimmt. Zum Glück sind – wie gerade angedeutet – nicht alle von diesem Übel befallen, welches schon zu Kalijagas Zeiten vorhanden war und von ihm bekämpft wurde. Es gibt heute, Gott sei Dank, vermehrt ideal gesinnte Menschen, welche sich für die sozial Schwachen einsetzen oder sich anderen Dingen als Geld zuwenden.

Wenn Reisende das alles wissen, können sie ihr Verhalten danach ausrichten und so die Reise nach Indonesien in vollen Zügen unbeschwert genießen. *Selamat Jalan!*[20]

---

[20]   Gute Reise!.

Hat Indonesien eine Zukunft?

Wenn ich auch kein Geschichtswissenschaftler bin, so glaube ich doch bei der Entwicklung der Menschheitsgeschichte zu erkennen, dass Kulturen immer dann an Bedeutung verlieren, wenn sie sich u.a. entweder von äußeren kulturellen Einflüssen abschotten, sich nur mit ihrer eigenen Kultur beschäftigen oder aber im Gegensatz dazu alle Einflüsse von außen unreflektiert nachahmend übernehmen und dabei gleichzeitig ihre Identität verlieren.

Unter diesem Aspekt möchte ich einige Punkte aus der Geschichte Indonesiens andeuten:

Zuvor sei der Hinweis gestattet, dass das heutige Indonesien, wie den meisten bekannt sein dürfte, mit seiner geographischen Ausmaßen eine Größe erreicht, welche in einer Richtung der Entfernung von Schottland bis zum Iran entspricht und mit etwa einer viertel Milliarde Einwohnern über die viertgrößte Bevölkerungszahl der Erde verfügt.

In der Zeit rund um Christi Geburt hatten die Herrscher aus der Region des heutigen Indonesiens schon eine große Bedeutung, und ihr Einfluss reichte bis in die Küstenregionen der umliegenden Länder. Ja, noch weiter: „Durch den Monsun wurden maritime Migrationen aus dem malaiischen Archipel nach Westen geleitet, die ihre Spuren auf den Malediven, in Ceylon und Südindien, der Arabischen Halbinsel und von der ostafrikanischen Küste bis nach Westafrika hinterlassen haben.[21]

Diese Machtentfaltung und Ausbreitung wurde ermöglicht durch die nautischen Fähigkeiten seiner Bewohner, welche die aller anderen Nationen bei Weitem übertrafen. „Die frühen chinesischen Quellen bezeichneten das Chinesische Meer und den Malaiischen Archipel als Nan Hai und seine Bewohner als Yue oder Kun Lun, deren Kenntnisse in Schiffsbau, Segeltechnik und maritimen Handel sie bewunderten und nutzten.[22] Die eigentliche Triebkraft bildete der Gewürzhandel; z.B. zahlte man damals vier Gramm Gold für ein Gramm Pfeffer. „Schon seit dem Ende des 1. Jahrhunderts schickten Herrscher aus der südasiatischen Region Delegationen nach Rom, deren erste unter

---

[21] Dokumentationsbrief der Ems 5/2005 Prof. Dr. Kurt Tauchmann: Java –Kosmische Ordnung und Harmonie. S. 7

[22] Dokumentationsbrief der Ems 5/2005 Prof. Dr. Kurt Tauchmann: Java –Kosmische Ordnung und Harmonie. S. 6

Augustus Octavianus belegt ist. Der vornehmste unter dieser Delegation wurde als *raja* bezeichnet ..."[23]

Der Einfluss der Reiche zerfiel, weil die Regenten sich mehr und mehr selbstgefällig nur mit ihrem eigenen höfischen Prunk beschäftigten und sich dabei für die Außenwelt kaum noch interessierten. Damit sank ihre Macht dahin.

In dieses nunmehr von Streitereien in kleinere Königreiche zersplitterte Land war es leicht einzudringen. Die Niederländer machten davon Gebrauch, besetzten bzw. unterdrückten Indonesien etwa 350 Jahre lang und erzwangen gewaltige Abgaben und Steuern an sie. Indonesien hatte keinen weltpolitischen Einfluss mehr, diente nur noch den niederländischen, materiellen Bedürfnissen.

1945 errang Indonesien seine Unabhängigkeit. Der erste Präsident Sukarno schmiedete aus den vielen Inseln mit ihren spezifischen Kulturen ein zusammenhängendes Reich, welches sein Nachfolger Präsident Suharto in eine eiserne Diktatur umwandelte. Dessen Nachfolger, Präsident Habibie, verschaffte Indonesien die Demokratie. Seitdem ist Indonesien vom jugendlichen Elan in seiner Entwicklung erfasst. Die Universitäten im eigenen Land sind gut besucht, viele Indonesier studieren in der ganzen Welt. Die Wirtschaft blüht auf.

Wohin geht die Entwicklung? Es gibt viele positive Zeichen für Weltoffenheit und gleichzeitiger Besinnung auf die eigene Kultur. So kann man optimistisch in die Zukunft sehen und hoffen, dass Indonesien seine mannigfaltigen Schwierigkeiten meistert und seinen positiven Beitrag im Zusammenleben der Weltbevölkerung leistet und in Zukunft noch zunehmend leisten wird.

---

[23] Dokumentationsbrief der Ems 5/2005 Prof. Dr. Kurt Tauchmann,: Java –Kosmische Ordnung und Harmonie. S. 7. – *raja* heißt heute noch im Indonesischen König.

Zweite Heimat Indonesien.
Nach fast 40 Jahren ...

Berthold Damshäuser

Vor rund zwei Jahren lernte ich Michael Rottmann kennen. Aus der eher zufälligen Begegnung entwickelte sich eine Freundschaft. Irgendwann im Jahre 2013 schlug er mir vor, mit ihm gemeinsam einen „Nachfolger" des Buches herauszugeben, das ich 1996 gemeinsam mit Ulrike Muntenbeck-Tullney publiziert hatte, nämlich „Nelkenduft in Wolkenkratzern – deutsche Experten über Indonesien"[1] (im Folgenden als „Nelkenduft" bezeichnet). Dazu war ich gerne bereit. Bereits in „Nelkenduft" habe ich jene vier Fragen[2] beantwortet beziehungsweise zu beantworten versucht, die auch den Autoren des vorliegenden Buches gestellt wurden. Auch wenn die Beantwortung der Fragen nicht obligatorisch ist, möchte ich erneut darauf eingehen, wobei natürlich die Entwicklungen der letzten zwanzig Jahre im Vordergrund stehen sollen. Insbesondere was die erste Frage angeht („Wie entstand der Kontakt zu Indonesien?") möchte ich auf meinen damaligen Aufsatz verweisen.[3] Dort habe ich ausführlich dargelegt, wie dieser Kontakt

---

[1]   *Nelkenduft in Wolkenkratzern – deutsche Experten über Indonesien,* mit Beiträgen von: Dieter Bielenstein, Bernhard Dahm, Berthold Damshäuser, Rudolf Gramich, Adolf Heuken, Fritz Kleinsteuber, Josef Köningsmann, Dieter Mack, Franz Magnis-Suseno, Heinz Okken, Karl-Heinz Pampus, Rudolf von Sandersleben, Friedrich Seltmann, Rüdiger Siebert, Rita Widagdo, ISBN 979-8060-49-0, Jakarta: Katalis 1996.

[2]   Wie entstand der Kontakt zu Indonesien? In welchem Bereich hatten Sie mit Indonesiern zu tun und welche Erfahrungen haben Sie gemacht? Welche Zukunftsprognose würden sie für Ihren Bereich geben? Welche Prognose im Hinblick auf die Entwicklung und Zukunft Indonesiens allgemein möchten Sie stellen? Siehe hierzu auch die Ausführungen von Michael Rottmann im Vorwort des vorliegenden Buches.

[3]   Meinen Beitrag aus „Nelkenduft in Wolkenkratzern" mit dem Titel „Indonesien – zwanzig Jahre einer Auseinandersetzung mit dem *Anderen*" stelle ich auf meiner öffentlich zugänglichen Facebook-Seite (https://www.facebook.com/berthold.damshauser) zur Verfügung. Dort ist er unter „Mehr" bzw. „Notizen" einsehbar.

entstand, was meine ersten Eindrücke von Indonesien und Indonesiern waren, welche Erfahrungen ich bis dahin gemacht hatte.

Mittlerweile blicke ich zurück auf eine fast vierzigjährige Auseinandersetzung mit Indonesien, das ich 1976 neunzehnjährig erstmals besuchte. Seither vergeht kein Tag, an dem mich nicht mit Indonesien „beschäftige". Wenn ich mich mit meiner indonesischen Ehefrau unterhalte, so geschieht dies genauso häufig auf Deutsch wie auf Indonesisch. Ich nehme nicht mehr wahr, welche Sprache wir unbewusst gewählt haben. Würde man mich fragen, ob ich gerade Indonesisch oder Deutsch gesprochen hätte, ich könnte es nicht beantworten. In meinem Beitrag für „Nelkenduft" nannte ich Indonesien „das Andere", an dem ich „Eigenes" erkannte. Das geschah zu Recht. Mittlerweile aber denke und fühle ich nicht mehr so dichotomisch.

Nicht nur privat habe ich täglich mit Indonesien und Indonesiern zu tun, auch beruflich ist dies der glückliche Fall. Seit 1986 lehre ich Indonesisch an der Universität Bonn, ich nehme das als Berufung wahr. Nicht nur die Lehre, sondern auch die Arbeit an Projekten, insbesondere im Bereich des literarischen Übersetzens, sowie die Herausgabe von *Orientierungen – Zeitschrift zur Kultur Asiens*.[4] An der Universität hat sich in den letzten zwanzig Jahren vieles geändert. Das Seminar für Orientalische Sprachen (SOS), an dem ich rund 15 Jahre lang unterrichtete, wurde aufgelöst, der Studiengang „Übersetzen" mit Indonesisch als einer der angebotenen asiatischen Sprachen wurde abgeschafft. Seitdem gibt es im deutschen Sprachraum für das Sprachenpaar Indonesisch-Deutsch keine Übersetzerausbildung mehr. Indonesisch ist jetzt Wahlsprache im Rahmen der Bachelor- bzw. Masterstudiengänge „Asienwissenschaften". Institutionell ist die Indonesisch-Sprachausbildung in der Abteilung für Südostasienwissenschaft des Instituts für Orient- und Asienwissenschaften (IOA) verankert.

Indonesisch lernt man also in Bonn insbesondere dann, wenn man „Asienwissenschaften" studiert. Folglich bin ich an der Ausbildung von „Asienwissenschaftlern" beteiligt, auch wenn ich selbst keiner bin und auch keiner sein möchte. Dieses Fach „Asienwissenschaften", das an der Bonner Universität so etablierte Fächer wie Sinologie, Japanologie oder Orientalistik abgelöst hat – diese Fächer sind jetzt „Abteilungen"

---

[4]   Zu Projekten und Publikationen siehe: http://www.ioa.uni-bonn.de//abteilungen/ suedostasienwissenschaft/personen/damshaeuser/publikationsliste.

des IOA – ist etwas durchaus Kurioses. Spöttisch nenne ich es gerne „Halbweltwissenschaft", es beschäftigt sich ja nahezu mit der halben Welt. Sein logisches Pendant wären „Abendlandwissenschaften". Es firmiert unter einer pluralischen Bezeichnung (Wissenschaften), es scheint sich also um ein Bündel von Wissenschaften zu handeln, die hier irgendwie zur Anwendung kommen. Oder handelt es sich möglicherweise nur um schlichte Asienkunde, ist die Bezeichnung „Asienwissenschaften" vielleicht Hochstapelei? Die Studierenden stören sich – wie auch viele Lehrende – an solchen Fragen in der Regel nicht, sie studieren munter drauf los, lernen verschiedenste asiatische Sprachen, hören dies und das zu ganz Asien. Viele haben irgendwann einen akademischen Abschluss in „Asienwissenschaften", einen „berufsqualifizierenden", denn der Bachelor-Abschluss ist (offiziell) ein solcher.

Ich selbst bin, wie oben angedeutet, Mitglied der Abteilung für Südostasienwissenschaft, einer „Wissenschaft" die sich selbstbewusst eine singularische Bezeichnung gibt und somit ihren Anspruch unterstreicht, tatsächlich Wissenschaft zu sein. Nicht etwa nur eine Kunde oder ein Bündel von Wissenschaften, die sich mit einer – vielleicht sogar willkürlich definierten – Region beschäftigen. Im Englischen heißt unser Fach in der Regel „studies", das ist ehrlicher. In der Abteilung für Südostasienwissenschaft arbeite ich mit hervorragenden und lieben Kollegen zusammen, von denen keiner Absolvent eines Faches „Südostasienwissenschaft" ist. Sie sind echte Wissenschaftler – Ethnologen, Forstwissenschaftler etc. –, die sich jetzt als Südostasienwissenschaftler bezeichnen lassen (müssen), also als Vertreter einer „Wissenschaft", die es bislang unterlassen hat, sich hinreichend zu definieren.

Ein solches „Wissenschaftsumfeld" hat sich also für mich, den Malaiologen, in den letzten zwanzig Jahren ergeben. In der Praxis änderte sich allerdings weniger, als zu befürchten war. Im Rahmen von Bologna-Prozess, Modulisierung etc. hat vieles ja nur seinen Namen geändert. Zudem sind Inhalte biegsam. So soll ich selbst im Rahmen der Indonesisch-Module eigentlich nur noch Sprache lehren. Das hindert mich aber nicht daran, auch über indonesische Kultur und insbesondere über indonesische Belletristik zu sprechen. Selbst Lyrikübersetzungen schleichen sich in meinen Unterricht ein. Die Arbeit mit guten Studierenden macht nach wie vor Freude, gleiches gilt für den Austausch mit Kollegen. Mit Christoph Antweiler zum Beispiel unterhalte ich mich oft, und zwar nicht über Institutsangelegenheiten (meist ist dergleichen eher Tratsch), sondern – was unter Wissenschaftlern eher selten ist – über wissenschaftliche Themen, über Projekte, an denen wir gerade arbeiten. Das macht Spaß. So viel Spaß, dass ich nicht gerne an meine Pensionierung denke, die in weniger als zehn Jahren ansteht.

Mir kommt es ohnehin so vor, als hätte ich immer viel Glück gehabt. Wobei der Zufall oder die Fügung (?), 1975 einen Indonesier kennengelernt und als Freund gewonnen zu haben, gewissermaßen der Initialpunkt meiner durch Indonesien bestimmten Vita gewesen ist. Mit ihm gemeinsam reiste ich 1976 erstmals nach Indonesien, woraus sich alles weitere als logische Konsequenz ergab. Das Studium der Malaiologie, der Beruf, auch meine „indonesische" Familie: meine Frau Dian Apsari, meine Kinder Ayu und Satria. Was wäre ohne Indonesien aus mir geworden? Wäre ich, wie ich ursprünglich vorhatte, Lehrer für Deutsch und Philosophie geworden, würde jetzt an irgendeinem Gymnasium unterrichten? So vieles hätte ich dann nicht erlebt, es wäre ein ereignisärmeres Leben gewesen. Der „exotische" Beruf des Malaiologen, die „exotischen" Sprachkenntnisse haben ja zum Beispiel dazu geführt, dass ich an „großer Politik" teilhaben durfte. In den neunziger Jahren war ich insgesamt viermal bei Staatsbesuchen Dolmetscher des deutschen Bundeskanzlers beziehungsweise des indonesischen Staatspräsidenten. Zu Suharto entwickelte sich sogar ein als persönlich zu bezeichnendes Verhältnis, mehrere Male war ich Gast in seiner Privatwohnung, ein letztes Mal nach seinem Rücktritt im Jahre 1998. Damals endete auch das (gute) Verhältnis, denn ich fragte ihn, warum er seinen Kindern bei ihren unternehmerischen Tätigkeiten so große Vorteile eingeräumt hätte. Da erstarrte seine Miene, er antwortete nur kurz („Meine Kinder waren ganz normale Unternehmer") und schwieg. Für Kritik war er, insbesondere was seine Familie anging, in keiner Weise empfänglich. Irgendwann einmal werde ich meine Erfahrungen mit Suharto aufzeichnen, so manches ist vielleicht berichtenswert. Dass ich Suharto persönlich kannte und nicht grundsätzlich verurteilte, hat mir einigen Ärger eingebracht. Ein Bekannter bezeichnete mich, allerdings nicht öffentlich, als „Freund des Menschenschlächters und Despoten". Das traf mich. Ich war in der moralischen Bredouille, denn natürlich hatte Suharto mit den Massenmorden der Jahre 1965/66 zu tun. Da nutzt es auch nichts, wenn man darauf hinweist, dass der Rückblick der Geschichte mitunter mild und objektiver ist, wie zum Beispiel jener bedeutende europäische Preis beweist, der nach dem Sachsenschlächter und Despoten Karl benannt ist. Suhartos „Freund" war ich sicherlich nicht – vermutlich hatte er gar keine Freunde –, aber ich habe in der Tat versucht, ihn und seine Politik aus dem Kontext der indonesischen Kultur und Geschichte zu verstehen, auch unter Berücksichtigung seines javanischen Denkens. Dass er 1998 zurücktrat und darauf verzichtete, seine Macht mit militärischer Gewalt zu verteidigen, hat mich mit großer Erleichterung erfüllt. Vielleicht habe ich ihn ja doch nicht völlig falsch eingeschätzt, nämlich (auch) als indonesischen Nationalisten, dem das Wohl seines Volkes am Herzen lag. Ich weiß, dass eine solch positive Beurteilung nicht wenige ziemlich empört.

Außer Suharto habe ich andere indonesische Politiker kennengelernt, darunter mehrere Staatspräsidenten und Minister. Ein engerer Kontakt bestand allerdings nur – und besteht noch heute – zu B.J. Habibie, dem jahrelangen Intimus und bekennenden Bewunderer Suhartos, dem dann das Verdienst zukommen sollte, als dessen Nachfolger das autoritäre Herrschaftssystem in Indonesien durch Demokratie nach westlichem Vorbild zu ersetzen.

Meine Kontakte zu indonesischen Politikern blieben aber stets sporadisch, waren ja im Wesentlichen auch nur durch den Zufall der Dolmetschertätigkeit bei Staatsbesuchen entstanden. Anders verhält es sich mit der kulturellen Szene Indonesiens, namentlich der literarischen. Hier liegt der Fokus meiner indonesischen „Aktivitäten", natürlich schon deshalb, weil die moderne indonesische Literatur mein malaiologischer Schwerpunkt ist. Ein weiterer Grund ist meine Tätigkeit als literarischer Übersetzer. Schon in den neunziger Jahren kooperierte ich eng mit einem indonesischen Schriftsteller, nämlich Ramadhan K.H.[5], mit dem ich gemeinsam deutsche Lyrik ins Indonesische über-

---

[5]   Ramadhan K.H. (1927-2006), der in Indonesien als Begründer eines literarischen Genres gilt, nämlich des *novel biografis* (biographischer Roman) ist übrigens auch der „Verfasser" der Autobiographie Suhartos. Diese Tatsache trug dazu bei, dass ich eine deutsche Fassung dieser Autobiographie herausgegeben habe, nämlich: *Soeharto – Gedanken, Worte und Taten*, eine Autobiographie aufgrund von Schilderungen gegenüber G. Dwipayana und Ramadhan K.H., deutsche Übersetzung: Thomas Zimmer, Verlag: PT. Citra Lamtoro Gung Persada, Jakarta 1994, ISBN: 979-8085-01-9, 608 Seiten. Ramadhan K.H. stand Suhartos sogenannter „Neuer Ordnung" übrigens sehr kritisch gegenüber.

setzte und mehrere Anthologien deutscher und indonesischer Lyrik herausgab.[6] Gewissermaßen sein Nachfolger ist der indonesische Lyriker Agus R. Sarjono, mit dem ich seit 2002 eng zusammenarbeite, unter anderem in Sachen *Seri Puisi Jerman*, einer Reihe deutschsprachiger Lyrik in indonesischer Übersetzung, auf die ich gleich noch ausführlicher eingehen möchte. Über Ramadhan K.H. und Agus R. Sarjono lernte ich fast alle prominenten indonesischen Schriftsteller und zahlreiche Künstler persönlich kennen. Durch Publikationen – ich veröffentliche überwiegend in Indonesien –, durch Lesungen, Vorträge, durch meine Tätigkeit als Redakteur des Literaturmagazins *Jurnal Sajak* habe ich in Indonesiens Literaturszene mittlerweile einen gewissen Bekanntheitsgrad erreicht, bin selbst Teil dieser Szene geworden. Mit allen damit verbundenen Risiken und Nachteilen, wie ich noch schildern werde.

Irgendwie ist es seltsam. Regelmäßig treffe ich nun auch die älteren indonesischen Schriftsteller, deren berühmte Namen ich während meines Studiums erstmals hörte, deren Gedichte ich damals zaghaft begann, ins Deutsche zu übertragen. Bin bei ihnen zu Gast, führe vertrauliche Gespräche, lasse mich von einem (sehr prominenten Lyriker) fragen, ob ich mir im Klaren darüber sei, dass es sich beim Anschlag auf das World Trade Center keinesfalls um jihadistischen Terror gehandelt habe, sondern um eine Aktion der Amerikaner selbst, mit dem Ziel, den Islam zu diskreditieren, Krieg gegen ihn führen zu können. Mein Hinweis darauf, dass sich Al Kaida doch schließlich dieses Anschlags gerühmt hat, konnte die Verschwörungstheorie des Dichters nicht erschüttern. Ein Einzelfall? Im Bezug auf die literarische beziehungsweise intellektuelle Elite schon, ansonsten keinesfalls.

Aber zurück zur *Seri Puisi Jerman*, der Reihe deutscher Lyrik in indonesischer Übersetzung, bei der es sich sicherlich um das wichtigste Projekt handelt, das ich bislang durchgeführt habe. Im Rahmen dieser Reihe sind seit 2003 in Indonesien bilinguale Bände mit Lyrik von folgenden deutschsprachigen Dichtern erschienen: Bertolt Brecht, Paul Celan, Johann Wolfgang von Goethe, Hans Magnus Enzensberger, Friedrich Nietzsche, Georg Trakl und Rainer Maria Rilke. Entscheidende Voraussetzung für die Publikation einer solchen Reihe war die

---

[6] Zu gemeinsamen Veröffentlichungen mit Ramadhan K.H. siehe: http://www.ioa. uni-bonn.de//abteilungen/suedostasienwissenschaft/personen/damshaeuser/ publikationsliste.

Bereitschaft eines indonesischen Dichters, mit mir gemeinsam an den Übertragungen ins Indonesische zu arbeiten. Mit Agus R. Sarjono, einem der bedeutendsten zeitgenössischen indonesischen Schriftsteller, fand ich einen Partner, der bereit war, sich als Mitübersetzer und Mitherausgeber der Reihe zu engagieren. Dies war sicherlich ein Glücksfall für die Verbreitung deutschsprachiger Lyrik in Indonesien, denn erst im Rahmen einer solchen Zusammenarbeit konnten Übertragungen beziehungsweise Nachdichtungen entstehen, die den deutschen Gedichten auch in poetisch-ästhetischer Hinsicht entsprechen, zumindest soweit dies möglich ist.[7]

Die Publikation der einzelnen Bände der *Seri Puisi Jerman* ging stets einher mit Lesereisen[8], die Sarjono und mich in zahlreiche indonesische Städte führte. An Universitäten, in Kulturzentren, Museen etc. lasen wir in der Regel vor hunderten von Zuhörern. Bis heute beziehungsweise in den letzten Jahren haben insgesamt wohl an die 10.000 Menschen unsere Veranstaltungen zur deutschsprachigen Lyrik besucht. Oft beteiligten sich namhafte indonesische Schriftsteller als Moderatoren, Rezitatoren oder Diskutanten, unter anderem Dorothea Rosa Herliany, Abdul Hadi W.M., Goenawan Mohamad, Taufiq Ismail und Jamal D. Rahman. Besonders erfolgreich, ja geradezu spektakulär, verliefen die Goethe-Lesungen im März 2007. Damals besuchten Sarjono und ich verschiedene *pesantren*, islamische Bildungsstätten. Im *pesantren Al Amien Prenduan* in Sumenep auf Madura wurde uns ein großartiger Empfang bereitet. Der *kiayi*, das geistige Oberhaupt des *pesantren*, nahm persönlich als Rezitator an der Lesung teil, die in einer Art „Audimax" des *pesantren*-Campus stattfand. Dort hatten sich vier- bis fünftausend *santri* – Schülerinnen und Schüler, Studentinnen und Studenten – eingefunden, um Goethe-Gedichte auf Deutsch und Indonesisch zu hören. Die Musikgruppe des *pesantren* hatte mehrere Gedichte aus dem Goethe-Band vertont, darunter das Liebesgedicht „Woher sind wir geboren". Als eingängigen Pop-Song, dessen Refrain „dari cinta" („aus Lieb'") von Tausenden *santri* mitgesungen wurde.

---

[7] Zum Übersetzungsprozess bzw. zur Zusammenarbeit mit Agus R. Sarjono siehe: http://www.ioa.uni-bonn.de//abteilungen/suedostasienwissenschaft/personen/damshaeuser/gespraech_seripuisijerman.
[8] Fotos von diesen Lesereisen finden sich auf: https://www.facebook.com/berthold.damshauser/photos.

Mir wird diese Goethe-Lesung unvergessen bleiben, auch deshalb weil der *kiayi* just das Goethe-Gedicht aus dem West-Östlichen Diwan rezitierte, welches wie folgt endet: „Daß aber der Wein von Ewigkeit sei, / Daran zweifl' ich nicht; / Oder daß er vor den Engeln geschaffen sei, / Ist vielleicht auch kein Gedicht. / Der Trinkende, wie es auch immer sei, / Blickt Gott frischer ins Angesicht." Ich kommentierte das Gedicht mit dem Hinweis darauf, dass ich persönlich die darin enthaltene indirekte Aufforderung gerne und häufig befolge, was den *kiayi* dazu bewog, den *santri*, seinen Schülern, lächelnd mitzuteilen, dass man meinem Beispiel aber dennoch besser nicht folgen möge. Nicht weniger eindrucksvoll war die Goethe-Lesung im *pesantren Cipayung* im westjavanischen Tasikmalaya, dessen kulturelle Aktivitäten von dem Schriftsteller Acep Zamzam Noer geleitet werden. Auch dort hatte man sich auf die Veranstaltung intensiv vorbereitet. Die Theatergruppe des *pesantren* präsentierte eine dramatisierte bzw. szenische Fassung des „Erlkönigs", und als Rezitatoren hatten sich etliche Schriftsteller aus Tasikmalaya eingefunden.

In der literarischen Öffentlichkeit Indonesiens hat die *Seri Puisi Jerman* ein breites Echo gefunden. Mich selbst hat besonders gefreut, dass auch Musiker, bildende Künstler und Choreographen sich mit den Übertragungen deutscher Lyrik auseinandersetzten. Der Liedermacher Ari Kpin hat Gedichte von Nietzsche vertont, die Tänzerin Ine Arini hat – inspiriert von Gedichten Paul Celans – eine Tanztheateraufführung mit dem Titel *Phallus Tarung Atau Candu & Ingatan* (Phallus-Wettstreit oder Mohn & Gedächtnis) inszeniert. Die eindrucksvollste künstlerische Reaktion auf unsere Übertragungen stammt sicherlich vom Bandunger Maler Herry Dim, der einen Bilder-Zyklus zu Gedichten Celans geschaffen hat. Dem Celan-Band der *Seri Puisi Jerman* sollte damals eine Audio-CD mit musikalisch begleiteten Rezitationen der deutschen Originaltexte beigefügt werden, und zu diesem Zweck hatte ich dem indonesischen Verlag die Studioaufnahmen geschickt, die ich in Deutschland mit dem Musiker Peter Habermehl gemacht hatte. Als ich in 2005 in Jakarta eintraf und mir Agus R. Sarjono kurz vor der Präsentationsveranstaltung für den Celan-Band das gerade erschienene Buch mit beigefügter CD zeigte, stellte ich überrascht fest, dass es sich um eine Video-CD handelte. Deutsche Rezitation und Musik von Peter Habermehl waren ergänzt worden durch Animationen von Herry Dim, die dieser auf der Grundlage seines Celan-Bilder-Zyklus erarbeitet hatte. Eine wunderbare Überraschung, ein multimediales Kunstwerk, eine indonesisch-deutsche Kollaboration, die ohne Wissen der deutschen Seite entstanden war.[9]

Mir selbst geht es bei der *Seri Puisi Jerman* in erster Linie um die Verbreitung großer deutschsprachiger Dichtung, also um sprachliche Kunstwerke im Sinne von *l'art pour l'art*. Die Weltanschauung der Lyriker oder auch die Thematik ihres Werks waren bei der Auswahl nicht entscheidend. Ich habe Brecht weder wegen noch trotz seines Marxismus, Celan nicht wegen der Holocaust-Thematik und Nietzsche nicht wegen und nicht trotz seines Atheismus als Dichter der *Seri*-Bände ausgewählt. Allerdings haben Thematik und weltanschauliche Botschaft der Gedichte eine große Bedeutung bei der Verbreitung in Indonesien. Schon im Rahmen der Vorworte bzw. der Einführungen in den jeweiligen Bänden habe ich versucht, dem indonesischen Leser darzulegen, dass es auch für Gegner von Marxismus und Atheismus keinen Grund gibt, sich den literarischen Werken von Marxisten oder Atheisten zu verschließen, dass man eine grundsätzliche intellektuelle Offenheit zeigen sollte. Bei den Nietzsche-Lesungen, denen wie immer ausführliche Diskussionen mit dem Publikum folgten, wies ich darauf hin, dass ich als „Nichtatheist" kein Problem mit atheistischen Texten habe, dass mich Nietzsche bereichert hat, dass es unter meinen Freunden viele Atheisten gibt. Mit solchen Aussagen rührt man in Indonesien natürlich an Tabus, und in manchen Kreisen sollte man sich davor hüten. Vor einer Nietzsche-Lesung in Malang, im OHD-Museum des chinesischstämmigen Kunstkollektors Oei Hong Djien, erhielt der Veranstalter eine Reihe von SMS, in denen es hieß, dass man „wachsam registriere, dass ein Nichtmuslim just am ersten Tag des Fastenmonats Ramadhan eine Lesung mit Gedichten eines Atheisten veranstalte". Die Presse hatte offensichtlich ähnliche SMS bekommen und befragte mich nach „versteckten" Absichten, die ich mit der *Seri Puisi Jerman* verfolge. Die Sache ging aber gut aus.

Im Rahmen der *Seri Puisi Jerman* ließen sich durchaus manche aufklärerischen Botschaften vermitteln. Das galt auch in Sachen Goethe, dessen große Sympathie für den Islam ja auch in zahlreichen seiner Gedichte deutlich zum Ausdruck kommt. Das Publikum bei Goethe-

---

[9]   Einige dieser Videos finden sich auf youtube: www.youtube.com/results?search_query=dim+habermehl.

Lesungen zeigte sich begeistert, wenn ich Goethes berühmten Aus-
spruch zitierte, wonach er selbst „den Verdacht nicht ablehne, ein Mu-
selmann zu sein". Für viele, auch für manche indonesische Medien,
stand dann fest, dass Goethe Muslim war. Ich wies stets darauf hin,
dass dies für mich keine bedeutsame Frage ist, dass mich eher interessiert, für welchen Islam sich Goethe begeisterte. Und konnte dann ausführen, dass Goethe natürlich dem Sufismus, dem mystischen und un-
dogmatischen Islam nahestand. Dass er gerne und viel Wein getrunken
hat. Manche Indonesier begeisterte auch, dass Goethe dem Christentum ablehnend gegenüberstand, dass er nicht an die Gottessohnschaft
Christi glaubte. Sie fragten, wie es trotzdem möglich sei, dass Goethe
in Deutschland so verehrt wird. Ich antwortete, dass dies in der Tat
bemerkenswert sei, zumal ihn christliche Kreise in Deutschland gerne
als „Ketzer" oder „Heiden" bezeichnet haben. Aber einer aufgeklärten
Öffentlichkeit mache dies nun mal nichts aus. Das macht durchaus Eindruck, ähnlich wie die für viele Indonesier verwunderliche Tatsache,
dass das deutsche Auslandskulturinstitut im Rahmen seiner Förderung
der *Seri Puisi Jerman* auch die Werke des Juden Paul Celan bekannt gemacht hat, in dessen Gedichten es um die Opfer des Holocaust geht,
eines unleugbaren Verbrechens – auch der Hinweis darauf ist in Indonesien wichtig –, das von Deutschen begangen wurde.

Ein Projekt wie die *Seri Puisi Jerman* kann nur dann langfristig
durchgeführt werden, wenn es subventioniert wird. Auch wenn ich
selbst auf jegliches Übersetzerhonorar verzichte und Agus R. Sarjono
sich pro Band mit einem Honorar zufrieden gibt, das dem entspricht,
was man in Deutschland durch die Übersetzungen von rund zehn
indonesischen Schulzeugnissen verdienen kann, bedarf es der Förderung, insbesondere in Form von Druckkostenzuschüssen für die Ver-
lage. In dieser Hinsicht wurde die *Seri Puisi Jerman* von verschiedenen
Sponsoren unterstützt, nämlich der Deutschen Botschaft Jakarta, der
Swiss-German University in Bumi Serpong Damai und natürlich dem
Goethe-Institut Jakarta. Diese Institutionen förderten dann, wenn ihre
Verantwortlichen die Bedeutung eines solchen Projekts im Rahmen
der Verbreitung deutscher Kultur in Indonesien zu würdigen wuss-
ten. Das galt für Gerhard Fulda, den früheren deutschen Botschafter
in Jakarta, seinen Kulturreferenten Hendrik Barkeling oder für Jürgen
Grüneberg, den früheren Rektor der Swiss-German University. Im
Goethe-Institut Jakarta, das auch die Lesereisen finanzierte, waren es

Marla Stukenberg und Katrin Sohns als Leiterinnen der Programmabteilung und vor allem Franz Xaver Augustin, der das Institut bis 2013 leitete. Er war der wichtigste Förderer der *Seri Puisi Jerman*, engagierte sich dafür auch persönlich, indem er den Übersetzern Arbeitsräume und Übernachtungsmöglichkeiten in seinem Haus in Jakartas Stadtteil Menteng zur Verfügung stellte. Augustin war der bedeutendste und erfolgreichste Direktor, den ich beim Goethe-Institut Jakarta erlebt habe. Ausgestattet mit einem Gespür für wirklich wichtige Projekte sowie der für deren Realisierung erforderlichen Tatkraft trug er unter anderem dazu bei, dass die von Werner Kraus kuratierte Ausstellung mit Werken von Raden Saleh (1811-1880), dem ersten indonesischen Maler, zu einem spektakulären nationalen Kulturereignis in Indonesien wurde. Ein anderes Beispiel ist die vom Goethe-Institut geförderte und von Heinz Schütte verfasste Biographie des deutsch-indonesischen Missionars Franz Magnis-Suseno, die 2013 erschienen ist. Die Idee dazu hatte natürlich Franz Xaver Augustin. In einem unserer vielen Gespräche hatte ich ihn darauf hingewiesen, dass die Erfahrungen und Einschätzungen von Magnis-Suseno als einer wichtigen Figur der indonesischen Zeitgeschichte dokumentiert werden sollten. Er erkannte sofort, dass just eine Biographie das leisten könnte, hatte also die entscheidende Idee, auf die ich nicht gekommen war.

Ob die *Seri Puisi Jerman* auch ohne Unterstützung eines Franz Xaver Augustin noch viele Jahre fortgesetzt werden kann, ist unklar. Das Goethe-Institut Jakarta möchte sich nur noch für einen weiteren Band engagieren, den mit Gedichten von Hermann Hesse, der 2015 erscheinen soll. Wie es heißt, könne man nicht immer dieselben „Konstellationen" fördern, womit anscheinend das Übersetzerduo gemeint ist. Sollte dies so sein, läge ein Missverständnis vor, denn es geht bei der *Seri Puisi Jerman* nicht um die Förderung von Übersetzern, sondern um die Förderung der deutschen Lyrik in Indonesien, um die Werke von Hölderlin, Eichendorff, Novalis und so vieler anderer deutschsprachiger Dichter, deren Werke aufgrund fehlender Übersetzungen in Indonesien noch unbekannt sind.

Wie auch immer: Agus R. Sarjono und ich werden auch in Zukunft gemeinsam deutschsprachige Gedichte ins Indonesische übertragen, und notfalls werden wir sie in unserem indonesischen Lyrikmagazin *Jurnal Sajak* veröffentlichen. Wir werden diese Arbeit auch deshalb weiterführen, weil uns das Ringen um das treffende Wort, um Rhythmus und Reim Freude bereitet hat. In den Hunderten von Stunden, die wir gemeinsam damit verbracht haben, erlebten wir, was Schriftstellern, anders als zum Beispiel Musikern, in der Regel nicht vergönnt ist: Gemeinsames künstlerisches Schaffen, konkret: das Hervorbringen sprachlicher Kunstwerke in der indonesischen Sprache. Bei solcher Arbeit sind Agus und ich Freunde geworden, im Dezember 2003, als wir in langen Berliner Nächten Brecht ins Indonesische übertrugen.

Vieles habe ich dabei lernen können, über die indonesische, aber auch über die deutsche Sprache. Schon in meinem Beitrag in „Nelkenduft" bin ich darauf eingegangen, dass der mit stetigem Vergleichen einhergehende und insofern als kontrastiv bzw. komparatistisch zu bezeichnende Vorgang des Übersetzens tiefe Aufschlüsse über das jeweilige Sprachenpaar ermöglicht. Ich schrieb: *Gerade beim Übersetzen, der intensivsten Form der Auseinandersetzung mit der eigenen und der fremden Sprache, vermag man, das sich in der fremden Sprache manifestierende andere Denken, ja gar die sich darin inkarnierende andere Sicht der Welt zu erahnen. Das aus der Sicht des in der deutschen Sprache denkenden Menschen auffälligste Merkmal der indonesischen Sprache scheint mir die Tatsache zu sein, daß das, was im Deutschen explizit ausgedrückt werden **muß**, im Indonesischen oftmals implizit ausgedrückt wird bzw. manchmal nur implizit ausgedrückt werden kann. Ich denke hier beispielsweise an das Fehlen der Möglichkeit, am indonesischen Verb Tempus und Modus der Handlung kenntlich zu machen. Bei einem Text ohne Kontext, z.B. in manchen Gedichten, ist also nicht klar, ob saya datang mit „ich komme", „ich kam", „ich werde kommen" oder auch mit „ich käme" zu übersetzen ist. (Diese Frage bleibt zudem selbst bei in einen Kontext eingebetteten Aussagen oftmals offen.) Interessant ist diese Tatsache in Bezug auf das indonesische Denken aber erst dann, wenn man sich klarmacht, daß sich für Indonesier die Frage nach Tempus und Modus – Kategorien, die für ihn in dieser Form gar nicht existieren – folglich gar nicht stellt bzw. stellen kann. Die konkrete Einbettung einer Handlung in ein zeitliches – und auch kausales oder konsekutives – Kontinuum interessiert ihn also gar nicht. Sieht und interpretiert er die Welt folglich anders? Zumindest legt er in seinem Denken keinen Wert auf Unterscheidungen, zu denen wir gezwungen sind. Könnte man also behaupten, daß das indonesische Denken der Zeitlichkeit und vielleicht gar der Kausalität weniger unterworfen ist als unser Denken? Stünden unsere kognitiven Prozesse folglich unter größeren Zwängen, wären sie determinierter? Ich erinnere mich in diesem Zusammenhang an ein Gespräch mit dem vor einigen Jahren verstorbenen indonesischen Dichter und Philosophen Sutan Takdir*

Alisjahbana. Wir sprachen über die Möglichkeit der Übersetzung deutscher Philosophen, es ging um Kant und Hegel, ins Indonesische. Ich äußerte mich sehr skeptisch und stellte Sutan Takdir Alisjahbana die absichtlich provozierende Frage, ob er sich überhaupt vorstellen könne, daß jemals ein bedeutendes philosophisches Werk in indonesischer Sprache geschrieben würde. Er antwortete sehr weise: „Es wird (oder meinte er ,würde'? wir sprachen Indonesisch, und er mußte da nicht unterscheiden ...) eine andere Philosophie sein als die deutsche. In mancher Beziehung eine freiere und sublimere."

Nietzsche sagt: „Als ob nicht alle Worte Taschen wären, in welche bald Diess, bald Jenes, bald Mehreres auf einmal gesteckt worden ist!"[10] Die Sprecher des Indonesischen haben ihre Taschen bis zum Rand gefüllt, ganz anders als die Sprecher des Deutschen. Indonesische Wörter sind gerade im Vergleich zu deutschen von einer hohen Ambiguität gekennzeichnet, was schon alleine und ganz abgesehen vom fehlenden Tempus, Modus etc. zu einer (relativen) Inkompatibilität des Sprachenpaares Indonesisch-Deutsch führt. Da das Indonesische – zumindest im Vergleich zu europäischen Sprachen – semantisch diffus ist, werden automatische Translationsprogramme, die bei Übersetzungen aus europäischen in andere europäische Sprachen mittlerweile einigermaßen verständliche Ergebnisse liefern, bei Übersetzungen aus dem Indonesischen bzw. ins Indonesische auch in Zukunft kläglich scheitern. Es sei denn, dass künstliche Intelligenz menschlicher Intelligenz irgendwann einmal entsprechen sollte. Oder anders gesagt: Wenn Computer in der Lage wären, die Intentionen indonesischer Texte überzeugend ins Deutsche zu übersetzen, dann wären sie wie Menschen, verstünden die Welt.

Einer der berühmtesten indonesischen Sätze kann als Beispiel für den Charakter vieler indonesischer Texte herangeführt werden. Es handelt sich bei diesem nahezu unverständlichen Satz um das vierte der insgesamt fünf Prinzipien der indonesischen Staatsideologie *Pancasila.*[11] Eine textnahe Übersetzung ins Deutsche könnte wie folgt lauten: „Volksangelegenheiten, die geleitet werden durch die Kraft der Weisheit in Beratung/Vertretung."[12] Das erste hier mit „Volksangele-

---

[10] In: *Der Wanderer und sein Schatten* (Kapitel 9).
[11] Der indonesische „Satz" lautet: *Kerakyatan yang dipimpin oleh hikmat kebijaksanaan dalam permusyawaratan/perwakilan.*
[12] Die Übersetzung des hilflosen google-Translator lautet wie folgt: *Demokratie, von der inneren Weisheit beratenden / Vertreter geführt.*

Berthold Damshäuser

genheiten" übersetzte semantisch diffuse Wort *kerakyatan*, ein abstraktes Nomen auf der Grundlage von *rakyat* (Volk) – also eigentlich „Volksheit" – kann gemäß Standardwörterbuch des modernen Indonesischen auch als „Demokratie" gedeutet werden, also als seltenes Synonym des indonesischen Wortes *demokrasi*. Das von mir mit „Beratung" übersetzte Wort *permusyawaratan*, das im indonesischen Standardwörterbuch interessanterweise gar nicht enthalten ist, könnte grundsätzlich auch „Ort der Beratung" bedeuten. Ich habe indonesische Muttersprachler, darunter viele Intellektuelle, immer wieder gebeten, mir die Bedeutung bzw. Intention des vierten Prinzips der Pancasila im Detail zu erklären. Niemand war dazu in der Lage, viele gaben nach gescheiterten Erklärungsversuchen zu, dass sie erst jetzt erkannten, was sie immer schon geahnt hatten: dass sie diesen Satz nicht wirklich verstehen. Die meisten schlossen sich der Deutung des Satzes an, die ich vorschlug: Repräsentative Konsensdemokratie. Aber ob dies tatsächlich die von den Verfassern, den Gründungsvätern der Republik Indonesien, intendierte Aussage ist?

In solchen und ähnlichen Sätzen, die in indonesischen Texten durchaus keine Ausnahme sind, kommen zwei Dinge zusammen: die semantische Ambivalenz indonesischer Wörter und die darauf keinerlei Rücksicht nehmende Formulierungsweise vieler indonesischer Autoren. Dies führt dazu, dass das Verstehen indonesischer Texte mitunter äußerst schwierig ist, und zwar auch für Muttersprachler. Und insofern ist es natürlich eine Mär, dass das Indonesische eine „einfache" Sprache sei, wie immer wieder von denen behauptet wird, die ein bisschen Indonesisch plappern können, sich aber kaum einmal intensiv mit indonesischen Texten beschäftigt haben. Früher, zu Zeiten des Studiengangs „Übersetzen", hatte ich Studierende, die zwei asiatische Sprachen erlernten, neben Indonesisch zum Beispiel Mandarin, Japanisch oder Arabisch. Alle beklagten spätestens ab dem Hauptstudium die schwere Verständlichkeit indonesischer Texte und versicherten mir, dass dies in ihren anderen asiatischen Sprachen kein so großes Problem sei.

Das Übersetzen aus dem Indonesischen stellt auch bei verstandenen Texten eine besondere Herausforderung dar, da die indonesische Diktion oder Sagweise fast nie ins Deutsche übernommen werden kann, was insbesondere für literarische Übersetzungen gilt. In weit höherem Maße als bei der Übersetzung aus europäischen Sprachen muss der Übersetzer über große sprachliche Kreativität verfügen und zudem auch noch die handwerklichen Schwächen indonesischer Texte

176

ausgleichen, zum Beispiel fehlende Kohäsion bzw. Schwächen im logischen Aufbau, Mängel, die sich selbst bei berühmten indonesischen Schriftstellern nicht selten finden lassen. Sprachbewusste indonesische Autoren beklagen dies übrigens sehr.[13]

Was das literarische Übersetzen aus dem Indonesischen angeht, so habe ich mich fast ausschließlich auf die moderne indonesische Lyrik konzentriert. Im Laufe der letzten Jahrzehnte sind hunderte von Übertragungen ins Deutsche entstanden, die ich demnächst gerne im Rahmen einer großen Anthologie indonesischer Lyrik des 20. Jahrhunderts publizieren möchte, am besten rechtzeitig vor der Frankfurter Buchmesse im Oktober 2015, bei welcher Indonesien Ehrengast sein wird. Voraussichtlich werde ich in Zukunft nicht mehr so viel Literatur bzw. Lyrik aus dem Indonesischen übersetzen, und so würde eine solche Anthologie auch einen Schlussstein darstellen. Mittlerweile macht mir das Lyrikübersetzen aus dem Indonesischen eigentlich nur noch dann großen Spaß, wenn der Verfasser bereit ist, dabei mitzuwirken, so wie dies mein Freund Agus R. Sarjono tut. Dann lassen sich alle offenen semantischen Fragen des ambigen indonesischen Textes klären, und zudem kann man den Verfasser in den Prozess des Nachdichtens einbeziehen, zum Beispiel im Hinblick auf eine sehr freie Gestaltung der deutschen Fassung. Als Übersetzer fühlt man sich wohl, wenn der Verfasser des Ausgangstextes einer solchen Vorgehensweise zugestimmt, ja sogar dazu ermutigt hat. In der Zusammenarbeit mit Agus R. Sarjono sind auf diese Weise Nachdichtungen entstanden, mit deren Ergebnis ich sehr zufrieden bin. Philologische Kleingeister indes würden darin triumphierend eine ganze Reihe von „Übersetzungsfehlern" entdecken.

Auch wenn ich in Zukunft weniger aus dem Indonesischen übersetzen sollte, werde ich der modernen indonesischen Literatur eng verbunden bleiben, nicht zuletzt als Redakteur des Lyrikmagazins *Jurnal Sajak*. Natürlich auch im Hinblick auf den indonesischen Auftritt als Ehrengast der Frankfurter Buchmesse 2015. Als Mitglied des Nationalen Indonesischen Komitees zur Vorbereitung dieses Auftritts versuche ich einen Bei-

---

[13] Zu diesem Thema, aber auch zu den Charakteristika des Indonesischen habe ich mich in den letzten Jahren mehrere Male in Beiträgen zu einer Kolumne des indonesischen Nachrichtenmagazins *Tempo* geäußert. Diese (indonesischsprachigen) Beiträge sind auf folgender Website zugänglich: https://rubrikbahasa.wordpress.com/category/menurut-penulis/berthold-damshauser/.

trag dazu zu leisten, dass Indonesien und seinen Kulturen in Deutschland endlich das Interesse entgegengebracht wird, das sie verdienen. Dass bekannt wird, dass Indonesien eine literarische Schatzkammer ist, mit reichen mündlichen und schriftsprachlichen Literaturen, traditionellen, klassischen und modernen, die bei uns immer noch ihrer Entdeckung harren. Ich hoffe sehr, dass die Ehrengastrolle Indonesiens bei der Frankfurter Buchmesse 2015 einen Wendepunkt in der Wahrnehmung Indonesiens als Kultur- und Literaturnation darstellen wird.

Ich habe oben bereits erwähnt, dass ich in Indonesiens Literaturszene einen gewissen Bekanntheitsgrad erreicht habe, dass ich selbst Teil dieser Szene geworden ist. Zudem habe ich angedeutet, dass dies gelegentlich auch unangenehm sein kann. Dies bezog sich auf „Ereignisse" zu Beginn des Jahres 2014, die mich sehr irritiert haben. Auslöser war die Veröffentlichung eines über 700 Seiten umfassenden Buches zur modernen indonesischen Literatur[14], zu dessen insgesamt acht Autoren ich zähle. Alle Autoren waren zudem Mitglied eines als *Tim 8* bezeichneten „Teams", das unter dem Vorsitz von Jamal D. Rahman, dem Chefredakteur der Literaturzeitschrift *Horison*[15], im Jahre 2013 zusammenkam, um die Frage zu beantworten, welche Persönlichkeiten man als die einflussreichsten bzw. wirkungsmächtigsten Figuren der modernen indonesischen Literatur bezeichnen könnte. Jamal D. Rahman hatte mir mitgeteilt, dass er ein solches Team im Auftrag des H.B.-Jassin-Literaturdokumentationszentrums[16] aufstellen sollte. Seiner an mich gerichteten Bitte, als einziger Ausländer Mitglied des Teams zu werden, hatte ich gerne entsprochen, zumal mir die meisten anderen Mitglieder, Schriftsteller und Literaturwissenschaftler, gut bekannt waren. Das Buch, so Jamal D. Rahmen, habe das primäre Ziel, am Beispiel von 33 Figuren aufzuzeigen, dass die moderne indonesische Literatur durch die Werke und Aktivitäten von Schriftstellern, aber auch

---

[14] Jamal D. Rahmen et. al.: *33 Tokoh Sastra Indonesia Paling Berpengaruh* [Die 33 wirkungsmächtigsten Figuren der indonesischen Literatur], Kepustakaan Populer Gramedia, Jakarta 2014.

[15] *Horison* ist die wichtigste und auflagenstärkste indonesische Literaturzeitschrift, sie erscheint in Jakarta.

[16] *Pusat Dokumentasi Sastra H.B. Jassin.* Dieses in Jakarta ansässige Zentrum gehört zu den wichtigsten Institutionen der indonesischen Literaturszene. Es ist nach dem Literaturkritiker und -dokumentator („Kritikerpapst") H.B. Jassin (1917–2000) benannt.

von Literaturkritikern und -wissenschaftlern, großen Einfluss auf gesellschaftliche, historische und geistige Entwicklungen in Indonesien gehabt hat. In den Beiträgen der Autoren des Buches über die ausgewählten 33 Figuren wurde versucht, dies zu belegen. Die Auswahl der Figuren erfolgte auf der Grundlage bestimmter und im Vorwort dargestellter Kriterien. Zudem wurde im Vorwort ausdrücklich auf die Subjektivität der Auswahl hingewiesen und außerdem klargestellt, dass diese nicht auf Ergebnissen einer wissenschaftlichen Untersuchung basierte. Denn natürlich hätte selbst ein Bündel aus Wissenschaften weder qualitativ noch quantitativ den jeweiligen Grad von Wirkungsmächtigkeit oder Einfluss beweisen können.

Mir war klar, dass nicht alle der 33 Figuren Zustimmung finden würden, dass die Auswahl insgesamt bei einem Teil der literarischen Öffentlichkeit Indonesiens auf Ablehnung stoßen würde. Die Reaktionen übertrafen dann allerdings alles, womit man rechnen konnte. In den sozialen Medien kam es schon einen Tag nach der Präsentation des Buches zu dem Phänomen, was man heute als *shitstorm* bezeichnet. Noch bevor das Buch überhaupt gelesen sein konnte, ergoss sich eine Flut von Beschimpfungen und Schmähungen über die Autoren. Ich selbst wurde auf meiner öffentlich zugänglichen facebook-Seite beleidigt und bedroht. Ich sei ein „Zerstörer der indonesischen Literatur", ich möge mich nicht mehr nach Indonesien trauen, ich sei – in Anspielung auf die *Seri Puisi Jerman* – ein „Kulturimperialist", zudem käuflich, wie die Auswahl der 33 Figuren beweise.[17] Der wochenlange *shitstorm* – eine durchaus interessante und wertvolle Erfahrung – war aber nicht alles. Einige Wochen nach der Präsentation des Buches kam es zu einer Petition, in welcher die indonesische Regierung aufgefordert wurde, den Verkauf des Buches zu verbieten, unter anderem mit der Begründung, das Buch verfälsche die Literaturgeschichte und stelle eine Gefahr für nachfolgende Generationen dar. Die Auswahl der 33 Figuren basiere zudem nicht auf wissenschaftlicher Grundlage, und das Buch sei ein unstatthafter Versuch der Kanonisierung. Irritierend war, dass diese abstruse und natürlich erfolglose Petition von einem Literaturprofessor und einigen (zweitklassigen) Schriftstellern verfasst

---

[17] Die Auswahl spiegelt übrigens nicht in alle Fällen die Auffassung aller Mitglieder des *Tim 8* bzw. aller Autoren wider. Im Bezug auf einige der „wirkungsmächtigsten Figuren" kam es zu Abstimmungen bzw. Mehrheitsentscheidungen.

worden war, also von Leuten, die ein gewisses intellektuelles Niveau aufweisen sollten. In der indonesischen Öffentlichkeit wurde der Petition dann auch keine Bedeutung zugemessen, sie wurde lediglich von sogenannten „Literaturaktivisten" unterstützt. Diese verbreiteten Karikaturen der Autoren, hefteten deren Steckbriefe an Wände und beschimpften sie weiterhin. Es soll sogar zur öffentlichen Verbrennungen des Buches gekommen sein. Nachweislich wurde dazu aufgefordert, wobei dies in den sozialen Medien zu einer Diskussion darüber führte, ob das nicht zu weit ginge. Einer der Verfasser der Petition, ein mit einer Deutschen verheirateter Schriftsteller, kommentierte dies mit den Worten: „Das Drecksbuch gehört verbrannt und die Autoren sollten nach Auschwitz deportiert werden."[18] Dieser fast schon skurrile Höhepunkt einer öffentlichen Diskussion über Literatur ist bezeichnend für das intellektuelle Niveau eines Teils der literarischen Szene Indonesiens. Das ist irritierend und auch bedrückend. Ich meine damit nicht die vielen hervorragenden indonesischen Schriftstellerinnen und Schriftsteller, welche die indonesische Literatur 2015 auf der Frankfurter Buchmesse vertreten werden.

Auch wenn es sich bei dem *shitstorm* rückblickend nur um einen Sturm im Wasserglas, den sozialen Medien, gehandelt hat, entstand doch zeitweise das Gefühl einer Bedrohung. Auch das Goethe-Institut Jakarta machte sich Sorgen, da für März 2014 die Veranstaltungen zum zehnjährigen Jubiläum der *Seri Puisi Jerman* geplant waren, mit Lesereisen in insgesamt fünf indonesische Städte. Man musste schließlich mit Störungen der Veranstaltungen rechnen. Alle Befürchtungen erwiesen sich jedoch als unbegründet. Zwar erschienen einige „Literaturaktivisten" und *shitstorm*-Beteiligte bei den Lesungen, doch keiner von ihnen stellte auch nur irgendeine Frage, viele begrüßten mich ausnehmend freundlich, so als sei gar nichts geschehen. Das hat mich verwundert. Aber schließlich begegnete man mir jetzt persönlich, nicht im Internet, nicht im Schutz von Kollektiv und Meute.

Der Furor der Aktionen gegen das Buch, die Autoren und selbst gegen einige der 33 ausgewählten Figuren ist nachvollziehbar vor dem Hintergrund der in Indonesien weit verbreiteten Frustration von Margi-

---

[18] *Buku sampah itu sangat layak dibakar dan para penyusunnya dibuang ke Auschwitz.* Den mir zugeschickten *screenshot* dieses in facebook geäußerten Kommentars verwahre ich sorgfältig.

nalisierten, die schnell in blanken Hass umschlagen kann. Das gilt insbesondere für eher gebildete Kreise, zum Beispiel für zweit- und drittklassige Schriftsteller, „Literaturaktivisten" oder erfolglose Künstler. Man ist sich sicher, dass man zu Unrecht marginalisiert ist, dass man von einer finanzstarken (literarischen) Elite (in Jakarta) vorsätzlich marginalisiert wird, und wittert hinter jedem Projekt, jeder Aktivität der „Elite" einen Versuch derselben, die Machtposition weiter auszubauen.[19]

Auch das Buch wird von den Marginalisierten so bewertet, und so fühlt man sich legitimiert, dagegen einen „Kampf mit allen Mitteln" zu führen. Natürlich ist dies auch ein Versuch, Aufmerksamkeit zu erlangen, der Marginalität zu entkommen.

*

Welche Zukunftsprognose würden sie für Ihren Bereich geben? Welche Prognose im Hinblick auf die Entwicklung und Zukunft Indonesiens allgemein möchten Sie stellen? So lauten die dritte und vierte Frage, die den Autoren dieses Buches zur fakultativen Beantwortung vorgelegt wurden. Mit der ungleich einfacheren dritten möchte ich beginnen. Unter „Bereich" verstehe ich dabei den beruflich-institutionellen. Ich werde mich auf ein paar Bemerkungen beschränken.

Wie erwähnt, betrachte ich mich trotz meiner Anbindung an eine Abteilung für Südostasienwissenschaft nicht als Südostasienwissenschaftler, sondern als Malaiologe. Als solcher gehöre ich der Zunft derjenigen an, die sich philologisch mit der malaiischen (= indonesischen) Sprache und Literatur beschäftigen. Ich habe den Eindruck, dass es sich um eine aussterbende Zunft handelt. Dafür spricht nicht nur, dass es ein „Malaiologie" genanntes Fach an deutschen Universitäten mittlerweile nicht mehr gibt,[20] sondern insbesondere auch das allgemein

---

[19]   Beispielhaft dafür ist der Hass, der den als elitär betrachteten Kulturzentren in Jakarta, *Teater Utan Kayu* und *Salihara,* von Seiten der Marginalisierten entgegenschlägt. Insbesondere der dort als Kurator tätige Schriftsteller und Intellektuelle Goenawan Mohamad ist immer wieder Ziel auch persönlicher Verunglimpfungen, wobei sich dabei auch einige der Verfasser der Petition gegen das Buch über die 33 wirkungsmächtigsten Figuren der modernen indonesischen Literatur besonders negativ hervortun.

[20]   So kann an der Universität Köln, wo ich in den achtziger Jahren Malaiologie studierte, Indonesische Philologie (Malaiologie) mittlerweile nur noch als Teilbereich eines Studiengangs „Sprachen und Kulturen der islamischen Welt" studiert werden.

nachlassende Interesse zukünftiger Indonesisten an philologischen Fragestellungen, sowohl linguistischen als auch literaturwissenschaftlichen, wobei letztere zudem häufig durch diffuse „medienwissenschaftliche" ersetzt werden. Dieser Trend, der sich in der Orientalistik allgemein auszuweiten scheint, geht einher mit dem Siegeszug „regionalwissenschaftlicher" Fächer mit nicht-philologischen Schwerpunkten wie Wirtschaft, Geschichte, Politik, Entwicklungszusammenarbeit und so weiter. Dahinter stecken natürlich auch pragmatische Gründe, denn vermutlich braucht man tatsächlich mehr Entwicklungszusammenarbeiter als Spezialisten für indonesische Belletristik. Vielleicht sollte man solche Entwicklungen auch gar nicht allzu sehr beklagen.

Was mir aber außerdem auffällt, ist sicherlich von größerer Tragweite. Nämlich der Rückgang der Bereitschaft, sich umfassende bzw. hervorragende Kenntnisse der indonesischen Sprache anzueignen. Das liegt wohl auch daran, dass man die Regionalwissenschaften in der Regel als Kunde betreibt, in denen auf die Lektüre von Texten in den Sprachen der jeweiligen Regionen nahezu vollständig verzichtet wird. So lässt sich zum Beispiel indonesische Gegenwartsgeschichte in vielen regionalwissenschaftlichen Bachelor- und Masterstudiengängen durchaus einzig und allein aufgrund englischsprachiger Quellen studieren, und zwar erfolgreich, was den formalen Abschluss angeht.

Ich sage meinen Studierenden gelegentlich, dass sie, um Indonesien wirklich zu kennen – mir fällt kein besseres Wort als „kennen" ein – Hunderte von Stunden auf Indonesisch mit Indonesiern aus allen gesellschaftlichen Schichten gesprochen haben müssen. Dass sie täglich indonesische Texte lesen müssen, und zwar nicht nur die Tageszeitungen. Sie verstehen, was ich meine, und stimmen zu. Doch die Studienordnung ermöglicht es ihnen neuerdings, den Master-Titel zu erwerben, auch wenn sie insgesamt nur drei Semester (drei Module) Indonesisch studiert haben.

In der Wissenschaft dominiert das Englische, auf Deutsch als Wissenschaftssprache wird selbst von Deutschsprachigen immer mehr verzichtet. Wir bewegen uns in Richtung Monolingualität, und zwar nicht nur in der Wissenschaft. Sollte sich diese in den Beziehungen zwischen Deutschen und Indonesiern durchsetzen, dann werden Indonesier und Deutsche sich in Zukunft nicht mehr wirklich kennenlernen können.

Ein weiteres Problem, mit dem ich beruflich zu tun habe, ist die mittlerweile vielfach beklagte fehlende Hochschulreife nicht weniger

Studierender. Mir scheint, dass dies in unserem Fach „Asienwissenschaften" ein besonders gravierendes ist, was daran liegen könnte, dass es unter unseren Studierenden viele gibt, die lieber ein vermeintlich leichtes Nicht-Numerus-Clausus-Fach studieren als beispielsweise Natur- oder Rechtswissenschaften. Die lieber „was mit Sprachen und Kulturen machen". Legitim ist das allemal, aber es ist schon ein wenig verstörend, wenn rund der Hälfte der Teilnehmer eines Sprachkurses der Unterschied zwischen „transitiv" und „intransitiv" nicht bekannt ist, oder wenn ein Teil derjenigen, die sich für ein Indonesisch-Sprachmodul angemeldet haben, noch nicht einmal wissen, wo genau Sumatra oder Java liegen. Dabei haben alle kleine Geräte bei sich, mit deren Hilfe sie in Sekunden nahezu das gesamte Menschheitswissen abrufen könnten. Diese Geräte scheinen überdies eine Sucht auf kürzeste Texte und Bilder zu fördern, was dem wissenschaftlichen Studium nicht unbedingt förderlich ist. Vor zu großen Verallgemeinerungen sollte ich mich natürlich hüten. Nach wie vor gibt es viele hervorragende Studierende. Gleichwohl bin ich besorgt, denn die Probleme, von denen ich spreche, haben in den letzten Jahren zugenommen. Meine Prognose ist zudem pessimistisch: Die beschriebenen Trends werden sich zumindest kurzfristig nicht stoppen lassen, eher werden sie sich verstärken.

*

Welche Prognose im Hinblick auf die Entwicklung und Zukunft Indonesiens allgemein möchten Sie stellen? „Keine", sollte man antworten, denn bei einer Prognose handelt es sich schließlich um die (wissenschaftlich begründete) Vorhersage eines voraussichtlichen Verlaufs von Ereignissen, zum Beispiel in Sachen „Wetter der nächsten fünf Tage". Trotz aller Wissenschaftlichkeit sind selbst solche Prognosen nicht immer verlässlich. Unsere moderne Welt ist zudem mindestens genauso komplex wie das Wetter, ihre nicht lineare Dynamik macht Prognostizierbarkeit nahezu unmöglich, und das gilt auch für ihre Steuerbarkeit.

Im Mai 1998, nach dem Rücktritt Suhartos bzw. dem Zusammenbruch des autoritären Systems der „Neuen Ordnung" teilte ich meinen Studierenden mit ernster Miene mit, dass es höchst ungewiss sei, ob Indonesien in zehn oder fünfzehn Jahr überhaupt noch in seiner jetzigen Form existieren werde. Wenn ich ehrlich bin, so sollten diese Worte durchaus als eine Art Prognose aufgefasst werden. Ich befürchtete damals jahrelanges Chaos und sogar den Zerfall des indonesischen

Vielvölkerstaates. Auch wenn solche Sorgen nicht völlig unbegründet waren, so steht doch heute fest: Damals sprach keine Kassandra, sondern jemand, der völlig daneben lag.

Mit den „Prognosen" in meinem Beitrag in „Nelkenduft" darf ich zufriedener sein. Dort nannte ich vier „Probleme und Gefahren" als globale Rahmenbedingungen für die Gestaltung der Zukunft Indonesiens als Mitglied einer untrennbaren Schicksalsgemeinschaft aller Staaten und Völker: *Erstens: Die Gefahr großer, auch atomarer Kriege ist keinesfalls gebannt. Es gibt kein „Ende der Geschichte", wie es jemand unsinnigerweise formuliert hat. Es ist unwahrscheinlich, daß der Menschheit im 21. Jahrhundert die Katastrophen erspart bleiben, die das 20. Jahrhundert erlebt hat, ja, es könnten viel schlimmere Katastrophen sein. Das Ende des Ost-West-Gegensatzes und die Auflösung des einen der beiden großen Machtblöcke bedeutet keinesfalls dauerhaften Frieden. Durch nichts ist garantiert, daß im Konkurrenzkampf um Ressourcen und Macht wirklich alle Staaten auf militärische Aggressionen verzichten werden. Keiner weiß, was in Russland geschehen wird, und keiner weiß, ob China entgegen seiner Tradition nicht doch expansive Ziele in Südostasien verfolgen wird. Zweitens: Jeder Staat wird in Zukunft in einem noch nie dagewesenen Maße von dem bedroht sein, was ich als „inneren Terrorismus" bezeichnen möchte. Die beispielsweise auch durch das unkontrollierbare Internet begünstigte Verbreitung des Wissens um die Herstellung von Waffen – chemikalischen, biologischen etc. – birgt Gefahren, die ich für kaum noch abwendbar halte. Noch nie standen Waffen mit einem so großen Zerstörungspotential zur Verfügung, und noch nie war es möglich, durch Sabotage so große Wirkung hervorzurufen wie in unserer Zeit der Abhängigkeit von komplexen und daher anfälligen Systemen. (Man denke nur an die Folgen der Lahmlegung von sensiblen Bereichen, z.B. der miteinander vernetzten Datenübertragungssysteme.). Um in diesem Zusammenhang einen konkreten Bezug zu Indonesien herzustellen, ließen sich folgende Fragen stellen: Wozu könnten fanatisierte und verzweifelte Kämpfer der Unabhängigkeitsbewegungen in Osttimor oder Irian Jaya [Papua] in Zukunft fähig sein? Zur Vergiftung des Wassers in Stauseen mit biologischen Kampfstoffen? Zur Sabotage der Computersysteme im Flughafen von Jakarta? Oder zu einem Selbstmordkommando in einem großen Kaufhaus in Surabaya? Drittens und allseits bekannt: Die Gefahren der weltweiten und auch durch Bevölkerungswachstum bedingten fortschreitenden ökologischen Zerstörung. Viertens, und dieser Punkt ist angesichts des sich aus den vorher genannten Punkten ergebenden Horrorscenarios eigentlich nur noch von sekundärer*

Bedeutung: Den einzelnen Staaten wird es in Zukunft aufgrund der immer stärkeren Einbindung in supranationale Systeme immer weniger möglich sein, eine eigenständige nationale Politik zu betreiben. Das wird insbesondere für Nicht-Großmächte gelten. Zudem geht das Primat der Politik immer mehr zu Ende, und zwar zugunsten der Wirtschaft. In Zukunft werden wichtige Entscheidungen in noch höherem Maß als bereits heute von multinationalen Konzernen getroffen werden, vermutlich in ausschließlicher Orientierung an wirtschaftlichen, sprich: materialistischen Zielen. Das alles wird die Entscheidungsfreiheit auch der indonesischen Regierung immer mehr einengen, und die Möglichkeit der Beschreitung eines eigenständigen indonesischen Weges immer mehr reduzieren. An diesen „Problemen und Gefahren" hat sich aus meiner heutigen Sicht nichts geändert, sie stellen nach wie vor die Rahmenbedingen zukünftiger Entwicklungen dar.

Bei der Lektüre meiner weiteren Ausführungen in „Nelkenduft" haben mich zwei Dinge verwundert: Meine damaligen Zweifel an der Sinnhaftigkeit eines Wertepluralismus für Indonesien sowie die Tatsache, dass ich nahezu kein Wort über den Islam verlor. Was die Zweifel angeht, die zudem mit einer spürbaren Skepsis gegenüber dem westlichen Wertesystem einhergingen – und zwar nicht nur, was seine Übertragbarkeit auf Indonesien angeht –, habe ich mittlerweile eine andere Auffassung[21], fast könnte man sagen eine weniger tolerante, ja gewissermaßen sogar anmaßende. Ich meine damit meine heutige Überzeugung, dass das von der europäischen Aufklärung inspirierte Denken den bislang erreichten Höhepunkt einer evolutionären Entwicklung menschlichen Bewusstseins allgemein darstellt. Konkret meine ich: Freiheit des Individuums, Gleichheit der Rechte, rationales und skeptisches Denken, Humanismus, Pluralismus. Den universalistischen Anspruch all dessen befürworte ich und möchte ihn gegen kulturrelativistische Auffassungen durchsetzen. Vielleicht waren es sogar Entwicklungen in Indonesien, insbesondere das hautnah erlebte Erstarken des dogmatisch-religiösen Denkens, das mich zu dieser Überzeugung gebracht hat. Wie nie zuvor schätze ich die Kultur, die im ganz besonderen Maße das Fragezeichen und die Suche in den Mittelpunkt

---

[21] Das gilt nicht für sämtliche meiner Ausführungen in „Nelkenduft", namentlich nicht für meine Kritik an der westlichen Überbetonung von (individuellen) Rechten zu Ungunsten einer Pflichtmoral sowie der starken materialistischen Komponente des modernen westlichen Denkens.

gestellt hat, die westlich-abendländische. Daraus ergibt sich, was ich mir für Indonesien erhoffe. Bei den anschließenden Reflexionen bzw. „Prognosen" im Bezug auf Indonesien wird es deshalb auch darum gehen, ob und inwieweit ich dem Land zutraue, den entsprechenden Weg zu beschreiten.

Meine gescheiterte Prognose aus dem Jahre 1998 (bevorstehender Zerfall Indonesien) zeigt, dass meine Erwartungshaltung nicht gerade groß war. Aus meiner damals so pessimistischen Sicht hat Indonesien seit 1998 eine sehr positive Entwicklung genommen. Das betrifft nicht nur die innere Stabilität und die wirtschaftliche Lage, sondern auch den Aufbruch in Richtung Demokratie, wobei letzteres unmittelbar mit dem zu tun hat, was ich oben als evolutionäre Entwicklung bezeichnet habe. Nach dem Zusammenbruch der „Neuen Ordnung" ist es Indonesien in kürzester Zeit gelungen, eine Demokratie nach westlichem Vorbild zu errichten. Eine Parteiendemokratie mit freien Wahlen, freier Presse, Gewaltenteilung. Das ist ein großer Erfolg. Allerdings berechtigt er nicht zu Euphorie, wie sie gelegentlich in Sonntagsreden auch westlicher Politiker zum Ausdruck kommt.

Es gibt in Indonesien, in seiner real existierenden Demokratie, eine Reihe gravierender Missstände, die man nach der Wende des Jahres 1998 und dem Beginn der sogenannten *Reformasi*-Ära eigentlich gar nicht erwarten konnte. Zum Beispiel die Tatsache, dass die Korruption, deren Bekämpfung eines der Hauptanliegen der Reformkräfte bzw. der Hauptgrund für die Forderung nach Suhartos Rücktritt war, sogar noch zugenommen hat.[22] Zyniker meinen, dass sich die Korruption „demokratisiert" habe. Heute könne sie von mehr Leuten betrieben werden, nicht mehr nur von den Machthabern in Jakarta, sondern – als Folge der Schwächung des Zentralstaates durch die Gesetze zur regio-nalen Autonomie – auch von den Machthabern in den rund dreißig Provinzen. Und vielleicht trage gerade dies zur inneren Stabilität des Vielvölkerstaates bei, denn satte lokale Eliten hätten keinen Grund für separatistische Bestrebungen.

Sehr besorgniserregend ist zudem der Anachronismus, dass die positiven demokratischen Entwicklungen der Post-Suharto-Ära mit einem allgemeinen Rückgang von Toleranz und Pluralismus einherge-

---

[22] Zumindest wird dies immer wieder gesagt, sowohl von indonesischen als auch von ausländischen Experten.

hen. Religiöse Diskriminierung muslimischer Minderheiten (Schiiten und Ahmadi), Christen, Buddhisten und Anhängern staatlich nicht anerkannter Religionen und Weltanschauungen hat zugenommen. Mitunter kommt es zu Exzessen, zum Beispiel im Dezember 2011, als hunderte sunnitische Muslime eine schiitische Gemeinde in Sampang auf Madura angriffen, Häuser niederbrannten und sonstige Gewalt ausübten. In wissenschaftlichen Analysen wird in diesem Zusammenhang darauf hingewiesen, dass die indonesische Regierung die Stärkung eines konservativen sunnitischen Islams vorangetrieben und durch ihr passives Verhalten im Bezug auf gewalttätige Exzesse konfliktantreibend gewirkt habe.[23] Ein fundamentalistisches islamistisches Regime toleriert der indonesische Staat in seiner Provinz Aceh, wo eine Scharia-Gesetzgebung gilt, in deren Rahmen die Prügelstrafe für Glücksspiel, Alkoholkonsum oder für das Ausgehen mit einem Partner, der nicht Ehepartner, Bruder oder Schwester ist, verhängt wird, wo Frauen zum Tragen des Kopftuchs verpflichtet sind und Homosexualität mit bis zu hundert Peitschenhieben geahndet werden kann, wo demnächst die Steinigung für Ehebruch eingeführt werden soll.[24]

Letztendlich stellt sich die Frage, wie gefestigt die junge indonesische Demokratie eigentlich ist. Gemeinhin wird der Sieg von Joko Widodo bei den Präsidentschaftswahlen des Jahres 2014 als Beleg für die Stabilität der Demokratie gewertet. Allerdings ist er sehr knapp ausgefallen, der unterlegene Kandidat, Ex-General Prabowo Subianto, der sich offen für eine Rückkehr zum Autoritarismus aussprach, erreichte immerhin 47 Prozent der Stimmen. Seinem Bündnis aus konservativen und islamistischen Kräften fehlten also nur rund 3 Prozent der Stimmen. Vermutlich hätte es den Sieg davongetragen, wenn das Lager der eher säkularen Kräfte nicht über einen so populären Kandidaten wie Joko Widodo verfügt hätte.

Besorgniserregend ist auch, dass der Wahlkampf äußerst schmutzig geführt wurde, insbesondere vom Prabowo-Lager. Dieses spielte immer wieder die „religiöse Karte", zum Beispiel in Form des absurden

[23] Siehe: Amanda Kovacs: Religiöse Diskriminierung in Indonesien – ambivalente Rechtslage und politische Passivität, in: GIGA Focus, Nummer 11, 2012. (www.giga-hamburg.de/de/system/files/publications/gf_asien_1211.pdf).
[24] Siehe: http://www.dw.de/strenger-halbmond-%C3%BCber-mekkas-veranda/a-18148028-

Vorwurfs, Widodo sei ein „Handlager der Christen" oder sogar des Weltjudentums. Diese Art der Konfrontation hat mit dem Wahlkampf zudem nicht geendet. Zur Zeit sieht sich der chinesischstämmige und christliche Gouverneur Jakartas ähnlichen Anschuldigungen ausgesetzt. Islamisten fordern die Bevölkerung dazu auf, sich der politischen Führung durch einen Heiden zu widersetzen, und finden in manchen Kreisen durchaus Zustimmung. An solchen Dingen erkennt man, wie schwer es die Regierung Widodo haben wird, eine säkulare Agenda durchzusetzen, falls sie dies überhaupt ernstlich vorhat. Vor allem aber wird daran deutlich, dass sich Indonesien in einem Kulturkampf befindet, der – so meine Prognose – die nächsten Jahrzehnte in Indonesien bestimmen wird. Dieser ist gekennzeichnet durch die Auseinandersetzung zwischen Säkularisten und *Pancasilaisten*[25] auf der einen und religiösen Dogmatikern (Islamisten) auf der anderen Seite. Es handelt sich um den Kulturkampf, der gegenwärtig in fast allen Staaten mit mehrheitlich islamischer Bevölkerung ausgetragen wird, einen Kampf, der in Krieg bzw. Bürgerkrieg münden kann und zur Zeit eine ganze Region, den Nahen Osten, destabilisiert oder sogar ins Chaos führt. Indonesien ist davon glücklicherweise nicht in dem Maße bedroht wie die Staaten des Nahen Ostens oder Nordafrikas. Gleichwohl ist eine Spaltung der indonesischen Gesellschaft erkennbar, die negative Auswirkungen auf die innere Stabilität des Landes haben kann. Nicht zu Unrecht fühlen sich Säkularisten und Pluralisten in Indonesien der Gefahr ausgesetzt, dass sich der religiöse Dogmatismus zu einem religiösen Faschismus steigert, der das ganze Leben – bis hinein in den privaten Alltag – ergreifen könnte und der insofern für das nach Freiheit strebende Individuum noch gefährlicher wäre als ein militärisches Herrschaftssystem, das – wie das Beispiel Ägypten zeigt – die tragische Alternative des religiösen Faschismus zu sein scheint.

Man könnte den Kulturkampf in Indonesien auch als Auseinandersetzung zwischen Liberalismus und Autoritarismus beschreiben. Aber unabhängig von den Begriffen, die man zu seiner Kennzeichnung wählt, sollte die entscheidende Frage, die sich für Indonesien stellt, unverkennbar sein: Setzt sich das Denken der Aufklärung und des Humanismus durch oder nicht?

[25] *Pancasila* (Die Fünf Regeln): Die aus fünf Prinzipien bestehende Staatsphilosophie Pancasila schreibt einen religiösen Pluralimus vor.

Lässt sich diese Frage im Rahmen einer Prognose beantworten? Wohl kaum. Ich habe aber die Hoffnung, dass sich in Indonesien die Dinge zum Guten entwickeln könnten. Die führenden Intellektuellen des Landes sind in der Regel aufgeklärte Pluralisten. Dasselbe gilt für die Mehrheit der führenden islamischen Intellektuellen und Theologen. Deshalb glaube ich, dass die pessimistische Auffassung des syrischen Dichters Adonis auf Indonesien nicht anwendbar ist, wonach eine demokratische Entwicklung der arabischen Welt einen radikalen Bruch mit dem Islam voraussetzt.[26] Die Geisteshaltung der Indonesier, insbesondere die der javanischen Kultur als indonesischer Leitkultur, unterscheidet sich deutlich von dem, was man als Arabismus bezeichnen könnte. Der in Indonesien praktizierte Islam war und ist in der Regel bis heute ein nichtdogmatischer und zudem mystisch (sufistisch) orientierter. Und deshalb hat Indonesien bessere Voraussetzungen als viele arabische Länder, an seinem eigenen Beispiel die Vereinbarkeit von Islam und Demokratie unter Beweis zu stellen.

Ob dies gelingt, ist natürlich keinesfalls gesichert. Entscheidend ist die Entwicklung des indonesischen Erziehungs- und Bildungssystems. Leider gibt es hier manchen Anlass zur Sorge, denn im Rahmen der Globalisierung ist es zu „Bildungsexporten" insbesondere aus Saudi-Arabien gekommen, deren Auswirkungen sich bereits zeigen.[27] Wenn der Beeinflussung der indonesischen Jugend durch salafistisches oder wahabhitisches Gedankengut kein Riegel vorgeschoben wird, könnten sich gefährliche Tendenzen weiter verstärken und Indonesien letztendlich in ein Land verwandeln, das mit seinen pluralistischen Traditionen bricht. In diesem Zusammenhang erhoffe ich mir wichtige Maßnahmen der indonesischen Regierung unter dem Hoffnungsträger Joko Widodo, der hier auf die Unterstützung des starken säkularen beziehungsweise pluralistischen Lagers bauen kann. Glücklicherweise hat Prabowo Subianto, der bei den nächsten Präsidentschaftswahlen vielleicht erneut antreten wird, nicht ganz unrecht, wenn er behauptet, dass „Indonesien ein westliches Produkt ist, das kaum noch repa-

---

[26] Siehe: „Schrei nach Freiheit", Spiegel-Gespräch mit dem Dichter Adonis, in: Der Spiegel 51/2014, S. 134-136.

[27] Siehe: Amanda Kovacs: „Saudi-Arabiens salafistischer Bildungsexport radikalisiert Indonsiens Muslime", in: GIGA Focus, Nummer 5, 2014. (http://www.giga-hamburg.de/de/publication/saudi-arabiens-salafistischer-bildungsexport-radikalisiert-indonesiens-muslime).

riert werden kann"[28]. Zumindest, wenn er – wie ich vermute – damit auch meint, dass die von außen nach Indonesien gelangte (westliche) Moderne sich nicht nur auf die Gegenstände des Konsums und der Technik beschränkt, sondern auch die Entwicklung des Individuums in Richtung Autonomie und Freiheit entscheidend (unumkehrbar?) vorangetrieben hat. Und das wäre für den positiven Ausgang des jetzt stattfindenden Kulturkampfs eine sehr wichtige Voraussetzung.

Natürlich wird auch die wirtschaftliche Entwicklung Indonesiens eine entscheidende Rolle spielen. Bislang funktioniert das indonesische Wirtschaftsmodell, das im Wesentlichen auf der Ausbeutung der natürlichen Ressourcen und der billigen Arbeitskräfte gründet. Trotz der immer größer werdenden Kluft zwischen Arm und Reich muss ja zugegeben werden, dass sich auch die Lebensbedingungen der breiten Masse verbessert haben. Die Nachhaltigkeit der wirtschaftlichen Erfolge ist aber abhängig davon, ob Indonesien auch in technologischer Hinsicht Fortschritte macht. Diese sind abhängig von der Verbesserung des Bildungssystems, denn nur dann wird Indonesien in Zukunft mehr Ingenieure, Erfinder oder Naturwissenschaftler etc. hervorbringen.

Wirtschaftskrisen sind jederzeit möglich, könnten auch durch äußere Einflüsse entstehen, zum Beispiel durch einen Zusammenbruch des Weltfinanzsystems oder sonstige globale Krisen. Sollte es in Indonesien dann zur Verarmung breiter Bevölkerungsschichten kommen, ist politisch alles möglich, natürlich auch ein negativer Ausgang des Kulturkampfes, auch die Errichtung einer militärischen oder religiösen Diktatur. Die Möglichkeit solcher Szenarien führt schnell zu einem hoffnungslosen Pessimismus, von dem ich mich nicht ganz freisprechen kann. Ein Blick auf das gegenwärtige geopolitische Geschehen lässt solche Szenarien ja als durchaus realistisch erscheinen. Und eigentlich bin ich ein unbelehrbarer Pessimist in Endzeitstimmung, jemand der meint, dass „das alles nicht gut ausgehen kann", dass die Menschheit mittlerweile vor einer Gemengelage aus nicht mehr lösbaren Problemen steht.

Zur positiven Gestaltung der indonesischen Zukunft leistet Pessimismus natürlich keinen Beitrag. Glücklicherweise ist die Stimmung in Indonesien nach meinen Eindrücken auch eher optimistisch, gerade

[28] Siehe: http://lipsus.kompas.com/indonesiasatu/read/2014/06/29/0824212/Prabowo. Sebut.Indonesia.Produk.Barat.yang.Susah.Diperbaiki.

bei den demokratischen, säkularen und pluralistischen Kräften. Als ich einem indonesischen Freund meine Sorge mitteilte, dass schrecklichste Katastrophen, atomare und sonstige Terroranschläge, demnächst just von Menschen ausgelöst werden könnten, die fest an Gott, das Paradies und die Hölle glauben, meinte dieser, dass er sicher sei, dass es sich zur Zeit um den letzten Verteidigungskampf des dogmatisch-fanatischen Denkens handele, einen Kampf, den dieses Denkens niemals gewinnen könne.

Wie auch immer, ich hoffe, dass sich die zumeist bürgerlichen fortschrittlichen indonesischen Kräfte in Zukunft nicht nur demokratistisch-elitistisch für ihre persönlichen Freiheitsrechte einsetzen, sondern auch die Idee der sozialen Gerechtigkeit stärker berücksichtigen. Manchmal denke ich – ohne Kommunist zu sein oder Indonesien die Abkehr von der Marktwirtschaft zu empfehlen –, dass marxistische Analysen dem oligarchischen Wirtschaftssystem Indonesiens gut täten. Linkes Denken aber ist in Indonesien nach wie vor tabuisiert, und das zeigt sich nicht nur an dem nach wie vor geltenden Verbot der Verbreitung marxistisch-kommunistischen Gedankenguts. Dem Entstehen einer größeren sozialen Empathie, die ich in Indonesien für geboten halte, ist das vermutlich nicht förderlich.

Meine Ausführungen sind Reflexionen, das Prognostische kommt zu kurz. Doch Fragen wie z.B. im Hinblick auf den Ausgang dessen, was ich als „Kulturkampf" bezeichne, entziehen sich jeglicher Prognose. Dass er Jahrzehnte andauern wird, das wage ich vorherzusagen. Eine weitere Prognose sei gestellt: Der Papua-Konflikt[29] wird die indonesische Regierung in Zukunft vor immer größere Probleme stellen. Hier könnte sich eine Problematik entwickeln, wie sie in der ehemaligen und mittlerweile unabhängigen Provinz Ost-Timor bestand, und

---

[29] Dieser Konflikt findet in West-Neuguinea statt, das 1963 von Indonesien (de facto) annektiert wurde. Es gibt separatistische Bestrebungen, insbesondere von Seiten der *Organisasi Papua Merdeka* (Organisation Freies Papua), die für die Gründung eines unabhängigen Staates kämpft und sich als Vertreter der indigenen melanesischen Bevölkerung betrachtet. Ein im Januar 2015 unter dem Titel *Isinga, Novel Papua* erschienener Roman der aus Java stammenden Schriftstellerin Dorothea Rosa Herliany (eine Übersetzung ins Deutsche ist geplant) widmet sich der jüngeren Geschichte Papuas und schildert, insbesondere am Beispiel der *Isinga*, der Frauen und Mütter Papuas, das Leiden der melanesischen Bevölkerung unter der Gewalt des indonesischen Militärs, der Zehntausende Papua zum Opfer fielen.

zwar insbesondere dann, wenn die Unabhängigkeitsbestrebungen der indigenen melanesischen Bevölkerung Papuas von ausländischen Staaten unterstützt werden sollten.

Zum Ende möchte ich wenig spekulieren. Und mit einer Klarstellung beginnen: Anders als es der oben zitierte Prabowo Subianto darstellt, ist Indonesien natürlich keinesfalls „ein westliches Produkt". Die noch im Entstehen begriffene indonesische Kultur beziehungsweise die Identität dessen, was ja erst zu Beginn des 20. Jahrhunderts konzeptionell und sodann im Jahre 1945 mit der Gründung eines Staates Indonesien auch formal begründet wurde, ließe sich – zumindest verallgemeinernd – als Synkretismus *sui generis* beschreiben, als Synthese aus indigenem Animismus, Hinduismus, Islam und westlicher Moderne. Ein faszinierender Synkretismus, wie er am deutlichsten und überzeugendsten in der modernen javanischen Kultur zum Ausdruck kommt. Und just dadurch verfügt Indonesien über ein reiches geistiges Potential, das eigentlich dazu prädestiniert ist, einen Beitrag zu den wichtigen philosophischen und wissenschaftlichen Diskursen der Gegenwart zu leisten und womöglich zur Evolution menschlicher Erkenntnis beizutragen.

Woran denke ich, worauf spekuliere ich? Ich beobachte, dass die führenden bzw. einflussreichsten Vertreter der modernen Wissenschaften[30] – zum Beispiel der theoretischen Physik, der Evolutionsbiologie, der Hirnforschung – ein durch und durch materialistisches Menschenbild befördern, jegliche Transzendenz und neuerdings sogar die Existenz des freien Willens leugnen. Insbesondere letzteres würde eine geradezu kopernikanische Wende im Selbstverständnis des Menschen bewirken, die letztendlich den Freiheitsbegriff der Aufklärung, den Kerngedanken abendländischen Denkens, erschüttern würde.

In der Auseinandersetzung mit den Postulaten der neuesten wissenschaftliche Diskurse finden die Stimmen der Vertreter religiösdogmatischer Systeme, zum Beispiel die der abrahamitischen Religionen, aus nachvollziehbaren Gründen nur noch wenig Gehör. Vielleicht ist es an der Zeit, dass sich Vertreter des mystischen Denkens in diese Diskurse einschalten, eines Denkens, wie es in Indonesien insbesondere die javanische Kultur in ihrer spezifischen Mystik (*kebatinan*) hervorgebracht hat und für welches ein nichtdogmatischer Blick auf das Geis-

---

[30]   Zum Beispiel Richard Dawkins, Stephen Hawking, Sam Harris.

tige, die Transzendenz, kennzeichnend ist. In der javanischen Mystik gelten die Systeme der Buchreligionen als nicht verbindlich. Das ist eine gute Voraussetzung für ein freies metaphysisches Philosophieren und die Auseinandersetzung mit materialistischen Auffassungen.[31] Ja, sogar dafür, einen bedeutenden Beitrag zur weiteren Evolution menschlichen Denkens zu leisten, zur Vereinbarkeit materialistischer und spiritueller Erkenntnisse.

Aber natürlich: Bevor sich indonesische Denker in die gegenwärtigen wissenschaftlich-philosophischen Diskurse einschalten können, müssten sie sich auf die Höhe dieser Diskurse begeben, ihren – so die Formulierung des indonesischen Dichters Afrizal Malna – „geistigen Autismus" überwinden. Nur dann wird man der kulturell-intellektuellen Marginalität entkommen. Doch warum sollte das nicht möglich sein?

*

Im Titel dieses Aufsatzes bezeichne ich Indonesien als „zweite Heimat". Nicht weil ich dort lange gelebt hätte – nie wohnte ich länger als ein Jahr in Indonesien –, sondern weil ich mich dort genauso heimisch fühle wie in Deutschland, in der indonesischen Sprache genauso heimisch bin wie in der deutschen. Wie groß meine Verbundenheit zu Indonesien und Indonesiern ist, spürte ich in Beijing, das mir fremd und merkwürdig erschien. Ich besuchte dort die Indonesisch-Abteilung einer Universität. Als mir der dort tätige indonesische Lektor vorgestellt wurde, umarmte ich ihn, erleichtert und glücklich. Endlich ein „Landsmann"! Wir waren sofort beste Freunde, zogen uns zurück, rauchten Nelkenzigaretten, tranken *kopi tubruk* (indonesischen Kaffee), aßen scharfen *nasi goreng*, hörten Gamelanmusik. Wir waren zu Hause.

[31] Dieses mystische Denken hatte vermutlich Einfluss auf die Formulierung des ersten Prinzips der indonesischen Staatsideologie Pancasila, wo vom „Göttlichen" (*Ketuhanan*) und nicht etwa von „Gott" (*Tuhan*) die Rede ist. Zumindest erscheint mir die Interpretation dieses Prinzips im folgenden Sinne legitim: Der indonesische Staat basiert auf der (mystischen) Erkenntnis eines „All-Einen Göttlichen Prinzips" (*Ketuhanan Yang Maha Esa*). Aber auch hier gilt natürlich das, was ich oben zur semantischen Ambiguität der indonesischen Sprache gesagt habe.

Indonesiens schillernder Leitstern

Wolfgang Brehm

„Gebt mir Indonesien zurück!", rief Taufiq Ismail einst voller Schmerz und sah das übervölkerte Java im Meer versinken.[1] Ich hatte keine Vorstellung von der vergangenen Schönheit der Insel; doch was davon bei meiner ersten Indonesienreise übrig geblieben war, reichte aus, das Land zu meinem bevorzugten Urlaubsziel zu machen. Was mich anzog, waren die üblichen touristischen Attraktionen, allem voran Bali, das mir wie ein kaum berührtes Paradies erschien. Hinzu aber kam die ungewohnte Freundlichkeit der Menschen, und natürlich ragte dabei die Großfamilie meiner javanischen Ehefrau heraus. Das war 1975, zwei Jahre nach unserer Heirat im Nürnberger Standesamt und ein paar Jahre nach der Entstehung des genannten Gedichts.

Wie dramatisch hat sich Indonesien seitdem verändert! Jakarta ist für den Ankömmling, der noch die Verhältnisse von 1975 im Gedächtnis hat, nur mit dem Stadtplan in der Hand wiederzuerkennen. Die Dezentralisierung, für die der Sturz Soehartos den Weg freimachte, hat die Entwicklung auch vieler zurückgebliebener Regionen beschleunigt. Als ich mich kurz vor diesem Wendepunkt in der Geschichte des Landes zusammen mit meiner Frau in Jakarta niederließ, sagte mir niemand voraus, dass Indonesien in greifbarer Zukunft – was sind schon zwanzig Jahre – unter den zwanzig führenden Volkswirtschaften der Welt rangieren würde.

Es sollte nach unseren Plänen ein Aufenthalt auf Dauer werden; den Endpunkt zu bestimmen, überließen wir dem Himmel. Mich trieb damals die Sehnsucht nach einem Klimawechsel, und ein wirkliches Abenteuer würde es auch nicht werden. Vorausgesetzt, wir ließen uns nicht auf finanzielle Wagnisse ein, würde unser Erspartes ja fürs eigene Heim und ein angenehmes Leben bis zum Abschiednehmen reichen.

---

[1] Taufiq Ismails Gedicht ist in der gleichnamigen Anthologie indonesischer Lyrik veröffentlicht (Herausgeber Berthold Damshäuser und Ramadhan K.H., Horlemann-Verlag, 1994)

Auf den vielen Reisen ins Land hatte ich die Überzeugung gewonnen, dass Indonesien als neue Heimat taugt.

Mir ging es all die Jahre bestens, auch wenn mein Leben in Indonesien gänzlich anders verlaufen ist als ursprünglich geplant. Die Verträge mit Handelshäusern und Investoren, auf denen meine Planung beruhte, waren knapp zwei Jahre nach der Einwanderung mit dem Zusammenbruch der Wirtschaft zur Makulatur geworden. Aber in Not gerieten wir dadurch in der Tat nicht, und mir eröffnete sich nach einem Zwischenspiel bei Radio Republik Indonesia die Chance, als Rechtsexperte am Indonesischen Institut der Wissenschaften LIPI zu arbeiten. Dort bereits, vor allem aber nach meinem Wechsel an die Universitas Negeri Jakarta wurde die *Pancasila*, die im indonesischen Grundgesetz niedergeschriebene ideologische Staatsgrundlage, und ihre Bedeutung für die Rechte und Pflichten des Staates und seiner Bürger wohl das Hauptthema, mit dem ich mich befasste.

Dies erklärt neben dem Schwerpunkt auch den Titel meines Artikels, der auf die Religionsfreiheit verweist. Verwendet habe ich ein Zitat aus der Rede Sukarnos, mit der der spätere Präsident zweieinhalb Monate vor der Proklamation der Unabhängigkeit Indonesiens die *Pancasila* in die Debatte über die künftige Verfassung eingebracht und darin die Gottgläubigkeit der Landsleute zum Leitstern der weiteren Entwicklung erklärt hat. Die aus fünf Säulen zusammengesetzte *Pancasila*[2] nimmt darauf insoweit Bezug, als sie in ihrer ersten Säule die Bindung des Staates an ethische, als divin umschriebene Prinzipien betont. Der Klageruf des Taufiq Ismail lässt sich, dies sei im Vorgriff erwähnt, mit dem Leitstern in Verbindung bringen, auch wenn dies nicht die Absicht des Dichters gewesen war. Doch überwiegen, auch dies vorab, bei weitem die freundlichen Seiten meiner Wahlheimat.

Anfangserfahrungen

Die ersten skizzenhaften Vorstellungen von Indonesien und seinen Menschen gewann ich in meiner Studentenzeit. Gut vierzig Jahre ist das jetzt her, als ich in meinem Wohnheim ein Geschwisterpaar aus

---

[2] Pancasila ist ein dem Sanskrit entnommener Begriff, der mit „fünf Säulen" übersetzt werden kann. Die Säulen sind, wie Sukarno in seiner Rede hervorgehoben hat, ihrem Wesen nach nicht rechtliche Pflichten, sondern Prinzipien.

Java kennenlernte. Keiner von uns Dreien ahnte damals, dass es sich um meine künftige Ehefrau und meinen künftigen Schwager handelte.

In den Kreis der indonesischen Studenten eingeführt, beeindruckten mich der herzliche Umgang miteinander, die guten Umgangsformen dabei und nicht zuletzt das Schwelgen in Liedern aus der Heimat. Es waren angenehme Klänge, und viele schöne Stimmen waren zu hören. Die fremdartige Musik des Gamelan kam später hinzu und hat mir vor allem in der javanischen Version von Anbeginn an sehr gefallen.

Kaum eine Gelegenheit ließen die Studenten aus, um zusammenzukommen. Dann türmten sich die selbst zubereiteten Speisen, und es wurde viel gelacht. Nur selten gab es Alkohol, und wenn denn schon, dann in geringem Quantum und meist in Gestalt eines lieb-, nein süßlichen Rotweins aus der angebrochenen Flasche.

Aufgefallen ist mir damals, dass es ganz im Gegensatz zu den Gepflogenheiten der deutschen Studenten offenbar unter den Indonesiern verpönt war, über die politische Lage in der Heimat zu sprechen. Hatte man die miterlebten traumatischen Erlebnisse noch nicht verarbeitet, die den Sturz des Präsidenten Sukarno einleiteten? Sie lagen ja nur wenige Jahre zurück. Auch bei meinen späteren Urlaubsreisen im Land ging man Fragen politischer Art aus dem Weg.

Auf eine andere Besonderheit Indonesiens bin ich, oder besser gesagt, wurde ich bald gestoßen. Bei der Vorbereitung unserer Hochzeit vor dem Nürnberger Standesamt waren eine Reihe von Auflagen an die Braut zu erfüllen, die sich aus dem indonesischen Eherecht und den unterschiedlichen Traditionen ergaben. Sie beinhalten eine von mir als recht krass empfundene Bevormundung der Frau. Doch das war ja ein Gesetz, das die Holländer hinterlassen hatten, und wie schwer sich das demokratische Deutschland zunächst damit getan hatte, die von seinem Grundgesetz geforderte Gleichbehandlung von Mann und Frau durch eine Reform des überkommenen Ehe- und Familienrechts zu verwirklichen, war mir in meinem Jurastudium nicht entgangen.

Nicht die Diskussionen mit den befreundeten Kulturwissenschaftlern von LIPI, sondern die Teilnahme an Hochzeiten in sechsstelliger Zahl – ein bisschen Übertreibung darf sein – lässt mich heute nachsichtiger über den kaum veränderten Parcour zum besiegelnden Jawort urteilen, den eine Braut indonesischer Nationalität zu durchlaufen hat. Man möge mir die amateurhafte Deutung verzeihen, doch mir scheint, dass es dabei nicht um die Gleichberechtigung der Geschlechter, vielmehr um den Abschied vom Elternhaus geht. Den Sohn lässt man, den beobachteten Feuchtigkeitsgraden der Taschentücher zufolge, leichter ziehen als die Tochter, die sich oft auch im hohen Alter – 26 Jahre alt war meine Braut – der elterlichen Zustimmung zur Heirat versichert. Die islamische Form der Eheschließung, bei der der Vater die Braut mit Zustimmung der Mutter an den Ehemann übergibt und die Braut schließlich doch noch nach ihrem Einverständnis gefragt wird, liegt voll auf dieser Linie. Wer künftig das Sagen in der Ehe hat, wird vom Brautpaar jedoch frühestens beim gegenseitigen Sichbewerfen entschieden.

Nach der Eheschließung habe ich viele Indonesienreisen unternommen und stets mit längeren Fahrten allein durchs „Hinterland" verbunden. Ich will über drei vieler gleichartiger Erlebnisse berichten, die in gesteigerter Form Eigenschaften aufzeigen, die mir als für Indonesien typisch erscheinen. Dass ähnliche Vorkommnisse in Deutschland nicht möglich sind und man in Indonesien nicht auch unerfreuliche Begegnungen haben kann, ist damit natürlich nicht ausgesagt.

Der erste Fall zeigt die Weite der Gastfreundschaft: Bei meinem allersten Ausflug auf den damals noch einsamen Bromo, den ich zusammen mit meiner Frau und einigen Freunden unternommen habe, trafen wir spät in der Nacht bei Bekannten im Dorf Puspo ein. Zutreffender wäre es, von einem Einfallen zu sprechen. Denn niemand hatte uns erwartet, es gab ja noch keine Telefonverbindung; das letzte Mal hatte man sich vor mehr als zehn Jahren getroffen. Doch es war kein Problem, uns allen einen Platz zum Schlafen zu verschaffen, so dass wir die Weiterfahrt ein paar Stunden nach Mitternacht einigermaßen ausgeruht antreten konnten. Beim kurzen Kennenlernen aber wurde ich nach meiner Religion gefragt, und auf meine Antwort hin gab sich der Fragesteller als Christ zu erkennen, nicht ohne unter Lachen zu bemerken, dass sich die Familie unserer Gastgeber vor allem aus Muslimen und Hindus zusammensetzte. Der religiöse Glaube war offenbar ein wichtiger Aspekt, störte aber die familiäre Eintracht nicht.

Im zweiten Fall endete die Hilfsbereitschaft selbst Fremden gegenüber nicht beim eigenen Opfer: Ein Rückflug nach Deutschland wäre fast an meinem leeren Geldbeutel gescheitert. Meine Frau und die Angehörigen, die mich hinbegleitet hatten, hatten sich schon von mir verabschiedet und waren auf dem Heimweg, ich war nun also alleine im Flughafen von Jakarta. Zeit hatte ich noch, und so gönnte ich mir eine Tasse Kaffee und eine letzte indonesische Süßigkeit, suchte und kaufte schließlich ein Buch und marschierte in die Abfertigungshalle. Das Entsetzen kam, als ich die Flughafengebühr zahlen sollte. Mein Bargeld reichte nicht mehr aus, und die Travellerschecks waren aufgebraucht (Kreditkarten waren damals noch eine Seltenheit, ich hatte keine). Aus der Bredouille half ein Kontrollbeamter, der einen Geldschein im Gegenwert einer Pizza dazulegte.

Der dritte Fall dient zur Warnung: Es kommt vor, dass Indonesier zu viel des Guten tun. Dies konnte ich nach einer zwanzigstündigen Fahrt allein mit dem öffentlichen Bus von Medan nach Bukittinggi erfahren. Ich hatte mir eine unbeschwerte Erkundungsreise durch das Gebiet der Minangkabau versprochen, wurde aber, am Ziel angelangt, zu meiner Überraschung von einem Betreuer in Empfang genommen. Meine besorgten Verwandten hatten einen ortsansässigen Bekannten alarmiert. Folgsam, was blieb mir anderes übrig, verbrachte ich die kommenden Tage in der „Quarantäne", sprich im Haus des fürsorglichen Gastgebers. Die Gattin las mir jeden Wunsch von den Lippen ab, bevor ich überhaupt Zeit hatte, ihn zu fassen. Eine Suppe mit hineingeschnittenen „Wiener"-Würstchen, dem ausfindig gemachten Kochrezept zufolge sicher meine Leibspeise, durfte ich verzehren, derweil neben mir die beste Padang-Küche aufgetragen wurde. Die Rundfahrt durch die herrliche Gegend vertagte ich so auf den nächsten Urlaub.

Die Wahlheimat

Nach der wievielten Urlaubsreise haben wir den Entschluss gefasst, unser Haus in Köln zu verkaufen und unser Glück in Indonesien zu versuchen. Bald schon fanden wir den Platz, an dem wir uns auf Dauer niederlassen würden. Die von Reisfeldern geprägte Landschaft und der Blick auf die nicht allzu weit entfernten Berge Bogors hatten es uns angetan. So erwarben wir das Grundstück mit seinen vielen Bäumen und errichteten dort unser neues Heim.

Die Nachbarschaft in unserem Kampung, ganz überwiegend aus den lokalen „Ureinwohnern", den Betawi, bestehend, überschlug sich in Freundlichkeiten. Zu wie vielen Hochzeiten wurden wir nun schon eingeladen. Als die organisierte Welle der Gewalt vor dem Sturz Soehartos über Jakarta hereinbrach, schob ich mehrere Nächte lang gemeinsam mit den Nachbarn Wache, um das Eindringen herbeigekarrter Schlägergruppen in unser Kampung zu verhindern.

Mittlerweile haben sich die einst idyllischen Verhältnisse drastisch verändert, langsam zunächst, mit Ungestüm in den letzten Jahren. Alle Felder wurden zugebaut, und beim Verlassen unseres Grundstücks wartet schon die Autoschlange, die sich zäh in Richtung Jakarta voranarbeitet. Die nahe Kreuzung ist von einem modernen Supermarkt, den 24-Stunden-Imbisspalästen McDonald's und Kentucky Fried Chicken, einem größeren Krankenhaus und einem Häuserblock mit Bankfilialen, Restaurants und vielen Geschäften umstellt und wartet, genauer gesagt sind wir die Wartenden, auf den angekündigten Bau eines „Fly Over".

Die freundlichen Nachbarn aber sind uns erhalten geblieben. Am Ende des Ramadhan kommen sie gruppenweise zu uns aufs Grundstück, und man bittet einander um Vergebung der Verfehlungen, die ja gar nicht stattgefunden haben.

Die früher mit Überraschung entgegengenommenen Freundlichkeiten dringen mir heute leider weniger ins Bewusstsein. Die Gewöhnung bewirkt, als selbstverständlich zu betrachten, was doch keineswegs selbstverständlich ist, und zudem lässt das Kurzzeitgedächtnis im Alter bekanntlich nach. Aber nein, das letztgenannte Problem ist ja im Griff, und das Fotoalbum im PC stellt wieder her, was in die Erinnerungslücke gefallen war. Ich fand mich nur vor die schwierige Aufgabe gestellt, einen der vielen Fälle herauszugreifen. Mehr als eine (auch diesmal wahre) Geschichte soll es nicht werden.

Es ist noch nicht lange her, höchstens zwei Jahre sind seitdem vergangen. Ich wollte Batiksachen in einem abseits gelegenen Dorf in der Umgebung von Solo kaufen. Die Familie produzierte im Hinterhof für die Geschäfte in der Touristenstadt, die Menge, die meine Frau und ich erwarben, ergab einen Stapel, und der Preis war ausgehandelt und bezahlt. Gemessen an den Preisen, die in Solo verlangt werden, gar nicht zu denken an die Preise in Jakarta, war das Feilschen für uns ein Erfolg. Zum Abschied gab es noch einmal eine Tasse Tee, und dann eilte die Hausherrin ins Nebenzimmer, um weitere Batiken auf unseren Stapel zu legen und lokale Spezialitäten für die Zunge dazu. Den roten Kopf bemerkte sie nicht, der ob des allzu tüchtigen Verhandelns nun bei mir aufleuchtete.

Noch immer kann die pure Freundlichkeit stärker sein als das Streben nach einem ohnehin bescheidenen Gewinn. Es ist die Tradition, die sich gegen das materialistische Denken zur Wehr setzt.

Schattenseiten des Leitsterns

Schon kurz nach der Einwanderung kam ich erstmals mit der Toleranz-problematik in Berührung. Es war ein Fall ohne besondere Brisanz. Ein deutscher Bekannter, der von meiner Ehe mit einer Indonesierin erfahren hatte bat mich um Information, was alles zu erledigen sei, damit er seine indonesische Braut heiraten könne.

Ich machte mich kundig und brachte in Erfahrung, dass 1974 ein neues Ehegesetz erlassen worden war. Die wichtigste Neuerung gegenüber dem bereits erwähnten Ehegesetz aus der holländischen Zeit bestand darin, dass die Zuständigkeit für das rechtliche Zustandekommen der Ehe den Standesämtern weggenommen und exklusiv den Geistlichen übertragen wurde. Für die Indonesier besteht seitdem die kuriose Rechtslage, dass es kein Problem ist, einen Ausländer zu heiraten, jedoch ein Ding der Unmöglichkeit, das Jawort bei einer Trauung im Inland dem Angehörigen einer anderen Religion zu geben.

Allerdings ist es angebracht, der „Unmöglichkeit" ein einschränkendes „eigentlich" voranzustellen. Denn Indonesier sind darin geübt, einen Ausweg zu finden. So kann natürlich einer der Partner zum Schein konvertieren, oder man heiratet, wenn man finanziell dazu in der Lage ist, im Ausland und lässt die Ehe später in Indonesien registrieren. Der zweite Fall gleicht einer Variante des traditonellen Kawin Lari, der Eheschließung durch die gelungene Flucht der Heiratswilligen und beschert dem Brautpaar, die Architekten des Gesetzes haben dies wohl nicht recht bedacht, quasi eine vorgezogene Hochzeitsreise (noch) ohne Trauschein. (Es gibt aber natürlich auch Geistliche, die verständig genug sind, die Heirat nicht am abweichenden religiösen Bekenntnis des Bräutigams oder der Braut scheitern zu lassen.)

Die ins Eherecht eingezogene Trennwand zwischen den Religionsgemeinschaften ist von geringer praktischer Bedeutung und betrifft sicher nicht die Indonesier, die im Ausland leben. Der letztgenannte Grund war wohl die Ursache auch dafür, dass ich von einem weitaus folgenreicheren Einbruch in die Tabuzone der Religionsfreiheit aus der Suharto-Zeit ebenfalls erst nach meiner Einwanderung erfuhr. 1978 gab die Regierung die Gleichberechtigung aller Religionen und weltanschaulichen Überzeugungen auf, indem sie fünf auserwählten Religionen die Anerkennung erklärte. Es folgte die Einführung der Pflicht, sich zu einer dieser anerkannten Religionen zu bekennen.

Eine kaum weniger gravierende Neuerung brachte ein Gesetz aus dem Jahr 1989, das die Religionsgerichte, mit allerdings enger Begrenzung ihrer Zuständigkeit auf das Familien- und Erbrecht, zu staatlichen Gerichten machte. Es ist aber doch ein großer Unterschied, ob man sich als Bürger mit seinem Anliegen an eine Instanz wendet, von der man traditionsgemäß eine Lösung erwartet, die man dann aus freien Stücken befolgen will, oder es mit einer Instanz zu tun bekommt, die im gleichen Gewand staatliche Autorität in Anspruch nimmt. Die Statusänderung implizierte, dass in den genannten Rechtsgebieten nun für die Muslime das Schariarecht zur Anwendung gelangen würde, und lief im Ergebnis darauf hinaus, dass sich der Gesetzgeber seiner Pflicht entledigte, Gesetze vor ihrer Verabschiedung auf ihre Vereinbarkeit mit der Verfassung und den garantierten Grundrechten zu prüfen.

Im Zuge der Reform des Grundgesetzes, zu der es nach dem Ende der Neuen Ordnung[3] kam, wies der Volkskongress MPR zwar den Antrag zurück, den Islam zur Staatsgrundlage zu machen. Doch bestätigte er die bedenkliche Erhebung der Religionsgerichte zu staatlichen Gerichten durch Einfügung eines neuen Artikels in das Grundgesetz.

Nebelschwaden

Bei den LIPI-Juristen war zunächst die Verfassungsreform das beherrschende Thema. Man arbeitete einen Entwurf aus, der u.a. eine Direktwahl des Präsidenten vorsah und ein ausführliches Kapitel über die Grundrechte enthielt. Es war schon bewundernswert, mit welchem Eifer man sich in einer einwöchigen Klausurtagung an die Fertigstellung des Entwurfs machte. Oft wurde bis über die Mitternachtsstunde hinaus daran gearbeitet. Angestachelt war man von einem Empfang beim Vorsitzenden des MPR, der dabei sein Interesse an dem Vorhaben bekräftigte. Am Ende allerdings erging es dem Entwurf nicht anders als den Entwürfen anderer akademischer Einrichtungen. Er verschwand mit all den ausgetüftelten Begründungen in der Schublade des MPR[4].

Mein Appell, zunächst die Schwächen des vorhandenen Grundgesetzes zu analysieren, blieb unbeachtet. Etwas abgeklärter betrachte

---

[3]   Regime Suhartos, das 1967 die ebenfalls autoritäre, 1959 von Sukarno errichtete „Gelenkte Demokratie" abgelöst hatte.
[4]   Volkskongress, damals das oberste Staatsorgan.

ich es heute als höfliche Geste, dass LIPI meine schriftliche Ausarbeitung hierzu im herausgegebenen Sonderheft zur Verfassungsdebatte veröffentlicht hat.

Dann aber wurden die herumstreunenden Gruppen religiöser Fanatiker zu einem großen Problem. Auftrieb hatte ihnen die Duldsamkeit der staatlichen Instanzen gegeben, die ihrerseits wohl auch von der Furcht geleitet waren, eine konsequente Anwendung der Gesetze könne den Terroristenzellen Zulauf verschaffen. Es häuften sich die Fälle, in denen christlichen Gemeinden die freie Ausübung ihrer Religion verwehrt oder erschwert wurde. Hauptleidtragende waren die Anhänger der Ahmadiyah-Gemeinschaft, später erging es auch Schiiten nicht besser. Die Gewalttaten, um die es geht, dürften den Lesern zumindest in groben Zügen bekannt sein; auch in der deutschen Presse war ja davon zu lesen.

Ich erinnere mich noch gut an das Seminar, zu dem LIPI Vertreter der Ahmadis und des Indonesischen Rates der Religionsgelehrten MUI sowie Regierungsvertreter eingeladen hatte. Der MUI hatte damals Öl ins Feuer gegossen, indem er mit einem „Fatwa"-Verdikt der Sekte die Abweichung von der Lehre des Koran vorwarf und ein Verbot der Ahmadiyah forderte. Das Seminar konnte nichts Positives bewirken. Die Regierung kam vielmehr dem MUI entgegen und erließ stringente Auflagen gegen die Sekte, verbunden mit der Androhung eines Verbots für den Fall, dass sie die Auflagen verletzen würde. Der Religionsminister verstieg sich gar dazu, den Ahmadis die Annahme der wahren Religion anzuraten. Wenn die Täter denn überhaupt wegen ihrer brutalen Attacken zur Rechenschaft gezogen wurden, dann kamen sie jedenfalls mit lächerlich geringen Strafen davon. Bei LIPI herrschte Niedergeschlagenheit.

Mehrere Jahre später gab es den Versuch einer Gruppe von Bürgerrechtlern, mit einem Antrag an das Verfassungsgericht das Blasphemiegesetz, ein jahrzehntelang im Dornröschenschlaf schlummerndes, als Rechtsgrundlage für die Unterdrückung der Ahmadis dienendes Notstandsgesetz aus der Endzeit der Gelenkten Demokratie, zu Fall zu bringen. Ich hatte zu diesem Zeitpunkt gerade meine Tätigkeit für LIPI beendet und war, wie schon erwähnt, an eine staatliche Universität gewechselt, um dort das Programm zur Staatsbürgerkunde zu unterstützen und an einer Seminarreihe zur Fortbildung der Lehrer mitzuwirken. So verfolgte ich den Prozess mit besonderem Interesse.

Dem Antrag, das Gesetz für verfassungswidrig und damit nichtig zu erklären, war kein Erfolg beschert. Das Gericht sah es als verfassungsgemäß an, die bloße Abweichung von einer gefestigten religiösen Lehre zu verbieten, wie es das Gesetz tut. Mit dem universalen Menschenrecht der Religionsfreiheit ist diese Auffassung allerdings nicht vereinbar.

Ich kann nicht ausschließen, dass die Verfassungsrichter mit ihrer Entscheidung einer neuen Welle der Gewalt gegen die Ahmadis durch die enttäuschten Fanatiker vorbeugen wollten. Doch lässt das Urteil seine ideologische Wurzel erkennen: Zwar lässt es die damit angesprochene Kairoer Deklaration der Menschenrechte von 1990, eine Art Gegenentwurf zur UN-Charta, unerwähnt, doch übernimmt es deren Grundgedanken. Der Kairoer Deklaration zufolge begrenzt die Zugehörigkeit zur Umma, der islamischen Glaubensgemeinschaft, die individuellen Rechte; das Grundrecht der Religionsfreiheit darf nicht eine Entzweiung der Gesellschaft oder Schwächung ihres (rechten) Glaubens herbeiführen.[5] Im Vergleich zur indonesischen Rechtstradition des *permusyawaratan*, die die Suche nach einem für alle Beteiligten annehmbaren Kompromiss zum Leitprinzip erhebt, ist dies sicherlich ein Rückschritt.

Die Anleihe des Verfassungsgerichts bei der Kairoer Deklaration legt ein Lehrbuch zur Staatsbürgerkunde offen, welches vom Generalsekretariat des Gerichts herausgegeben wurde. Darin wird die Scharia zur Seele der *Pancasila* erklärt, was suggeriert, als sei sie unmittelbar wirksames Recht. (Das wäre dann aber eine Seele, die ihren Platz quasi durch eine unbewachte Hintertüre eingenommen hat. Der Versuch des islamischen Lagers, den Islam statt der *Pancasila* zur Staatsgrundlage zu machen oder der muslimischen Bevölkerung die Einhaltung der Scharia zur Rechtspflicht zu machen, war schon bei der Verabschiedung des Grundgesetzes am Tag nach der Proklamation der Unabhängigkeit wie auch bei den späteren Initiativen gescheitert.[6])

---

[5] So steht es in der Präambel bzw. in Artikel 22 der Kairoer Deklaration.

[6] Bei der Verkündung des Grundgesetzes am 18. August 1945, dem Tag nach der Proklamation der Unabhängigkeit, wurde der im Entwurf noch vorgesehene Verpflichtung der muslimischen Bevölkerung zur Einhaltung der Scharia gestrichen. Der Antrag, den Islam zur Staatsgrundlage zu machen, wurde zuletzt vom Volkskongress im Zuge der Verfassungsreform der Jahre 1999 bis 2002 zurückgewiesen, davor bereits im Jahre 1959 von der mit der Verabschiedung einer neuen Verfassung beauftragten Konstituante.

Allerdings ist das aktualisierte Schariarecht der Kairoer Deklaration unter den islamischen Theologen nicht unumstritten. Gerade in Indonesien findet man namhafte Verfechter eines Koran-Verständnisses, das von der konservativen Lehre abweicht und insbesondere die Geltung der universalen Menschenrechte auch für die Muslime der Sache nach anerkennt. Totalitär ist ein Islam dieser Couleur sicher nicht. Vielmehr hat er die historische Wahrheit auf seiner Seite, dass islamische Reiche einst ein Vorbild an religiöser Toleranz waren.

Heikel war es für mich schon, am Tisch der versammelten Universitätsdozenten über das Thema Religionsfreiheit und *Pancasila* zu diskutieren. Ich bin dem, um es offen zu sagen, so gut es ging aus dem Weg gegangen. Konservative Auffassungen zu hinterfragen wird rasch als Kritik am Islam angesehen, Kontraproduktives wollte ich aber doch nicht leisten. Nachdem das Urteil des Verfassungsgerichts gefällt war, sah ich davon ab, das Thema überhaupt anzuschneiden. Aber es gab dann doch die engagierten Dozentinnen, die mit mir zusammen auch im Kreis von Studenten die Problematik aussprachen und darüber diskutierten.

Aus der Reserve lockte mich auch ausgerechnet ein Seminar mit rund 200 Lehrern aus islamischen Pesantren-Schulen. Der junge Moderator, selbst ein Pesantren-Lehrer, setzte sich kurz vor Beginn der Veranstaltung für ein paar Minuten zu mir, um den Ablauf zu besprechen. Schlichtweg verblüfft war ich von seiner Bitte, ein paar Erläuterungen zu Friedrich Nietzsche zu geben. Wusste man denn, dass Nietzsche ein Atheist war? Selbstverständlich, lautete die Anwort des Moderators.

Ein glücklicher Zufall hatte es gewollt, dass ich nicht unvorbereitet ins Gefecht gehen musste. Nicht lange vor der Seminarveranstaltung hatte Berthold Damshäuser gemeinsam mit dem indonesischen Schriftsteller Agus R. Sarjono einen Band mit indonesischen Übertragungen von Gedichten Friedrich Nietzsches veröffentlicht und durch eine darin enthaltene hervorragende Einführung in die Gedankenwelt des Philosophen mein Schulwissen nicht nur wiederhergestellt, sondern deutlich vertieft. So fasste ich also Mut, was blieb mir auch anderes übrig, und teilte dem Auditorium mit, welchen Wunsch der Moderator geäußert hatte. Meine Beklemmung war aber ja schon vorher verflogen, als es immer wieder aus Lehrermündern herausplatzte, dass man im Lande endlich die *Pancasila* verwirklichen müsse. Es gab dann im Anschluss an meine Ausführungen eine passable Diskussion, und einige Lehrer bekundeten, sie hätten Skripten über Nietzsche in die Hände bekommen, die ihnen in vielen Dingen die Augen geöffnet hätten. Ablehnung seitens anderer Lehrer war weder zu hören noch durch Mimik zum Ausdruck gebracht.

Natürlich lässt sich das Erlebnis nicht verallgemeinern. Aber die ausgewogene Schlussbetrachtung muss ja vorbereitet werden. Dazu soll auch noch der folgende Bericht beitragen.

Zugetragen hat sich das vergnügliche Geschehen im Haus eines bekannten Vertreters einer großen muslimischen Organisation, in das mich Freunde am Tag der offenen Tür nach dem Ende der Fastenzeit mitgenommen hatten. Männer und Frauen waren in etwa gleicher Zahl versammelt, und unter den Gästen befanden sich zwei gleichfalls sehr bekannte Persönlichkeiten, ein Religionsgelehrter und eine Frauenrechtlerin, die beide vorne auf der Bühne neben dem Hausherrn zu sitzen kamen. Von Ersterem war sein polygamer Lebenswandel, von Letzterer die begnadete Redegabe bekannt. Sie, die Frauenrechtlerin, hob nun an zu einer langen, mit ironischen Spitzen gefüllten Tirade gegen die Polygamie. Der Angesprochene an ihrer Seite wurde rot und blass zugleich, und die Frauen im Saal begannen vor Vergnügen zu kichern, was von ihren Männern auf der anderen Seite des Raums mit Gesten des Wohlgefallens unterstützt wurde. Der Abschluss der Rede war eine schalkhafte Entschuldigung für etwaige Unannehmlichkeiten, ausgesprochen beim Abstieg vom Podest. Die Frauen sind ein Machtfaktor gegen religiösen Fundamentalismus.

Schlussbetrachtung

Sind die Indonesier intoleranter geworden? Ich will das aus den folgenden Gründen verneinen.

Das Land hält am freien Sonntag fest, den Christen sind fast so viele gesetzliche Feiertage zugestanden, wie es islamische Feiertage gibt, und auch die Hindus, die Buddhisten und die Chinesen werden mit einem Feiertag bedacht. Lebensfreude zeigen die meisten Indonesier im Alltag, ohne sich an die stringenten Regeln konservativer Kreise zu halten. Wenn zu mir Musik aus dem *kampung* herüberschallt, dann stammen die Klänge von Pop-Gruppen, und manchmal gibt es auch ein Hochzeitsfest, das in die Nachtstunden hinein von stimm- und körperlich kreiselnden Dangdut-Sängerinnen verlängert wird.

Wichtiger: Der interreligiöse Dialog findet im ganzen Land statt; es sind keine Forderungen zu hören, den Übertritt vom Islam zu einer anderen Religion zu verbieten; die Standesämter registrieren, ohne deswegen behelligt zu werden, interreligiöse Ehen, die im Ausland geschlossen wurden. Und: Indonesien konnte von einer Frau, Jakarta kann heute von einem chinesisch-stämmigen Gouverneur christlichen Glaubens regiert werden. Inzwischen hat das Land auch einen neuen Religionsminister, dessen Amtsantritt prompt die Ankündigung folgte, die Bahai-Religion förmlich anzuerkennen. Auch war der Minister das erste Regierungsmitglied, das die Muslime im Lande warnte, die IS-Armee zu unterstützen, die derzeit den Irak und Syrien mit Terror überzieht.

Noch immer gibt es kein Verbot der Ahmadiyah-Sekte; die Hatz auf sie hatte im Gegenteil abgenommen, je näher der Wahltag rückte. Die schützende Hand ist die des Volkes. Die Harmonie, das traditionelle Ideal nicht nur der javanischen Kultur, ist ja gefährdet, wenn anderen das Recht streitig gemacht wird, zu glauben, was man glaubt.

Indonesien erlebt seit der demokratischen Öffnung ein Vordringen islamischer Symbole in den öffentlichen Raum. Ein frommer Lebenswandel ist populärer geworden. Zugleich aber setzt sich an den Wahlurnen der Trend zur Reduzierung des Einflusses islamischer Parteien fort. Bei der Parlamentswahl im April 2014 haben diese Parteien zusammengerechnet ihr schlechtestes Ergebnis erzielt.

Der Sieger der Präsidentschaftswahl hat aus seiner pluralistischen Haltung nie einen Hehl gemacht, und der bei der Präsidentschaftswahl unterlegene Kandidat hat sein respektables Ergebnis nicht den fundamentalistisch angehauchten Partnern zu verdanken, deren Potential sich aus der Parlamentswahl ablesen ließ. Es waren der allerdings höchst fragwürdige Wahlkampfstil und die populistischen Töne, die ihm den Beinaheerfolg ermöglicht hatten.

Scharia-inspirierte Gesetze aber bestehen fort, und es lässt sich nicht ausschließen, dass neue hinzukommen werden. Der Präsident könnte nach geltendem Verfassungsrecht nicht verhindern, dass ein vom Parlament beschlossenes Gesetz in Kraft tritt.

Dass solche Gesetze auch nach der Wiederherstellung der Demokratie zustande gekommen sind, widerlegt aber nicht die Beweisführung zur Toleranz der Bevölkerungsmehrheit, und nicht alle islamischen Parteien sind samt ihrer Anhänger der intoleranten Minderheit zuzuordnen. Fundamentalistische Parteien fiel in den bisherigen Regierungskoalitionen oft eine Schlüsselrolle zu, und Treue hat ihren Preis. Auch gehörte – und gehört weiterhin – ein großer Teil der Parlamentsabgeordneten zur Elite und wird in der Praxis von einem an sich ungeliebten restriktiven Gesetz wenig zu befürchten haben, was die Zustimmung erleichtert.

Andererseits ist der Beweis erbracht, dass negative Entwicklungen in Indonesien nicht unumkehrbar sind. Am 12. Dezember 2013 hat das Parlament ein Gesetz beschlossen, das den Bürgern das Recht einräumt, die Angabe der Religion im Personalausweis zu unterlassen. Der Leitstern hat ein Stück der Helligkeit zurückgewonnen, die ihm bei der Staatsgründung zugesprochen war.

Hoffentlich liege ich nicht falsch, aber ich kann mir nicht vorstellen, dass der neue Präsident über die schwierige Lage der Ahmadiyah hinwegsehen wird. Meine Hoffnung geht auch dahin, dass künftig seitens der Regierung versucht wird, der Bevölkerung und insbesondere den Schülern und Studenten die Scharia-Problematik verständlich zu machen.

Viele Anhänger des Islam ziehen, wenn sie von der Streichung der Verpflichtung zur Einhaltung der Scharia bei der Staatsgründung erfahren, den falschen Schluss, dass die Muslime damals ein Opfer erbracht hätten. Tatsächlich war dies ein Sieg nicht nur der Christen und anderer nicht-muslimischer Minderheiten, sondern auch der Muslime selbst. Sie haben es ja dieser Streichung zu verdanken, dass sie nach dem geltenden Verfassungsrecht nicht in ihren Grundrechten beschnitten wurden.

Einen weiteren Irrtum erzeugt die Verklärung der Verfassung von Medina, die so viele Fachbücher und Reden vermitteln. Mohammed hat gewiss eine für damalige Verhältnisse fortschrittliche Ordnung geschaffen. Doch ist die Zeit ja nicht stehen geblieben. Es lässt sich unschwer nachweisen, dass heute bessere Gesetze möglich sind.

Die große Mehrheit der Indonesier ist tolerant. Sie wird sich, die Gründe für eine optimistische Prognose sind massiv, als stark genug erweisen, intolerante Praktiken einzudämmen und schließlich zu beenden.

Vom Stillen Ozean zum Pazifik

Irene Jansen

Was eine Rheinländerin exotisch findet

„Sumatra und Borneo, Java und Celebes sind die großen Sundainseln in dem Stillen Ozean." Mit diesem Lied waren wir in der Sexta in unserem Theaterstück „Weltreise" im fernen Südosten der Welt angelangt.

Wie der „Wilde Westen" aussah, wussten wir natürlich. Indianer und Cowboys gehörten schließlich zur Alltagskultur kleiner Mädchen in den 1960er Jahren; auch von den „Drei Pekinesen mit dem Kontrabass" in „Fernost" konnten wir uns ein Bild machen: Sie trugen natürlich Zöpfe und hatten gelbe Kittel an. Aber ein stiller Ozean – der war etwas Unbekanntes und in meiner Fantasie paradiesisch Schönes. Dass da Leute wohnten, schien mir unwahrscheinlich. Sumatra, im Lied betont auf der ersten Silbe mit einem kurzen „u", das klang wie ein Paukenschlag, von „Borneo", mit einem Akzent auf dem „e", hatten wir alle noch nie gehört, und das stimmlose Anfangs-ß, mit dem wir das „C" in Celebes aussprachen, schien einer fremden Sprache entlehnt.

Ich wuchs am Niederrhein auf; mein Elternhaus stand sehr nah am Rhein, den ich als mächtigen Strom erlebte, der jedes Jahr über die Ufer trat. Der Fluss war nicht still. Er war laut. Man hörte die Motorengeräusche der großen Frachter, die Schiffsglocken der Fähren, die kreischenden Möwen. Der Rhein war ein gefährliches Wasser. Am 7. Oktober 1960 sah ich die dänische Fähre Tina Scarlett brennend an unserem Haus vorüberziehen. Sie war mit dem mit 1.100 Tonnen Benzin beladenen Tankschiff Diamant zusammengestoßen. Zehn Schiffe brannten, und der Rhein stand auf einer Breite von rund 300 Metern in Flammen. Die Vorstellung von einem stillen, riesigen Wasser faszinierte mich. Auf einem stillen Ozean, da war ich mir sicher, fuhren keine lauten Schiffe, es gab keine brennenden Fähren. Es gab gar nichts auf ihm. Ein stiller Ozean lag nur einfach da, riesig, so weit das Auge reichte, mächtig, ungestört unter dem Himmel. Diese Vorstellung gefiel mir und flößte mir Respekt ein.

Irene Jansen

Noch einmal Exotik – und Ratlosigkeit

Mitte der 1980er Jahre reiste ich dann erstmals nach Indonesien. Ruck-
sackurlaub mit der „Clique", ganz ein Kind meiner Zeit. Die Hauptstadt interessierte uns nicht. Wir wollten schließlich hinter die Kulissen
schauen; das echte Indonesien vermuteten wir auf den Dörfern. Vom
Flughafen fuhren wir nach mühsamen Verhandlungen um Fahrpreise
und -zeiten mit einem Taxi auf unbeleuchteten und teilweise ungeteer-
ten Straßen durch stockfinstere Nacht zunächst an die Westküste Javas
in ein Hängemattenparadies unter Palmen, in dem es Bier gab und einen australischen Wirt, der uns auf Englisch die damals so genannte
„Dritte Welt" erklärte. Es ging immer wieder um Armut und Korruption. Indonesisch sprechen konnte niemand von uns. Wir irrten weiter
durch Java. Ich fühlte mich nicht wohl. „Salah makan", so die wohl
zutreffende Diagnose meiner Magenverstimmung. In den kleinen Be-
mos, mit denen wir durchs Land fuhren, erlebten wir uns mit unseren großen Rucksäcken als peinlich ungelenk. Doch die nachsichtige
Freundlichkeit und Geduld der Menschen, mit denen wir zu tun hatten, beeindruckte mich. Im Botanischen Garten von Bogor diskutierten
wir über die Bedeutung der Konferenzen von Bogor und Bandung. Immerhin hatten seinerzeit mehr als zwanzig Länder Asiens und Afrikas
die Charta der Vereinten Nationen unterzeichnet und sich gegen „jede
Form von Kolonialismus und Rassendiskriminierung" ausgesprochen.
Der Gastgeber Sukarno war gute zehn Jahre später in einem Coup des
Militärs entmachtet worden. Indonesiens Suharto-Milizen hatten 1976
Osttimor annektiert, und einer der damaligen Konferenz-Teilnehmer
im Jahr 1955, Nelson Mandela, war ein Opfer des Apartheid-Regimes
geworden und saß inzwischen im südafrikanischen Polls-Moor-Ge-
fängnis in Kapstadt in Haft.

Am Borobodur, überwältigt von der Majestät der alten Kultur und
der ebenmäßigen Schönheit der Anlage, gelang es mir für kurze Zeit,
den Zauber des Landes zu sehen. An den Stränden Balis fühlten wir
uns wohl. In kleinen Booten fuhren wir zu den Korallenriffen, und wie
schön war der Blick auf idyllische Reisterrassen! Ich war berührt von
der Anmut der Balinesinnen und Balinesen. Doch die tiefe Frömmig-
keit, der Geisterkult, die allgegenwärtigen religiösen Bräuche machten
mich ratlos. Meine westlich-rationalistisch geprägte Perspektive auf
die Dinge versperrte mir die Sicht für Anderes.

Ich blieb dem Land gegenüber reserviert. Ich war frustriert, dass meine politische Sozialisation mich angesichts der immensen Herausforderungen, vor denen diese bevölkerungsreiche, rohstoffreiche, arme Nation stand, so ratlos machte. Antworten hatten wir jedenfalls keine auf die Frage, warum die „Entwicklungshilfe", von der es doch so viel gab, kaum etwas zu nützen schien. Diese Indonesienreise war nicht meine erste in ein Entwicklungsland. Wenige Jahre zuvor war ich in Guatemala an der Grenze zu Nicaragua fast in die Schusslinien der Revolution geraten. Das Gefühl, wieder auf einem Pulverfass zu sitzen, rührte vielleicht daher. Dass der autoritäre Politikstil – 1983 war die Pancasila-Resolution[1] (Tap MPR No 11/1983) vom Präsidenten verordnet worden – und die allgegenwärtige Polizeikontrolle und Armeegewalt dem Glück der Menschen auf die Sprünge helfen sollten, erschloss sich mir nicht.

Ich war an den Pazifik gereist. Mit dem stillen Ozean meiner Kindheit hatte er aber nichts zu tun.

Universitärer Alltag in Indonesien

Dennoch kam ich 1990 wieder, diesmal ins Zentrum der Macht, nach Jakarta, als Lektorin an der Universitas Indonesia (UI). Nicht nur war an der dortigen Deutschabteilung in Depok das DAAD-Lektorat für Literatur ausgeschrieben, sondern es galt, ein Postgraduiertenprogramm für die Philosophische Fakultät aufzubauen. Auf dem alten UI-Campus in Salemba wurden im Rahmen einer großangelegten Qualifizierungsoffensive Vorlesungsangebote für diejenigen Dozentinnen und Dozenten der Fakultas Sastra aufgelegt, die noch nicht promoviert waren. Ich sollte in den Bereichen Literaturtheorie und Philosophie eingesetzt werden. Achadiati Ikram, die damalige Dekanin, von Hause aus Malaiologin und Javanisch-Expertin, bat mich, eine Probevorlesung in englischer Sprache zum Thema „German Idealism" zu halten. In Tübingen promoviert, so dachte sich Frau Ikram wohl, wird die deutsche Kollegin das mühelos schaffen. Schließlich steht das Tübinger Stift für „Das älteste Systemprogramm des deutschen Idealismus". Allerdings hatte ich mich nie systematisch mit der Epoche befasst, und angesichts der

---

[1] Dieser Beschluss verpflichtete alle Organisationen, die Staatsdoktrin Pancasila als alleinige ideologische Grundlage anzuerkennen.

damals noch sehr mangelhaft ausgestatteten Bibliothek der Universität war es gar nicht so einfach, in wenigen Tagen eine Vorlesung zu einem für mich als Germanistin und Anglistin doch recht entlegenen Sujet vorzubereiten. Meine Zuhörerschaft hätte nicht illustrer sein können: Neben Professor Ikram erinnere ich mich vor allem an den Phonetiker Professor Anton M. Moeliono, einen strengen Linguisten, der sich nicht scheute, das Indonesisch seiner indonesischen Kollegen und Kolleginnen hier und da zu korrigieren, wenn es seinen hohen Ansprüchen an Grammatik und Wortschatz nicht entsprach. Großen Respekt zollte ich Frau Professor Toeti H. N. Heraty Noerhadi-Roosseno, die von allen Ibu Toeti genannt wurde. Sie hatte in den 1970er Jahren zusammen mit Professor Soerjanto Poespowardojo den Grundstein für das Fach Philosophie an der Universitas Indonesia gelegt. Von ihr wusste ich, dass sie nicht nur Klinische Psychologie und Philosophie studiert hatte, sondern sich auch für Frauenreche engagierte. Sie war, so erzählte man sich voller Hochachtung, Simone de Beauvoir persönlich begegnet. Außerdem war Ibu Toeti Mitglied im internationalen PEN-Club, und sie war eine gute Pianistin. Unter dem Motto „For Me Life Begins at 80" spielte sie noch an ihrem 80. Geburtstag im Jahr 2013 mit dem „Jakarta Concert Orchestra" Ravel und Beethoven. Als ich sie einmal in ihrem häuslichen Arbeitszimmer besuchte, lagen dort Bücher in französischer, englischer, indonesischer und holländischer Sprache, die sie alle gleichzeitig zu lesen schien. Neben Ibu Toeti gehörte auch Pater Franz Magnis-Suseno zu meinem prominenten Publikum. Sein 1989 in München erschienenes Buch „Neue Schwingen für Garuda" hatte ich im Rahmen meiner Ausreisevorbereitungen mit großem Interesse gelesen. Magnis-Suseno lehrte Ethik und Politische Philosophie an der Sekolah Tinggi Filsafat Driyarkara (STFD oder STF), mit der die UI eng zusammenarbeitete.

Was ich damals vorgetragen habe, weiß ich nicht mehr, aber ich wurde akzeptiert und durfte im Rahmen einer Ringvorlesung in den Fächern Literaturtheorie und deutsche Philosophie unterrichten. Die gemeinsamen Vorbesprechungen fanden jeweils abends reihum in den Häusern der Kollegen statt. Während des Ramadans war ich an der Reihe und lud für 17:00 Uhr ein. Meine Haushälterin machte mich darauf aufmerksam, dass die Terminierung nicht besonders klug gewesen sei. Auf jeden Fall müsse das Arbeiten vor 18:00 Uhr unterbrochen werden, damit die Muslime unter den Professoren sich vor Sonnenuntergang waschen und beten konnten. Dann musste es bestimmte

Speisen geben, die zum *buka puasa*, dem Fastenbrechen, angemessen waren. Und vor allem musste ausführlich gegessen werden, keinesfalls im Stehen oder gar am Schreibtisch. Meine Haushälterin hatte Recht. Gearbeitet wurde nicht viel an dem Tag, aber ich fand es ganz wunderbar, Gastgeberin eines *buka puasa* zu sein und zu sehen, wie meine Köchin, eine Javanerin aus Solo, deren Mutter Buddhistin war und deren Vater Muslim, die kulturell bunt gemischte Tischgesellschaft souverän zu bewirten wusste.

Diesmal machte Indonesien es mir leicht, mich dem Land anzunähern, denn ich kam in eine vertraute Welt. Mein Leben in den Universitäts- und DAAD-Zirkeln, in der Großstadt Jakarta mit den Sportclubs und internationalen Freunden war nicht so anders als das, was ich aus Deutschland und den USA kannte. Seit Jahrzehnten etablierte Promotionsprogramme, wie sie an den Universitäten, die ich bis dahin erlebt hatte, selbstverständlich waren, mochte es zwar nicht geben, aber zumindest in Deutschland war das Modell der interdisziplinären Graduiertenschulen noch keineswegs verbreitet. Es gab viel zu lernen, und die Aufbauarbeit machte großen Spaß. Die kollegiale Zusammenarbeit der Hochschullehrer war eine sehr schöne Erfahrung. Englisch, die *lingua franca* unter den international ausgebildeten Dozenten der UI, erleichterte das Miteinander außerhalb der Deutschabteilung, an der, was mich beeindruckte, konsequent Deutsch gesprochen wurde, wenn ich im Raum war. Und am Wochenende fuhr man mit dem Kijang ans Meer oder auf den Puncak, denn noch waren die Straßen nicht so voll, dass man lieber zu Hause blieb.

Mein Unbehagen angesichts der *Orde Baru* bestand weiterhin, aber die Kolleginnen der Deutschabteilung und Intellektuelle wie Toeti Heraty und Magnis-Suseno lebten Pluralismus und Toleranz ebenso vor wie meine Hausangestellten. Auch wenn politische Themen und Gesellschaftskritik tabu waren, hinderte niemand mich daran, mit Texten des marxistischen Literaturtheoretikers Terry Eagleton zu arbeiten. Und die damals angesichts Jacques Derridas wachsender Popularität verschärft geführte Debatte über Ideologiekritik im Unterschied zu dekonstruktivistischer Diskurskritik war selbstverständlich Gegenstand der akademischen Diskussionen an der Fakultät. Als ich 1998, inzwischen arbeitete ich in Südafrika, vom Fall des Suharto-Regimes hörte, dachte ich an dieses intellektuelle Klima, das ich erlebt hatte und das – rückblickend schien es mir so – den Despotismus besiegt hatte.

Eine meiner klügsten Studentinnen entschloss sich damals, Anfang der 1990er, einen *jilbab*, eine für indonesische Musliminnen inzwischen weit verbreitete Kopfbedeckung, zu tragen, damals als einzige in der Klasse. Sie beschloss darüber hinaus, einen Mann zu heiraten, den sie noch nie gesehen hatte, auf Empfehlung ihres Religionslehrers. Ihre Kommilitoninnen weinten bei der Hochzeit in der Moschee aus Sorge um ihr Wohlbefinden. Für uns alle war es damals das erste Mal, dass wir in einer Moschee einer Zeremonie beiwohnten. Die Muslime in Indonesien hatten begonnen, sich Gehör zu verschaffen. Minister Bacharuddin Jusuf Habibie hatte 1990 ICMI gegründet, eine „Gesamtindonesische Vereinigung Muslimischer Intellektueller"; Präsident Suharto begab sich 1991 erstmals auf eine Pilgerfahrt nach Mekka. Religion, ab Mitte der 1960er Jahren als Bollwerk gegen den Kommunismus staatlich verordnet, wurde hoffähig. Unter den Studentinnen wurde lebhaft darüber gestritten, ob sie privat bleiben oder öffentlich gemacht werden sollte. Die Studentin, die sich für das Kopftuch entschieden hatte – ihre Arbeit über Günther Grass' „Katz und Maus" hatte sie mit Bestnoten abgeschlossen – erzählte mir später, die Auseinandersetzung mit dem Koran, die ernsthaften Gespräche mit ihrem Imam hätten ihr die intellektuelle Nahrung gegeben, die sie an den Schulen Jakartas nie bekommen habe. Zum ersten Mal sei sie nicht allein als hübsche junge Frau, sondern als intelligente Gesprächspartnerin geschätzt worden. Und auch ihr Mann zolle ihr diese Art von Respekt. Für sie war die „Islamisierung" ein Akt der Emanzipation.

Indonesisches Universitätsleben: der Blick nach draußen

Das Ende des alten Jahrtausends hatte Indonesien die Demokratie und mir eine berufliche Veränderung beschert. Ich arbeitete inzwischen für den DAAD, hatte Unterrichtsräume gegen ein Büro getauscht, las Mobilitätsstatistiken statt Hegel und Derrida. Nach Johannesburg hatte ich in Bonn und Tokio gelebt, und als sich die Gelegenheit bot, wieder nach Jakarta zu gehen, musste ich nicht lange überlegen.

Diesmal kam ich nicht als Hochschullehrerin, sondern als Leiterin des Regionalbüros des DAAD, das 1989 im Rahmen eines Kulturabkommens zwischen Bundeskanzler Helmut Kohl und Präsident Suharto für Indonesien beschlossen worden war. Nachdem Holland aus nachvollziehbaren politischen Gründen nicht mehr die erste Wahl für viele

Indonesier war, wenn es darum ging, ihre akademische Ausbildung im Ausland abzuschließen, war Deutschland in den 1950er und 1960er Jahren zur ersten Adresse geworden. Dass der berühmteste „Deutschland-Alumnus", B.J. Habibie, ein in Aachen promovierter Ingenieur, seit 1978 das Amt des Forschungs- und Technologieministers Indonesiens bekleidete, hatte den Studien- und Forschungsstandort Deutschland über Jahrzehnte in ein besonders prominentes Licht gerückt.

1990 hatte ich zusammen mit dem Gründungsdirektor des Büros, Hartmut Glimm, die Büroräume im Summitmas-Gebäudekomplex ausgesucht. „Sie kennen sich doch mit Hochhäusern aus", meinte Herr Glimm in Anspielung auf meine Studienzeit in den USA. „Schauen Sie sich die Immobilie doch bitte auch einmal an!" Eine französische Bank hatte Konkurs angemeldet, und der DAAD konnte nicht nur den Mietvertrag, sondern auch die recht eleganten Möbel kostengünstig übernehmen. Inzwischen war der DAAD innerhalb der Summitmas-Gebäude umgezogen, hatte sich vergrößert, das Personal hatte gewechselt, aber das Ambiente war mir noch sehr vertraut. Ich richtete mich an dem Schreibtisch ein, an dem auch der gescheiterte Bankenchef und nach ihm der erste Leiter der Außenstelle gesessen hatte. Der Gedanke daran, dass ich mir das Büro quasi vor über zwanzig Jahren selbst ausgesucht hatte, amüsierte mich. Die großen Auswahlreisen der 1990er Jahre, in denen der DAAD-Direktor mit weit über hundert Bewerberakten im Alu-Koffer, mit deutschen und indonesischen Auswahlprofessoren durch das ganze Inselreich geflogen war, um an den großen Universitäten Interviews zu führen und geeignete Promotionskandidaten auszusuchen, finden nicht mehr statt. Die Kandidaten und Kandidatinnen wählen heute ihrerseits kritisch unter vielen verschiedenen Stipendienangeboten aller großen Gastländer aus, bewerben sich online und kommen zum Interview nach Jakarta angereist. Viele von ihnen haben mehr als eine akademische Heimat, viele tragen inzwischen ein Kopftuch. Alle sprechen Englisch. Auch über Politik wird inzwischen geredet. Und nicht mehr alle möchten Ingenieur- oder Naturwissenschaften in Deutschland studieren. Politik-, Sozial- und Wirtschaftswissenschaften sind inzwischen ebenso stark nachgefragt.

Die Demokratie fordert überall ihren Tribut. Als das Erziehungsministerium 2013 – erneut – unter Korruptionsverdacht geriet und Tausende von Schülerinnen und Schüler ihre Abschlussprüfungen nicht machen konnten oder anerkannt bekamen, haben junge Leute tagelang vor den Gebäuden des Ministeriums demonstriert. Die Gewerkschaften haben sich Mindestlöhne erstritten, und die Wähler der Metropole Jakarta haben 2012 mit erstaunlicher Mehrheit einen relativ unbekannten Politiker, Joko Widodo, zum Gouverneur gewählt, einzig, weil er offenbar eine „weiße Weste" und eine Erfolgsbilanz vorzuweisen hatte, was Infrastruktur- und Entwicklungsprojekte angeht. 2014 gewann Jokowi, wie er von allen genannt wird, dann auch die Präsidentschaftswahlen. Wird es gelingen, die alten Regierungscliquen allmählich zu entmachten und durch dienstleistungsorientierte moderne Politiker zu ersetzen? Werden die Parteien sich ihrer demokratischen Verantwortung stellen und transparente Wahl- und Entscheidungsmechanismen in Kraft setzen? Wie wird man die Korruption eindämmen können? Darum geht es täglich in den Tageszeiten, in Online-Medien, TalkShows und in den Gesprächen, die man mit Taxifahrern, Kollegen und Studenten führt.

In Hochschulrahmengesetzentwürfen ringen Ministerien mit Universitäten um deren Autonomie und Bildungsgerechtigkeit. Längst nicht mehr geht es allein darum, genügend promovierte Hochschullehrer auszubilden – eine Aufgabe, deren Ende nicht abzusehen ist, angesichts wachsender Bevölkerungszahlen – sondern darum, Hochschule und Lehre international wettbewerbsfähig zu machen. Viele DAAD-Programme wurden regionalisiert. Gemeinsam mit Hochschulverantwortlichen und Verbänden aus ASEAN-Ländern werden Kurse zu Universitätsmanagement und Qualitätssicherung abgehalten. Die ehemals ausschließlich auf Lehre und Ausbildung gegründeten Hochschulen Indonesiens beginnen, sich zu Forschungsuniversitäten zu entwickeln und suchen selbstbewusst Partner in aller Welt.

Das moderne Indonesien ist nicht länger ein von Entwicklungshilfegeldern und machtpolitischen Interessen der westlichen Welt abhängiges Land, sondern selbst eine treibende Kraft im Spiel der aufstrebenden, dynamischen Region. Südostasien und insbesondere Indonesien erlebe ich wie eine riesige Versuchsanordnung in einem Labor. Was aus Indonesien wird, dem viertgrößten Land der Erde, der größten Volkswirtschaft der ASEAN, der drittgrößten Demokratie der Welt und dem Land mit der größten muslimischen Bevölkerung, wird unsere Welt nachhaltig prägen.

Es sind für mich nicht die Reisen aufs Land, die den Reiz Indonesiens ausmachen, denn nach wie vor verstehe ich wenig von den alten Kulturen und Religionen. Nach wie vor beeindrucken mich die Menschen, nicht zuletzt die in den betriebsamen, chaotischen Metropolen, die gelernt haben, gelassen zu bleiben, sich zu gedulden und es im Zweifelsfall mit einem Lächeln zu versuchen. Dass sie es 1998 geschafft haben, einen „Frühling" zu erstreiten, dem zolle ich großen Respekt. Dieser Frühling hat Indonesien die ethnische und kulturelle Vielfalt zurückgegeben, die das Land seit Jahrhunderten geprägt haben. Meine chinesisch-indonesischen Freunde und Freundinnen feiern wieder selbstbewusst ihre opulenten Neujahrspartys mit den goldenen und roten Drachen; mit meinen holländisch-javanisch sozialisierten Bekannten teile ich Kindheitserinnerungen an Ohms und Tanten in Brabant und Gelderland, die uns Hagelslag und Poffertjes bescherten. Zum Geburtstag schenken mir deutsch-indonesische Freunde japanische Origami-Kraniche als Glücksbringer. Und im Büro freuen wir uns über Idul Fitri ebenso wie über Weihnachten. Gemeinsam umarmen wir Großstadtbürger am Pazifik den Zauber der modernen Welt. Der stille Ozean – er ist ein Sehnsuchtsort geblieben.

Wasser und Land
– mein Indonesien und meine Ethnologie

Christoph Antweiler

Korallenriffe, weites Meer, Monsunschauer, Vulkane und Reisfelder: Ich bin ein Freund der landschaftlichen Vielfalt und des Klimas in Indonesien. Ich forsche zwar vor allem zu Stadtkultur in Indonesien, aber wenn ich an Indonesien denke, erscheinen Reisterrassen im Morgennebel vor meinem Auge. Das ist bis heute so, auch wenn ich weiß, dass in fast jedem Reisfeld ein Steinhaus steht und am Rand ein Motorrad vorbeirast. Als Ethnologe mag ich die allgemeinen Umgangsformen der Menschen in Indonesien, und ich liebe die Sprache (auch wenn ich sie nur unzureichend beherrsche). Aber ich sehe manches an diesem Land sehr kritisch, und ich mache mir etwas Sorgen um die Zukunft des Landes.

In diesem Beitrag gebe ich meine Erfahrungen mit Indonesierinnen und Indonesiern wieder und erläutere einige Hoffnungen für die Zukunft des Landes. Neben den Reisen in verschiedenen Regionen Indonesiens beruhen meine Erfahrungen vor allem auf einer Feldforschung in Südsulawesi, wo ich 1991–1992 ein Jahr bei zwei indonesischen Familien in Makassar lebte. Hinsichtlich Prognosen bzw. Wünschen greife ich auf meine Erfahrungen des rapiden Wandels auf Reisen zwischen 1987 und 2013 zurück. Insbesondere die fast jährlichen Wiederbesuche als Familie bei den Familien zeigten mir, wie sich Indonesien im Zeitalter der Globalisierung verändert und wohin der zukünftige Wandel gehen mag.

Von meiner Kritik und meinen etlichen Sorgen behandele ich hier nur zwei, die mir als Ethnologe wichtig sind. Direkt oder indirekt haben beide mit dem nationalen Motto *Bhinneka Tunggal Ika* und anderen Aspekten der *Pancasila* zu tun. Meine Sorge gilt zum einen dem vielfach problematischen Umgang mit kultureller Vielfalt. Weiterhin besorgt mich die eindeutig zunehmende religiöse Intoleranz sowohl im indonesischen Islam als auch bei Christen. Meine Hoffnung ist eine Orientierung Indonesiens hin zu säkularen und humanistischen Werten. Dabei baue ich auf die Erfahrung der Indonesier mit kosmopolitischen Traditionen.

First Contact nach Umwegen: Wie entstand mein Kontakt zu Indonesien?

Wir schreiben das Jahr 1975. Ich studiere an der Universität zu (!) Köln. Mein Fach ist Geologie-Paläontologie und meine Nebenfächer Mineralogie und Chemie. Schon seit dem Gymnasium habe ich aber ein starkes Interesse an der Ethnologie. Am „Institut für Völkerkunde", wie es damals noch heißt, mache ich sogar Seminare mit und erlange Scheine, obwohl ich gar nicht dafür eingeschrieben bin. Die Folge ist, dass mein Stundenplan in den ersten Semestern mit rund 38 Stunden gefüllt ist. Es dauert nicht lange, bis ich das Rautenstrauch-Joest-Museum für Völkerkunde besuche. Es ist noch im alten Gebäude am Ubierring nahe dem Rhein. Das Gebäude ist zwar nicht so groß wie etwa das Überseemuseum in Bremen, das Völkerkundemuseum in Hamburg oder das Museum in Berlin-Dahlem. Aber der Bau beeindruckt mich doch: eine Kathedrale der Kulturen mit einem großen Treppenhaus. Ich gehe zuerst zu den Indianern Nordamerikas und sehe mir dann die Abteilungen zu Afrika und Asien an. Erst nach Stunden komme ich im oberen Stockwerk an. Was sehe ich? Masken, Batik-Stoffe, Fischreusen aus Bambus und Schwarzweißbilder von Reisfeldern. Ich bin zum ersten Mal ... in Indonesien. Zunächst aber nur im Kopf.

Kurz nach dem Beginn des Studiums lerne ich meine jetzige Frau, Maria, kennen. Sie studiert keine Ethnologie, sondern etwas „richtiges": Mathematik. In ihrem Lehramtsstudium studiert sie als Zweitfach Theologie. Aber sie hat ein starkes Faible für Reisen. Wie sie mir schon am Tag unseres Kennenlernens während einer Fête der Geowissenschaften sagt, träumt sie seit Kindestagen davon, weite Reisen zu machen. Deshalb wollte sie als Mädchen einmal Stewardess werden. Sie zieht es vor allem nach Asien. Sie fährt spontan bei einer Reise nach Sri Lanka mit, die ich mit Freunden geplant habe.

Jahre später, 1981, hat meine Frau ihre erste Abschlussprüfung, in Theologie, ihrem Zweitfach. Gegenüber der noch kommenden Mathe-Prüfung sollte die eine Kleinigkeit sein. Dennoch gehe ich als Begleitkommando mit. Es stellt sich aber heraus, dass der Prüfer krank ist. Wir sind etwas frustriert und suchen Ablenkung. „Lass uns ins Völkerkundemuseum gehen!", Maria sagt: „Na, ja ... meinetwegen." Museen sind damals noch nicht gerade ihre Leib- und Magenspeise. Aber ich sage: „Doch, komm, ich zeig' dir mal Indonesien." Also schleife ich sie ins Rautenstrauch-Joest-Museum. Wir schauen uns die Abteilungen zu anderen Kulturräumen schnell an, um dann in das obere Stockwerk zu gehen – „nach Indonesien". Wir sehen Fotos balinesischer Reisfelder und Tempel. Wir stehen vor Vitrinen mit Stoffen aus Java und ich doziere: „Maria, guck ma' hier. Java. Das ist das kulturelle Zentrum. Nassreisanbau ... das ist auch total dicht besiedelt, etwa wie das städtische Holland." Dann kommen wir zu den Kulturen Sumatras. Ich schwärme: „Sumatra ... wunderbar, ... das kenn' ich von den dicken Zigarren meines Vaters." Dann sehen wir Fischreusen und andere Gegenstände aus Sulawesi. „Das hieß früher Celebes. Bei uns zu Hause kam bei Besuchen im Elefantenhaus des Zoos unweigerlich der Reimspruch: ‚Der Elefant von Celebes hat hinten etwa Gelebes, der Elefant von Borneo, der hat dasselbe vorneo.'" Dann sehen wir eine große Karte Indonesiens: „Da *müssen* wir hin! Für meine Doktorarbeit muss ich ja sowieso Feldforschung machen. Ein Jahr dort leben und forschen. In Indonesien wäre das bestimmt spannend, egal über was für ein Thema." Meine Frau sieht die vielen Inseln und lästert angesichts der kolonialen Schwarzweißbilder über die „Hottentotten" und fasst trocken zusammen: „Du bist bekloppt!"

Im Studium hatte ich zunächst weniger Interesse an Südostasien, sondern vielmehr am indischen Kulturraum, also an Südasien. Im Ethnologie-Studium besuchte ich Vorlesungen und Seminare bei Friedrich W. Funke zu Indien und Nepal. Er bot z. B. einen Zyklus mit Vorlesungen zu Indien an, und das über sieben Semester hinweg. Funkes Ausrichtung war zwar weniger konkret ethnologisch, sondern vor allem kulturgeschichtlich. Außerdem kritisierten wir als Studenten den Stil seiner Darbietungen: „Wie in der Volkshochschule!" Mich zog es dennoch an, und so bekam ich neben endloser Kulturgeschichte auch viel über die gegenwärtigen Lebensformen in Südasien mit. Funke zeigte auch Hunderte von wunderbaren Dias im Großbildformat. Das entfachte bei mir ein starkes Interesse an Indien, Nepal, Sri Lanka und Bangladesch. Entweder mit meiner Frau oder mit meiner Mutter, einer echten „Reisetante", machte ich dann 1979, 1980 und 1983 Reisen nach Sri Lanka. Als Student habe ich 1978 auch an einem mehrwöchigen Feldpraktikum im Vorderen Himalaya in Nepal teilgenommen. Dazu verfasste ich meinen ersten Artikel in einer wissenschaftlichen Zeitschrift. Trotz meines Interesses an Indien, Nepal und Sri Lanka hatte ich über all die Jahre des Studiums immer wieder Indonesien im Kopf: dampfende Reisfelder und filigrane Tempel.

Teilnehmendes Forschen mit Indonesiern

In den 1980er Jahren bereisten meine Frau und ich dann jeweils eine der großen Inseln. Zuerst waren wir auf Java, dann auf Sumatra und schließlich auf Sulawesi. Wir wollten nicht durch den riesigen Archipel rasen, sondern ganz langsam reisen. Der Preis der Langsamkeit war, dass wir so manche *musts* nicht gesehen haben oder erst viel später besuchten. Wir interessierten uns vor allem für das Alltagsleben. Nebenbei wollte ich immer schauen, wo es thematisch interessant sein könnte, ethnologisch zu forschen. Das Grundprinzip ethnologischer Feldforschung (*fieldwork*) ist der stationäre Aufenthalt bei Menschen und das Leben mit ihnen. Ein Feldaufenthalt ist also etwas anderes als eine lange Reise. Er sollte mindestens ein Jahr dauern, damit man die Zyklen des Klimas und des Lebens, also etwa der Wirtschaft und der Rituale, mitbekommt. Deshalb sprachen Maria und ich auch oft darüber, wo wir gern einmal ein Jahr leben würden. Die Gespräche verliefen zunächst etwa so. Ich sage (z. B. in Pekanbaru): „Hier ist es wie in einer Stadt der amerikanischen *frontier*: echte Goldgräberstimmung. Hier könnte ich mal gut forschen." Dazu sagt Maria nur: „Bei dir piept's wohl. Wie wollen wir denn hier leben … und wie soll ich hier leben?"

Unsere Wahl fiel schließlich auf Makassar in Südsulawesi, das damals noch Ujung Pandang hieß. Ich führte dort 1991-1992 eine empirische Forschung durch, in der ich alltägliche Entscheidungen am Beispiel von Umzügen in der Stadt untersuchte. In dieser Millionenstadt kommen romantische Feldforschungsideen nicht auf. Nigel Barley bringt es in gewohnt sarkastischen Worten auf den Punkt: „Die Stadt Ujung Pandang war eindeutig nicht das Gelobte Land des Ethnographen. Sie war heiß, staubig und nur unwesentlich kühler als Surabaya" (Barley 1994:64). Touristen machen hier nur kurz Station, um sich das koloniale Fort Rotterdam anzusehen und dann ins Torajaland weiterzufahren. Uns gefiel diese lebendige Hafenstadt kurz unter dem Äquator aber schon beim ersten Besuch 1989. Makassar ist heute eine indonesische

Regionalstadt und war früher die Hauptstadt eines vorkolonialen Reiches: Gowa-Makassar. Dieses regional bedeutsame Reich ist – wie die Reiche der Bugis – bekannt für eine ungewöhnlich detailreiche indigene Geschichtsschreibung (vgl. Patunru 1967, Bulbeck 1992, Muhlis 1993, Cummings 2002, Gibson 2005). Makassar ist eine Hafenstadt mit multikultureller und auch kosmopolitischer Tradition (Mangemba 1972, Sutherland 1986, 1989, Reid & Reid 1988). Weltsystemisch gesehen ist die Stadt eine Regionalmetropole in der Peripherie. Schließlich ist Makassar Zentrum einer besonders stark islamisch geprägten Region Indonesiens, in der die Menschen zwar in den Städten nicht ethnisch segregiert wohnen, aber strikte ethnische und religiöse Kategorien den Alltag bestimmen (Antweiler 2002).

Während des Forschungsjahrs lebte ich mit meiner Frau und unserem kleinen Sohn Roman ein Jahr bei einer Familie am Stadtrand. Meine Frau Maria, damals bei einer internationalen IT-Firma in Köln tätig, hatte ein Jahr Elternzeit genommen. Wie in den meisten ethnologischen Feldforschungen hatte das ständige Sprechen und Zuhören methodisch die größte Bedeutung. Zum systematischen Verständnis der Lebensweise und für die Klärung spezieller Fragen sind andere systematische Verfahren der Befragung und Beobachtung nötig. Die sprachlichen Daten wurden in der indonesischen Nationalsprache (*Bahasa Indonesia*) gesammelt. Englisch ist in Makassar zwar sehr en vogue; vor allem die Jugendlichen wollen Englisch lernen und sprechen Touristen an, aber kaum ein Mensch beherrscht mehr als „Hello Mister!" Nach der stereotypen Wendung „I want to practice my English" geht aber jedes Gespräch schnell in Lächeln, Gestik und Mimik über, wenn man kein Indonesisch kann. Nach etlichen vorherigen Aufenthalten in Indonesien habe ich die Sprache in Kursen, per Selbststudium und mit einem indonesischen Freund in Köln gelernt. Meine Frau lernte die Sprache vor Ort durch den täglichen Umgang in der Familie und mit ihrer Lehrerin Lae. Die lokalen Sprachen (Makasarisch[1], Buginesisch, Mandaresisch, Toraja) beherrsche ich nicht. *Bahasa Indonesia* ist hier wie

---

[1] Eine der bedeutenden in der Stadt vertretenen Ethnien hat denselben Namen wie die Stadt und zu dieser Ethnie gibt es verschiedene Schreibweisen. Zur Unterscheidung schreibe ich die Stadt mit zwei „s" (Makassar) und die Ethnie mit einem „s" (Makasar).

zumeist im Land die allgemeine Verkehrssprache zwischen den Angehörigen verschiedener Ethnien.

In Makassar spricht man selbst in ethnisch einheitlichen Haushalten im Alltag meistens *Bahasa Indonesia*, wie das mittlerweile in vielen größeren Orten Südsulawesis der Fall ist. In dieser Region, wo Menschen verschiedener Ethnien jeden Tag nicht nur in der Arbeitswelt, sondern auch in ihrer Wohnumgebung miteinander umgehen, ist Indonesisch das wichtigste Kommunikationsmittel. Viele Menschen kennen andere Lokalsprachen recht gut, aber selten nur beherrschen sie diese wirklich soweit, dass sie sich damit differenziert ausdrücken können. Demzufolge wird Indonesisch im städtischen Kontext nicht etwa als die Sprache der dominierenden Nationalkultur angesehen. Somit kann ich die alltägliche Konversation und Interviews in dieser Sprache selbst durchführen und bin nicht auf Übersetzer angewiesen.

Außer dem alltäglichen Leben in den zwei Familien erlebte ich etliche besondere einzelne Ereignisse und nahm an periodischen Aktivitäten in der Nachbarschaft teil. Ich erlebte während des Jahres als Gast zehn Hochzeiten, zwei Beerdigungen, zwei Geburtsfeiern, sieben Treffen von rotierenden Sparvereinigungen der Frauen (*arisan*), mehrere Feiern zum Ende des Ramadan (*Idul Fitri*) und zu *Idul Adha*, vier Veranstaltungen zur Feier von Mohammeds Geburtstag (*acara maulid*[2]), ein Volksfest zur Unabhängigkeit, eine Sitzung der lokalen Wohlfahrtsorganisation Pembinaan Kesehjateraan Keluarga (PKK) und einige Feiern im Kindergarten und in der Mittelschule. Etliche Feiern konnte ich bei Wiederbesuchen nach der Feldforschung 1992, 1996 und 1997 nochmals verfolgen. Im engeren Sinn teilnehmend war meine Rolle bei einem Wohltätigkeitsbasar einschließlich der wochenlangen Vorbereitungen und bei der gemeinschaftlichen Säuberung des Viertels (*kerja bakti*) im August. In fast jeder Woche nahm ich mehrmals am Volleyball, am Badminton und am Fußball teil. Meine Frau beteiligte sich über mehrere Monate am Badminton einschließlich eines Turniers, das Frauen vorbehalten war (vgl. Blechmann-Antweiler 1997, 2001).

---

[2] Indonesischsprachige Termini sind in der von mir lokal dokumentierten Form wiedergegeben, also teilweise nicht in lehrbuchgerechter Form.

Mit Indonesiern wohnen

Wie wohnen[3] wir hier? Ich beschreibe die eigene Wohnsituation bei der ersten von zwei Familien, bei denen wir während der einjährigen Feldforschung von Anfang Februar 1991 bis Ende Januar 1992 gewohnt haben. Wir, d.h. meine Frau Maria, mein zu Beginn der Feldforschung 6 Monate alter Sohn Roman und ich, wohnen zur Miete in Pak[4] und Ibus Familie am Stadtrand von Makassar im Stadtteil Rappocini. Pak ist kleiner Beamter, ethnisch ein Mandar und 42 Jahre alt. Er stammt aus dem Ort Majene im Norden Südsulawesis, eine Tagesfahrt mit dem Auto oder Bus entfernt. Seine Frau ist eine Bugi; sie kommt aus Soppeng in den Bergen nordöstlich der Stadt. Er trägt den Adelstitel *Aco*, sie den Bugi-Titel *Andi*. Sie haben zusammen vier Kinder: Idi (8 Jahre), Ita (5), Uni (3) und Kikin (1½). Außer den Eltern, den vier Kindern und uns dreien wohnen noch eine Nichte (18) und ein sechzehnjähriges Mädchen, welches hier die Schule besucht und als Gegenleistung für die Familie arbeitet, im Haushalt. Pak arbeitet in einem Büro der Stadtverwaltung als Beamter, Ibu ist Hausfrau und betätigt sich nebenbei im Kleinhandel. Durch einen mit mir befreundeten Malaiologen, der in früheren Jahren bei einem Studienaufenthalt in Makassar länger bei dieser Familie gewohnt hat und auch danach mit ihr in Kontakt blieb, hatte die Familie von Ibu und Pak also schon intensive Erfahrungen mit Fremden; Europäern und Nicht-Islamgläubigen. Das ist eine vorteilhafte Ausgangslage besonders in einer Stadt, in der es kaum Touristen gibt und nur wenige Europäer leben, wo aber der Islam eine zentrale Rolle im Alltagsleben spielt. Ein solcher Mittelstandshaushalt ist typisch für viele Haushalte in dieser Verwaltungsstadt und damit ein guter Ausgangspunkt. Da wir als Familie während des einjährigen Feldaufenthaltes in einer indonesischen Familie und nicht separat wohnen wollten, kommt es uns entgegen, dass diese Familie ebenfalls Kinder hat.

Pak kam 1980 nach Rappocini, um eine höhere Schule zu besuchen. Damals gab es hier nur wenige Häuser und noch keine befestigten Wege. In dieser Nachbarschaft, wo es bis vor fünfzehn Jahren nur Reisfelder gab, ist Pak einer der älteren Siedler. In der Nähe existierten

[3]   Die folgenden Erfahrungen berichte ich bewusst im Präsens.
[4]   Sämtliche Personennamen sind dreibuchstabige Pseudonyme.

jedoch schon einige geschlossene *kampung*. Das Haus, das Pak und Ibu besitzen, liegt an einem der schmalen asphaltierten Wege. Es ist ein einstöckiges Steinhaus, das 12 x 24 m misst und sechs Zimmer umfasst. Die Familie besitzt ein Motorrad, ein Fernsehgerät, einen kleinen Gasherd, eine Brunnenpumpe, aber keinen Kühlschrank. Ein gusseisernes Tor sichert den kleinen Vorhof gegen den Weg hin ab. Rechts neben dem Haus ist ein freies Feld. Hier spielen Kinder Ball, lassen Drachen steigen, oder es weiden Kühe, die von woanders her durchs Viertel getrieben werden. Hier liegen auch stinkender Unrat, Schlachtabfälle, Lumpen, durchweichte Matratzen, und es finden sich Öllachen. Links des Hauses und daneben befinden sich ähnliche Häuser, die alle mit Zäunen umgeben sind. Nach hinten schließt sich ohne Zaun das Grundstück und das Haus von Nachbarn an. Auch hier häuft sich direkt vor dem Küchenausgang verwesender Unrat. Der Weg (*lorong*) bildet am freien Feld mit einem anderen *lorong* eine Kreuzung, wo eine untere (*Sekolah Menengah Pertama*, SMP) und eine obere Sekundarschule (*Sekolah Menengah Atas*, SMA) liegen. Das Feld, die Kreuzung und der Schuleingang sind Treffpunkte vor allem der Kinder und Jugendlichen.

Wir leben in einem drei x fünf Meter großen Zimmer, in dem ein Tisch, ein großes Regal und ein zwei x zwei Meter messendes Bett stehen. Der Raum hat nach innen eine Tür zum Aufenthaltsraum der Familie und außerdem ebenfalls zu diesem Raum hin Lochziegel in der Wand. Sie lassen den Blick auf einen Teil unseres Zimmers zu; nur der Bereich hinter dem Regal und vor oder auf dem Bett ist vor Blicken geschützt. Es gibt ein Fenster und eine Tür, die auf eine Auffahrt zum Weg hinausführt. Das zweite, kleinere Fenster blickt auf ein links neben dem Haus liegendes freies Feld und eine Wegkreuzung. Neben diesem Schlafraum nutzen wir einen kleineren Raum seitlich des Aufenthaltsraumes zum Essen und für die Arbeit am Computer.

Ich gebe im Folgenden ein kurzes Profil der erwachsenen Haushaltsmitglieder der ersten gastgebenden Familie, so wie ich und meine Frau sie erlebt haben. Ibu, die Mutter, ist enorm lebhaft, zielstrebig und versteht sich als Führerin. Sie wechselt gern zwischen todernster Miene und größter Albernheit. Sie ist stark auf ihre eigenen Interessen und die des Haushalts konzentriert und verfolgt diese zielorientiert, oft geradezu in strategischer Weise. Dieser Strategien ist sie sich auch bewusst, und sie legt sie des Öfteren von sich aus offen. Nichtsdestotrotz ist *malu-siriq* (Scham und Ehre; vgl. Lineton 1975, Marsuki 1995, Hamid et al. 2007) ein zentrales Thema für sie. Ihr Mann Pak ist viel ruhiger als Ibu. Er redet leiser, bewegt sich langsamer und wirkt insgesamt gesetzter. Er ist manchmal kritisch oder sarkastisch; in erster Linie aber ein national-loyaler Beamter. Wenn er zu Hause ist, kümmert er sich öfters intensiver und mit wesentlich mehr Körperkontakt um die Kinder, als Ibu dies tut. Sowohl Pak als auch Ibu befolgen die islamischen Regeln, sind aber in keiner Weise streng islamisch. Die zentralen Lebensthemen für die Studentin Ber sind „Wissen(schaft)" (*ilmu*) und „künstlerische Fähigkeiten" (*ketrampilan*). Das gilt sowohl für ihr Studium als auch für ihre Arbeit in der islamischen Organisation *Nahdlatul Ulama* (bzw. *Nahdatul Ulama*, NU). Sie stellt zu Hause kunstvolle kleine Bilder oder Blumen aus Papier, Holz oder Stoff her und erfreut damit die Familie, oder sie verkauft die kleinen Kunstwerke hin und wieder für einen wohltätigen Zweck. Die Schülerin Nur, die in der Familie lebt, ist ein fröhlicher und dynamischer Mensch, den kaum etwas erschüttern kann. Sie leistet mit Abstand die meiste Arbeit im Haus und singt häufig dabei. Vor allem versorgt sie die Kinder; für den Kleinsten ist sie die eigentliche Mutter. Durch diese Rolle hat sie Profil und Autorität gewonnen. Sie gilt als Mitglied der Familie. Deshalb hat sie trotz der Arbeit eine andere Stellung als es eine Haushilfe (*pembantu*) hätte. In Abwesenheit von Ibu übernimmt sie die Führung des Haushalts.

Tab. 1: Verhaltensregeln im Alltagsleben, zusammengetragen anhand der für mich selbst am Anfang der Feldforschung festgehaltenen Hinweise

- Setze dich nur in den Gästeraum (*ruang tamu*), wenn du dazu aufgefordert wirst oder wenn du selbst von Gästen besucht wirst (weil du so die Gäste ehrst und die Hauseigner nicht beschämst).
- Setze dich als Mann nicht direkt neben Ibu. Setze dich, wenn mehrere Menschen im Gästeraum zusammensitzen, unter die Männer. Vermeide es, auch wenn wenig Platz ist, eine der Frauen an der Schulter zu berühren.
- Schlage die Beine beim Sitzen unter den Körper oder in eine Richtung, in der keine Person auf gleicher Höhe sitzt.
- Wenn du im Haus jemanden rufen willst, beachte, ob diese Person nicht etwa gerade betet.
- Lasse deine Schuhe vor der Veranda oder besser vor dem eigenen Zimmer stehen.
- Ziehe dich nur um, wenn du wirklich nicht sichtbar bist (trotz der Fenster, Wanddurchbrüche und unangekündigtem Eintreten anderer ins Zimmer).

- Rede Pak und Ibu nur mit „Pak" und „Ibu" und nicht mit ihren persönlichen Namen an (Teknonymie), um sie nicht zu „beschämen" (*malu-siriq*).
- Konsumiere keinen Alkohol im Haus (wegen des islamischen Verbotes).
- Konsumiere teure Nahrungsmittel, wie z. B. Erdnussbutter, möglichst im Verborgenen, um keinen Neid zu erzeugen, oder biete der Ibu jedes Mal etwas davon an.
- Schenke der Familie des Öfteren etwas, besonders dann, wenn du aus der Innenstadt zurückkommst.
- Frühstücke einfach und im eigenen Zimmer (weil Frühstück hier unüblich ist).
- Iss mit Messer und Gabel, auch wenn es mit der Hand besser schmeckt (weil du ein „Westler" bist und weil kein Fremder denken soll, in diesem Haus gäbe es keine Gabeln).
- Ziehe abends die Gardinen zu (damit dich die Nachbarn nicht sehen können).
- Vergleiche in Gesprächen Indonesien mit Deutschland nur beschreibend (um keine nationalindonesischen Gefühle zu verletzen).
- Gehe immer sauber gekleidet durchs Viertel (weil Kleidung einer der wichtigen sozialen Marker ist und weil du kein Tourist bist).

Rollen und Regeln

Welche Rolle nehmen wir selbst in dieser Familie ein? Von Anfang an bezeichnen uns Pak und Ibu mittels des einschließenden „wir" (*kita, keluarga kita*) als Mitglieder der Familie. Damit werden wir unterschieden von Gästen (*tamu*). Wir haben schon in Briefen aus Deutschland signalisiert, dass wir „etwas über das Alltagsleben lernen möchten". Ibu übernimmt denn auch von Anfang an uns gegenüber die Rolle einer Lehrerin: „Ich bin die Lehrerin, ihr die Schüler" (*saya guru, Anda mahasiswa*). Sie sagt ausdrücklich, dass sie sich als unsere „kulturelle Lehrerin" versteht und uns „das *Adat* von Südsulawesi" (*adat Sulawesi Selatan*) bzw. die „indonesische Lebensart" (*kehidupan/hidup Indonesia*) beibringen will. Die ersten Hinweise und Korrekturen gelten vor allem der Bekleidung und den Normen der Raumnutzung und der Bezeugung von Respekt. Ibu lobt uns z. B. mit den Worten „ja, (ihr) könnt es!" (*ya, pintar!*), weil wir lange Hosen und meine Frau einen Büstenhalter trägt, wir die Schuhe vor dem Haus ausziehen und Gegenstände nur mit der rechten (durch die linke nur unterstützten) Hand übergeben. Diese Rolle der Lehrerin nimmt sie auch ausdrücklich gegenüber dem Mädchen ein, das im Haus wohnt. Andersherum ist sie selbst wiederum unsere Schülerin, besonders die meiner Frau, bezüglich der englischen Sprache, die sie lernen will.

Als Beispiel dafür, welche Aufschlüsse das unmittelbare Zusammenleben erbrachte, und als Hinweis darauf, dass das Leben in einer Familie bestimmte Aspekte besonders erschließt, aber auch andere Einsichten ausblendet und die Freiheiten bei der Forschung einschränkt, nenne ich in Tab. 1 Verhaltensregeln, die im Alltag gelten. Da mir von Ibu die Rolle des Schülers zugewiesen wurde, schrieb ich schon bald nach der Ankunft etliche Normen in meinem Tagebuch in Form von Verhaltensmaßregeln auf, die ich berücksichtigen wollte. Die Übersicht zeigt, dass sich die Regeln insbesondere auf den Umgang der Geschlechter und die Nutzung von Räumen beziehen und häufig in Verbindung entweder mit dem Islam oder mit dem schon erwähnten Verständnis von Ehre-und-Scham (*malu* bzw. *siriq*, Makasar) stehen. Unser Tagesablauf ist durch die Wohnsituation und die Arbeitszeiten der Befragten teilweise vorgegeben und ist in folgender Tabelle dargestellt. Die Angaben sind gemittelt und basieren auf vier Zeitbudgets, die ich im Laufe des Jahres aufgenommen habe.

Tab. 2: Tagesablauf während der Feldforschung (nach Feldtagebuch)

5.10 bis 7.00 bzw. 8.00 Uhr	Rundgänge im Viertel, Literaturstudium, Interviewvorbereitung
7.00/8.00 bis 8.00/9.00 Uhr	Frühstück
8.00/9.00 bis 12.00/13.00 Uhr	Interviews, Ämtergänge, Expertengespräche, Kartierung
12.00/13.00 bis 14.00/15.00 Uhr	Mittagessen, Mittagsruhe, Spiel mit Sohn
14.00/15.00 bis 18.00/19.00 Uhr	Interviews, Informantenbesuche, Festbesuche
18.00/19.00 bis 18.30/19.30 Uhr	Abendessen
18.30/19.30 bis 21.00/23.00 Uhr	Fernsehen mit Familie, Festbesuche, Sport, Dateneingabe
22.00/23.00 bis 5.10 Uhr	Schlafen

Ich zog mit meiner Familie selbst einmal in der Nachbarschaft um. Wir zogen ebenfalls in ein angemietetes Zimmer bei einer zweiten Familie, die nur ca. 300 Meter von der ersten Gastfamilie entfernt wohnte. Dies erlaubte es uns, die erste Familie weiterhin täglich zu besuchen.

Ursprünglich waren mehrere Umzüge geplant. Mittels dieses Vorgehens wollte ich eigene Erfahrungen mit der Ortsveränderung in der Stadt machen und solchen Voreingenommenheiten entgegenwirken, die durch stationäre Feldforschung allzu leicht entstehen. Gregory & Altman stellen dazu fest:

> „Research populations are never fixed; … The very nature of ethnographic research tends to emphasize residence at one location and the ethnographer may sometimes be the least mobile member of a community." (1989:57)

Mehrere Umzüge erwiesen sich aber als nicht machbar, da es in der Nachbarschaft, im Gegensatz zu einzelnen leer stehenden Häusern, nur wenige freie Zimmer in Familienhaushalten gab. Doch auch dieser eine eigene Wohnortswechsel eröffnete wichtige Einsichten, vor allem in die qualitativen Hintergründe und Konsequenzen von Umzügen. Aufschlussreich war der Umzug z. B. hinsichtlich des alltäglichen Diskurses zu räumlicher Mobilität, auch wenn dieser selbstverständlich dadurch besonders gefärbt war, dass wir nicht zur einheimischen Bevölkerung gehörten. Es wurde klar, wie man in Rappocini über Umzüge und Migration normalerweise redet, und zwar nicht in einer Befragung über vergangene oder hypothetische Ortswechsel, sondern in der aktuellen Situation. Insbesondere wurden dabei Kriterien der Bewohner für die Wahl von Wohnungen deutlich. Die langwierige Suche und die zahlreichen Tipps von vielen Seiten erbrachten wertvolle Einsichten, z. B. wie klein der Kreis der Nachbarschaftsbeziehungen bei vielen Haushalten ist und welche Rolle Images von Nachbarschaften spielen. Vor allem wurde deutlich, wie wichtig Überlegungen zu sozialem Prestige (*social location*) bei der Wohnortswahl in Makassar sind. In der zweiten Familie lebten wir bei wirtschaftlich etwas besser gestellten Leuten ebenfalls zur Miete. Das Ehepaar war wiederum ethnisch gemischt, aber sie gehörten anderen ethnischen Gruppen an als die Mitglieder der ersten Familie: Sie war eine Makasar aus Südsulawesi, er ein Minangkabau aus Sumatra.

Ich nahm an vielen Umzügen teil, indem ich Möbel und Einrichtungsgegenstände schleppte. Ferner half ich bei der Aufrichtung eines traditionellen Holzstelzenhauses und beim Bau eines Mietshauses. Dies erschloss mir etliche Details der sozialen Unterstützung bei Ortsveränderungen und erleichterte das Verständnis der Rationalität bei der Planung solcher Tätigkeiten.

Tab. 3 zeigt, in welchen Zeiträumen die größeren Datenblöcke aufgenommen wurden. Diese Abfolge ergab sich aus wissenschaftlichen Erfordernissen in Kombination mit lokalen Gegebenheiten, die ich zu berücksichtigen hatte. Aus diesem Grund sind auch einige andere Tätigkeiten, wie notwendige Behördengänge, verzeichnet. Die qualitativen Daten wurden fortlaufend während des ganzen Jahres aufgenommen.

Tab. 3: Tätigkeiten im Verlauf des Feldforschungsjahrs sowie vorbereitende und nachfolgende Aufenthalte

Zeitraum	Haupttätigkeiten
Vorbereitender Aufenthalt:	
Sommer 1989	Besuch der Provinz, Vorerkundungen und Kontakte in der Stadt
Stationäre Feldforschung:	
Februar 1991	Ankunft, Einleben, Vorstellen, Entrée, Behördengänge
März 1991	Einführung bei Haushalten im Viertel, Basiskartierung, Behördengänge, Sammlung von Dokumenten
April bis Mitte Mai 1991	Offene Beobachtung, Behördengänge, Fotodokumentation
Mitte Mai bis Mitte Juli 1991	Haushaltserhebung und Befragung zur Haushaltsökonomie
Anfang bis Mitte August 1991	Netzwerkbefragung durch Assistentin
Mitte August 1991	Eigener Umzug innerhalb der Nachbarschaft
Mitte August bis Ende September	Erstellung von Matrizen zur Residenzbiographie
Anfang Oktober - Ende November 1991	Erstellung und Validierung von Entscheidungstabellen
November 1991 bis Januar 1992	Kurzbefragungen zu ethnienübergreifenden Überzeugungen (folk definitions)
Dezember 1991	Triadenvergleiche und Rankings zur Wohnumweltkognition, Triaden und Sortierungsaufgaben zu Ethnizität, Gespräche mit Hauptinformanten zur Sozialgeschichte, Abfassung des Abschlussberichts für LIPI, Fragebogenerhebung zum Vergleich und Hypothesentest

Januar 1992	Beobachtungsindices zu wirtschaftlicher Ungleichheit, Befragungen bei Neuumziehern, Sammlung von Dokumenten zur Stadtplanung, Abschied in Nachbarschaft, Abschiedseinladung, Vortrag über erste Ergebnisse in *IKIP*-Universität, Behördengänge, Fotos, Rückreisevorbereitung
Nachherige Aufenthalte:	
September 1992	1. Wiederbesuch des Stadtteils und der Gastfamilien; Erhebung von zusätzlichen Daten
1993-2013	Fast jährliche Wiederbesuche

Lokale Politik und Entrée ins Feld

Bezüglich der Etikette kann man kaum anderswo in Indonesien so viel falsch machen wie in Südsulawesi. Das zeigen auch die Erfahrungen anderer Kolleginnen und Kollegen, die sich in der Region auskennen (Rössler, mündl. 1990, Tauchmann, mündl. 1994). Die soziale Verortung ist ein dominantes Kulturthema (Millar 1989). Wer bin ich, wie ist mein wirtschaftlicher Stand, wo ist meine soziale oder politische Position? Dies ist eng mit der Vorstellung von *malu-siriq* verknüpft, und es besteht ein latenter Hang, schlecht über andere zu reden. Das ist trotz gegenteiliger Normen sehr verbreitet. Besonders bei den Makasar gehört es zum Selbstbild, dass Makasar andere gern erniedrigen, um sich selbst zu erhöhen (Rössler 1990 und Röttger-Rössler 1991:205, vgl. Acciaioli 1991 zu den Bugis). Im städtischen Rahmen gewinnt dies durch die hierarchische Dimension in der allgegenwärtigen Bürokratie noch eine verstärkte Bedeutung (Conkling 1975).

In einem sozial und ethnisch so vielfältigen Feld, wie es Makassar ist, musste ich mich bei verschiedenen Personen in unterschiedlicher Weise einführen. Dies betraf Familien unterschiedlicher Lebenslage in der Nachbarschaftseinheit, Schüler und Studenten, spezielle Interviewpartner, Beamte lokaler Instanzen, Beamte in städtischen Behörden und Experten, die außerhalb der Nachbarschaft lebten. Ich beschreibe die komplizierte Gestaltung des Entrées hier ausführlich, weil diese selbst Aufschluss über die komplexe Lebensform in Rappocini gibt. Obligatorisch ist die Vorstellung bei der Immigrationsbehörde und verschiedenen anderen Ämtern. Sie geben mir Briefe für die jeweils weiter unten stehende Instanz bis herunter zur Gemeinde (*kelurahan*) Rappocini. Ein

Vorstellen bei den Vorstehern der Bürgerorganisation RW und der Nachbarschaftsorganisation RT ist nicht vorgeschrieben, aber selbstverständlich. Pak schlägt mir dann auch nach wenigen Tagen vor, dass ich mit ihm den Vorsteher des RT besuche, um mich vorzustellen. Er kennt ihn, da dieser Mandar ist und aus der gleichen Gegend wie er selbst stammt. Eines Abends geht Pak mit mir ein paar Häuser weiter zu dessen Haus und dieser empfängt uns freundlich. Pak stellt mich als „Wissenschaftler („Gelehrter"; *ahli*) aus Deutschland" vor. Ich wolle dieses Viertel erforschen und fragen, ob er damit einverstanden sei. Der Vorsteher ist erfreut über diese Respektsbezeugung und sagt, das sei überhaupt kein Problem. Er erzählt dann gleich einiges über die Struktur und die Geschichte Rappocinis. In der näheren Umgebung war er, der 1977 hierher zog, einer der ersten Bewohner, und er ist stolz darauf.

Bald wird aber klar, dass ich mit dem Besuch bei dem Vorsteher des RT zwar formal eingeführt bin, damit aber noch nicht bei den Bewohnern der Nachbarschaft. Der RT-Vorsteher spielt hier nämlich offenbar nur eine geringe Rolle im sozialen Leben. Vielen Bewohnern ist er namentlich nicht bekannt. Etliche Familien wohnen noch nicht lange im Gebiet und eine traditionelle Elite, über deren Einverständnis zu meinem Aufenthalt ich mich bei den Bewohnern einführen könnte, ist ebenfalls nicht deutlich auszumachen. Es erscheint mir deshalb, abgesehen von ethischen Überlegungen, angebracht, mich bei jedem Haushalt einzeln vorzustellen, bevor ich mit Befragungen beginne. Ich entscheide mich also, von Haus zu Haus zu gehen, mich vorzustellen und mein Hiersein zu erläutern. Ich befürchte, ein unangekündigter Besuch könnte für die Menschen unangenehm sein. Daher gehe ich im ersten Monat jeden Morgen nach dem Sonnenaufgang zwischen kurz nach fünf und etwa halb acht Uhr in der weiteren Nachbarschaft spazieren. Dabei habe ich meinen kleinen Sohn Roman auf dem Arm. Da die meisten Türen der Häuser morgens aufgehen, werde ich sehr häufig angesprochen. Man fragt in fast immer gleicher Reihenfolge, woher ich komme, wo ich wohne, warum ich gekommen bin und für wie lange Zeit ich hier sein werde. Diese kurzen Gespräche geben mir schon erste wichtige Hinweise darauf, welche Fragen angemessen sind und wie sie am besten formuliert werden.

Da es in der Region besondere Konzeptionen über Stand, Ansehen und Rang von Personen gibt, steht die Einführung, das Entrée, immer im Rahmen bestimmter Erwartungen an mich und erfordert eine Rollengestaltung durch mich. Bald wird mir deutlich, welche Vorannahmen die Menschen über mein Hiersein haben und dass diese nicht einheitlich sind, sondern sich im Einzelnen unterscheiden. Dabei spielen folgende Aspekte eine Rolle, die mir durch die morgendlichen Gespräche deutlich werden. Die Bewohner haben unterschiedlich intensive Erfahrungen mit Weißen, etliche haben irgendwo im Kreis der Familie jemanden, der mit einem „Westler" (*orang barat*) einmal zusammengearbeitet hat oder sogar mit einem Menschen aus dem Westen verheiratet ist. Viele junge Leute haben schon einmal mit Touristen (*orang turis*, kurz *turis*) gesprochen oder diese zumindest in der Stadt gesehen. Sie sind sehr verschieden gebildet; einige haben nie eine Schule besucht, andere haben einen Universitätsabschluss. Da die Bewohner in einer Stadt mit vielen Hochschulen leben und eine bekannte Hochschule in Rappocini liegt, wissen sie im Allgemeinen, was Wissenschaft ist und dass Wissenschaftler Bücher schreiben. Es kommt ihnen aber seltsam vor, dass es Sozialwissenschaftler gibt, die das Alltagsleben von Menschen in deren Lebensraum erforschen, ja sogar unter ihnen leben wollen.

Tab. 4: Erläuterungen zu meiner Einführung bei Personen je nach sozialem Stand

> „Ich wohne hier bzw. in Rappocini." Mit dieser Aussage will ich zeigen, dass ich für längere Zeit in der Nachbarschaft bleibe und dass ich kein Tourist (*turis*) bin.
>
> „Ich bin Deutscher." Es wird sehr häufig gefragt, woher man kommt, aber viele Menschen verwechseln Deutschland mit Amerika. Bei vielen hat Deutschland wegen seiner technologischen Leistungen ein sehr gutes Image. Außerdem ist Deutschland wegen der gerade vollzogenen Wiedervereinigung jetzt besonders interessant (vor allem in positivem Kontrast zu Jugoslawien).
>
> „Ich wohne hier in einer indonesischen Familie." Damit will ich zeigen, dass ich, anders als andere Weiße in der Stadt, z. B. Entwicklungsexperten, nicht separat und westlich lebe, sondern unter ganz normalen indonesischen Bedingungen.
>
> „Ich wohne dort zur Miete mit meiner Frau und meinem Kind." Dies sage ich, wenn ich hervorheben will, dass ich nicht allein, sondern mit Frau und Kind hier bin und unter Indonesiern wohne.
>
> „Ich habe Verbindungen zur *UNHAS* und zur *IKIP*." Die Universitas Hasanuddin ist die größte Universität in Makassar; die *IKIP* ist eine pädagogische Hochschule, die bekannt ist und innerhalb Rappocinis einen Campus hat, wo viele junge Leute aus der Nachbarschaft studieren. Damit will ich an Universitäten anknüpfen, weil dann deutlich wird, dass ich als Forscher und nicht als Reisender in Makassar bin. Später wird mir allerdings klar, dass die Leute Forscher fast nur in ihrer Rolle als Hochschullehrer kennen und ich damit eine teilweise falsche Assoziation auslöse.

„Ich möchte hier lernen" bzw. „Ich möchte hier über Makassar eine Forschung durchführen." Damit verwende ich bewusst eine offizielle Formulierung (*meng-adakan riset*), die viele Menschen durch Erfahrungen mit der Bürokratie der hiesigen Hochschulen kennen. Dies sage ich, um ganz klar zu machen, dass ich kein Experte bin, sondern dass mir die Erfahrungen und Haltungen meiner Gesprächspartner wichtig sind, dass ich etwas lernen will.

„Vor allem möchte ich das Thema/Problem innerstädtischer Umzüge/Mobilität erforschen. Dies ist besonders in Rappocini interessant, weil das eine neue Siedlung ist, wo es früher ja fast nur Reisfelder gab." Hiermit möchte ich zum einen das Thema genau erläutern. Weiterhin möchte ich klar machen, warum Rappocini besonders interessant für die Thematik ist, und schließlich möchte ich verdeutlichen, dass ich schon etwas darüber weiß, aber eben nur sehr wenig.

„Besonders die Entscheidungsfindung bezüglich Umzüge interessiert mich." Die sage ich bei einigen Beamten oder Studenten, da *decision-making* bei ihnen ein bekannter Begriff ist.

Ich gebe hier eine Liste derjenigen Phrasen wieder, die ich zur meiner Vorstellung oder zur Erklärung meines Aufenthaltes verwende (Tab. 4). Da ich damit zutreffende Vermutungen der Gesprächspartner bekräftigen und falschen Erwartungen begegnen will, zeigen diese Phrasen mein eigenes Rollenverständnis und die ersten Erfahrungen mit immer denselben Nachfragen nach meiner Person. Die Phrasen sind in der Reihenfolge aufgeschrieben, in der sie meist nacheinander nachgefragt bzw. von mir gesagt wurden.

In meiner eigenen Rolle begreife ich mich im ersten Monat des Aufenthaltes als Sammler von Informationen jeglicher interessanter Aspekte des Lebens in Rappocini. Etwa ab dem zweiten Monat bin ich stärker bemüht, den Fokus der Untersuchung herauszustellen und die potentielle Bedeutung einer solchen Forschung für die Bewohner zu verdeutlichen. Ich sage jetzt öfter: „Ich möchte ein Buch über Rappocini schreiben, besonders über die Umzüge hier." Während ich das erkläre, weise ich auch auf Probleme hin, von denen ich weiß, dass sie die Menschen hier betreffen und gleichzeitig in Zusammenhang mit der Umzugsdynamik stehen, z. B. das gegenseitige Misstrauen und die fehlende Müllentsorgung im Viertel.

Dari German!? – Ya, bagus, sudah bersatu!

Der Schulvorsteher fragt mich nach einiger Zeit, ob ich nicht einmal in seiner Schule einen Vortrag halten könne. Ich solle über Deutschland und über mich als Wissenschaftler erzählen, „um die Schüler zum

Fleiß zu motivieren", wie er es ausdrückt. Ich nehme die Gelegenheit wahr, um ihn zu erfreuen und um mich bei Schülern, die das gewiss zu Hause ihren Eltern erzählen, bekannter zu machen. Ich unterhalte mich vorher noch mit dem Lehrer in seinem Büro. Dann gehen wir in die überfüllte und lärmende Klasse. Ich bedanke mich für die Einladung und begrüße die Kinder. Ich käme aus Deutschland, erläutere ich und ich zeige an einer Weltkarte, wie weit sie reisen müssen, wenn sie mich einmal besuchen wollen. Dann erläutere ich, dass es in Deutschland sehr kalt ist („noch viel kälter als im Torajaland!") und dass es bei uns vier Jahreszeiten gibt. Dazu zeige ich vier mitgebrachte Fotos, die ein und denselben Baum über die Jahreszeiten zeigen. Anschließend erläutere ich anhand eines „typischen" Tagesverlaufes, was man in Deutschland isst (Brot, aber kaum Reis), dass man oft mit dem Auto zur Arbeit fährt und oft in Verkehrsstaus gerät („genau wie in Jakarta") und dass es bei uns sogar Automaten für die Erfassung von Arbeitszeit gibt. Ich will den Lehrer, wie er es will, unterstützen. Deshalb erläutere ich, wie deutsche Schüler leben, und sage, wie wichtig die Ausbildung für das spätere Leben, besonders für die Güte eines Arbeitsplatzes ist. Ich sage, dass sie, falls sie bei ihrem Lehrer gut lernen würden, viel Geld verdienen werden und mich und meine Familie dann in Deutschland besuchen können. Dies löst Gelächter und Begeisterung aus. Schließlich zeige ich eine Tourismusbroschüre des Kölner Verkehrsamtes mit bunten Bildern aus Köln, meiner Heimatstadt.

Nach einigen Monaten der Orientierung, Vertrauensbildung und qualitativer Datenaufnahme führe ich ab Mitte Mai 1991 systematische Interviews über die Haushaltsökonomie in allen Haushalten des RT durch. Dabei fange ich mit solchen Haushalten an, die ich schon von meinen morgendlichen Rundgängen kenne. Diese Interviews finden meist im Haus der Interviewten statt, bei ärmeren auch sitzend auf Stühlen auf dem Weg, bei wohlsituierten auch auf der Terrasse oder Veranda vor dem Haus. Oft sind mehrere Familienmitglieder und Nachbarn zugegen. Sie hören zu und machen Einwürfe. Schnell bildet sich ein Schema bei der Begrüßung heraus. Ich begrüße die Hausfrau oder den Hausherrn, entschuldige mich für die Störung (*maaf, saya ngganggu*) und ziehe immer demonstrativ meine Schuhe an der Haustür aus. Das wird fast immer damit beantwortet, dass dies „doch nicht nötig" sei, worauf ich etwa sage: „Draußen auf den *lorong* ist es dreckig, hier drinnen aber sauber." Ich werde in den Gästeraum gebeten und soll mich setzen, frage aber noch einmal „Darf ich?" (*saya boleh?*) und setze mich.

Meine Unterlagen lege ich immer offen hin, damit sie nicht irgendwie geheimnisvoll erscheinen, aber ich platziere sie, um keine Distanz zu schaffen, nicht vor mich oder zwischen die Person und mich, sondern etwas seitlich. Ich habe immer Nelkenzigaretten (*kretek*) und einige Fotos aus Deutschland dabei sowie eine Kopie meines Leitfadenblattes und in einem kleinen Rucksack einen Fotoapparat, der die Aufmerksamkeit allzu sehr auf sich ziehen würde, wenn er sichtbar wäre. Zunächst erzähle ich, dass ich, wie sie ja schon wissen, von weit her aus Deutschland komme, Ethnologe (*ahli antropologi budaya*) bin und eine Beziehung zu zwei hiesigen Universitäten, UNHAS und IKIP, habe. Bei offensichtlich wenig Gebildeten sage ich, dass ich ein Buch über Makassar schreiben werde. Bei gebildeteren Gesprächspartnern, z. B. Studenten, zeige ich anhand einer Karte Rappocinis aus dem Jahre 1988, was sich schon in der kurzen Zeit von drei Jahren alles hier geändert hat, um an ihre eigenen Erfahrungen anzuknüpfen und sie so für mein Thema zu interessieren. Außerdem zeige ich auf der Karte das Haus, in dem wir gerade sitzen. In Haushalten, wo ich noch gar nicht bekannt bin, erläutere ich, wo ich hier wohne und zeige es auf der Karte.

Wie mache ich den Befragten klar, was mich an ihrem Leben interessiert? Mir ist aufgefallen, dass die Menschen hier großes Interesse an Fotos zeigen, vor allem wenn Personen darauf abgebildet sind. Ich lege deshalb allen Interviewpartnern vier Bilder aus Deutschland vor. Das erste Foto stellt ein traditionelles Fachwerkhaus und eine gepflasterte Straße ohne Autos in der Kölner Altstadt dar. Ich sage dazu, dass es auch bei uns „traditionelle Häuser" aus Holz und *lorong* gibt, um Ähnlichkeiten aufzuzeigen. Das zweite Bild zeigt große Mehrfamilienhäuser im Schnee. Als Unterschiede zu Indonesien verdeutliche ich daran neben dem kalten Wetter, dass man bei uns oft in Etagen wohnt, ja dass oft mehrere Familien in einer Etage wohnen „... und sich nur reiche Leute ein eigenes Haus leisten können". So will ich über die Verdeutlichung der kulturellen Unterschiede klar machen, warum die Wohnsituation und Umzugsdynamik für mich interessant ist und dass in Deutschland nicht etwa alle Menschen reich sind. Auf dem dritten Foto steht meine Mutter mit Verwandten auf dem Bürgersteig einer Straße in Köln. Damit stelle ich einen Bezug zu meiner Familie her. Das vierte Bild zeigt das Haus, in dem meine Mutter aufgewachsen ist, mitten im zerbombten Köln in den frühen 1950er Jahren, und ich erzähle, dass meine Mutter dort jetzt wieder lebt. Mit diesem letzten Foto schaffe ich schließlich eine Verbindung zu meiner Rolle als Wissenschaftler und gleichzeitig zum Thema Wohnen und Wohnsituation: Ich sage, dass ich während meines Studiums in einem Zimmer dort gewohnt habe, weil die Studentenzimmer in Deutschland so teuer sind. Die Fotos führen oft dazu, dass ich zuerst selbst ausgefragt werde und ich so weiß, was die Gesprächspartner am Thema Wohnen und Umziehen jeweils interessiert und oft auch was sie sich wünschen.

Arbeiten mit Bürokraten und Informanten

Makassar ist eine von Verwaltungsinstitutionen geprägte Stadt in einer von Statusdenken geprägten Kulturregion. Ein kleines Indiz dafür ist die Wichtigkeit von Visitenkarten im Umgang von Menschen, die formale Bildung haben, und im Geschäftsleben. Nachdem ich dies weiß, lasse auch ich mir solche Namenskärtchen drucken und bin darauf bedacht, sie immer dabei zu haben. Wie aber kann ich Personen außerhalb meines Stadtteiles erreichen, die ich noch nicht persönlich kenne, die mir aber nützliche Informationen geben oder Dokumente besorgen können? Es gibt noch kein Internet! Wie kann ich solche Personen über mich und meine Ziele informieren?

Dies ist z. B. mittels eines Briefes, einer Anzeige oder eines Artikels in einer lokalen Zeitung möglich. Im Forschungsgebiet lebt ein Journalist, der für die führende Tageszeitung Makassars, *Pedoman Rakyat* (etwa „Volksblatt"), arbeitet. In dieser Zeitung, die ich während der Zeit der Feldforschung abonniert habe, gibt es die Rubrik „Namen und Erfahrungen" („*Nama dan Pengalaman*"), die kurz über Persönlichkeiten in der Stadt berichtet. Darunter sind Personen öffentlichen Interesses wie Politiker, Wissenschaftler und Schauspieler aus Südsulawesi, aus anderen Teilen Indonesiens, seltener aber auch Personen aus dem Ausland. In einem Gespräch mit dem Journalisten kommt mir die Idee, dass er mich für diese Rubrik interviewen könne. Er tut dies gern, und der Text, den er aus dem Interview zusammenstellt, erscheint schließlich in der Zeitung (*Pedoman Rakyat*, 27.9.91). Der Artikel gibt Auskunft über meine Interessen und zeigt nebenbei schön die Bedeutung von akademischen Titeln in Südsulawesi. In den folgenden Wochen sprechen mich etliche Leute außerhalb der Nachbarschaft an, ob ich der

Mann aus der Zeitung sei. Wenn ich in Ämtern aufkreuze, um Daten zu suchen, wissen manche Beamte schon, wer ich bin und warum ich mich für längere Zeit in Makassar aufhalte. Daraufhin fertige ich vergrößerte Fotokopien des kleinen Artikels an, die ich bei Besuchen auf Ämtern als kleine Aufmerksamkeit verteile. Das erweist sich als guter Weg, zunächst ins Gespräch über Deutschland und den Aufenthalt hier zu kommen und dann Anknüpfungspunkte für thematische Gespräche zu haben. So fällt es leichter zu vermitteln, warum mir Dokumente wichtig sind, die die Beamten eigentlich eher ungern aushändigen …

Bei meinen Interviews im Viertel bezahle ich den befragten Personen kein Geld. Dies wird auch nie gefordert. Eine geldliche Bezahlung wäre schon deshalb schwierig, weil ich sie den sehr unterschiedlichen Wirtschaftsverhältnissen der Haushalte anpassen müsste, um reichere Familien nicht zu beschämen. In jedem Fall würde dies zu Neid und Missgunst führen, da der soziale Vergleich eines der Hauptthemen des Klatsches in der Nachbarschaft ist. Ich verschenke bei jedem Interviewbesuch eine Postkarte oder einen Abzug eines Fotos aus Deutschland und biete gewöhnlich *kretek* an. Außerdem bringe ich für die Gesprächspartner immer eine Fotokopie des Artikels über mich aus der lokalen Zeitung mit. In der letzten Woche des Feldaufenthaltes verschenken wir an einige ärmere Haushalte Spielzeug und Kleidung.

Hauptinformanten sind je nach ihrer besonderen Lebenserfahrung oder aus ihrer Position heraus in unterschiedlicher Weise wichtig für diese Untersuchung. Einerseits erklären sie mir größere Zusammenhänge oder erläutern sozialgeschichtliche Verläufe. Zwei Informanten schrieben eigene Sozialgeschichten Rappocinis für mich. Andere schließlich informieren mich hauptsächlich über Ereignisse, z. B. kurzfristig angesetzte Umzüge oder Feste. Wenn ich Personen mit besonderen oder vertieften Kenntnissen außerhalb Rappocinis konsultiere, beabsichtige ich, mit ihnen ein an einem Thema orientiertes, aber offenes Gespräch zu führen. Um den Themenbezug und diese Offenheit zu signalisieren, sage ich nach der Einführung meiner Person und meines Forschungsinteresses einen Satz, der an offene Fragen und *folk*-Definitionen angelehnt ist, wie sie in Makassar üblich sind (vgl. Boehm 1980, Werner & Schoepfle 1987, Bd. I:341ff.). Ich benutze dazu folgende Varianten: „Bitte …"
- „… erläutern Sie mir, wie …"
- „… erzählen Sie mir alles, was Sie über … wissen."

- „… sagen Sie mir, was die Bedeutung von … ist."
- „… erklären Sie mir die Wichtigkeit von …."
- „… informieren Sie mich, was bezüglich … interessant ist."
- „… erklären Sie mir, was man (sinnvollerweise) über … fragen könnte."

Etwa einmal im Monat besuche ich meinen Betreuer Prof. Idrus Abustam in der IKIP-Universität, um ihm über meine Erfahrungen und Probleme zu berichten, ihn spezielle Dinge zur Stadt zu fragen oder um Hilfestellungen für Kontakte zu bitten. Ebenso besuche ich des Öfteren die UNHAS-Universität, um in verschiedenen Instituten Wissenschaftler zu sprechen oder in der Bibliothek Material zu suchen. Kurz vor Beendigung der Feldarbeit halte ich vor Wissenschaftlern in der IKIP-Hochschule auf Indonesisch einen Vortrag über meine ersten Ergebnisse. Die anschließende Diskussion zeigt mir nochmals, dass die Gesprächspartner sehr an meinen Fragestellungen interessiert sind. Die Ziele meiner empirischen Forschung und die Probleme ihrer Umsetzung in der Feldforschung interessiert sie dagegen weniger. Die meisten Ethnologen der älteren Generation in Indonesien forschen nicht sozialwissenschaftlich-empirisch. Sie arbeiten eher in Archiven, werten historische Texte aus oder führen Gespräche mit einzelnen Hauptinformanten.

Ich arbeite zeitweise mit einer Assistentin und zwei Assistenten zusammen. Sie werden nach längerer Bekanntschaft angestellt und für ihre Arbeit entlohnt. Bei meinen Netzwerkerhebungen assistiert Lae. Sie ist die Schwester von Ibu, 32 Jahre alt und hat gerade ihren Universitätsabschluss gemacht. Sie trägt einen hoch geschätzten Bugis-Titel (*Andi*). Sie macht aber einen bescheidenen, im lokalen Sinne „wohlerzogenen" Eindruck und bevorzugt im Gegensatz zu Ibu, ihrer Schwester, moderne islamische Kleidung. Bevor sie für mich arbeitet, hat sie meiner Frau Bahasa Indonesia beigebracht und ist zu ihrer besten Freundin in Rappocini geworden. Sie vertritt sehr bewusst die Traditionen Südsulawesis und führte meine Frau in langen Sitzungen auch darin ein. Ihr Mann, Map, ist der Chef einer wichtigen Nichtregierungsorganisation (*Lembaga Swadaya Masyarakat*, LSM) in Südsulawesi. Mit ihm unterhalte ich mich oft angeregt über die Entwicklung der Stadt. Lae will Erfahrungen mit empirischer Forschung gewinnen und sich etwas Geld dazuverdienen. Ich handle mit ihr Rp. 3.000,- pro Interview aus.

Mein erster männlicher Assistent ist Reo, ethnisch ein Mandar und Lehrer an der Grundschule (SMP) in der Nachbarschaft. Er ist ledig und wohnt in Rappocini zusammen mit einigen Studenten. Nachdem

Lae während der Feldforschung schwanger wird, unterrichtet er meine Frau im Indonesischen und sie ihn im Englischen. Reo legt Wert auf feines Auftreten, gute Kleidung und Ehre und ist sehr gewissenhaft. Er führt für mich Interviews in Rappocini durch, nicht jedoch in der unmittelbaren Nachbarschaft seiner Schule, da hier viele Kinder wohnen, die er selbst unterrichtet und er Verwirrungen befürchtet. Ich bezahle ihm Rp. 4.000,- pro Interview, da diese Interviews zeitaufwändiger sind. Bevor Reo die Arbeit aufnimmt, diskutiere ich den Fragebogenentwurf mit ihm daraufhin durch, ob die Formulierungen der Fragen verständlich und adäquat („passend"; *cocok*) sind. Mein zweiter Assistent, Zwe, ebenfalls ein Mandar, ist Sozialwissenschaftler und arbeitet in einem kleinen Büro in Rappocini für eine Nichtregierungsorganisation. Er hat Erfahrungen in empirischer Forschung und will diese vertiefen. Er führt für mich dieselben Interviews wie der erste Assistent durch, aber in anderen Teilen Rappocinis. Ich handele mit ihm angesichts seines höheren Abschlusses Rp. 5.000,- pro Interview aus. Der vorhandene Interviewfragebogen wird mit ihm in einigen Punkten sprachlich verändert, da er in Details andere Vorstellungen über „passende" Formulierungen als Reo hat. Ich stelle beiden Assistenten am Ende eine Beurteilung aus, die sie später für ihr berufliches Weiterkommen verwenden können.

„Makassar kota dunia" – schneller Wandel und Zukunftsträume

Schon während meiner Feldforschung zeigten sich die Auswirkungen der Globalisierung in der Stadt immer deutlicher. Manches davon erschien mir damals als eher realitätsferne Idee, z. B. der Versuch, die Fahrradrikschas, von denen es bis heute Tausende gibt, zu verbieten. Auch die spätmodernistischen Projekte der Stadtplanung, z. B. *gated cities* mit *cul-de-sac*-Straßen, schienen mir „typisch makasarisch" überzogen. Viele dieser Konzepte wurden zunächst nur ansatzweise oder zögerlich verwirklicht (Antweiler 2000:212-217). Der damalige Bürgermeister Patompo, ein Visionär der Stadtmodernisierung, sagte mir – angesichts seiner Enttäuschungen bei der Umsetzung –, dass die Bevölkerung in ihrem Denken für Modernität noch nicht reif sei: „Die Leute kennen Stadtplanung nicht" („*Rakyat tidak tahu city planning!*", pers. Mitt., 21.12.1991). Noch bis heute findet sich eine Art Fassaden-Modernisierung: Die Fronten der größeren Geschäfte sind oft dreimal so hoch wie der tatsächliche Bau. Kleidergeschäfte werben mit der globalisierten Typographie und Bilderwelt, aber zu kaufen gibt es vor allem Billigware aus Hongkong.

Tatsächlich wandelt sich die Stadt aber rapide, so dass man jedes Jahr viele neue Dinge sieht. Das gilt insbesondere für große Gebäude, breite Straßen und Industrieanlagen am Rand der Stadt. Die Stadt beherbergt den zweitgrößten *Indoor*-Themenpark der Welt („Trans Studio", 2,7 ha), auch wenn sein Erfolg sehr begrenzt ist. Die Stadtverwaltung hat ein Programm „Makassar 2020" lanciert, wo an die historische Rolle der Stadt im Gewürzhandel angeknüpft werden soll. Mit Weltbank-Mitteln soll Makassar eine *„global waterfront city"* à la Singapur werden (The Jakarta Post 2011). Mancher witzelt, dass Makassar schon eine Weltstadt sei. Meine Erfahrung während der jährlichen Wiederbesuche ist, dass globale Waren und Ideen in Makassar gewöhnlich stark verändert umgesetzt werden (Lokalisierung, dazu Antweiler 2006 am Beispiel der lokalen McDonald's-Filiale).

Indonesien morgen – was ich erwarte und erhoffe

Eine klare Prognose ist die, dass Indonesien globalisierter werden wird. In wirtschaftlicher Hinsicht und in Bezug auf Kommunikation ist Indonesien schon jetzt stark vernetzt. Was ich aber erwarte, ist eine gedankliche Globalisierung. Vom Denken her ist Indonesien nach wie vor ein sehr selbstbezogenes Land. Hier zeigen sich die Nachwirkungen der Ausreisebestimmungen unter der *Orde Baru*. Ich erwarte, dass die nach wie vor starke Bezogenheit auf die eigene Nation abnimmt. Dies ist ganz einfach aufgrund der Ausbreitung des Handels und des Internets wahrscheinlich. Wenn ich die Frage der Herausgeber dieses Buchs nach einer Prognose wörtlich nehme, muss ich sagen, dass ich eigentlich gar keine Vorhersage machen möchte. Prognosen sind ein schwieriges Geschäft. Das gilt insbesondere dann, wenn es um Menschen und vor allem um Kollektive und Kulturen geht. Aber ich kann sagen, was ich mir erhoffe.

Bevor ich auf meine Hauptsorgen eingehe, nenne ich einige Wünsche für die Zukunft des Landes. Ich hoffe erstens, dass es in Zukunft zu mehr wirtschaftlicher Gleichheit kommen wird. Derzeit ist die Kluft zwischen arm und reich noch enorm. Diese sozioökonomische Ungleichheit gilt auch für die Disparität zwischen den Regionen. Zweitens hoffe ich, dass die Indonesier besseren Zugang zu Allgemeinbildung erhalten und somit populistischen Parolen weniger leicht nachrennen. Die mangelnde Bildung betrifft auch Teile der Intellektuellen. Derzeit ist es so, dass selbst gebildete Indonesier kaum etwas von nichtindonesischen Richtungen und Positionen kennen. In diesem Zusammenhang ist meine spezielle Hoffnung, dass sich in Indonesien stärker als derzeit eine Südostasienwissenschaft entwickelt. Ich meine damit eine Forschung, die sich nicht nur dem Land selbst widmet, sondern der ganzen Region. Hier könnte Indonesien als bei weitem bevölkerungsreichstes Land Südostasiens eine Führungsrolle übernehmen, wobei Singapur und die Philippinen als Vorbilder dienen könnten. Drittens wünsche ich mir, dass Indonesien weniger abhängig vom Erdöl und Erdgas als Einnahmequellen wird. Weitergehend erhoffe ich mir viertens, dass der Ausverkauf der Naturressourcen beendet wird. Hier denke ich vor allem an die Palmölwirtschaft auf den großen Inseln. Sie ist ökologisch hoch problematisch und schafft wirtschaftliche Abhängigkeiten vom Ausland. Darüber hinaus drängt die Palmölökonomie viele Menschen sowie indigene Gruppen und religiöse Minderheiten ins wirtschaftliche und auch kulturelle Abseits (Pye 2010). Die Ausbreitung der Palmölplantagen führt damit zu Monokulturen in zweifachem Sinn: landwirtschaftlich und auch kulturell.

Diese letzte Problematik leitet direkt über zu meinen beiden großen Sorgen und damit verbundenen Hoffnungen. Mein erster Wunsch wäre, dass die Entpolitisierung kultureller Unterschiede, eine Tradition der *Orde Baru* („Neue Ordnung" unter Suharto), endlich zurückgenommen wird. Zweitens wünsche ich mir, dass Indonesien ein deutlich weltlicheres Land wird als es das jetzt ist. Ich würde mir sogar wünschen, dass Indonesien säkularer wird als Deutschland. Sicher, beides erscheint erst einmal völlig naiv. Indonesien steht unter globalen Einflüssen. Indonesien ist ein Land der vielen Kulturen, eigentlich ein Kontinent der Vielfalt. Dies wird ja auch im Motto „Einheit in der Vielfalt" angesprochen. Die kulturelle Diversität ist so offensichtlich wie die geographische Fragmentierung und die ökologischen Disparitäten zwischen verschiedenen Landesteilen. In der Ära nach Suharto hat sich Indonesien von einem der zentralisiertesten Länder der Welt zu einem der am wenigsten zentralisierten Länder auf diesem Planeten gewandelt.

Die neue Offenheit in Indonesien ermöglicht viele Stimmen. Dies ist mehr als nur eine politische Befreiung. Leider ist der dominierende Diskurs bezüglich kultureller Vielfalt und kollektiver Identität aber dennoch auf monotheistische Religionen konzentriert. Da der Islam und das Christentum die Herren im Hause sind, werden die Hunderten anderen Religionen ausgeblendet. Offiziell wird gerne von Vielfalt geredet, aber die leitenden Denkbilder des interkulturellen Umgangs und die Imaginationen des Staats sind monokulturell. Das zeigt sich daran, dass Integration zumeist als Assimilation gedacht wird. Kulturelle Vielfalt wird nur in Form folkloristischer Buntheit wirklich geschätzt. Kulturelle Besonderheiten können sich bei Hochzeiten oder bei Feiern im Kindergarten (*taman kanak-kanak*) zeigen. Kulturelle Vielfalt wird auch gern in der staatlichen Tourismuswerbung und auch in Broschüren der Regionalbehörden betont. Kulturelle Besonderheiten werden in touristifiziert aufbereiteter Form geschäftlich genutzt. Wenn es aber an Normen und Werte geht, also auch ans Politische, meidet man Vielfalt wie der Teufel das Weihwasser. So wird kulturelle Vielfalt domestiziert und kommodifiziert. Das bleibt in der Tradition der *Orde Baru* und ihrer Entpolitisierung alles Ethnischen.

Religiosität verbindet Kulturen, Religionen spalten sie

Trotz aller politischen Öffnung, Devolution und Dezentralisierung bleibt das Land von einer Top-down-Politik und nationalistischem Denken dominiert. Die Nation präsentiert sich nach wie vor in paternalistischer und quasi-religiöser Form. Die *Orde Baru* ist vorbei, aber die Demokratie wird dennoch stark vom Zentrum aus bestimmt und im Kontext der *Pancasila* gedacht. Es ist die Idee der großen Familie. Mein Indonesien der Zukunft ist dagegen ein säkulares Land, in dem jeder seine Religion frei bestimmen kann. Ich erhoffe mir sogar ein Land, in dem man sogar öffentlich sagen kann, dass man gar nicht gläubig ist. Das erscheint naiv angesichts eines derart religiös ausgerichteten Landes mit einer derart gläubigen Bevölkerung. Meiner Erfahrung nach ist es für die meisten Indonesier schlicht undenkbar, nicht gläubig zu sein. Außerdem gibt es schließlich immer noch die *Pancasila*. Mit der Phrase *„Ketuhanan Yang Maha Esa"* ist ihre Grundorientierung theistisch. Sie ist auf Gott bezogen, auf einen Gott, auch wenn es nicht notwendigerweise ein personaler Gott sein muss. Eine *Pancasila* ohne ihren Kern, die Religion, genauer gesagt die monotheistische Religion oder sogar der Islam, ist nicht denkbar. Wie könnte dies dennoch konkret gehen? Im Prinzip und vom Grundgedanken erlaubt die *Pancasila* die freie Wahl der Religion. Wenn man die *Pancasila* in Zukunft umformulieren würde und als eine Art Zivilreligion verstünde, wäre sie sogar für nichtreligiöse Orientierungen offen. Dies ist verfassungsrechtlich schon jetzt denkbar, wie kürzlich vom *Makamah Konstitusi*, dem Obersten Verfassungsgericht, bestätigt wurde (Brehm 2012). Ich träume von einem global orientierten Land mit einer weltoffenen Bevölkerung.

Ich denke, dass die zentrale Frage zur Nationwerdung und Demokratisierung ist, ob das Land sich ausdrücklich an weltlichen Normen orientiert, statt weiterhin auf religiöse fixiert zu sein. Das wirft ganz harte konkrete Fragen auf. Wer ist wirklich bereit, die vielen hundert nichtmonotheistischen Formen der Religiosität anzuerkennen? Gegenwärtig werden sie nach wie vor als Glaubensweisen (*kepercayaan*) gegenüber echten Religionen (*agama*) bezeichnet und damit abgewertet. Wann wird endlich ernsthaft erwogen, die Eintragung der Religionszugehörigkeit im Pass abzuschaffen? Wann beginnen die Menschen, Mitglieder anderer Religion auch in ihrer unmittelbaren Nachbarschaft zu tolerieren? Wann werden Indonesier, nicht nur Intellektuelle, bereit sein, das Judentum einfach einmal als Religion und Lebensweise anzuerkennen?

Ein kosmopolitisches Indonesien als Modell für die Welt?

Mein Zukunftstraum für mein geliebtes Land ist noch radikaler: Ich hoffe, dass die meisten Indonesier irgendwann bereit sind, Menschen zu tolerieren und sogar zu respektieren, die gar nicht religiös sind. Ein Lackmustest wäre es, wenn man als islamisch ausgerichteter oder christlich gläubiger Indonesier die Menschenrechte über islamische oder christliche Prinzipien stellt. Undenkbar! Undenkbar? So wie jede Religion können sich auch der Islam und das Christentum wandeln. Ich könnte mir vorstellen, dass humanistische Orientierung dafür eine Basis darstellen könnte. Es muss ja nicht ein spezifisch westlicher Humanismus sein. Humanistische Traditionen gibt es in vielen Ländern, insbesondere in Asien, etwa in Indien oder China. Die in Indonesien so populäre Metapher der Familie könnte dazu anleiten, die Menschheit als große Familie zu sehen.

Ein echter kultureller Universalismus unter dem Banner einer „Weltkultur" würde nicht mehr euro-amerikanisch dominiert sein.

Christoph Antweiler

Statt einer Homogenisierung würde es gerade darum gehen, Monokulturen zu vermeiden. Die zentrale Frage heute ist, wie die vielen und miteinander vernetzten Kulturen auf dem kleinen Planeten koexistieren können, ohne alle gleich werden zu müssen. Das ist die kosmopolitische Herausforderung heute. Seit den frühen Sultanaten auf Java gibt es weltbürgerlich ausgerichtete Städte und Gemeinden in Indonesien. Makassar ist ein Beispiel einer solchen kosmopolitisch orientierten Stadt, wo es klare kulturelle Grenzen gibt, die aber immer wieder durch verbindende Elemente gemildert werden (Antweiler 2013a). Eine Art „Trans-Differenz" könnte die Fixierung auf kulturelle Unterschiede mildern. Der Kern einer solchen Haltung besteht nicht darin, kulturelle Unterschiede zu leugnen. Es ist vielmehr eine Haltung, sie zeitweilig auszublenden oder „herunterzudimmen". Indonesien verfügt über Traditionen, die für einen neuen humanistisch ausgerichteten Kosmopolitismus fruchtbar gemacht werden könnten. Dafür könnte man sich in Indonesien stärker an pan-kulturellen Gemeinsamkeiten (Universalien) orientieren, wie sie sich in kulturvergleichenden Studien zeigen (Antweiler 2013b). Solche universalen Normen und Werte sollten im Schulunterricht behandelt werden, aber eben auch in Moscheen und Kirchen ihren Platz finden.

Indonesien ist flächenmäßig eines der großen Länder dieses Planeten. Mit einer viertel Milliarde Menschen ist Indonesien das von der Bevölkerung her dominierende Land in Südostasien. In wirtschaftlicher Hinsicht ist das Land rohstoffreich und hat in den letzten Jahren kontinuierlich enorme Wachstumsraten hingelegt. Trotz gelegentlicher Flauten gehört Indonesien zu den Ländern, die derzeit als „Next Eleven" der Zukunft gehandelt werden. Indonesien ist ein Land im politischen Transformationsprozess. Aber es wandelt sich auch in kultureller Hinsicht. Dieser Wandlungsprozess könnte von einer säkularen humanistischen Orientierung profitieren. Die Religionen und der Umgang zwischen verschiedenen religiösen Orientierungen ist eines der großen Themen der globalisierten Welt. Religiosität finden wir in allen Gesellschaften. Religiosität kann Kulturen verbinden, aber Religionen spalten sie (Antweiler 2012). Wenn Religion institutionalisiert wird, können ihre Führer kaum Kompromisse machen. Wenn sie im staatlichen Recht ungleich verankert ist, wie in Indonesien, bringt das Unterdrückung (für Beispiele vgl. Human Rights Watch 2013). Indonesien ist weltweit das bevölkerungsreichste Land des Islam und es ist ein Land des nichtarabischen Islam. Die Welt könnte von diesem Land lernen, wenn Indonesien tatsächlich eine Einheit wird, ohne sich einzuigeln und ohne die Vielfalt einzuebnen.

Das sind meine Hoffnungen ... wenn auch leider nicht meine Prognose.

Literatur

Acciaioli, Greg L. (2004): "From Economic Actor to Moral Agent: Knowledge, Fate and Hierarchy among the Bugis of Sulawesi". In: *Indonesia* 78: 147-180.

Antweiler, Christoph (2000): *Urbane Rationalität. Eine stadtethnologische Studie zu Makassar (Makassar), Indonesien.* Berlin: Dietrich Reimer Verlag (= Kölner Ethnologische Mitteilungen, 12).

Antweiler, Christoph (2002): „Makassar". In: Melvin Ember und Carol R. Ember (Hg.): *Encyclopedia of Urban Cultures, Cities and Cultures around the World*, Vol. 3. Danbury, Conn.: Grolier (under the Auspices of Human Relations Area Files at Yale University, HRAF), 101-109.

Antweiler, Christoph (2006): „McDonald´s@Makassar. Stadthabitus, Interkulturalität und ein Fall von Glokalisierung in der Peripherie der Peripherie". In: Julia Reuter, Christoph Antweiler und Corinne Neudorfer (Hrsg.): *Bar, Bügelzimmer und Internet. Neue Orte einer Ethnologie der Globalisierung.* Münster: Lit Verlag, 38-60.

Antweiler, Christoph (2012): „Religiosität verbindet Kulturen. Kulturvergleichende Fragen und Befunde". In: Ulrich Kropac, Uto Meier und Klaus König (Hg.): *Jugend, Religion, Religiosität. Resultate, Probleme und Perspektiven der aktuellen Religiositätsforschung.* Regensburg: Verlag Friedrich Pustet, 199-222.

Antweiler, Christoph (2013a): „Alltags-Kosmopolitismus in Indonesien? Transdifferenz in Makassar, Süd-Sulawesi". In: *Asien* 127(1): 8-20.

Antweiler, Christoph (2013b): "Budaya Universalia Raya. Sebuah Dasar bagi Humanisme terbuka di Indonesia". In: *Jurnal Sajak* 5(6): 9-31.

Barley, Nigel (1994): *Hallo Mister Puttyman. Bei den Toraja in Indonesien.* Stuttgart: Klett-Cotta.

Blechmann-Antweiler, Maria (1997): „Besuch einer Hochzeit in Makassar". In: *Kita* 7(1): 57-63.

Blechmann-Antweiler, Maria (2001): *Ohne uns geht es nicht. Ein Jahr bei Frauen in Indonesien.* Münster etc.: Lit Verlag (= Begegnungen. Autobiographische Beiträge zu interkulturellen Kontakten, 1).

Brehm, Wolfgang (2012): „Religionsfreiheit in Indonesiens Pancasila-Demokratie (Teil 1: Gründerjahre)". In: Orientierungen 2/2012: 117-136.

Bulbeck, David (1992): *A Tale of Two Kingdoms. The Historical Archaeology of Gowa and Tallok, South Sulawesi, Indonesia.* Canberra: Australian National University, Ph.D.-Diss.

Conkling, Robert (1975): *Bureaucracy in Makassar, Indonesia. The Political Anthropology of a Complex Organization.* Chicago, Ill.: The University of Chicago, Dept. of Anthropology, Ph.D.-Diss.

Cummings, William (2002): *Making Blood White. Historical Transformations in Early Modern Makassar.* Honolulu: University of Hawai´i Press.

Gibson, Thomas (2005): *And the Sun Pursued the Moon. Symbolic Knowledge and Traditional Authority among the Makassar.* Honolulu: University of Hawai´i Press.

Gregory Chris A. & Jon C. Altman (1989): *Observing the Economy.* London & New York: Routledge (= ASA Research Methods in Social Anthropology).

Hamid, Abu, Zainal Abidin Farid, H. Mattulada, H. Haharuddin Lopa und C[ornelius] Salombe (²2007): *Siri'und Pesse'. Harga Diri Manusia Bugis.* Makassar: Pustaka Reflexi.

Human Rights Watch (2013): In Religion's Name. Abuses against Religious Minorities in Indonesia. O.O.: Human Rights Watch.

Lineton, Jacqueline Andrew (1975): "Pasompe' Ugi': Bugis Migrants and Wanderers". In : *Archipel: Études interdisciplinaires sur le monde insulindien* 10: 173-201.

Mangemba, Hamzah Daeng 1972: *Kota Makassar Dalam Lintasan Sejarah.* Makassar: Universitas Hasanuddin, Fakultas Sastra, Lembaga Sejarah.

Marzuki, H. Mohamad Laica (1995): *Siri': Bagian Kesadaran Hukum Rakyat Bugis-Makassar (Sebuah Telaah Filsafat hukum).* Makassar: Hasanuddin University Press.

Millar, Susan Bolyard (1989): *Bugis Weddings: Rituals of Social Location in Modern Indonesia.* Berkeley: University of California Press (= Center of South and Southeast Asian Studies, Monographs, 29).

Mukhlis (= Muchlis Paeni) (1993): Dimensi *Sosial-Budaya Sejarah Sulawesi Selatan. Makalah pada seminar Sejarah Masyarakat Sejarahwan Indonesia (MSI) SUL-SEL Kerjasama dengan Balai Kajian Sejarah & Nilai Tradisional.* Ujung Pandang: Mskr.

Patunru, Abdurrazak Daeng (1967): *Sejarah Gowa.* Makassar: Yayasan Kebudayan Sul-Sel dan Tenggara (JKSST).

Pye, Oliver (2010): "The Biofuel Connection – Transnational Activism and the Palm Oil Boom". In: *Journal of Peasant Studies* 37(4): 851-874.

Reid, Helen and Anthony Reid (1988): *South Sulawesi.* Berkeley: Periplus Press (= Periplus Adventure Handbooks).

Rössler, Martin (1987): *Die soziale Realität des Rituals Kontinuität und Wandel bei den Makassar von Gowa, (Süd-Sulawesi/Indonesien)*. Berlin: Dietrich Reimer Verlag (=Kölner ethnologische Studien, 14).

Röttger-Rössler, Birgitt (1989): *Rang und Ansehen bei den Makassar von Gowa (Süd-Sulawesi/Indonesien)*. Berlin: Dietrich Reimer Verlag (= Kölner Ethnologische Studien, 15).

Sutherland, Heather (1986): „Ethnicity, Wealth and Power in Colonial Makassar: A Historiographical Reconstruction". In: Peter J. M. Nas (Hrsg.): *The Indonesian City. Studies in Urban Development and Planning*. Dordrecht, Cinnaminson: Foris Publications (=Verhandelingen van het Koninklijk Instituut voor Taal-, Land- en Volkenkunde, 117), 37-55.

Sutherland, Heather (1989): "Eastern Emporium and Company Town: Trade and Society in Eighteenth Century Makassar". In: Frank J. A. Broeze (Hg.): *Bridges of the Sea. Port Cities of Asia from the 16th to 20th Centuries*. Kensington: New South Wales University Press (=Comparative Studies in Asian History and Society), 97-128.

The Jakarta Post (2011): „Autonomy Watch. Makassar Grows with Waterfront City Concept". In: The Jakarta Post, 13. Juni, http://www.thejakartapost.com/news/2011/06/13/makassar-grows-with-waterfront-city-concept.html (Aufruf: 07.10.2014).

Sonnenschein statt Untergang
– der Erfolg der Kleidungsindustrie zeigt, dass Indonesien viel besser ist als sein Ruf

Till Freyer

Totgesagte leben bekanntlich länger. Das gilt auch für Indonesiens Textil- und Kleidungsindustrie. Seit gut 15 Jahren gilt der Sektor als „Sunset Industry", also als ein Wirtschaftszweig, der langsam aber sicher untergeht. Angeblich ist die Infrastruktur zu schlecht und die internationale Konkurrenz, vor allem aus China, zu groß. Angeblich sind Arbeiterinnen schlecht ausgebildet, illoyal und, seit drastisch gestiegenen Mindestlohnerhöhungen, zu teuer. Angeblich verhindern Korruption und Bürokratie erfolgreiches Wirtschaften in Indonesien. Weil solche Kritik nicht von der Hand zu weisen ist und in der Tat alles besser sein könnte, machen manche Geschäftsleute einen Bogen um Indonesien. Wenige wissen, dass die Defizite – in welchem Land gibt es keine? – sich in Grenzen halten. Der Status quo ist zumindest ausreichend, um effektiv agieren und profitable Geschäfte machen zu können – und zwar leichter als in vielen anderen Staaten Asiens. Indonesiens Kleidungsindustrie geht nicht unter. Das Exportvolumen wächst und wächst. 2013 wurde Ware im Wert von 12,68 Milliarden USD exportiert. Es gibt mutige Unternehmer und viele Millionen junge Frauen und Männer mit dem Ehrgeiz, ihren Job gut zu machen und aufzusteigen. Allerdings muss man es verstehen, mit Indonesiens Bürokratie und mit der Korruption umzugehen.

Indonesiens Textil- und Kleidungsindustrie hat eine lange Produktionstradition und 25 Jahre Erfahrung im internationalen Handel. Als ich Anfang der 1990er Jahre nach Indonesien kam, gab es noch keinen nennenswerten Textilexport. Damals hatte ich bereits 32 Jahre lang als Geschäftsmann in Hongkong gelebt und große Mengen Kleidung nach Europa exportiert. Von 1970 bis 1980 waren China und Hongkong die Textil-Weltzentren. Um Industrien in Europa und in Nordamerika zu schützen, wurden ab Anfang der 1970er Jahre Export- sowie Importrestriktionen für Textilien und Kleidung erlassen, die „made in Hongkong" waren. Restriktionen für andere Niedrigpreisimporte aus anderen asiatischen Produktionsländern folgten. Die Maßnahmen nannten sich „freiwillige Mengenbeschränkungen", waren aber ein Diktat westlicher Regierungen. In Hongkong waren die Produktionskapazitäten viel höher als die Menge, die per Quote exportiert werden durfte. Exportrechte wurden gehandelt. Jeder suchte nach Wegen, die Quoten zu umgehen. Für andere Länder, zum Beispiel für Indonesien, gab es dagegen noch keine Quote. In Indonesien gab es zwar Kleidungsfabriken, aber sie produzierte für den Inlandsmarkt. 180 Millionen Indonesier kauften vor allem Billigware. Die indonesischen Fabrikbesitzer hatten keine Erfahrung im Umgang mit westlichen Einkäufern und fühlten sich unsicher. Damals war das Exportvolumen so gering, dass westlichen Regierungen es nicht für nötig hielten, Indonesien Quoten aufzuerlegen.

Allerdings hatten ein paar niederländische Geschäftsleute gute Beziehungen zu Indonesiern. Sie exportierten Ware, die in China oder Hongkong produziert wurde, über Singapur nach Europa – ausgestattet mit indonesischen Herkunftszertifikaten und indonesischen Exportlizenzen, die die Niederländer von ihren Geschäftspartnern in Jakarta kauften. Das so genannte „Submarine Business", natürlich illegal, blühte. Es wurden riesige Mengen verschifft und gute Geschäfte gemacht. Schließlich wurde ein niederländisches Unternehmen doch vom Zoll in Amsterdam erwischt, der Schwindel flog auf. Die Ware wurde verbrannt, das Unternehmen musste dicht machen – in Hongkong und in den Niederlanden. Kurz danach wurden auch Quoten für Kleidung erlassen, die in Indonesien hergestellt wurde. Allerdings reflektierten die Quoten die Mengen, die zuvor nur angeblich aus Indonesien geliefert worden waren und tatsächlich aus China und Hongkong stammten. Indonesiens Quoten lagen also weit über dem, was zu dem Zeitpunkt im Land hätte produziert, geschweige denn exportiert werden können. In dieser Konstellation sah ich riesige Chancen und zog 1991 nach Indonesien. Im Jakarta Design Center in Slipi ließ ich mich nieder mit einer Repräsentanz der Firma TMS International Ltd., deren Hauptsitz in Hongkong war.

Indonesien war damals nur wenigen Käufern im Westen bekannt. Vor Ort mangelte es an Marketing oder schlicht an Interesse, neben dem Inlandsmarkt auch internationales Geschäft zu bedienen. Zum Glück hatte ich einen Käufer, die deutsche Firma Tom Tailor in Hamburg, die seit 1964 bei mir einkaufte und das auch weiter tun wollte. Ich nahm mir vor, in Indonesien innerhalb von einem Jahr profitable Geschäfte zu machen. Erster Schock in Jakarta war der Wunsch des Vermieters, die Miete zwei Jahre im Voraus zu bekommen. Der Mietpreis war zwar viel niedriger als jener, den ich aus Hongkong gewohnt war. Aber zwei Jahre im Voraus zu zahlen ist schlecht fürs Geschäft, weil so viel Bargeld gebunden wird. Doch der Vermieter in Jakarta ließ nicht mit sich reden, mir blieb keine andere Wahl. Lange Vorauszahlungen sind bis heute normal in Indonesien. Das hält manchen Investor fern.

In den 1990er Jahren hatte Indonesien keinen guten Ruf als Produzent von qualitativ anspruchsvoller, wettbewerbsfähiger Kleidung. In Jakarta gab es nicht mal ein halbes Dutzend Firmen, die international mit Kleidung handelten. Käufer im Westen konnten sich oft nicht einmal zu einem Test-Kauf durchringen. Diejenigen, die es probierten, waren oft enttäuscht von der Lieferung. China und Hongkong hatten jahrzehntelange Erfahrung im internationalen Geschäft, Indonesien keine. Facharbeiter fehlten, Ausbildungsstätten sowieso. Man braucht hart arbeitende Angestellte, die Englisch sprechen. Ich weiß noch, wie enttäuscht ich von meiner ersten Mannschaft in Jakarta war. Eines Morgens feuerte ich alle Angestellten – bis auf einen jungen Mann, der unglaublich ehrgeizig war. Erst viel später wurde mir klar, wie Unrecht ich den Leuten getan hatte. Ihnen fehlten einfach Ausbildungsmöglichkeiten. Ich hatte 1991 keine Erfahrung in Indonesien und traf meine Entscheidungen so, als wäre ich noch in Hongkong, wo es Hunderttausende gut ausgebildete Arbeiterinnen und Arbeiter gab. Wie anders die Situation in Indonesien war, erfuhr ich bei meiner Suche nach neuen Angestellten. Ich inserierte in zwei Zeitungen, Jakarta Post und Kompas. Anforderungen beinhalteten fünf Jahre Arbeitserfahrung in der Kleidungsindustrie. Ich bekam mehrere Tausend Bewerbungen. Aber die qualifiziertesten Bewerber hatten gerade mal gebrauchte Kleidung für ihre Kirche verkauft oder gaben an, sich für Mode zu interessieren oder ihre Freizeit in Einkaufszentren zu verbringen. Fazit: Nie wieder ein Zeitungsinserat. Stattdessen muss man aktiv suchen, herumfragen und die jungen Leute, die einem empfohlen werden, persönlich treffen. Üblich ist es auch, abzuwerben. Sieht man bei einem Geschäftspartner oder Konkurrenten jemanden, der beeindruckt, fragt man ihn, ob er jemanden kenne, der sich beruflich verändern wolle. „Ja, ich selbst kann mir das vorstellen", war oft die Antwort.

Trotz aller Bemühungen: Meine zweite Mannschaft war nicht viel besser als die erste. Arbeitsleistung, Einstellung, Loyalität und Zeitmanagement waren, höflich ausgedrückt, anders als ich es gewohnt war. Schließlich wurde mir klar, dass ich selber ausbilden muss. Das beste Bildungsprogramm ist eines, das genau zugeschnitten ist auf die eigenen Anforderungen. Also legte ich los. Auszubildende mussten nur drei Voraussetzungen erfüllen: Wille zum Lernen, Konzentrationsfähigkeit und Interesse am Produkt. Zu Beginn des Ausbildungsprogramms widmeten wir uns jeden Samstag von 9:00 Uhr bis 16:00 Uhr Arbeitsabläufen. Ich war begeistert: Die jungen Leute waren bei der Sache, zeigten riesigen Einsatz und lernten schnell. Niemand machte blau. Besonders ehrgeizig war der junge Mann, den ich aus meiner ersten Mannschaft behalten hatte. Eigentlich war er nur als so genannter „Office Boy" eingestellt, also als jemand, der sich um tausend Kleinigkeiten kümmert. Aber das Wissen, das er aufsaugte, sollte ihm später ein erfolgreiches Berufsleben als Logistik-Manager bescheren. Zwei Mädchen, heute Damen, sind heute immer noch bei der Firma. Als Abteilungsleiterin bzw. Stellvertreterin kümmern sie sich nun um Pullover-Lieferungen im Wert von 45 Millionen USD pro Jahr. Alle drei hatten viele Angebote von Konkurrenten. Aber sie sind loyal zu der Firma, bei der sie Erfolg hatten und haben.

Nachdem in den Samstags-Kursen Grundlagen gelegt waren, nahm ich meine Lehrlinge mit in Fabriken. Sie lernten die Perspektive der Produzenten kennen. Desto besser meine Lehrlinge und Angestellten wurden, desto besser wurde unsere Handelsfirma. Es sprach sich in Indonesien herum, dass wir in der Lage waren, Kleidung in Europa abzusetzen, und dabei korrekt arbeiteten. Fabrikanten begannen, einen größeren Teil ihrer Produktion für den Export zu reservieren. Und dann merkten sie auch schnell, dass im Export mehr Profit zu machen ist als auf dem Inlandsmarkt. Weil wir oft in den Fabriken waren und immer engeren Kontakt zu den Produzenten knüpften, hörten diese uns immer mehr zu. Sie verstanden, dass wir genau wussten, was Käufer in Europa wollen und von der Ware erwarten. Die Qualität stieg. Und mit jeder guten Lieferung stieg auch das Vertrauen der europäischen Käufer in Produkte aus Indonesien.

Nach 18 Monaten hatte auch ich mich eingelebt in Indonesien, die harte Hongkong-Mentalität hinter mir gelassen und verstand nun, wie indonesische Geschäftsleute ticken. Sie schätzen eine offene Kooperation, bei der der Profit aller Partner bedacht wird. Wir ergänzten uns: Meine Geschäftspartner in Indonesien, meist Fabrikbesitzer, kümmerten sich um die Produktion in einer Weise, die ich nie vermocht hätte. Ich kümmerte mich um Marketing und Absatz in einer Weise, die sie nicht vermocht hätten. Wir waren natürlich längst nicht mehr die einzigen: Schritt für Schritt gelangte Indonesien auf die Weltkarte der erstklassigen Produzenten und Lieferanten von qualitativ ansprechender und preislich wettbewerbsfähiger Kleidung. Das ist auch ein Verdienst der Arbeiterinnen und Arbeiter. Sie haben eine andere Mentalität als in Vietnam oder in China: In Indonesien sind Menschen in der Regel schneller zufrieden mit dem, was sie haben. In China kündigen Leute, wenn man zu wenig Überstunden anordnet – es geht ihnen in erster Linie darum, ihren Verdienst zu maximieren –, das Produkt ist ihnen relativ egal. In Indonesien kündigen Leute, wenn man zu viele Überstunden anordnet. Sie wollen, dass Verabredungen, auch die Arbeitszeit, in der Regel eingehalten werden. Das bringt mit sich, dass die Produktivität in der Kleidungsindustrie in Indonesien geringer ist als in China und in Vietnam. Aber Indonesier sind handwerklich besser, sie sind sorgfältiger, nähen gewissenhafter und sind stolz auf die Qualität des Produktes, ihres Produktes. Aus Indonesien kommen ausgezeichnete T-Shirts, Polohemden, Blusen, Hemden, Jacken, Hosen, Unterwäsche, Sweat-Shirts, Schuhe und vieles mehr. Nike, Levi Strauss, Adidas und viele andere große Unternehmen lassen in Indonesien produzieren. Nur bei Produkten aus Seide und Kaschmir sind andere Staaten besser.

Die Redewendung, etwas „mit der heißen Nadel" zu erledigen, kommt aus der Textilindustrie. In China wird so schnell genäht, dass die Nadeln heiß werden. Das passiert in Indonesien nicht. Doch wie gesagt: Die Qualität ist besser. Der Unterschied wirkt sich auf Kosten und Preise aus. Indonesien ist kein Land für Kleidungs-Käufer, die preislich so agressiv sind wie Discounter oder Supermärkte. Hingegen sind die Preise und die Qualität in Indonesien ideal für so genannte vertikale Händler, also Importeure in Europa, USA, Japan und Südkorea, die seit den 1990er Jahren ihren eigenen Vertrieb aufbauten. Sie bringen modische Kleidung mit schnell wechselnden Kollektionen aus dem Produktionsland direkt in ihren Einzelhandel. Indonesiens Kleidungsindustrie hat sich gemacht und kann heute bis zu zwölf Kollektionen pro Jahr liefern. Das können die meisten Fabriken in Vietnam, Laos, Kambodscha und Myanmar nicht leisten. Weil Indonesiens Fabriken mittlerweile so gut sind, haben sie in Deutschland Partner wie s.Oliver, Tom Tailor und Esprit. Weil Indonesiens Ware so gut ist, hat die Kleidungsindustrie viele Herausforderungen gemeistert: Die Asienkrise Ende der 1990er Jahre, die zunehmende internationale Konkurrenz und die immer weiter steigenden Anforderungen der Käufer. Mit jeder Herausforderung wurde Indonesiens Textilindustrie totgesagt. Warum so regelmäßig von einer „Sunset-Industry" die Rede war und ist, also von einem Sektor, der auf einem absteigen Ast ist, weiß ich nicht. Wahrscheinlich hat es mit mangeldem Zutrauen zu tun. Ich habe den Indonesiern immer viel zugetraut und bin dafür belohnt worden. So sie fair behandelt werden und spüren, dass ihr Arbeitsplatz sicher ist, sind die meisten Arbeiterinnen und Arbeiter kooperativ, umgänglich und leistungsstark. Fairness und ein respektvoller persönlicher Umgang miteinander sind auch die Schlüssel zum Erfolg beim Umgang mit den Fabrikbesitzern. Ich traue den Indonesiern noch viel mehr zu. Denn bei allem Erfolg des Textilsektors ist das Wachstumspotential immer noch riesig. Bislang gehen die meisten Exporte in die USA, nach Japan und in die Türkei. In der EU machen Textilien aus Indonesien heute erst ein Prozent des Marktes aus. Sollten Europäer in Zukunft stärker nach Indonesien schauen und die EU ein Freihandelsabkommen mit ASEAN schließen, dürfte Indonesiens Textilsektor noch viel schneller wachsen als bislang.

Natürlich ist nicht alles rosig. Auf der Seite der Käufer machen die Qualitätsansprüche, die Preisvorstellungen und die Vertragswünsche der Japaner Probleme – sie sind manchmal schlicht unrealistisch. Aus anderen Ländern, auch aus Europa, kommt manchmal unfairer Preisdruck. Käufer behaupten, ihre Ware nicht absetzen zu können, wenn ihr Einkaufspreis nicht gesenkt wird. Sie wissen und nutzen aus, dass Fabriken laufen müssen und Produzenten deshalb fast jeden Auftrag annehmen. Die Probleme in Indonesien sind bekannt: Natürlich könnte die Infrastruktur besser sein, vor allem in den Transport- und Logistiksektoren. Auch könnte die behördliche Bürokratie viel effizienter sein, die Ausbildung noch besser und der Kampf gegen die Korruption schneller. Verbesserungen würden dafür sorgen, dass noch mehr Investoren auf Indonesien aufmerksam werden.

Korruption ist das größte Problem. Sie war und ist weit verbreitet in Indonesien: in Wirtschaft, Politik, Justiz, Bildung, ja eigentlich überall. Teil indonesischer Kultur ist eine Belohnung, eine Art Kommission, für denjenigen, der Türen für Geschäfte geöffnet oder Business möglich gemacht oder beschleunigt hat. Dabei kann es zum Beispiel darum gehen, jemanden mit einem Partner bekannt zu machen oder darum, zügig eine Genehmigung von einer Behörde zu erlangen. Das mag einem nicht gefallen, aber wer in Indonesien Geschäfte machen möchte, der muss es akzeptieren und bis zu einem gewissen Punkt mitmachen. Bei allem Verständnis für diese Kultur: Mir war die Korruption immer zuwider. Deshalb und weil wir Ausländer, egal mit wie viel Erfahrung, schlecht abschätzen können, wo der „gewisse Punkt" ist, habe ich alles, was wir als Korruption bezeichnen würden, einer indonesischen Mitarbeiterin überlassen, der ich vollkommen vertraute. Sie hat besser verhandelt, als ich das je gekonnt hätte. Und sie hat gezahlt. Eigentlich wollte ich Details gar nicht wissen. Aber natürlich habe ich dies und jenes mitbekommen. Am dreistesten waren Beamte des Finanzamtes. Sie haben uns nicht als Steuerzahler angesehen, sondern als persönliche Einnahmequelle. Zwei Beamte waren für uns zuständig. Sie tauchten nicht im Jahresrhythmus auf, sondern immer dann, wenn sie Geld brauchten bzw. haben wollten. Sie wollten nie Finanzunterlagen sehen, sondern nannten einfach eine Forderung. Ich habe mich dann immer verdrückt und meiner Mitarbeiterin das Feld überlassen. In der Regel gingen die Beamten mit neun Schecks nach Hause: Einer wurde für das Finanzamt ausgestellt, die anderen acht ohne Namen von Begünstigten.

Auch bei der Polizei mussten wir einmal zahlen. Auf dem Weg zum Hafen war ein LKW mit unserer Lieferung von Dieben angehalten worden. Sie wollten den Container samt Ware stehlen. Zufällig waren Polizisten in der Nähe und verhafteten die Verbrecher. Selbstverständlich, und es ist wirklich selbstverständlich in Indonesien, wollten und mussten die Polizisten von mir belohnt werden für ihren Einsatz, bevor ich LKW, Container und Ware zurückbekam. Eigentlich auch üblich sind so genannte „Kickbacks" bzw. „Markups". Dabei erhöhen Geschäftspartner in Absprache miteinander den Preis etwas und stecken sich die Differenz an den Büchern vorbei in die Tasche. Ich habe solchen Betrug immer abgelehnt. Das sprach sich natürlich herum und war bald allen bekannt. Meine indonesischen Geschäftspartner haben trotzdem mit mir zusammengearbeitet. Sie fragten gar nicht mehr nach „Kickbacks". Interessanterweise war es ein deutscher Firmeninhaber, der so beharrlich darauf bestand, Preise künstlich um fünf Prozent heraufzusetzen und sich daran zu bereichern, dass ich nicht ablehnen wollte, weil ich ihn sonst als Kunden verloren hätte.

In Indonesien gibt es seit 2002 eine unabhängige Anti-Korruptionsbehörde, die KPK. Sie kann ermitteln, verhaften, anklagen und strafverfolgen. Mehr als 300 Korruptionsfälle sind bislang strafverfolgt worden. Die Kommission ist in der Öffentlichkeit hoch angesehen. Mehr und mehr Menschen sehen, dass Entscheidungen, die nicht nach Leistung oder Logik, sondern aufgrund von Bestechung getroffen werden, schlecht sind für die Entwicklung des Landes. Im „International Garment Training Centre" (IGTC), einem Ausbildungszentrum für Textil-Fachkräfte, das ich ab 1998 als Resultat meiner positiven Erfahrungen mit der Ausbildung der Angestellten meiner damaligen Firma aufbaute, kamen wir ohne Schmiergeld aus. Versuchte Erpressung konnte mit viel Glück abgewendet werden. Denn eines Tages kamen zehn Regierungsbeamte zum IGTC und verlangten 10.000 USD. Sollte die Zahlung innerhalb von zehn Tagen ausbleiben, werde das Ausbildungszentrum geschlossen, drohten sie. Ich schickte sie weg. Am nächsten Tag bekam ich einen Anruf von einem General. Militärs sind in Indonesien – vor 1998 hatte das Land 33 Jahre lang unter Militärherrschaft gestanden – nach wie vor mächtig. Auch haben Generäle den Ruf, korrupt zu sein und zu wissen, wie sie Forderungen durchsetzen. Deshalb war ich recht nervös, als ich diesen Anruf bekam. Doch der General sagte: „Machen Sie sich keine Sorgen wegen der Regierungsleute. Ich kenne das IGTC und werde dafür sorgen, dass das Zentrum bestehen bleibt und weiter wächst." Am nächsten Tag besuchte uns der General. Er empfahl mir, nichts zu zahlen und sich auch keine Sorgen über mögliche Konsequenzen zu machen. „Sollte es Ärger geben, rufen Sie mich an", sagte er, gab mir seine Visitenkarte und seine private Telefonnummer. Es gab nie Ärger. Ich weiß bis heute nicht, wie der General von dem Erpressungsversuch der Regierungsleute erfahren hatte. Er kam später demonstrativ zu Abschlussfeiern von Lehrlingen. Offensichtlich beschützte er uns. Und er forderte nie etwas dafür.

Mit so einem Schutzengel wird jede NGO und jede Firma in Indonesien ungestört arbeiten können. Wie viele einen wirklichen Engel haben, also einen, der ohne Bezahlung schützt, kann ich allerdings nicht abschätzen. Die Chance auf einen Schutzengel ohne eigene Agenda steigt, wenn man sich als ausländischer Akteur korrekt verhält, seine Angestellten ordentlich behandelt und seiner sozialen Verantwortung gerecht wird. All das spricht sich herum. Im IGTC, das bei Bogor südlich von Jakarta liegt, wurden schon 5.000 Frauen und 1.000 Männer ausgebildet. Die Ausbildung ist erstklassig, Englischunterricht fester Bestandteil. 240 junge Leute, die während ihrer Lehre im IGTC wohnen, kriegen von 20 Dozenten alles beigebracht, was man wissen und können muss, um Textilprodukte zu entwickeln, zu produzieren und sie ins Ausland zu verkaufen. Wer in die Bereiche Design oder Management möchte, lernt bis zu zwei Jahre lang. Schnittmacherinnen bleiben dagegen zwölf Monate, Näherinnen sechs Monate. Junge Leute auszubilden und zu sehen, wie sie dann selbständig und erfolgreich durchs Berufsleben gehen, macht mich unglaublich glücklich – so glücklich, dass die Ausbildung mein Hobby wurde, nachdem ich im Jahr 2000 in Rente gegangen war. Das IGTC, heute eine Stiftung, ist eine Art Dienstleister für den Staat Indonesien und für seine Textilindustrie. Junge Leute werden ausgebildet, ohne dass sie etwas dafür zahlen. Und dann vermittelt das IGTC ihnen Arbeitsplätze. Bislang sind alle untergekommen. 1998 hatten wir in zwei Räumen mit einfachen Kursen für Strickerinnen angefangen. Heute stehen im IGTC auf einem 10.000-Quadratmeter-Gelände ein Dutzend Bauten.

Finanziert wurde und wird das Zentrum von Spenden, anfangs bekam es auch deutsche Entwicklungshilfe. Knapp 250 Spender aus einem guten Dutzend Ländern gaben Geld. Beteiligt haben sich lokale und internationale Geschäftsleute und Firmen, mit denen ich in den vergangenen 40 Jahren zusammengearbeitet hatte. Auch indonesische Staatsunternehmen, die verpflichtet sind, mit einem kleinen Teil ihres Profits Gutes zu tun, geben Geld. Alle Geber haben ein Interesse daran, dass Fachkräfte in Indonesiens Textilindustrie gut ausgebildet werden. Denn nur mit hoch qualifiziertem Personal kann Indonesiens Textilbranche dafür sorgen, nicht unterzugehen, sondern an der Spitze zu bleiben. Schlüssel zum Erfolg einer Industrie ist gute Ausbildung.

Indonesiens Kleidungsindustrie ist schon mehrfach totgeschrieben worden. Zum Beipsiel 2004, als viele Exportquoten in Asien wegfielen, das illegale „Submarine Business" nicht mehr nötig war und Indonesien einen Standortvorteil verlor. Aber Indonesien hat den Freihandel angenommen und besteht den Wettbewerb. Das liegt auch daran, dass Defizite in anderen Staaten größer sind. Zum Beispiel hat Vietnam kein Verständnis für Kundennähe. In Myanmar fehlt eine Subindustrie für Material: Nähgarn, Knöpfe, Reißverschlüsse und vieles mehr muss importiert werden. In Indonesien ist all das vorhanden. Der nächste Zeitpunkt, an dem hier wieder das Schreckgespenst der „Sunset Industry" an die Wand gemalt wurde, kam 2009 und in den Jahren danach: Mindestlöhne stiegen so drastisch, dass gemutmaßt wurde, Indonesien könne als Produktionsstandort zu teuer werden und international nicht mehr wettbewerbsfähig sein. In der Tat stiegen die Mindestlöhne kräftig. Man muss aber auch sagen, dass substantielle Erhöhungen überfällig waren, auch vor dem Hintergrund stark gestiegener Lebenshaltungskosten. Allerdings unterscheiden sich die Lebenshaltungskosten in Indonesien von Region zu Region gewaltig. Und deshalb gibt es auch nach Regionen gestaffelte Mindestlöhne. Am höchsten ist der monatliche Mindestlohn in Jakarta, wo er von 2008 bis 2014 von 973.000 Rupiah (ca. 85 USD) auf 2.440.000 Rupiah (ca. 214 USD) gestiegen ist. Am niedrigsten ist der Mindestlohn in Semarang, wo er heute 910.000 Rupiah (ca. 80 USD) beträgt. An dem Prozedere, den Mindestlohn zu bestimmen, sind viele Seiten beteiligt. In den Provinzen setzen sich die Regierung, Gwerkschaften und Unternehmer zusammen und einigen sich – unter Anbetracht der Inflationsrate – auf einen Vorschlag, den sie dem Provinz-Gouverneur unterbreiten. Er hat das letzte Wort. Indonesiens Mindestlohn bezieht sich auf eine 40-Stunden-Woche. Als der Lohn sprunghaft anstieg, sagten Arbeitgeber und Industrieverbände einen Export-Rückgang und Fabrikschließungen voraus. Beides blieb aus. Im Gegenteil: Mehr Fabriken wurden gebaut, und zwar nicht nur im Textilsektor, sondern auch in der Autoindustrie. Manche Firmen verlagern ihre Produktion sogar von China nach Indonesien. China bleibt aber Indonesiens größter Konkurrent bei der Standortwahl für die Produktion von Konsumgütern. Ein Grund dafür, dass die Lohnsteigerungen nicht zu Fabrikschließungen führten, ist die Entwicklung des Wertes der Landeswährung Rupiah. Sie verlor gegenüber dem US-Dollar in den vergangenen fünf Jahren etwa 35 Prozent ihres Wertes. Das hat Exporte preiswerter gemacht und die gestiegenen Lohnkosten weitgehend ausgeglichen. Und so kann das Land weiterhin die Nachfragen aus den USA, Europa und Japan bedienen, wo insgesamt 1,4 Milliarden kaufkräftige Konsumenten leben. Indonesiens Kleidungsexporte nehmen zu durch den Neubau von Fabriken in Zentraljava, wo der Mindestlohn nur halb so hoch ist wie in Jakarta.

Dass Löhne kräftig gestiegen sind, ist unter anderem ein Verdienst der Gewerkschaften. Zudem haben Nichtregierungsorganisationen (NGOs) einen Anteil an der fairen Entwicklung, zum Beispiel die „Clean Clothes Campaign" (CCC), die 1989 in Holland ihre Aktivitäten aufnahm und das „Workers Rights Consortium" (WRC), das etwa zur gleichen Zeit in den USA gegründet wurde. Diese NGOs üben Druck auf die Produzenten, auf die Händler, die Käufer und auf den Einzelhandel aus. Dabei geht es darum, dass Arbeiterinnen und Arbeiter in Produktionsländern wie Indonesien ordentliche Arbeitsbedingungen haben und entsprechend des Mindestlohns bezahlt werden. Die 40-Stunden-Woche muss eingehalten, Überstunden müssen begrenzt und bezahlt werden. Dazu kommen eine Reihe anderer Anforderungen. All diese Prinzipien verdienen vollste Unterstützung. Und nach meiner Erfahrung haben Produzenten, Händler und Käufer immer ein offenes Ohr gehabt und viele positive Entwicklungen ermöglicht. In den Fabriken, die ich in Indonesien besucht habe, waren die Arbeitsbedingungen immer ordentlich. Auch wird der Mindestlohn eingehalten. Überstunden werden bezahlt. Gerade vor diesen Hintergründen ist es schade, dass CCC und WRC manchmal über ihr Ziel hinausschießen. Zum Beispiel gab es in einer Fabrik in Bandung einen Konflikt zwischen einer kleinen Gruppe von Facharbeitern, die an Maschinen standen und mit der jüngsten Lohnerhöhung nicht zufrieden waren, auf der einen Seite und dem Rest der Belegschaft, der zufrieden war, auf der anderen Seite. CCC und WRC schalteten sich ein, unterstützten die Facharbeiter und riefen in Deutschland zum Boykott der Marke Tom Tailor auf, die angeblich Ware aus der Fabrik beziehe. In Indonesien kam es zu einer Schlägerei unter den Angestellten der Fabrik, die die Polizei mit noch mehr Gewalt beendete. In Hamburg protestierte daraufhin CCC vor einem Tom-Tailor-Geschäft, Demonstranten blockierten den Ladeneingang und verbreiteten, die Marke ließe in einer Fabrik in Indonesien produzieren, in der Angestellte misshandelt würden. In Wahrheit hatte Tom Tailor der Fabrik seit einem Jahr keinen Auftrag mehr erteilt. Und der dortige aktuelle Disput war nur gewalttätig geworden, weil die Arbeiterinnen und Arbeiter miteinander stritten. Wenige wollten streiken, die große Mehrheit nicht. Seit diesem Fall bin ich immer vorsichtig, wenn CCC oder auch WRC massive Vorwürfe gegen Produzenten und Käufer erheben. Doch wie gesagt: Insgesamt haben die beiden NGOs gute Ziele und machen wichtige Arbeit.

Die meisten Indonesier versuchen, Konfrontationen zu vermeiden. Sie sind vernünftig, und es ist eine Freude, mit ihnen zu arbeiten. Die ganz überwiegende Mehrheit der Arbeiterinnen und Arbeiter wechseln selten den Arbeitgeber – solange dieser sie ordentlich behandelt.

Angestellte schätzen es sehr, weitergebildet zu werden und Anteil am Erfolg bzw. am Profit des Unternehmens zu haben. Zudem ist es wichtig, hinter den Angestellten zu stehen. Sie müssen das spüren. Und es ist ihnen wichtig, Teil eines angesehenen Unternehmens zu sein. In der Regel sprechen Angestellte über Privates nur, wenn sie persönliche, gesundheitliche oder familiäre Probleme haben. Dann sind ein offenes Ohr des Chefs, Anteilnahme und Entgegenkommen sehr wichtig. Über die Jahre ergibt sich so ein Vertrauensverhältnis. Dann kann fast alles offen diskutiert werden. Dann werden auch Geheimnisse geteilt und als solche respektiert. Wer an diesem Punkt ankommt, arbeitet in einer wunderbaren Atmosphäre und schließt oft Freundschaften, die auch halten, wenn man nicht mehr zusammen arbeitet.

Ich bin mir sicher, dass es bald wieder zu irgendeiner Entwicklung kommt, die Skeptiker dazu verleiten wird, Indonesiens Textilindustrie abzuschreiben. Doch ich bin mir sicher, dass die Sonne zumindest im Kleidungssektor, wo Stoffe verarbeitet werden, nicht untergehen, sondern noch lange scheinen wird. In der reinen Textilindustrie, wo es nur um die Herstellung der Soffe geht, gibt es dagegen ernste Herausforderungen. Fabriken sind veraltet. Es müsste dringend in neue Maschinen zum Spinnen, Weben und Drucken investiert werden. Bleibt das aus – und ich sehe keine ausreichende Investitionsbereitschaft –, ist dort eine Krise möglich. Das könnte auf den ersten Blick auch die verarbeitende Kleidungsindustrie tangieren. Doch im Falle einer Textilkrise in Indonesien kann man Stoffe auch woanders einkaufen. Das würden sich Indonesiens Textil-Fabrikanten nicht lange anschauen, sie würden dann doch investieren. Der verarbeitende, also der Kleidungssektor ist weniger krisenanfällig, weil er nicht sehr investitionsintensiv ist. Vieles wird von Hand gemacht. Deshalb sind so viele wichtige Arbeitsplätze in Indonesien entstanden. Und es werden noch viel mehr dazukommen. Manche Fabriken haben bis zu 50.000 Beschäftigte, die meisten sind Frauen. Insgesamt beschäftigt Indonesiens Textil- und Kleidungssektor heute mehr als 2,5 Millionen Menschen. Übrigens gibt es auch deshalb so viele Arbeitsplätze, weil heute mehr als 60 Prozent der Produktion ins Ausland gehen. Wie weit das Land doch gekommen ist seit 1991, als mit wenigen Ausnahmen nur für den Inlandsmarkt produziert wurde. Übrigens teilt die indonesische Handelkammer meinen Optimismus für die Textil- und Kleidungsindustrie: Bis zum Jahr 2030, prognostiziert die Kammer, sollen Exporte auf 75 Milliarden USD steigen.

Journalismus in der Reform-Ära

Moritz Kleine-Brockhoff

Jakarta, Anfang Juni 1999: Millionen von Menschen sind auf den Straßen. Die Wahlkommission hat Jakarta am vorletzten Tag des Wahlkampfes der PDI-P überlassen und am letzten Tag der GOLKAR-Partei. Ihre Anhänger verwandeln die Stadt erst in ein rotes Meer aus T-Shirts der PDI-P, 24 Student später ist Jakarta gelb gekleidet, in der Farbe der GOLKAR. Der Wahlkampf ist ein Volksfest mit knatternden Mopeds, Pfeifen, Tröten und Musik. Die Indonesier feiern, dass sie erstmals seit Jahrzehnten ihr Parlament frei wählen dürfen. Ein gutes Jahr zuvor hatten die Asienkrise und protestierende Studenten General Suharto gestürzt. Nach 33 Jahren seiner mit Scheindemokratie verzierten Militärherrschaft treten nun 48 Parteien an. Endlich herrschen Presse-, Versammlungs- und Wahlfreiheit. Am 7. Juni 1999 geben 110 Millionen Menschen – 93% der Wahlberechtigten – friedlich ihre Stimmen ab. Es ist ein wunderbarer Tag. Ein Wahltag, an dem das öffentliche Leben ansonsten still steht. Ein ernster, würdevoller Tag, an dem Menschen sich fein anziehen, geduldig Schlange stehen und diszipliniert ihre Stimmen abgeben. Am Nachmittag werden die Stimmen in den Wahllokalen öffentlich ausgezählt. Manche Wähler klatschen, wenn ihre Partei eine Stimme bekommt. Ich stehe als Journalist an einem Wahllokal in der Jalan Kebon Kacang, in der Nähe des Bunderan Hotel Indonesia. „Heute ist ein ganz wichtiger Tag. Wir wollen einen demokratischen, gerechten Staat", sagt mir eine Frau während der Auszählung der Stimmen. Sie lächelt, aber es ist klar, wie ernst es ihr ist.

Und dann, als Wochen später das Ergebnis feststeht und die Nationalversammlung aus Parlament und Regionalabgeordneten tagt, verwehren die Abgeordneten der klaren Siegerin der Parlamentswahl, PDIP-Chefin Megawati Sukarnoputri, die Präsidentschaft. Weil die Abgeordneten keine Frau als Staats- und Regierungschef haben wollen, ernennen sie stattdessen den Chef einer Partei, die nur 13 Prozent der Stimmen des Volkes bekommen hatte, zum Präsidenten. Das ist das Indonesien, das ich seit 15 Jahren kennenlerne: Eine Mischung aus fabelhaften Errungenschaften, wunderbaren, wichtigen Entwicklungen – und haarsträubenden Gegebenheiten. Heute, 2015, werden der Präsident, die Gouverneure und andere Mandatsträger längst direkt gewählt. Seit 2004 haben Soldaten keine garantierten Parlamentssitze mehr. Politische und wirtschaftliche Kompetenzen sind dezentralisiert, die Wirtschaft boomt, Armut geht zurück, die Mittelschicht wächst. Kurz: Indonesien erscheint als moderne, erfolgreiche Demokratie. Wunderbar! Gleichzeitig schießen heute, 2014, nach 15 Jahren Demokratisierung, immer noch Soldaten und Polizisten aufeinander, weil sie um ihren Schmuggel von subventioniertem Benzin streiten. Der oberste Verfassungsrichter verkauft bei Gerichtsverfahren wegen umstrittenen Wahlausgängen seine Urteile. Haarsträubend!

Zu der Mischung in Indonesien, die ich kennenlerne, gehört auch, dass sich fast alles letztlich schon irgendwie fügt. Für unser einen fügt es sich zwar ziemlich spät, mit einigen Komplikationen und allermeist nicht perfekt – aber letztlich doch ziemlich gut. Das sieht man zumindest so, wenn es einem gelungen ist, die uns Deutschen eigene Glashalb-leer-Einstellung abzulegen. Das ist übrigens empfehlenswert, denn man hat als Deutscher in Indonesien eine simple Wahl: Man entspannt sich ein wenig und schätzt dann das Land und seine Menschen sehr – oder man versteift sich auf Negatives, flucht ständig und reist lieber früher als später wieder ab. Nach der Parlamentswahl von 1999 fügte sich auch vieles. Der Chef der 13-Prozent-Partei (PKB), der ungerechterweise Präsident wurde – der liberale Islam-Intellektuelle Abdurrahman Wahid – entpuppte sich als ein viel reformorientierterer Regierungschef als die PDIP-Chefin Megawati. Sie wurde 2001 gerechterweise doch noch Präsidentin. Weil sie wenig tat, verlor sie danach zwei Direktwahlen. So fügte es sich. Der korrupte Verfassungsrichter wurde geschnappt, überführt und erhielt eine lebenslange Haftstrafe. Das halb leere Glas: Polizisten und Soldaten, die aufeinander schießen, haben außer ihrer Versetzung nichts zu befürchten.

Ich kam 1999 durch einen Zufall nach Indonesien. Zu meinem Volontariat bei der Deutschen Welle, einer 18-monatigen Ausbildung zum Radio- und TV-Journalisten, gehörte eine Hospitanz bei einem anderen Sender. Ich wollte nach Asien. Die DW brachte mich als Hospitant bei der BBC-Asia unter. Ihr Chef, Mark Perrow, der in Hongkong saß, schickte mich nach Indonesien, weil dort in dem Jahr gewählt wurde: „Kommen Sie vier Tage vor der Wahl um 18 Uhr in die Lobby des Mandarin Oriental Hotels Jakarta", grummelte Mark. Und legte auf. Später verstanden wir uns prächtig.

Da stand ich also, am 3. Juni 1999 um 18 Uhr in der Lobby des Mandarins in Jakarta. Das Hotel gab Medienvertretern, mehr als 100 Korrespondenten waren aus aller Welt zu der Wahl angereist, Sonderkonditionen bei Übernachtungen. Viele in Jakarta ansässige Korrespondenten hatten ihre Büros gegenüber des Hotels im Deutsche Bank Building. Die Veranstaltungen des Jakarta Foreign Correspondents Club waren im Mandarin. Somit war es *das* Journalistenhotel. An meinem ersten Abend lud das Mandarin-Management alle Journalisten zum Umtrunk. Als 32-jähriger Nobody war ich umgeben von Haudegen. Manche waren seit Jahrzehnten im Geschäft, ein paar hatten aus Asien sogar schon vom Vietnam-Krieg berichtet. In den folgenden Wochen lernte ich, dass alle nur mit Wasser kochen. Der Schlüssel zu einem einigermaßen ordentlichen Bericht aus dem Ausland sind lokale Mitarbeiter, so genannte Stringer, die Informationen liefern, Interviews arrangieren und übersetzen. Der Rest ist Handwerk und Fleiß. Die BBC hatte zur Wahl vier Korrespondenten in Jakarta und zusätzlich zahlreiche indonesische Stringer, darunter Kanthi, eine junge Frau mit viel Humor. Ich bin bis heute mit ihr befreundet. Kanthi kannte alles und jeden. Sie machte für die BBC möglich, was möglich zu machen war. Vor und nach der Wahl zogen wir kreuz und quer durch Jakarta. Das Schöne am Journalismus ist, dass man so viel sieht, mit vielen verschiedenen Themen befasst ist und so viele Menschen kennenlernt. Mit wenigen Ausnahmen lehnt niemand den Interview-Wunsch eines Journalisten ab. Und so filmten wir in Hütten und sprachen mit Familien in Slums in Cilicing im Norden der Stadt, wir besuchten Politiker in Ministerien an der zentral gelegenen Jalan Rasuna Sahid und befragten Reiche in ihren Villen im Süden im Stadtteil Pondok Indah. Ich kann meine ersten Eindrücke nicht bündeln, weil sie so verschieden waren. Nach ein paar Tagen dachte ich mir, dass soziale Unterschiede, vor allem die Kluft zwischen Arm und Reich – zu einem Pulverfass führen müssen. Tatsächlich hatte Jakarta ja im Jahr zuvor nach Preiserhöhungen und Währungsverfall gebrannt, bei den Unruhen im Mai 1998. In den Jahren danach erlebte ich in Indonesien jedoch eher eine Gesellschaft, die soziale Unterschiede und Ungerechtigkeiten in einem erstaunlich hohen Maße aushält.

Nach zwei Nächten zog ich aus dem Mandarin-Hotel aus, weil ich es mir nicht leisten konnte. Ich kam im günstigen Hotel Cemara an der Ecke der Jalan Wahid Hasyim und der Jalan Cemara unter. Zunächst erledigte ich bei der BBC, was ein Hospitant so zu erledigen hat: Ich besuchte in Jakarta langweilige Pressekonferenzen und brachte die Audio-Aufnahmen für Radio-Berichte ins Büro. Die Korrespondenten bedienten sich. Brauchte jemand für eine Radio-Reportage Audio von Jungs, die im Stau vor roten Ampeln ein paar Gitarrenriffs und Gesang zum Besten geben und dafür Münzen von Autofahrern bekommen – dann besorgte ich die Aufnahmen. Weil ich mich in Jakarta als Helfer bewehrt hatte, nahm die BBC mich im August mit zum Unabhängigkeitsreferendum nach Osttimor, das damals noch Teil Indonesiens war. Nachdem sich knapp 80 Prozent der Osttimorer für ihre Unabhängigkeit entschieden hatten, brach Gewalt aus. Wir blieben in Dili, Osttimors Hauptstadt, solange es ging. BBC-Korrespondent Jonathan Head hatte sich bei Straßengefechten den Arm gebrochen und arbeitete weiter. Seine damalige Freundin, eine indonesische Fotografin, hielt mit Malaria durch. Der BBC-Starreporter Matt Frei überlebte nur, weil ein auf ihn gerichtetes Gewehr beim Abdrücken versagte. Unsere indonesischen Mitarbeiter waren mutig, blieben engagiert und kamen nicht auf die Idee, abreisen zu wollen. Viele waren gestandene Journalisten, die ihre indonesischen Arbeitgeber verlassen hatten, weil sie als Stringer bei internationalen Medien viel mehr verdienten. Sogar Yenny Wahid, deren Vater kurz darauf Präsident Indonesiens wurde, arbeitete während der Osttimor-Krise in Dili für australische Medien. Schließlich schossen pro-indonesische Milizen in unserer Hotellobby um sich. Es gab schon lange keinen Strom mehr, uns ging das Benzin für unseren Generator aus, wir konnten keine Berichte mehr absetzen. Wir mussten weg. Aus Osttimor abzureisen, war angesichts der Sicherheitslage allerdings nicht einfach. Doch in Indonesien lässt sich mit einem sehr viel regeln: mit Geld. Das indonesische Militär – von dem die Gewalt ausging, weil es die Milizen bewaffnet und trainiert hatte und beim Plündern und Morden gewähren ließen – gab uns gegen ordentliche Bezahlung Geleitschutz auf dem gefährlichen Weg zum Flughafen. Bei der Abreise fühlten wir uns elendig. Ohne internationale Korrespondenten vor Ort machten Milizen und indonesische Soldaten Osttimor dem Erdboden gleich. Als gut zwei Wochen später UN-Soldaten intervenierten, waren bereits etwa 1.000 Menschen gestorben und 80 Prozent aller Gebäude im Land zerstört.

Mein Volontariat bei der Deutschen Welle war beendet, die BBC-Hospitanz war meine letzte Station gewesen. Ich war jetzt freier Journalist, und ich blieb in Indonesien. Ich schrieb für die ZEIT, verkaufte der DW und dem Deutschlandfunk Radio-Berichte und kehrte mit den UN-Soldaten von Jakarta über Darwin nach Osttimor zurück. In den ersten Tagen der UN-Intervention wurde immer noch geschossen, indonesische Soldaten ermordeten während ihres Abzuges einen Kollegen von uns, Sander Thoenes, einen Holländer, der für die Financial Times schrieb. Mich hatte die Gewalt der vergangenen Wochen schockiert, Sanders Tod noch mehr. Ich stürzte mich in die Arbeit. Später kehrte ich nach Jakarta zurück und bereiste von dort aus andere Staaten Südostasiens. Ich lebte in Drei-Sterne-Hotels, verkaufte Radio- und Print-Stücke und sah zu, dass am Ende des Monats eine schwarze Null stand. Die Frankfurter Rundschau hatte keinen Südostasienkorrespondenten und druckte meine Texte. Knapp zwei Jahre ging das so, das Cemara-Hotel in Jakarta war meine Basis, die meisten Berichte kamen aus Indonesien.

Durch eine glückliche Fügung bekam ich im Jahr 2001 Verträge von der FR und von drei weiteren Zeitungen, die mit ihr kooperierten: Stuttgarter Zeitung, Tagesspiegel und Hannoversche Allgemeine. Ich wurde ihr gemeinsamer Südostasienkorrespondent mit Sitz in Jakarta. Endlich hatte ich ein festes Monatseinkommen. Ich mietete ein Haus in Menteng, in dem ich auch ein Büro einrichtete. Ich stellte eine tolle Assistentin ein, Karuni Rompies, die heute für den Sidney Morning Herald arbeitet. Runi brachte mir Indonesien näher. Sie wusste, welcher Sohn eines Geschäftsmanns strategisch die Tochter eines Generals geheiratet hatte und seitdem bessere Geschäfte macht, weil Generäle viele Strippen ziehen können. Runi wusste, dass Susilo Bambang Yudhoyono, der 2004 Präsident wurde, seine Soldatenkarriere auch durch so eine Hochzeit beschleunigt hatte. Runi wusste, welcher Politiker zur Suharto-Zeit was gemacht hatte. Runi erzählte mir, dass Eltern bei manchen Lehrern und Dozenten gute Noten für ihre Kinder kaufen können. Und dass Polizisten ihre Vorgesetzten dafür bezahlen, an einer Kreuzung oder einem Kreisverkehr eingesetzt zu werden, an der Verkehrsvergehen häufig sind, weil ein Schilderwald errichtet wurde, durch den niemand durchblicken kann. Ich kaufte ein Auto und lernte beim Fahren, dass Polizisten nur auf Geld aus sind und dass die Bettler an den Ampeln in meiner Nachbarschaft offenbar Angestellte von irgendwem waren. Sie arbeiteten in penibel organisierten Schichten.

Moritz Kleine-Brockhoff

Ich berichtete viel aus Jakarta, reiste aber auch regelmäßig. Leider konzentriert sich der Journalismus zu 80 Prozent auf Negatives. Funktionieren an einer Kreuzung 20 Jahre lang die Ampeln und es gibt keinen Unfall, so ist das nicht berichtenswert. Erst wenn eine Ampel ausfällt und es kracht, kommen Journalisten. Und so gingen Reisen fast ausschließlich dorthin, wo es krachte. Auf die Molukken, wo Christen und Moslems sich tausendfach umbrachten. Nach Bali, wo Terroristen Bomben legten und mehr als 200 Menschen töteten. Nach Aceh, wo Bürgerkrieg und Kriegsrecht herrschten. Und dann, ab Ende 2004, wieder ganz häufig nach Aceh, weil dort ein Tsunami 170.000 Tote und Trümmerlandschaften hinterlassen hatte. Manchmal kam Schrecken auch zu uns nach Jakarta, genauer gesagt nach Kuningan: bei Bombenanschlägen auf die Botschaft Australiens, auf das Marriott Hotel und auf das Ritz-Carlton Hotel. Es war unfassbar, mit wie vielen Konflikten und Tragödien Indonesien in diesen schwierigen Jahren zurecht kommen musste. Bombenanschläge auf Kirchen zu Weihnachten, Kämpfe mit Enthauptungen zwischen Dayak und Maduresen in Kalimantan, Menschenrechtsverletzungen in Papua, die mysteriöse Lungenkrankheit SARS, die Vogelgrippe, Vulkanausbrüche, ein fürchterliches Erdbeben südlich von Yogyakarta mit 6.000 Toten, die Ermordung des Menschenrechtlers Munir, Dutzende Tote bei Überschwemmungen in Jakarta. Und all das inmitten einer Demokratisierung, die aus eigener Kraft fortgesetzt wurde. Indonesien versank nicht im Chaos, sondern bewältigte seine vielen Probleme.

Es macht einen großen Unterschied, ob man über die Vogelgrippe liest oder als Journalist in einem Krankenhaus mit sterbenden Patienten und ihren Angehörigen steht. Das gilt natürlich für alle Tragödien und Konflikte. Während meiner Berichterstattung erlebte ich, wie manipulierbar und wie brutal Menschen sein können, besonders die Terroristen. Und ich erlebte, wie eng Indonesier zusammenrücken, wie hilfsbereit und mitfühlend sie sind, wenn Trauer und Not herrschen. Da war es wieder, das Indonesien, das haarsträubend und das wunderbar sein kann. Heute bewundere ich, dass das Land und seine Menschen es geschafft haben, diese schwierigen Jahre zu überwinden. Einen großen Anteil daran hatte Präsident Susilo Bambang Yudhoyono, der 2004 in einer weiteren, wunderbar friedlichen und freien Wahl direkt zum Präsidenten gewählt wurde. SBY, so nennt ihn jeder, gab Rückhalt. Nach dem wohlmeinenden, aber erratischen Abdurrahman

Wahid und der passiven Megawati Sukarnoputri hatte Indonesien mit SBY wieder einen Staatschef, mit dem ganz viele Menschen zufrieden waren. SBY reiste persönlich zu allen Konflikten und Katastrophen. Er begegnete Terrorismus mit Härte und Erfolg. Er war für die Opfer von Desastern da und unterstützte Wiederaufbau. Und er gab Indonesien Selbstvertrauen zurück, vor allem der Wirtschaft. Zwischen 1998 und 2004 war in Jakarta kein einziges Hochhaus und kein einziges Einkaufszentrum gebaut worden. Die Reichen hatten ihr Geld nach Singapur gebracht und warteten ab, ob ihr Land sich berappelt oder ob es im Chaos versinkt. Es berappelte sich: Mit SBY kehrte ab 2004 der Bauboom der späten Suharto-Zeit zurück, die Wirtschaft wuchs wieder kräftig, Arbeitsplätze entstanden. Mittlerweile hat Jakarta mehr als 150 riesige Einkaufszentren, mehr als jede andere Stadt der Welt. Unter SBY nahm die Anti-Korruptionsbehörde (KPK) ihre Arbeit auf, die bis heute fantastisch arbeitet. Und unter SBY wurde die Verfassung so geändert, dass fortan 20 Prozent des Staatshaushaltes für Bildung ausgegeben werden muss. Dieses Glas ist allerdings halbleer, denn die Qualität der Bildung ist immer noch katastrophal. Man fragt sich, wo das ganze Geld hingeht. SBY und seine Partei hatten die Wahl 2004 mit dem Versprechen gewonnen, sauber zu regieren. Sie hielten Wort, es gab bis 2009 keinen Skandal, keinen Korruptionsfall. 2009 wurde SBY bei zwei Konkurrenten im ersten Wahlgang mit wunderbaren 61 Prozent der Stimmen im Amt bestätigt. In der zweiten Amtszeit boten SBY und seine Partei dagegen Haarsträubendes. Der Präsident regierte fast lethargisch. Seine Partei ging unter, weil der Fraktionschef, der Schatzmeister und ein Minister der Korruption überführt wurden und im Gefängnis landeten. Immerhin: Am Ende der zehnjährigen SBY-Amtszeit 2014 gab es „nur" noch in Papua einen Konflikt. Dorthin durften wir Auslandskorrespondenten selten reisen, es gab in der Regel keine Genehmigung, ich war nie dort.

Abgesehen von der Papua-Einschränkung war das Arbeiten als Journalist in Indonesien relativ einfach. Relativ, weil es einerseits unmöglich war, auf normalem Amtsweg eine Aufenthalts- und Arbeitserlaubnis zu bekommen. Statt der Dokumente bekamen wir bei der Einwanderungsbehörde einen Namen und eine Handynummer. Der Herr, der antwortete, regelte dann für fünf Millionen Rupiah alles. Wir nahmen an, dass er Beamter oder Beauftragter der Behörde war. So oder so dürfte die Gesamteinnahme, bei sechzig Auslandskorrespondenten in Indonesien immerhin 300 Millionen Rupiah pro Jahr, in der Behörde verteilt worden sein. Mit der Aufenthalts- und Arbeitserlaubnis ging eine Akkreditierung beim Außenministerium einher. Zusätzlich waren jährliche Akkreditierungen bei den Institutionen sinnvoll, bei denen man regelmäßig an Presse-Briefings teilnehmen wollte: Präsidentenpalast (via Staatssekretariat), Parlament, Polizei und Militär. Diese Akkreditierungen bekam man, erstaunlicherweise, alle schnell und ohne jegliche Gebühr. Hatte man alle Ausweise, war die Arbeit einfach. Es standen einem fast alle Türen offen. Wer mit einem Foto-Ausweis daherkommt, der vom Militär ausgestellt und von einem Drei-Sterne-General unterschrieben ist, wird in Indonesien in der Regel nicht abgewiesen. Ich kenne Journalisten, die den Ausweis zogen, als die Polizei sie (zurecht) belangte. Die Polizisten ließen die Sache nicht nur auf sich beruhen, sie entschuldigten sich für die Unannehmlichkeiten.

Weil die Medien unter Suharto eingeschränkt waren, ist den Indonesiern ihre 1998 mit dem Sturz des Machthabers errungene Pressefreiheit heilig. Nur wird sie zu weit ausgelegt. Wenn die Polizei einen Tatverdächtigen verhaftet, werden Journalisten mit Kameras in seine Zelle gelassen. Er wird gefilmt und im TV gezeigt, egal ob er wirklich etwas verbrochen hat oder nicht. Dasselbe gilt für Angeklagte vor Gericht. Während Gerichtsverfahren stehen die Türen des Saals grundsätzlich offen. Das ist ein schönes Zeichen der Transparenz. Aber der Angeklagte wird gefilmt – egal ob er schuldig ist oder nicht. Nach Katastrophen stürmen Journalisten in Krankenzimmer, sie filmen und interviewen Verletzte. Leichen werden im TV gezeigt. Reporter besuchen Hinterbliebene zu Hause und filmen sie weinend auf dem Sofa. Niemand würde auf die Idee kommen, Journalisten zu verscheuchen. Nach vielen Jahren in Indonesien bin ich auch einmal zu weit gegangen. Ich interviewte eine verletzte deutsche Touristin im Krankenhaus, deren Mann in Aceh von indonesischen Soldaten erschossen worden war. Sie selbst hatte mit einer Schusswunde und einem zertrümmerten Knie überlebt, weil ihr Mann sich in ihrem Zelt vor sie gelegt hatte. Ich wollte wissen, ob der nächtliche Vorfall wirklich, wie vom Militär behauptet, einer unglücklichen Verkettung von Umständen geschuldet war und ob es wirklich Warnschüsse gegeben hatte. Aber ich hätte die arme Frau, die unter Schock stand, besser einfach nur in Ruhe lassen sollen. Das tut mir bis heute leid. Sie bestätigte die indonesische Version.

Bei all den negativen Artikeln bemühte ich mich um Ausgleich. Ich schrieb, dass mir Christen auf den Molukken sagten, dass die Gewalt nicht von „ihren" Muslimen (denjenigen, mit denen sie Jahrzehnte lang friedlich zusammengelebt hatten) ausging, sondern von Brandstiftern, die auf ihre Inseln geschickt worden waren. Ich schrieb, dass fast alle Muslime in Indonesien den Terror der Militanten ablehnen, die Bomben legten. Zudem versuchte ich, positive und leichte Themen in deutsche Zeitungen zu bringen. Themen, die Indonesiens Alltag und Schönheit zeigen. Ich schrieb über einen Tag in einem Dorf am Brunnen, wo die Frauen seit Jahrzehnten täglich waschen, klönen und so manche Hochzeit eintüten. Ich schrieb über Aberglauben, über Kochrezepte und darüber, dass eine indonesische Mutter findet, ihre Tochter bekomme wahrscheinlich keinen Ehemann, wenn sie kein gutes Huhngericht *opor ayam* hinbekommt. Ich beschrieb Nyepi, den Tag der Ruhe auf Bali. Ich fuhr zu Kaffeeplantagen und suchte den Luwak, eine Wildkatze mit großen Augen, die Kaffeebohnen in ihrem Darm veredelt. Ich verbrachte einen Tag an einem Stand der *ojek*-Fahrer in Jakarta und schrieb auf, was mir die Fahrer der Motorradtaxis erzählten. Ich schrieb über Tattoos sowie über Produkte, die weiße Haut versprechen. Und über die mir als Raucher sympathische Unmöglichkeit, in Indonesien das Rauchverbot durchzusetzen, das eigentlich in Gebäuden herrscht. Ich beschrieb einen Tag auf der Führerscheinstelle. Weil sie sich nicht vorstellen können, dass man einen Führerschein ohne Bestechung bekommt, heuern viele Indonesier einen der vielen „Agenten" an, die vor der Behörde herumlungern. Sie besorgen den Führerschein gegen Bezahlung. Tatsächlich werden die Agenten an den Schaltern schnell von den Beamten bedient, ihre Einnahmen dürften im Haus verteilt werden. Aber durch eine Probe aufs Exempel stellte sich heraus, dass man den Führerschein mit etwas Geduld auch ganz sauber bekommen kann. Ich porträtierte Pater Magnis-Suseno, eine ganz wichtige Stimme für Akzeptanz von Minderheiten im Land, und Ulla von Mengen, die seit mehr als 40 Jahren mit Affen im Ragunan-Zoo im Süden Jakartas lebt. Ich schrieb über die Tatsache, dass Indonesien die höchsten Feste aller religiösen Minderheiten zu nationalen Feiertagen erklärt und darüber, dass hier die Muslime den Christen frohe Weihnachten wünschen. Ich stieg auf Lombok mit Archäologen in eine Höhle und besuchte Schatztaucher, die vor Belitung einen großen Fund gemacht hatten. Vor allem der Frankfurter Rundschau und der Stuttgarter Zeitung bin ich sehr dankbar, dass sie auch solchen Artikeln Platz gaben, die Indonesien den Lesern hoffentlich etwas näher brachten als all die unvermeidlichen Katastrophenberichte. Damals fand man in Deutschland auch Artikel über Piraten noch exotisch und unterhaltsam. Dabei war das Thema vor den Küsten Indonesiens längst ernst.

Am beliebtesten bei deutschen Redaktionen war unumstritten ein Thema: das Schicksal des Orang Utans. Der Waldmensch ist der Botschafter des Regenwaldes, neben dem Sumatra-Tiger, der wegen schwindendem Lebensraum noch schneller ausstirbt. Eine gute Reportage über Orang Utans oder über Tiger zu schreiben, ist aufwendig. Denn man sollte sich schon auf ihre Spuren begeben. Und so fuhr ich tagelang mit kleinen Booten über Flüsse in Kalimantan und stampfte – ganzkörperbedeckt inklusive Fuß-Manschetten wegen der Blutegel – nassgeschwitzt durch die Regenwälder von Sumatra und Kalimantan. Die Wälder sehen auf Fotos toll aus, sind aber nichts für Menschen. Manchmal übernachteten wir im Wald. Wegen der Luftfeuchtigkeit wurden meine aufgehängten Klamotten einfach nicht mehr trocken. Zudem waren sie morgens bedeckt von einer Insekten-Schicht. Bei aller Anstrengung: Ich bekam in freier Wildbahn nur ein Mal in Sumatra einen Abdruck einer Tigertatze im Matsch zu sehen und in Kalimantan nur ein Mal ein rotes, wuscheliges Päckchen hoch oben in einem Baumwipfel, von dem man annehmen konnte, dass es wohl ein Orang Utan sei, der es sich gemütlich gemacht hatte.

Bei meinen Reisen sah ich Abholzung im großen Stil. An manchen Orten holten sie nur die größten Stämme heraus, zum Beispiel in Nationalparks, wo markierte, riesige Stämme die Flüsse herabtrieben. An vielen anderen Orten musste der ganze Regenwald weichen, um Platz für Palmölplantagen zu schaffen. Indonesien holzt seinen Wald systematisch und so schnell wie möglich ab. Alle Beteiligten wollen das und stecken unter einer Decke. Dorfgemeinschaften, die gemäß *Adat*, traditionellem Recht, oft weite Gebiete in ihrer Umgebung besitzen, bekommen von Holzhändlern Motorsägen (übrigens in der Regel Produkte der deutschen Firma Stihl) und Geld, das sie später in Holz zurückzahlen müssen. Kaum jemand sagt Nein, wenn er mehr Geld in die Hand gedrückt bekommt, als er je zuvor gesehen hat. Und so kommt es, dass im tiefsten Dschungel von Kalimantan tagsüber die Sägen heulen und mitten in der Nacht ganze Dörfer Fußball (Champions-League) schauen, weil sie sich Generatoren, Satellitenschüsseln und Fernseher leisten können. Holzhändler, Politiker, Polizisten und Militärs können sich Häuser in guten Lagen, Autos und vieles mehr leisten, denn sie teilen das Milliarden-Geschäft mit dem Holz unter sich auf. Außer machtlosen NGOs tut niemand etwas gegen die Umweltzerstörung. Als ich auf dem großen UN-Klimagipfel in Bali 2006 schöne Reden und Absichtserklärungen von indonesischen Politikern über Klimaschutz hörte, wurde mir schlecht.

Nach Reisen war es schön, wieder zurück nach Jakarta zu kommen. Ich wohnte wie gesagt in Menteng, und zwar in der Jalan Diponegoro, an der ich das wahrscheinlich kleinste Haus der Straße gemietet hatte. Es war früher ein Anbau gewesen. Menteng, zur niederländischen Zeit ein Vorort und durch das Wachstum der Stadt mittlerweile mitten in der Metropole gelegen, ist Jakartas schönster Stadtteil. Kolonialbauten stehen an Alleen, mit dem Taman Suropati und dem Taman Situlembang gibt es zwei kleine Parks. Mein Anbau-Grundstück war sieben Meter breit und 64 Meter tief, darauf stand ein Haus aus der Kolonialzeit mit sehr hohen Decken. 2001 mietete ich es für umgerechnet 850 Euro im Monat. Ich kam sehr gut mit der Vermieterin aus, Ibu Atty, eine 75-jährige Dame, die lange selbst in dem Haus gelebt hatte. Der Wert von Grund und Boden in Jakarta stieg in den 2000er Jahren unfassbar schnell – vor allem in guten Lagen. „Mein" Haus in der Jalan Diponegoro würde heute wohl rund 2.500 Euro Monatsmiete kosten. Nach meinem Auszug verkaufte Ibu Attys Familie das Grundstück im Jahr 2014 – für umgerechnet 2,45 Millionen Euro.

Ich mag Jakarta, auch wenn es laut, voll und anstrengend ist. Wir Journalisten trafen uns abends in der Cinnabar an der Jalan Iman Bonjol und später, als sie dicht machte, um die Ecke in der Face Bar des Lana Thai Restaurants. Die Face Bar ist bis heute Treff der ausländischen Journalisten. Ich war früh dem Jakarta Foreign Correspondents Club beigetreten, wurde später Vorstandsmitglied und schließlich Vizepräsident. Damals waren sie froh, dass sich jemand fand, der ehrenamtlich mitmachte. Wir organisierten regelmäßig (erfolgreich) Podiumsdiskussionen mit indonesischen Politikern und Wirtschaftsvertretern, wir regten uns regelmäßig (erfolglos) gegenüber dem Außenministerium über die Papua-Reisebeschränkung auf, und wir tranken abends viel. Unsere indonesischen Mitarbeiter oder Mitarbeiterinnen tranken mit. Durch Berichterstattung aus Konflikt- und Katastrophengebieten hatten wir alle viel gemeinsam durchlebt. Das verbindet. Manche verbanden sich fürs Leben: Zwei Kollegen heirateten indonesische Mitarbeiterinnen, die für anderen Auslandsmedien arbeiteten. Beide Paare leben, längst mit Kindern, bis heute in Jakarta. Es gab auch schlimme, traurige Ereignisse. Zwei Kameramänner, die viel Leid gesehen hatten, begingen Selbstmord. Nach der Ermordung von Sander Thoenes in Osttimor verloren wir einen weiteren Kollegen, der von seinem Arbeitgeber für zwei Wochen von Jakarta nach Afghanistan geschickt worden war. Taliban erschossen ihn. Später starb zudem ein weiterer Kollege bei der Bruchlandung einer Garuda-Maschine in Yogyakarta. Er sollte dort über den bevorstehenden Besuch des australischen Außenministers berichten.

Von all den Artikeln, die ich im Laufe der Jahre publizierte, erregten nur wenige wirklich Aufsehen. Ein paar aber doch, zum Beispiel eine ganzseitige Reportage mit der Überschrift: „Das Böse unter dem Minarett". Es ging um die Prostitution, den Drogenkonsum und das Party-Nachtleben Jakartas. In vielen Diskotheken können Gäste Drogen bei den Kellnern bestellen. Jeder weiß das, die Polizei schaut gegen Bestechung weg. Jedes Wochenende feiern Zehntausende, vielleicht Hunderttausende. Am meisten ist in riesengroßen Schuppen entlang der Jalan Gajah Mada in Westjakarta los. Dort werden an Straßenständen nachts Viagra und Kondome angeboten. Jakarta hat unzählige Freudenhäuser, es gibt Straßenstriche (am Rande von Menteng damals auch mit Transvestiten) und vieles mehr. Für meine Reportage ging ich auch in die Istiqlal-Moschee. Ich fragte den Iman, wie es sein könne, dass in der Stadt so viel Sünde herrsche. Er war nicht böse, sondern pflichtete mir bei: „Was außerhalb der Moscheen geschieht, macht mir große Sorge. Auf dem Papier sind 85 Prozent der Einwohner Jakartas Muslime, ich schätze, dass nur ein Drittel von ihnen nach den Regeln des Islam lebt. Die anderen vergessen ihre Religion", ärgerte sich der Imam. „Diese Stadt verrottet moralisch. Es ist unfassbar, wie viel Sünde es gibt. Und das in der Hauptstadt des Landes mit der größten islamischen Bevölkerung der Welt!" Die Kräfte des Bösen seien beträchtlich, keine Religion sei vor ihnen sicher. „Ich bitte Gott jede Nacht um Hilfe. Und ich sage ihm, dass es in Jakarta gleichzeitig auch eine Menge guter Muslime gibt. Ohne die wäre Gott noch wütender und würde alles zerstören." Außer meiner Sünde-Reportage schrieb ich auch ein Stück über das Ergebnis einer Umfrage an den Universitäten der Stadt Yogyakarta. 1.614 von 1.660 befragten Studentinnen, also 97 Prozent, gaben an, dass sie schon Geschlechtsverkehr hatten. Und nur acht von ihnen waren verheiratet. Das war in Indonesien schon eine Überraschung. Immerhin gibt man sich in der Öffentlichkeit prüde, Händchenhalten ist das Äußerste. Indonesische TV- oder Kinofilme dürfen nicht mal einen ordentlichen Kuss zeigen. „Wir machen uns große Sorgen", kommentierte Masduki Badowi, der stellvertretende Generalsekretär der Nahdlatul Ulama, der größten muslimischen Organisation Indonesiens, das Yogya-Umfrageergebnis: „Unglaublich, dass die Studenten religiöse Werte so vernachlässigen. Aber in unserem Land ist vieles paradox. Wir haben weltweit die größte muslimische Bevölkerung, gleichzeitig sind wir eines der korruptesten Länder der Welt. Korruption passt auch nicht mit islamischen Werten zusammen."

Ein paar Minuten entfernt von den Sünde-Schuppen West-Jakartas gibt es ganz andere Welten. In den *kampung* – Nachbarschaften mit engen Gassen, in denen jeder jeden kennt – herrschen oft konservative, javanische Wert- und Moralvorstellungen. Zudem wird dort, so wie in vielen Teilen Indonesiens, seit dem Sturz Suhartos der Islam immer wichtiger. In 15 Jahren hat sich die Zahl der Kopftücher und die Zahl der Moscheen im Land gefühlt verdoppelt. Wein und Spirituosen sind aus Supermärkten verschwunden, in den Provinzen Westjava und Banten gibt es mit Ausnahmen gar keinen Alkohol mehr. In der Provinz Aceh gilt islamisches Recht. Diebe, Ehebrecher und andere Gesetzesbrecher werden öffentlich ausgepeitscht, auch Frauen. In anderen Landesteilen haben Politiker auf lokaler und regionaler Ebene mehr als 150 sogenannte Scharia-Regularien erlassen: Röcke von Schülerinnen sollen lang sein, Frauen das Kopftuch tragen und Stellenbewerber in der Verwaltung den Koran zitieren. Mittlerweile soll es 80.000 Moscheen in Indonesien geben – und immer seltener Baugenehmigungen für Kirchen. Ahmadiyya-Anhänger und Schiiten werden mancherorts verfolgt. Ich schrieb alarmiert über all diese Entwicklungen, vor allem als Indonesiens Anti-Pornografie-Gesetz entworfen und verabschiedet wurde. Es brachte später einen Rocksänger, dessen private Sex-Videos irgendwie im Internet landeten, für zwei Jahre ins Gefängnis. Der Chefredakteur der indonesischen Ausgabe des Playboy-Magazins (das eingestellt wurde) kam für acht Monate hinter Gitter. Obwohl in seinem Heft keine nackten Frauen gezeigt wurden, stuften die Richter es als Pornografie ein. Unbehelligt bleibt dagegen, wer polygam lebt. Das ist in Indonesien legal. Hamzah Haz, bis 2004 Vizepräsident des

Landes, hatte gleichzeitig drei Ehefrauen. Immerhin wurde der islamische Hassprediger Abu Bakar Ba'asyir – dessen Internat mehrere Bali-Attentäter hervorbrachte – verhaftet und zu Gefängnis verurteilt. Hamzah Haz und Ba'asyir in eine Reihe zu stellen, wäre eigentlich eine Unverschämtheit – hätte der Vizepräsident den Hassprediger nicht in der Untersuchungshaft besucht und somit Unterstützung demonstriert. Hat er aber.

Ich bekam wegen meiner Artikel nie Ärger von indonesischen Behörden. Weil meine Texte auf Deutsch erschienen, las sie kaum ein Indonesier. Ausnahme waren Diplomaten der indonesischen Botschaft in Berlin, die sie übersetzten und ihre Zentrale belieferten. Aber dort, im Außenministerium in Jakarta, sagte man mir ganz offen, dass sie einfach nicht das Personal hätten, den großen Stapel Pressespiegel aus aller Welt zu lesen. In Indonesien gab es nur ganz seltene Versuche, meine Arbeit zu beeinflussen. Vertreter einer deutschen Firma belogen mich bei einer Korruptionsrecherche und sorgten dafür, dass mein Informant nicht mehr mit mir sprach – ich nehme an mit Geld. Ich schrieb einen fiesen Artikel. Der Indonesien-Repräsentant eines anderen deutschen Unternehmens bat mich, eine Information, die er der indonesischen Presse gegeben hatte, nicht in Deutschland zu veröffentlichen. Er sei ohne Absprache mit seiner Zentrale vorgeprescht. In Absprache mit meinen Redaktionen entsprachen wir dem Wunsch, es war auch nichts Weltbewegendes. Ein Mal bekam ich einen bedrohlichen Anruf: Ein Indonesier empfahl mir mit sehr ernstem Ton, nicht so negativ über Suhartos Sohn Tommy zu berichten. Dem wollte und konnte ich nicht nachkommen. Tommy hatte den Richter ermorden lassen, der seine Korruptionsverurteilung nicht revidieren wollte. Aber so ein bedrohlicher Anruf blieb ein Einzelfall. Und mehr passierte auch in diesem Fall nicht. Üblich waren dagegen „Anreize" für positive Berichterstattung. Bei Pressekonferenzen von Firmen bekamen alle Journalisten so genannte Goody-Bags, in denen zwischen Informationsmaterial ein Umschlag mit „Transport Money" und andere Geschenke steckten. Ein Handy-Hersteller veranstaltete nach einer Pressekonferenz eine Tombola mit neuen Geräten, bei der kein Journalist leer ausging. Ich ließ diese Sachen natürlich liegen. Das fiel mir viel leichter als meinen indonesischen Kollegen, denn ich verdiente ein Vielfaches ihrer Gehälter. Indonesiens Journalistenverband AJI schätzte damals, 80 Prozemt aller indonesischen Presse-Leute seien so genannte „Umschlag-Journalisten", die Geld für Hofberichterstattung oder für das Nichtveröffentlichen von brisanten Informationen nahmen. Ich konnte die Schätzung nicht nachvollziehen. Schließlich deckte das Wochenmagazin TEMPO in jeder Ausgabe Korruptionsfälle auf. Dort sowie bei GATRA und bei vielen anderen indonesischen Medien arbeiteten bewundernswerte, mutige, honorige indonesische Journalisten.

Eines Tages wurde ein indonesischer Bekannter von mir verhaftet. Er arbeitete bei einer Versicherung. Zusätzlich, so stellte sich heraus, hatte er mit Drogen gehandelt. Polizisten fanden bei einer Routine-Kontrolle wenige Drogen in seinem Auto, fuhren schnurstracks mit ihm in seine Wohnung und fanden dort offenbar recht viele. Um den Richter bestechen zu können, verkaufte seine Familie fast alles, was sie besaß. Freunde gaben Geld, ich auch. Für 50.000 USD bekam mein Bekannter „nur" sieben Jahre Haft, ohne Bestechung wären es 14 geworden. Ich besuchte ihn ab und an im Cipinang-Gefängnis, brachte Zeitungen, Magazine und Essen. Er erzählte mir über das Leben im Knast: „Wer kein Geld hat, schläft mit 30 anderen Häftlingen in einer überfüllten Großzelle und isst das Gefängnisessen: Reis mit Knochensplittern, an denen manchmal etwas Fleisch klebt. Wer Geld hat, hat eine Einzelzelle mit TV, kann Pizza bestellen oder eine Masseuse. Manche Drogenhändler bestechen Wächter, bekommen Handys und führen ihre Geschäfte weiter." Auch daran hat sich bis heute wenig geändert. Jüngst wurde in Bali sogar ein Gefängniswächter mit Drogen gefasst – er dealte höchstpersönlich im Knast.

Je mehr man in Indonesien sieht und kennenlernt, desto klarer wird, dass man das vielfältige Land nicht greifen, nicht erschließen kann. Als Journalist kann man nicht über Indonesien schreiben, weil es *das* bzw. *ein* Indonesien nicht gibt – sondern so viele verschiedene Inseln, Menschen, Kulturen, Sprachen, Religionen und Ethnien. Es gibt auch nicht *ein* Jakarta, weil Menteng und Cilicing so verschieden sind. Es gibt nicht *ein* Java, weil Westjava so konservativ und Zentraljava so tolerant ist und weil die Strände des Ujung Kulon Nationalparks so anders sind als die Hänge des Merapi-Vulkans. Kalimantan hat wenig mit Nusa Tenggara gemein, Sulawesi wenig mit Bali. Gut, fast alle Indonesier sprechen außer ihrer lokalen Sprache auch Bahasa Indonesia, die Landessprache. Patriotismus und der riesige Stellenwert der Familie sind überall zu spüren. Aber ansonsten gibt es kaum etwas, was *alle* Indonesier gemein haben.

Im Jahr 2009 verließ ich den Journalismus, ging zur Friedrich-Naumann-Stiftung und zog von Jakarta zunächst nach Bangkok und später nach Potsdam. 2013 schickte mich die Stiftung nach Indonesien, seitdem bin ich zurück in Jakarta, dieses Mal nicht als Korrespondent, sondern als Stiftungs-Repräsentant. Die Stadt ist noch voller, noch lauter und teuer geworden. Die JFFC-Auslandskorrespondenten trinken immer noch in der Face Bar. Nur sind heute keine hauptberuflichen deutschen Journalisten mehr in Indonesien ansässig. Tina Schott lebt nach wie vor in Yogyakarta, aber sie schreibt nur noch sehr selten und arbeitet stattdessen für das Goethe-Institut. Anett Keller war auch eine Zeit lang in Indonesien, ist aber zurück in Deutschland. Jochen Buchsteiner, der nach mir einige Jahre in Jakarta lebte, wechselte nach London. Sein Nachfolger lebt in Singapur, so wie die meisten deutschen Südostasienkorrespondenten.

Sicherlich sind deutsche Redaktionen sich weiterhin darüber bewusst, wie wichtig Indonesien ist, ein G-20 Staat, der zeigt, dass Islam und Demokratie kompatibel sind. Aber das reicht offenbar nicht aus, um einen Korrespondenten nach Jakarta zu schicken. Entscheidender ist, dass in Indonesien seit knapp fünf Jahren nichts mehr passiert ist, was global Schlagzeilen gemacht hätte. Das ist gut so: kein Terroranschlag, keine Katastrophe von der Dimension der früheren, keine mysteriöse Krankheit, keine Wirtschaftskrise. Durch das relativ ruhige Fahrwasser lässt das Interesse deutscher Medien an Indonesien nach. Das ist einerseits bedauerlich. Andererseits ist es viel wichtiger, dass es Indonesien gut geht.

Bei der Präsidentschaftswahl 2014 – wieder eine wunderbar friedliche, freie Wahl – widerstand die Mehrheit der Indonesier der Versuchung, den Populisten Prabowo Subianto zu wählen. Der ehemalige General aus der Suharto-Zeit hatte im Wahlkampf das Blaue vom Himmel versprochen. In Wahrheit hätte er im Falle seines Wahlsieges demokratische Errungenschaften revidiert, zum Beispiel die Direktwahlen von Präsident und Gouverneuren. Zum Glück entschieden sich die Wähler mehrheitlich für Joko Widodo, einen Mann aus bescheidenen Verhältnissen, der zuvor als Bürgermeister und dann als Gouverneur überzeugt hatte.

Alle Autoren dieses Buches wurden gebeten, eine Zukunftsprognose für das Land zu geben. Doch es ist nicht schlau, sich aus dem Fenster zu lehnen. Ich dachte zum Beispiel, dass Indonesiens Demokratie

15 Jahre nach dem Sturz Suhartos schon erstaunlich gefestigt sei. Die Möglichkeit, dass ein Mann, der kein Demokrat ist, durch eine freie Wahl an die Macht kommen und dann die Uhr zurückdrehen könnte, schien entfernt. Aber es wäre fast so gekommen, Prabowo gewann im Jahr 2014 knapp 47 Prozent der Stimmen. Auch andere Entwicklungen, die mit entscheidend sind für die Zukunft des Landes, zum Beispiel ob Joko Widodo sich hält, sind nicht verlässlich voraussehbar. Ganz wichtig ist die Fortsetzung der Arbeit der Anti-Korruptionsbehörde KPK. Solange KKN (Korruption, Kollusion, Nepotismus) die Regel bleibt, wird Wachstum weiterhin ungerecht verteilt werden, sprich stark überproportional der Elite zugute kommen. Wenn Beziehungen und Geld überall wichtiger bleiben als Leistung, wenn weiterhin Milliarden in Staatsbetrieben und -institutionen versickern, werden Ungerechtigkeit und enorme soziale Unterschiede fortbestehen. Neben besserer Bildung ist Rechtsstaatlichkeit (samt korruptionsfreier Justiz) der Schlüssel zu Chancengleichheit, zu einer für alle offenen Wirtschaft und zu fairem Wettbewerb. So würde Wachstum nicht nur zunehmen, sondern auch mehr Menschen nutzen. Und Indonesien könnte sich ordentliche Infrastruktur sowie Gesundheits- und Sozialsysteme leisten. Das alles ist den den nächsten Generationen zu wünschen.

Fange nie an, aufzuhören, und höre nie auf, anzufangen

Jürgen Grüneberg

Dieses Zitat des römischen Philosophen Cicero hat auch nach mehr als 2.000 Jahren nichts an Aktualität verloren. Es ist nicht nur eine der Maximen meines eigenen Lebens, sondern zeigt die Triebfeder auf, die uns bewegt, Bildung zu erlangen und zu vermitteln – hier exemplarisch aufgezeigt am Beispiel des Aufbaus und der Entwicklung der Swiss German University (SGU) Jakarta in der Zeit des Rektorats von Prof. Dr.rer.nat. Peter Al. Pscheid (2000 bis 2009), meiner eigenen Rektoratszeit (2010 bis Februar 2012) sowie der Betreuung der Studenten im Praxissemester bis heute.

Bildung ist eines der Grundrechte des Menschen. Bildung bedeutet Teilhabe an schulischer Aus- und Weiterbildung und ist eine der elementaren Voraussetzungen für ein selbstbestimmtes Leben in Verantwortung für sich selbst und die Gesellschaft. Den Willen zur Bildung zu fördern und Wege der Realisierung zu finden, gleich an welchem Ort für alle Menschen unabhängig von Geschlecht, Religion und ethnischer Zugehörigkeit, ist eine der vornehmsten Aufgaben für den sozialen und politischen Frieden in der Welt. Überhöht formuliert: Bildungsarbeit ist Friedensarbeit!

Als Mann der Wirtschaft weltweit tätig im Auftrag der Siemens AG als Montage- und Inbetriebsetzungsingenieur für Elektrische Energietechnik habe ich mich vor mehr als vierzig Jahren entschieden, mein Wissen in den Dienst einer Hochschule zu stellen und – damit verbunden – mich für den Aufbau im ganz praktischen Sinne wie Campus und Gebäude einzusetzen und baulich zu begleiten sowie im Rahmen der akademischen Selbstverwaltung für Curriculum und Qualitätsstandards in Lehre und Forschung zu arbeiten und den Praxisbezug zur Wirtschaft zu fördern. Darüber hinaus bin ich als Rotarier nach fast 40-jähriger Mitgliedschaft gewohnt, in meinem Beruf für die Weiterentwicklung berufsethischer Normen und internationaler Verständigung zu wirken. Bei allem, was wir denken, sagen oder tun, sollten wir die Vier-Fragen-Probe beherzigen: Ist es wahr? Ist es fair für alle Beteiligten? Wird es Freundschaft und guten Willen fördern? Und schließlich: Wird es dem Wohl aller Beteiligten dienen?

Nach mehr als zwei Jahrzehnten Tätigkeit als Professor und Dekan für Elektrische Energietechnik an der Universität-Gesamthochschule Paderborn und später an deren Nachfolgeeinrichtung, der Fachhochschule Südwestfalen, Abteilung Soest, hat mich mein Weg, seit 1999 im Ruhestand, im Jahr 2000 nach Indonesien geführt, genauer gesagt: an die Swiss German University Asia in Jakarta (SGU), die gerade gegründet war. Zunächst war ich als Dozent, bald als Dekan der Fakultät für Ingenieurwissenschaften, in 2010 für mehr als zwei Jahre als Rektor und bis heute als Koordinator für die Praxissemester in Europa tätig; seitdem versuche ich, meine Vorstellungen von Bildung im indonesischen Hochschulbereich zu entwickeln und umzusetzen.

Seit dem Gründungsjahr der SGU habe ich an der Seite des Gründungsrektors, Herrn Prof. Dr.rer.nat. Peter Al. Pscheid, den Aufbau und das Wachsen der Swiss German University miterleben und aktiv gestalten dürfen. Es galt, eine Hochschule aufzubauen, die nach europäischen Maßstäben und nach internationalen Qualitätsvorgaben arbeitet, die zugleich die nationalen Gegebenheiten und regionalen Belange der indonesischen Hochschullandschaft sowie die Integration und Hochachtung der verschiedenen kulturellen Belange zum Wohle der Jugend Indonesiens berücksichtigt.

Diese Ziele in die Realität umzusetzen, bedeutet täglich harte Arbeit und vor allem ein Team, in dem jeder vom gleichen Willen beseelt ist und jeder und jede sein Bestes zu geben bereit ist: Nicht als One-Man-Show, sondern als Teamworker kann man erreichen, dass alle Kolleginnen und Kollegen Entscheidungen mittragen und umsetzen. Führung genügt drei Kriterien. Sie formuliert eine Vision. Sie versammelt Menschen hinter einer Idee. Sie motiviert zu Veränderung.

Aus den ersten Jahren der Gründung und Entwicklung der Universität könnte ich aus dem SGU-Team viele verlässliche und einsatzbereite, zu Freunden gewordene Kolleginnen und Kollegen nennen, die mir stets mit hohem Engagement bis in die jüngste Vergangenheit zur Seite stehen. Beispielhaft für alle steht Frau Intje Kreefft aufgrund ihrer reichen Erfahrung mit einem weit verzweigten Beziehungs- und Verflechtungsnetz in verschiedenen Branchen. Sie wird wahrlich zur Seele der SGU, die Studierenden nennen sie liebevoll „Tante Intje", ihre permanente Fürsorge in kleinen und großen Sorgen genießen besonders die Praxissemesterstudenten in Deutschland.

Bis heute beschäftigt die SGU die Bildung von akademischen Strukturen, zu denen die Akkreditierung der Studiengänge, die Einberufung eines Senats, die studentische Selbstverwaltung sowie eine Alumni-Vereinigung gehören. Am letzten Tag meiner Amtszeit als Rektor habe ich nach langem Ringen um die Inhalte die Senatsstatuten unterschreiben können. Nun obliegt es meinem Nachfolger, Herrn Dr.phil. Martin Löffelholz von der Technischen Universität Ilmenau TUI, empfohlen vom derzeitigen Deutschen Botschafter Dr. Norbert Baas, diesen Weg mit den hoch motivierten Mitarbeiter/innen weiterzugehen, denen die SGU ans Herz gewachsen ist.

Bevor ich über das Werden und Wachsen der SGU berichte, sei zunächst ein kurzer Rückblick vorangestellt, in dem ich den Ursprung der Gründung und die wesentlichen Wegmarken der Gründungsphase der Swiss German University als erste 100%ige ausländische private Universität Indonesiens aufzeige: Ausgehend von dem Swiss Advance Technology Institute SATI unter dem indonesischen Chairman Dr. Willem B. Wanandi verfolgen Ende der neunziger Jahre die Schweizer Prof.em. Jacques Kamm und Prof. Dr.rer.nat. Peter Al. Pscheid die Idee einer weiterführenden universitären Einrichtung, geleitet von dem Wissen und Können Schweizer Präzisionsuhren und deutscher Technologie. Mit der notariellen Beurkundung am 21.01.2000 unter dem Notariat Agus S. Suryadi, Jl. Tomang Raya No 5, Jakarta wird die Yayasan Swiss German University Asia offiziell gegründet. Die Organe sind das Board of Founders, Board of Governors, Board of Advisors und Board of Patrons.

Bereits am 14. Januar 2000 bilden auf Einladung des Deutschen Botschafters in Indonesien HE Dr. Heinrich Seemann das Board of Founders nachstehende Persönlichkeiten: als Chairman Dr. Heinrich Seemann selbst, als Deputy Chairman Dr. Frans Tshai, CEO PT. Analitika Sejahtera Lingkungan/Indonesien, als Sekretär Prof.em. Jacques Kamm, CEO PT FRISA MULIA/Indonesien, als Schatzmeister Direktor Karlheinz Heidemeyer, Industrie und Handelskammer (IHK), als Mitglieder Mr. Chris Kanter, CEO KN SIGMA TRANS/Indonesien, Prof. Dr.rer.nat. Peter Al. Pscheid, Rektor der Fachhochschule St. Gallen, Schweiz, Prof. Olaf Harder, Rektor der Fachhochschule Konstanz, Deutschland (nicht anwesend) sowie Lic.rer.publ. Peter Wieser, Generalsekretär der Fachhochschulen Ostschweiz (nicht anwesend). Schon am 20. Januar 2000 findet das erste Meeting des Board of Governors im Besprechungsraum der Ekonid, Jl. H. Agus Salim No 115, Jakarta mit folgenden Herren statt: Mr. Chris Kanter, CEO KN SIGMA TRANS/ Indonesien als Chairman, Prof.em. Jaques Kamm, CEO PT FRISA MULIA/Indonesien als Sekretär, Direktor Karlheinz Heidemeyer, Industrie und Handelskammer (IHK) Bremen als Schatzmeister und als Mitglieder Dr. Frans Tshai, CEO PT. Analitika Sejahtera Lingkungan/ Indonesien sowie Herr Hammann als Vertreter der Deutschen Botschaft. In dieser Sitzung wird Prof. Dr.rer.nat. Peter Al. Pscheid zum Gründungsrektor der SGU berufen. Die Einberufung des Board of Advisors und des Board of Patrons wird zunächst zurückgestellt.

Es ist die Geburtsstunde der ersten Hochschule in Indonesien, in der nach europäischem Qualitätsstandard gelehrt und geforscht werden soll. Dank eines beispielhaften Beziehungsnetzwerkes aus einer vertrauensvollen früheren Tätigkeit im indonesischen Bildungsbereich sowie der außergewöhnlich guten und effizienten Zusammenarbeit der beiden o.g. Schweizer Initiatoren leisten Kamm und Pscheid die unerlässliche Vorarbeit im operativen Geschäft wie Beantragung und Erlangung der Lizenzen vom Kopertis Wilayah IV in Bandung, Akquirierung von Studierenden, Entwicklung von Marketingstrategien. Das Team des SGU Town Office unter Prof. Kamm sitzt im Mashill Tower Suite 603 auf der Jl. Jenderal Sudirman. Kamm und Pscheid beherrschen neben den für erfolgreiche Managementaufgaben klassischen Eigenschaften im Umgang mit Behörden und Institutionen das in Indonesien für Erfolg unerlässliche Höchstmaß an Einfühlungsvermögen, Sensibilität, Standfestigkeit und Toleranz, gepaart mit fundamentaler Kenntnis der Gastkultur, sodass schon nach neun Monaten die SGU den Studienbetrieb im Jahr 2000/2001 im German Center in Bumi Serpong Damai (BSD), Jakarta mit in der Schweiz ausgebildeten, bekannten, ehemaligen indonesischen Studenten und jetzigen Lehrkräften aufnimmt.

Die finanzielle Basis der SGU bilden die Private Partnership Projekte der Firmen Festo und Leybold, die Förderung der Landesbank Baden-Württemberg sowie einzig und allein private Darlehen von Mr. Chang & Mrs. Lie, Dr.med. S. J. Harianto, Prof.em. Jacques Kamm und Prof. Dr. Peter Al. Pscheid mit je US$ 100.000. Während der ersten Monate ist die finanzielle Lage so angespannt, dass Reisekostenerstattungen zurückgestellt werden und die Gehälter jeweils nur zum letzten Termin fristgerecht gezahlt werden können.

Zum Studienjahr 2000/2001 startet der universitäre Betrieb im 6. Flur des German Center in Bumi Serpong Damai mit den vier Studiengängen: Mechatronik, Betriebswirtschaft, Informationstechnologie sowie Hotel- und Tourismus. Im Laufe des Semesters werden aus den anfänglich 36 Bachelorstudenten und 32 Masterstudenten zusammen 70 Studierende. Die Dozenten setzen sich zusammen aus vier Expatriats, 36 lokalen Lehrkräften und sechs Gastprofessoren, dazu kommen zwölf Mitarbeiter für den administrativen Bereich. 2001/2002 wächst die SGU bereits auf 88 Bachelor- und 66 Masterstudenten, zusammen 154 Studierende.

Zur Betonung der engen Verzahnung von Theorie und Praxis werden für alle Studienrichtungen verpflichtend zwei Praxissemester eingeführt, auf die ich später besonders eingehe.

Nach der nötigen Vorbereitungzeit und mit einem verzweigten Netzwerk folgt sukzessiv die Institutionalisierung der SGU in der Hochschullandschaft von Indonesien, speziell in den Provinzen Westjava und Banten. Hierzu gehören natürlich verschiedene Kooperationen, z.B. auch mit der Deutschen Internationalen Schule DIS, deren umfangreiche Sporteinrichtungen die SGU-Studenten nachmittags mit Vorliebe nutzen.

Die Errichtung von Fakultäten mit diversen Studienrichtungen folgen, heute sind es aktuell:

Im Bachelorprogramm: Faculty of Engineering & Information Technology (Mechatronics, Industrial Engineering, Information and Communication, Technology, Information Systems), Faculty of Business Administration & Humanities (International Business Administration, Accounting, Hotel and Tourism Management, Communication and Public Relations), Faculty of Life Sciences & Technology (Pharmaceutical Engineering, Biomedical Engineering, Food Technology), im Masterprogramm: Master of Business Administration (MBA) – Master of Information Technology (MIT).

Die notwendige Akkreditierung jedes einzelnen Studienprogramms erfordert von allen Beteiligten ein hohes Maß an Geduld, Arbeit, Zeit und Durchhaltevermögen. Das konnte auch im wahrsten Sinne des Wortes „schwer" werden, wenn z.B. zum Aufbau der Bibliothek Bücher vom Kollegen Pscheid und mir in Koffern nach Indonesien geschleppt wurden, um die für die Akkreditierung notwendige Anzahl von Büchern in den Regalen bei der Visitation zeigen zu können.

Für den internationalen Anspruch der SGU ist ein entsprechendes Netzwerk mit ausländischen Hochschulen unerlässlich, wie z.B. die Kooperation mit der Fachhochschule Südwestfalen FH-SWF, Campus Soest, Deutschland, die bis heute ein fester Bestandteil der Praxissemester ist. Als an der FH-SWF eingeschriebene Studenten sind die SGU-Studenten für zwei Semester Teil der deutschen Hochschule mit allen Rechten und Pflichten. Sie hören im ersten Monat ihres Deutschlandaufenthalts Vorlesungen und besuchen Seminare, die zusammen mit dem Praxissemester die für ein Degree der FH-SWF erforderliche Anzahl an ECTS ergibt. Professoren der FH-SWF fliegen zur Thesis-Verteidigung für das Double Degree zur SGU. Die aus Deutschland zurückgekehrten Studenten erhalten nach mit A, B oder C bestandener Prüfung ein Double Degree, ein Degree von der SGU und der FH-SWF.

Ein wesentlicher Beginn der internationalen Beziehungen sind auch die Kooperation mit der Technischen Universität Ilmenau TUI und der Internationalen Bodenseehochschule IBH, deren Mitbegründer Prof. Harder und Prof. Dr. Pscheid waren. TUI mit Amtsantritt des neuen Rektors Löffelholz und IBH nach Beendigung des Rektorats Pscheid kündigen leider zu Beginn des Jahres 2010 die Kooperationsverträge mit der SGU. Im Zeitalter der Globalisierung und der weltweiten Mobilität von Studenten und Hochschullehrern würde eine Zusammenarbeit auch über große Entfernungen mit Hilfe des Internets für alle Beteiligten durchaus denkbar und gewinnbringend sein.

Dasselbe Schicksal gilt für die Zusammenarbeit mit der Fachhochschule Konstanz, deren Masterstudiengänge die Einführung der Masterstudiengänge an der SGU von Beginn ihrer Existenz überhaupt erst möglich machen. Dieser Vertrag endet zu meinem größten Bedauern einvernehmlich ohne Nachteil der an der SGU bis Herbst 2009 eingeschriebenen Masterstudenten im Oktober 2011; seitdem werden die Masterstudiengänge der SGU mit der Fachhochschule Jena auch erfolgreich durchgeführt.

Viele Jahre träumen wir neben der positiven Entwicklung der Universität auch von einem eigenen Campus, der bereits angestrebtes Ziel seit den ersten Überlegungen der Gründung ist. Die Zeit verstreicht viel zu schnell, Deutsche Botschafter sowie Expatriats und damit auch die Mitglieder der SGU-Organe kommen und gehen, Gesetze und Vorschriften, so auch die Statuten für indonesische Stiftungen, werden von der Regierung geändert. Nach den notwendigen Anpassungen der Yayasan Swiss German University Asia an das neue Stiftungsrecht übernimmt Mr. Chris Kanter im Jahre 2008 als Chairman die Führung des Board of Governors und betreibt erfolgreich mit aller Energie die Realisierung eines eigenen SGU-Campus in dem gerade erschlossenen Baugebiet von mehr als 6.000 Hektar in Bumi Serpong Damai. Die Grundsteinlegung im November 2008 ist ein neuer Meilenstein in der Entwicklung der SGU. Herr Thomas Rachel, MdB, Parl. Staatssekretär im Bundesministerium für Bildung und Forschung der Bundesrepublik Deutschland, nimmt diese Gelegenheit wahr, um auf den bedeutenden Stellenwert der SGU in der indonesischen Hochschullandschaft sowie in BSD aufmerksam zu machen. Zum Ende des Rektorats von Prof. Dr. Pscheid im Herbst 2009 ist die Detailplanung des Neubaus für ihn nochmals eine große Herausforderung. Während der Weihnachtszeit im Dezember 2009 erfolgt der Umzug aller SGU-Einrichtungen ohne einschneidende Unterbrechung des Lehrbetriebs vom German Center zum neuen Campus EduTown BSD City. Zu Jahresanfang 2010 wird der Studienbetrieb des Studienjahrs 2009/2010 unter meinem beginnenden Rektorat auf dem zwar noch nicht völlig vollendeten neuen Campus uneingeschränkt fortgeführt.

Hochrangiger Besuch aus Deutschland von Politikern, Ministern, Ministerialbeamten sowie Vertretern der Wirtschaft unterstreichen den hohen Stellenwert dieser europäischen Hochschule für Indonesien und zeigen uns und den Studierenden immer wieder, dass wir aufmerksam und zugleich kritisch von außen betrachtet werden.

Höhepunkt ist ohne Frage der Besuch des Bundespräsidenten Johannes Rau am Mittwoch, dem 21. Februar 2001: ein Ereignis nicht nur für die deutsche Community, sondern ganz besonders auch für die gesamte SGU einschließlich deren Mitarbeiter und Studenten. Am vorhergehenden Freitag, 18.40 Uhr landet die Lufthansa des Fluges LH 778 mit den Experimentiereinrichtungen der Firmen Festo und Leybold an Bord in Jakarta, gegen 23 Uhr rollen nach zügiger Entladung und erfolgreicher Zollabfertigung dank der planerischen Vorausschau sowie vielfältig verzweigter ausgezeichneter Beziehungen des Balinesen Dipl.-Ing. Ketut Tejawibawa Lastwagen einer Militäreinheit mit den kostbaren Geräten zum German Center in BSD. In der Nacht feiern im Restaurant im 7. Flur Indonesier mit Expatriats in lustiger Gesellschaft Karneval, während wir mit der gesamten, zur Verfügung stehenden Mannschaft der SGU entladen, die Kisten in den 6. Flur transportieren, auspacken und sortieren. Alle Kolleginnen und Kollegen sind fast rund um die Uhr mit geringen Schlafpausen emsigst, ja nahezu fieberhaft in die vielfältigen großen und kleinen Arbeiten der Raumdekorationen, Aufstellung und notwendigen provisorischen Installationen der Experimentiergeräte zum hoffnungsvollen Empfang des Bundespräsidenten am Mittwoch gegen 10 Uhr bis zur völligen Erschöpfung involviert. Der Erfolg ist riesig, der ehemalige Oberbürgermeister von Wuppertal, der jetzige Bundespräsident – beim Anblick eines Posters mit der Schwebebahn: „Das ist meine Stadt!" und seine Gattin bei Betrachtung der ehemaligen Bundespräsidenten auf einem Fernsehschirm: „Da ist ja mein Großvater!" – sind hellauf begeistert, der erforderliche, vorher von größter Skepsis strotzende Begleittross sprachlos über den geglückten Empfang – wir SGUler am Nachmittag alle miteinander vollkommen platt.

Die Geschichte der SGU ist auch meine Geschichte und ein Teil meines beruflichen und persönlichen Lebens, den ich nicht missen möchte. Es war und ist mir eine Freude, dass ich von Beginn an dabei sein konnte, zunächst als Dozent, bald danach als Dekan der Ingenieurfakultät und von 2010 bis Februar 2012 als Rektor und von der ersten Stunde bis heute Koordinator der Praxissemester in Europa. Unsere Ziele sind der kontinuierliche Ausbau der Hochschule, für den stetigen Anstieg der Studentenzahlen zu sorgen und auch zu erreichen, sowie die Akzeptanz in Politik, Wirtschaft und Gesellschaft sowohl in Indonesien als auch darüber hinaus im südostasiatischen Raum, ja sogar in Deutschland zu erzielen.

Achtung und Toleranz einem anderen Kulturraum gegenüber und Respekt vor der Kultur, der Religion, der Sprache und den gesellschaftlichen Formen des Gastlandes, permanente Beziehungspflege über lange Zeiträume zu betreiben, dabei Vertrauen aufzubauen, sind dabei unabdingbar. Parallel dazu vergrößern wir kontinuierlich ein nationales und internationales Netzwerk.

Aber wie sah und sieht der Alltag aus? Das tägliche Geschäft? Es geht nicht nur um Lehre und Forschung, es geht um handfeste ökonomische Überlegungen, die uns beschäftigen. Denn ohne steigende Studentenzahlen gibt es kein Überleben.

Die drängendste Frage ist daher zunächst ohne Zweifel: Wie erreichen wir junge Menschen und deren Eltern, dass sie sich für ein Studium an der SGU entscheiden?

Durch ein attraktives Angebot an Studiengängen, den stetigen Nachweis der Qualität von Lehre und den Lehrenden, persönliche Kontakte zu jedem Studierenden, indem wir täglich den Nachweis erbringen, dass an der SGU eine Ausbildung auf hohem Niveau mit beispielhafter Disziplin angeboten wird und dass jeder Studierende persönliche Förderung erfährt.

Aber um sich im Kreis der etablierten Hochschulen herauszuheben, bedurfte es noch eines besonderen Angebotes. Da kam mir die jahrelange gute Erfahrung aus meiner Soester Zeit zugute. Sowieso europäischem Qualitätsstandard verpflichtet, wurden zwei Praxissemester ins Curriculum aufgenommen.

Was bedeutet das? In der Durchführung von Praxissemestern gerade in einer University of Applied Sciences ist diese Verquickung von Praxis mit der Theorie eine gute Vorbereitung für die Studierenden, den Einstieg in das Berufsleben leichter zu schaffen, und für die Lehrenden, die Lehrinhalte stetig an den Anforderungen der Praxis zu messen und anzupassen und nicht ausschließlich auf die neuesten Erkenntnisse von Wissenschaft und Forschung einzugehen.

Wie sollte es nun funktionieren? Wie diesen Anspruch umsetzen?

Es werden zwei Praxissemester und zwar im dritten und sechsten Semester eingeführt. Das Besondere ist, dass im dritten Semester die Studierenden in Indonesien einen Arbeitsplatz in heimischen Unternehmen und Institutionen finden, wozu auch Niederlassungen von ausländischen Unternehmen gehören. Das sechste Semester aber ist ein Auslandssemester, bevorzugt in Deutschland und in der Schweiz. Dieses Angebot ist nun ein Alleinstellungsmerkmal der SGU im Vergleich zu allen anderen Hochschulen Indonesiens.

Was sind Sinn und Zweck eines Praxissemesters? Es ist mehr als die bloße Verknüpfung von Theorie und Praxis. Es erfordert in einer besonderen Weise den vollen Einsatz jedes Studierenden. Die jungen Menschen müssen bereit sein, einen Kulturschock auszuhalten, d.h. eine andere Kultur, eine fremde Sprache, ein oft wenig freundliches Klima für Wärme verwöhnte Menschen, und im hohen Maße Selbstständigkeit und Selbstverantwortung erlernen zu wollen und natürlich auch zu leben.

Gerne wird heute von interkultureller Kompetenz gesprochen. So wird Kultur auf der fachlichen Ebene in Form unterschiedlicher Ausbildungssysteme und Berufsbilder greifbar (Fachkompetenz), auf der methodischen Ebene durch unterschiedliche Arbeitstechniken (Methodenkompetenz), auf der sozialen Ebene durch andere Muster in der Interaktion (Sozialkompetenz) und auf der persönlichen Ebene durch unterschiedliche Grade der Reflexion über die eigene Person (Selbstkompetenz). Es ist unsere Erfahrung, dass die größte Anzahl der Studenten erwachsener und selbstständiger nach sechsmonatigem Aufenthalt in Europa nach Indonesien zurückkehrt. Die Eltern berichten: „Wir schicken sie als Kinder nach Deutschland, sie kommen als Erwachsene zurück nach Indonesien."

Das Auslandssemester ist für alle Beteiligten eine große Herausforderung. Die Studierenden müssen ein Auswahlgespräch bestehen und mit A, B oder C bewertet sein. Pflicht ist die Teilnahme an einem Deutschkurs ab dem ersten Semester. Die Eltern müssen einwilligen und nicht unbeträchtliche Geldmittel für den Flug nach Europa, Krankenkasse u.a. zusätzlich zu den normalen Kosten, wie z.B. Studiengebühren, zur Verfügung stellen. Die SGU hat einen erhöhten administrativen Aufwand und die Lehrenden müssen sich einmal mehr dem internationalen Vergleich stellen.

Schnell ist klar, dass es einer intensiven Kooperation mit einer deutschen Hochschule bedarf und dass in Deutschland ein hoher Verwaltungs-, Betreuungs-, und Beratungsbedarf notwendig sein wird, wenn der Aufenthalt im Ausland für die Studierenden erfolgreich sein soll.

Durch meine frühere Tätigkeit an der Fachhochschule Südwestfalen, Campus Soest habe ich die Hochschule Südwestfalen für eine enge Kooperation gewinnen, einen beim Amtsgericht Arnsberg registrierten Verein, den Swiss German University Westphalia Stiftung e.V. (SGUW), gründen und auf dem Campus ein Büro einrichten können. Die Organe des Vereins sind ein bis zu fünf Personen zählender ehrenamtlich arbeitender Vorstand, die Mitglieder und ein Kuratorium. Am Standort Soest arbeiten in dem Büro zwei Verwaltungsangestellte mit 0,7 Stellen, finanziert werden sie von der Yayasan SGU Asia. Der SGUW ist ein gemeinnütziger Freundes- und Förderverein, der es sich zum Ziel gesetzt hat, die SGU bei der Durchführung der Praxissemester beratend, betreuend und administrativ zu begleiten.

Der Erfolg eines Praxissemesters hängt aber nicht unwesentlich von den Unternehmen und Institutionen ab, die bereit sind, Arbeitsplätze für die Studierenden bereitzustellen. Im Laufe der inzwischen zwölfjährigen Praxis haben wir Ansprechpartner in Industrie, Kommunen und Institutionen verschiedenster Ausrichtung gewinnen können, die jedes Jahr wieder Praxissemesterplätze zur Verfügung stellen – wohlwissend, dass gerade in den ersten Wochen ein hohes Maß an Geduld, Betreuung und Schulung notwendig ist, ehe es für beide Seiten einen Gewinn bringt.

In den folgenden Ausführungen erläutere ich, dass jede beteiligte Gruppe – die Studierenden, die Universität sowie die Unternehmen – mit Vor- und Nachteilen bei der Durchführung des Praxissemesters rechnen muss. Die Erfahrung zeigt allerdings wiederholt, dass zum Glück die Vorteile überwiegen, auf besonders spektakuläre Beispiele beider Seiten gehe ich noch ausführlicher ein.

Aus Sicht der Studierenden überwiegen die Vorteile bei Weitem die Nachteil des auftretenden Zeitverlustes im Studium von sechs Monaten, sie können nämlich Strategien für das weiterführende Studium lernen, die Arbeitsweise in der Industrie kennenlernen, damit Schlüsselqualifikationen erlangen, den Praxisschock vermeiden und somit bessere Chancen für einen späteren Arbeitsplatz und den Weg für eine hoffnungsvolle Karriere finden, lernen Verantwortung zu übernehmen sowie Stärken und Schwächen der eigenen Persönlichkeit zu entdecken, sind dabei von unschätzbarem Wert für den künftigen Berufsweg.

Aus Sicht der Universität überwiegen bei Weitem die positiven Aspekte den Nachteil des notwendigen Verwaltungsaufwandes mit einem Praxissemester: Die Rückkehr hoch motivierter Studenten an die Universität, die Rückmeldungen über den Stand der Technik in der Industrie sowie den wachsenden Bekanntheitsgrad der Universität und seiner das Praxissemester betreuenden Hochschullehrer.

Aus Sicht der Unternehmen verbessern die Praxissemester deren Vielfalt und Internationalität, sie bieten einen kulturellen Erfahrungsaustausch und somit einen Einstieg in das Asiengeschäft oder dessen Expansion mit dem Netzwerk der Studierenden, sie entwickeln ein gutes Bild ihres Hauses für die künftigen Führungskräfte in Indonesien. Die Betriebe profitieren durch die Studierenden von deren Marktkenntnissen in Indonesien, sie lösen aus Zeitmangel nicht erledigte Aufgaben mit Hilfe von neuestem universitären Wissen und lernen potentielle Bewerber für eine eventuelle künftige Anstellung in ihrem Unternehmen kennen. Sie können Bachelorarbeiten für Problemlösungen in ihrem Unternehmen vergeben sowie die Sprachkenntnisse der indonesischen Studierenden nutzen (Muttersprache Indonesisch neben Heimatdialekt, Vorlesungen an der SGU in Englisch, Deutschkurse seit dem 1. Studiensemester). Neben all diesen beachtenswerten Vorteilen macht der SGUW noch kostenlos Werbung für das Unternehmen.

Die SGU und der SGUW haben einen Programmablauf abgesprochen, der deutlich macht, welche Betreuungs- und Beratungsaufgaben erfüllt werden müssen, um einen möglichst reibungslosen Ablauf des Praxissemesters zu gewährleisten.

Partnerunternehmen aus Wirtschaft, Industrie, Verwaltung und Institutionen des Gesundheitswesens bieten dem SGUW Stellen zum sechsmonatigen Praxissemester für indonesische Studierende verschiedener Fachrichtungen in Deutschland und in der Schweiz an. Durch regelmäßige Teach-in und andere Methoden (Newsletter, Poster, Informationsveranstaltungen in Jakarta) gibt der SGUW den Studierenden der SGU die Informationen über die aktuellen Praxissemesterstellen. Die interessierten Studenten liefern dem SGUW ihren Lebenslauf und andere Unterlagen (Notenspiegel, Bewerbungsbrief usw.). Danach veranstaltet der SGUW Interviews für die geeigneten Studenten, um ihre Sprachkenntnisse und andere Fähigkeiten zu prüfen, und gibt dem interessierten Arbeitgeber die Unterlagen der ausgewählten Studierenden weiter. Der Arbeitgeber prüft die Studierenden durch Interview bzw. Telefoninterview noch einmal, wenn gewünscht und notwendig.

Alle erforderlichen Unterlagen von Studierenden und Arbeitgebern werden von der Zentrale für Auslands- und Fachvermittlung in Bonn (ZAV) hinsichtlich der Formalitäten und des Zusammenhangs zwischen Studiengang und Praxissemester überprüft. Erst nach erfolgreicher Durchsicht genehmigt die ZAV das beantragte Praxissemester für den betreffenden Studenten. Nur mit der Genehmigung der ZAV darf der Student seine Tätigkeit im Praxissemester in dem entsprechenden Unternehmen beginnen.

Vor Ende des Praxissemesters werden die Unternehmen gebeten, einen Beurteilungsbogen für den jeweiligen Studierenden auszufüllen und an das Büro des SGUW zwecks Überprüfung zu senden. Zum Ende des Praxissemesters präsentieren die Studierenden an der Fachhochschule Südwestfalen, Campus Soest ihre Arbeiten im Praxissemester bzw. erstellen einen Businessplan.

Wir stellen fest, dass Erfolg und Misserfolg des Praxissemesters von vielen Faktoren abhängt. Es ist bei jedem Studierenden neu zu vermitteln, dass jeder Praxissemesterstudent nicht nur Botschafter der SGU, sondern auch seiner Heimat Indonesien ist. Sein Land würdig zu vertreten und das andere Land akzeptieren zu lernen, sind große Herausforderungen neben den Lernzielen in Praxis und Theorie und dem Erwerb des Double Degree und damit die Qualifikation nach deutschem und indonesischem Hochschulrecht zu bekommen.

Es ist verständlich, dass im Laufe der vergangenen 13 Jahre bei in 2015 fast 2.000 Studierenden eine Fülle von Erlebnissen und Ereignissen – positive wie negative – zu erzählen wären. Alles zu berichten, was allein im Gedächtnis bleibt, würde ein ganzes Buch füllen.

So beschränke ich mich auf einige Beispiele, die exemplarisch für die angesprochenen Sichtweisen stehen sollen:

Zwei erfolgreiche Beispiele zeigen eine Zusammenarbeit von Student und Unternehmen über die Praxissemesterzeit hinaus und einen erfolgreichen Start des deutschen Unternehmens in Indonesien mit Hilfe des Studenten und heutigen Ingenieurs: Die Firma Herrenknecht, Schwanau setzt einen SGU-Studierenden für ein Tiefbrunnen-Projekt in Yogyakarta, Indonesien ein. Er fungiert als Schnittstelle zwischen Indonesien und Deutschland aufgrund seiner Sprachkenntnisse und seiner Erfahrung, die er im deutschen Werk erworben hatte.

Als zweites Beispiel sei die Firma DSI in Maulbronn für Laser-Schweißen genannt, die im ersten Jahrgang einen Studenten im Praxissemester beschäftigt hat. Sie eröffnet ein Laser-Institut an der SGU und eine Dependance für Laser-Schweißen in Jakarta, die heute von einem ehemaligen Studierenden der SGU als Präsident geleitet wird.

Botschafter der SGU und der indonesischen Heimat zu sein, das hat einen der Studenten inzwischen an einen verantwortungsvollen Platz im Außenministerium Indonesiens gebracht.

Die Erfahrung der Internationalität, den Reiz andere Länder, unterschiedliche Kulturen kennenzulernen, dies können jedes Jahr in herausragender Weise nur Studenten der SGU als einziger Hochschule in Indonesien während eines internationalen Workshops machen. Der Workshop wird – inzwischen zum 17ten Mal – ausgerichtet von einem Kollegen der Fachhochschule Südwestfalen, Campus Hagen immer an einer anderen Partneruniversität in Belgien, China, Finnland, Deutschland, Indonesien, Niederlande, Portugal, Russland, Vereinigte Arabische Emirate, USA und in der Schweiz. Sechs ausgewählte Studenten verlassen für zwei Wochen z.B. die Praxissemesterstelle kostengünstig von Deutschland aus – wenn die Veranstaltung in Europa stattfindet –, sonst von der SGU in Indonesien, um an dem internationalen Workshop teilzunehmen.

Die Studenten bilden gemischte Teams aus allen vertretenden Nationen und stellen sich in einem Wettkampf Aufgaben, die aus dem betriebswirtschaftlichen Bereich und dem Schwerpunkt Internationales Management erwachsen. Sie lernen, in einem internationalen Team Aufgaben zu lösen, die für die Ökonomie weltweit von Bedeutung sind.

Nach 2004 wird im Jahre 2015 die SGU wieder Ausrichter in Indonesien und damit Gastgeber für die o.g. Nationen und deren studentische Vertreter und ihrer Professoren sein.

Die Mehrzahl der Studierenden nutzt ihr Praxissemester, indem sie auf private Weise internationale Kontakte pflegen: Sie bereisen Europa allein oder in Gruppen an freien Wochenenden oder am Ende des Aufenthaltes. Beliebteste Ziele sind neben Städten in Deutschland Amsterdam, Madrid, Paris und Rom, mancher Student hat Verwandte in nahen Ländern, die sie ebenfalls besuchen. Auch dies gehört zum Lernprozess, die eigene Kultur mit anderen zu vergleichen und eine Vorstellung vom völkerverbindenden Engagement zu erlangen. Das Praxissemester darf selbstverständlich nicht als vom Elternhaus finanzierter Auslandsaufenthalt verstanden werden, lieber Partys zu feiern, shoppen zu gehen, Länderreisen zu unternehmen, statt in Anlehnung an das Studienprogramm praktische Erfahrungen zu erwerben. Der Gipfel wäre dann noch zu glauben, man weiß ja, alles kann geregelt werden, wenn man über das dafür nötige Geld und die entsprechenden Beziehungen verfügt. So nicht!

Die Arbeit, das Reisen, all das dient dem Sinn und Zweck des Praxissemesters, junge Menschen auszubilden, die die Herausforderungen der Gesellschaft erkennen, die befähigt werden, Antworten zu finden auf die Fragen der ökonomischen, demografischen, politischen, kulturellen Probleme. Die Studierenden werden für ihre Führungsrolle auf globaler Ebene vorbereitet, um für die weltweiten, technischen, ökologischen Fragen und nicht zuletzt für die moralische Entwicklung der Gesellschaft innerhalb der Weltengemeinschaft Lösungen zu suchen, zu finden und Verantwortung dafür zu tragen.

Die globale Verantwortung des Ingenieurs wird eingebunden in den Kontext der gegenwärtigen und zukünftigen Industriegesellschaft. Das bedeutet, dass der Ingenieur des 21. Jahrhunderts sich nicht nur dem raschen technologischen Fortschritt stellen muss, er muss ebenso seinen Platz finden in der immer stärker verflochtenen Weltwirtschaft und er muss Lösungen für multidisziplinäre Probleme entwickeln und umsetzen.

Ingenieure und Wissenschaftler sind die Träger des technischen Fortschritts. Ihre technischen Innovationen können z.B. helfen, Energie zu sparen sowie das Trinkwasser und die Luft reinzuhalten. Ihre Ideen sichern und schaffen Arbeitsplätze: Arbeitsplätze von heute, die unseren Wohlstand von morgen bedeuten! Das alles ist eine schöne, verantwortungsvolle und erfüllende Aufgabe! Aber es bedeutet auch große Verantwortung.

Dieser Anspruch, den wir an die Ausbildung der Studenten stellen, muss sich widerspiegeln in dem Geist, wie in der SGU gehandelt und gearbeitet wird. Jeder und jede gleich aus welchem Arbeitsgebiet, seien es Lehrende, administrativ Tätige oder Dienstleistende, tragen zu dem Geist einer Hochschule bei.

Bei meinem Abschied vom Amt des Rektors konnte ich nicht ohne Stolz sagen, dass wir nicht nur als Team das „Schiff SGU" gesteuert haben, wir sind auch zur SGU-Familie geworden. Unser Fest zum 10-jährigen Jubiläum am 21.11.2010 war dafür der lebendige Ausdruck und sicher ein besonderer Höhepunkt in unserem universitären Leben. Er erinnerte an die Anfänge, als mit großem Pioniergeist Kollege Pscheid die SGU aufbaute und für seine Verdienste um die SGU als Schweizer das Bundesverdienstkreuz der Bundesrepublik Deutschland erhielt. Von Beginn an war ich miteingebunden, und ich wünsche mir, dass dieses Fest das erste von weiteren Festen wird, an dem die SGU an einem „Dies Natalis" sich an ihre Gründung erinnert, denn es ist gut, sich in Abständen zu vergewissern, was erreicht worden ist und was für die Zukunft noch zu tun ist.

Eine Familie erlebt aber nicht nur frohe Stunden. Auch traurige Stunden haben uns SGUler zu einer Familie werden lassen. Ich erinnere voller Trauer an den erst im ersten Semester immatrikulierten Studenten Glenn Timothy, der so grausam infolge eines Verkehrsunfalles in der Nähe des SGU-Campus aus unserer Mitte gerissen wurde. Schmerzlich wurde uns vor Augen geführt, wie gefährdet wir in dem immer dichteren und zuweilen chaotischen Verkehr sind. Und so danke ich meinem, auch um seine Fürsorge bemühten, langjährigen Fahrer Herrn Encu Imbran herzlich, der mich all diese Jahre unfallfrei, sicher und zuverlässig gefahren und mich nach meinem Badeunfall an der Westküste Javas in rührender Sorge umhegt hat.

Dass dieser Zusammenhalt auch unseren SGU Westphalia Stiftung e.V. miteinschließt, wurde gerade in der Zeit des Verlustes von Glenn deutlich, als der SGUW eine größere finanzielle Hilfe leistete, um die Kosten des Krankenhauses für Glenn zu begleichen. Leider kam alle Hilfe für Glenn zu spät. Die bewegende Trauerfeier mit der Gemeinschaft der SGU gehört zu den bitteren Stunden, die ich während meines Aufenthalts in Indonesien erleben musste.

Dass ich in diesen Jahren ausreichend Zeit hatte, Indonesien bzw. Java, Bali, West- Kalimantan, um nur diese exemplarisch herauszugreifen, genauer kennenzulernen, kann ich nicht behaupten. Die Arbeit nahm und nimmt mich in hohem Maß in Anspruch, und ich bin dankbar sagen zu können: Die Arbeit ist mein Hobby! Für Besichtigungen, kurze oder ausgedehntere Erkundungsreisen nahm ich mir Zeit, wenn Gäste aus Deutschland oder anderen Nationen kamen, seien es Kollegen der befreundeten Hochschulen, rotarische Freunde, die CEOs der Niederlassungen aus Deutschland oder Politiker wie der inzwischen verstorbene Bundespräsident Johannes Rau, die Bundesbildungsministerin Edelgard Bulmahn, der Fraktionsvorsitzenden der CDU im Bundestag Volker Kauder, zahlreiche Botschafter, Attachées, um nur einige zu nennen.

Auf diesen Reisen erlebte ich nur einen kleinen Teil des Landes, das mit seinen mehr als 17.000 Inseln, bevölkert von etwa 360 Ethnien und fast 250 Millionen Menschen, das bevölkerungsmäßig viertgrößte Land der Welt ist. So vielfältig wie Natur und Landschaft sind auch seine Menschen. Jede der unterschiedlich großen Bevölkerungsgruppen hat ihre eigenen Rituale, die sich in ihren religiösen Kulthandlungen ebenso unterscheiden wie in den Regeln des sozialen Lebens.

Die Studenten der SGU kommen, ebenso wie die indonesischen Dozenten, in der Mehrheit von der Insel Java. Im Gegensatz zu den deutschen Studierenden sind sie jünger, da das Schulsystem nach anglikanischem Vorbild aufgebaut ist und der Abschluss des College mit 16 oder 17 Jahren schon zur Hochschulreife führt. Für einen deutschen Hochschullehrer ungewohnt, aber für mich als Vater und sechsfacher Großvater ist diese Tatsache kein Problem. Im Übrigen sind in den letzten Jahren auch an deutschen Hochschulen durch das G8-Abitur minderjährige Studenten keine Seltenheit mehr. Dennoch gibt es gravierende Unterschiede zu deutschen Studierenden. Zunächst ist man von der indonesischen nahezu kindlichen Fröhlichkeit, ihrem gewinnenden Lächeln, ihrem respektvollem Umgang mit Älteren beindruckt, die den Umgang miteinander sehr erleichtern. Aber bald stellt man fest, dass sie zustimmend und lächelnd zuhören, teilweise blind auswendiglernen, jedoch das Erlernte in selbständiger Arbeit und eigener Verantwortung nur bedingt umzusetzen vermögen. Sie sind gewohnt, geführt und gelenkt zu werden, das Gelernte zwar zu behalten, aber nicht kritisch zu hinterfragen oder mit eigenem Tun zu verbinden und umzusetzen. Konfliktbereitschaft gilt nicht als Tugend, die Durchsetzung eigener Interessen wird zurückgestellt. Das indonesische Kind hat von klein auf gelernt, dass Streit, Unruhe und Disharmonie unerwünscht sind und die eigene Existenz in der Gruppe gefährden.

Hinsichtlich dieser Tatsache ist das zweite obligatorische Praxissemester im Ausland eine Wegmarke in der Entwicklung des einzelnen SGU-Studenten. Geschockt durch ein fremdes Land mit ungewohnter Kultur, durch die fremde Sprache, ohne elterlichen Schutz auf sich allein gestellt zu sein und sich täglich neu beweisen zu müssen. Die meisten Studenten werden selbstständiger und wissen, dass sie für ihr Tun selbst verantwortlich sind. Sie müssen ihr Leben organisieren, an ihrem Arbeitsplatz Aufgaben gewissenhaft erfüllen und begreifen, dass 8 Uhr Arbeitsbeginn auch wirklich 8 Uhr bedeutet. Pünktlichkeit, Zuverlässigkeit müssen trainiert werden. Einigen Studenten fällt es zu Beginn des Praxissemesters besonders schwer, zu begreifen, dass sie selbst das Zimmer reinigen, den Müll trennen und beseitigen müssen, sich auch um die eigene Verpflegung kümmern müssen und nach dem Kochen die Küche reinigen und die Herdplatte auszuschalten haben. Die *pembantu* (Hausangestellte) ist in Indonesien geblieben! In den meisten Fällen klappt es auch nach einer Eingewöhnungsphase, zum Glück kommt so ein krasser Fall wie im Jahr 2014 selten vor, bei dem eine Studentin bei ihrer Heimreise nach Indonesien ein völlig vermülltes Appartment hinterlassen hat und wir, die SGUW, die Fotos des hochgradig empörten Vermieters erhielten, der diese „Messi"-Wohnung fünf Stunden reinigen musste, um sie wieder vermieten zu können.

Wie verantwortungsbewusst und von geradezu preußischer Gewissenhaftigkeit auch gehandelt wird, zeigt das Beispiel einer Studentin, die zur Beerdigung ihres plötzlich verstorbenen Großvaters nach Indonesien fliegt, einen Tag später den Rückflug antritt, um möglichst nur wenige Tage an ihrem Arbeitsplatz zu fehlen.

Meine Ämter an der SGU haben mich – außer den Studenten – eine Fülle von Menschen kennenlernen lassen, in der Überzahl Indonesier, aber auch durch die Vertreter der Industrie, Wirtschaft und Politik sowie in den Meetings der Rotary Clubs eine Reihe Angehöriger vieler Nationalitäten, dazu – nicht zu vergessen – die deutsche Community, die gut vernetzt und durch Begegnungen und Feste verbunden ist.

Verständlich, dass alle Erlebnisse mit Menschen – ob positive oder negative – zu beschreiben, zu weit führen würden, so beschränke ich mich auf wenige Beispiele, die mir besonders nachhaltig im Gedächtnis bleiben werden. Einige habe ich schon geschildert. Es sei ausdrücklich betont, dass alle Erlebnisse und Erfahrungen mich nicht verleiten werden, zu verallgemeinern. So wie es nicht DIE DEUTSCHEN gibt, so gibt es auch nicht DIE INDONESIER, es ist immer der oder die Einzelne und ein Erlebnis und eine Erfahrung unter vielen.

Als Christ eine muslimische Trauerfeier zu erleben, gehört zu den eindrücklichsten Erlebnissen und vermittelt besondere Einblicke in die indonesische Kultur und die muslimische Religion. Trauerfeiern, Beisetzungen sind Stunden der Besinnung, des Nachdenkens und der Erinnerung an schon erlebte. Die Vorstellung, allein mit seiner Trauer umzugehen, hat für Indonesier etwas Beängstigendes, birgt sie doch die Gefahr, dass man sich völlig in seinem Kummer verliert. Je mehr Gäste sofort nach Bekanntwerden das Trauerhaus aufsuchen, desto Tröstender ist es für die Hinterbliebenen.

Ich stehe schon nahezu drei Stunden in einer Kette von Menschen, die sich langsam, ja nur schrittweise in das imposante Trauerhaus bewegt, um der Verstorbenen die letzte Ehre zu erweisen. Endlich in den nicht kleinen Räumlichkeiten angelangt, wird das Gedränge, Geschiebe und Geschubse geradezu beängstigend eng, die Gebetsrufe zu Allah lauter, eindringlicher, schreiender, für mein ungeübtes Ohr schmerzhafter, je näher in dem extrem dichten Gedränge die Trauergemeinde zu dem aufgebahrten Leichnam im Schneckentempo geschoben wird. Kurz vor dem Sarg spüre ich in der unvorstellbaren Enge ein wiederholtes Ziehen an meinem Batikhemd, nur schwerlich konnte ich es immer wieder runter ziehen und fasste dabei jeweils automatisch an meine Hosentasche, in der sich ein kleines Bündel Geldscheine kleiner Noten befand. Unmittelbar vor dem Sarg spielt sich der Vorgang wieder ab, alles in Ordnung, einen Schritt nach dem Sarg fehlt das Geld in meiner Tasche. Der Verlust ist nicht der Rede wert, ich war und bin bis heute tief erschüttert und kann es nur schwer begreifen, dass in einer solchen Situation ein Mensch keinen anderen Gedanken hat als zu stehlen. Oder ist es, dass die finanzielle Not so groß sein muss, um in einem solchen Augenblick zu stehlen?

Nun zurück zu meinem beruflichen Alltag! Immer standen im Mittelpunkt der Gespräche, gleich wo und mit wem ich sie führte, die SGU und die Belange der Studenten, vor allem die Bitte an jeden einzelnen, Praxissemesterplätze bereitzustellen – was meistens gelang. Wesentlich schwieriger ist es immer noch, für diese Institutionen und Unternehmen den für die zu lösenden Aufgaben passenden Studierenden auszuwählen, damit das Praxissemester für beide Seiten positiv und erfolgreich wird.

Die größte Hürde ist die deutsche Sprache. Zwar bietet die SGU ab dem ersten Semester Deutschkurse an und der SGUW vertieft in Crashkursen in den ersten Wochen des Aufenthaltes in Deutschland das Gelernte. Aber es bleibt ein Hindernis an den Arbeitsplätzen, an denen entweder nur Deutsch gesprochen oder viel deutscher Text gelesen und bearbeitet werden muss.

Neben der individuellen Sprachbegabung müssen Fleiß, Disziplin und Ausdauer von Seiten des Studenten dazukommen, um sich erfolgreich in dem deutschen Arbeitsumfeld einzugliedern und Kontakte zum sozialen Umfeld an der Arbeitsstelle, im Wohnungsbereich und allgemein in dem fremden Land zu pflegen.

Diese Erfolgsgeschichten gibt es und sind für uns immer wieder Motivation zum „Weiter so!". Aber, und das ist auch Alltag, gibt es die Problemfälle, die zu erheblichem Ärger bei uns, den Verantwortlichen, und bei den Unternehmen führen.

Manches ist so gravierend, dass der Studierende vor Ende seines Praxissemesters vorzeitig nach Indonesien zurückgeschickt wird, was nicht unerhebliche Auswirkungen auf sein Studium hat, in schweren Fällen sogar zur Exmatrikulation führt.

Ich rede nicht von den kleinen Ärgerlichkeiten wie Unpünktlichkeit, Trägheit, Interesselosigkeit usw. Meistens hilft dann ein ernstes Wort, und in ein paar Wochen ist aus ihm oder ihr ein pünktlicher, arbeitsamer, interessierter und zuverlässiger Mitarbeiter geworden.

Nein, da gibt es Schwerwiegenderes, da wird permanent gelogen, werden Unterschriften gefälscht, die vermittelte Arbeitsstelle nicht angetreten, Zeugnisse selbst erstellt, aus nicht beweisbaren Gründen zurück nach Indonesien geflogen – dazu Verkehrsdelikte wie bei Rot über die Fußgängerampel fahren, die nur mit juristischer Hilfe zu lösen sind.

Ein besonderer Fall ist ein Student, der jeden Arbeitsplatz verweigerte, sich illegal mit seinem vermeintlichen Vater einen Job in einem Supermarkt beschaffte und der Mutter in Jakarta bereits mitgeteilt hat, er sei auf Sumatra und habe das Praxissemester vorzeitig abgebrochen. Dass dieser junge Mann per Ausländerbehörde des Landes verwiesen wurde, ist klar, denn das Visum ist gebunden an die Durchführung des Praxissemesters. So war sein Aufenthalt illegal und er musste per Erlass der Ausländerbehörde das Land verlassen. Der Student ist inzwischen nach der Regeln der Universität von der SGU exmatrikuliert.

Zu meinen Vorstellungen von Bildung und schulischer Aus- und Weiterbildung gehört es, nicht nur theoretisches und praktisches Fachwissen im Rahmen einer qualitativ hohen Hochschulausbildung zu vermitteln, sondern Bildung umfasst mehr: interkulturelle Kompetenz, Förderung und Profilierung der individuellen Persönlichkeit und das Wissen um Kunst und Kultur des eigenen Kulturkreises und – idealerweise – auch fremder Kulturen. Zu einem kleinen Teil versucht dies die Zeit des Praxissemesters.

Sehr viel eindrücklicher und nachhaltiger ist das Projekt „Seri Puisi Jerman" (Reihe deutscher Lyrik in indonesischer Übersetzung), verantwortet von Agus R. Sarjono und Berthold Damshäuser. Diese indonesisch-deutsche Zusammenarbeit auf literarischem Gebiet zu fördern, liegt mir und dem SGUW am Herzen. Zweifellos ist das Miteinander auf kultureller Ebene und mindestens ebenso förderungswürdig wie der Technologietransfer, der Austausch von Wissen durch Hochschullehrer und Studenten im universitären Bereich sowie Expertenbesuche aus Industrie und Wirtschaft beider Länder. Allein die Sprache trägt zur Verständigung bei; sie hilft, das Wesen und den Geist der Kultur eines Landes zu verstehen. Es ist die Literatur und in ihr die Lyrik, die dies in idealer Weise vermittelt und den Menschen in seiner Ganzheit erfasst und anspricht.

Wir sehen in der „Seri Puisi Jerman" diesen Gedanken auf das Beste vertreten und freuen uns – nach dem Band mit Lyrik von Paul Celan – auch die bilinguale Herausgabe von Gedichten von Johann Wolfgang von Goethe anlässlich der Wiederkehr seines 175. Todesjahres gefördert zu haben. Es war uns eine besondere Freude, dabei zu helfen, dass zum ersten Mal eine Sammlung von Goethe-Gedichten in

Indonesien erscheinen konnte. Wir wünschen den Herausgebern und dem Gesamtprojekt „Seri Puisi Jerman" auch in Zukunft den für eine fruchtbringende Kommunikation beider Länder miteinander notwendigen Erfolg, allen Lesern und Zuhörern viel Freude und eine innerliche Bereicherung durch die Werke eines der bedeutendsten deutschen Dichters, der die Literatur und die deutsche Sprache nachhaltig beeinflusst hat.

Während ich an diesem Beitrag arbeite, erreicht mich eine Mail von Berthold Damshäuser, ich zitiere: „Heute erhielt ich gute und schlechte Nachricht vom Goethe-Institut Jakarta. Die gute: Das GI wird den für 2015 geplanten Band mit Gedichten von Hermann Hesse fördern. Die schlechte: Es wird der letzte Band sein, den das GI fördern möchte." Zutiefst enttäuscht und fassungslos nehme ich mit großem Widerspruch diese Meldung entgegen. Müsste doch gerade das Goethe-Institut aus der reichen Erfahrung der Vergangenheit die hohe Bedeutung intensiver Sprach- und Kulturkenntnisse gepaart mit soliden Landeskenntnissen im Hinblick auf indonesisches Denken und Verhaltensweisen verinnerlicht haben. Diese erfolgreiche Arbeit fortzusetzen, ist nicht nur eine Frage der Vernunft, sondern sie ist eine der grundlegenden Aufgaben im Dienste der Völkerverständigung.

Schließen möchte ich mit Versen von Hermann Hesse, der auch in Indonesien besonders von der Jugend gern gelesen wird, in Erwartung des nächsten, aber hoffentlich nicht letzten Bandes in dem herausragenden Projekt „Seri Puisi Jerman":

> Und jedem Anfang wohnt ein Zauber inne,
> Der uns beschützt und der uns hilft, zu leben.
> Wir sollen heiter Raum um Raum durchschreiten,
> An keinem wie an einer Heimat hängen,
> Der Weltgeist will nicht fesseln uns und engen,
> Er will uns Stuf' um Stufe heben, weiten.
> Kaum sind wir heimisch einem Lebenskreise
> Und traulich eingewohnt, so droht Erschlaffen,
> Nur wer bereit zu Aufbruch ist und Reise,
> Mag lähmender Gewöhnung sich entraffen.

Als Wissenschaftsreferent in Indonesien

Michael Rottmann

„Wir wollen aber, dass Sie dort hingehen." Dieser Satz des Personal-
leiters sollte mein Leben verändern. Es war im Jahr 2000 keineswegs
meine Absicht, mich Indonesien zu nähern oder gar einige Jahre dort
zu verbringen. „Zu unbedeutend, zu unbekannt und vermutlich auch
zu rückständig", waren meine Assoziationen. Doch das Wissenschaftsministerium und das Auswärtige Amt hatten anders entschieden, und
ich folgte diesem Ruf.

Bei der Ankunft in Jakarta war ich entsprechend skeptisch. Im
Landeanflug sah ich die roten Dächer der kleinen Häuser zwischen
dem üppigen Grün, und als mir nach dem Verlassen des Flugzeuges
die beißende Hitze, angereichert mit einem undefinierbaren Geruch,
entgegenschlug, stellte sich für mich wieder die Frage, was ich hier eigentlich zu suchen hatte.

Aber während der ersten Zeit im Hotel und bei der Suche nach einem geeigneten Haus für die Familie wurde doch schnell deutlich, mit
welch zarter Höflichkeit und großem Respekt einem die Menschen be-
gegneten. Die Asienkrise war gerade einmal gute zwei Jahre her und
das Land ächzte noch unter deren Folgen. Die großen Hotels waren
kaum ausgebucht, die Anzahl der ausländischen Experten war extrem
gesunken und viele Investitionen, vor allem im Infrastrukturbereich,
wurden auf die lange Bank geschoben. Diese wirtschaftlichen Schwierigkeiten merkte man den Menschen allerdings nicht an. Sie schienen
immer guter Dinge und frei von jeglicher Beschwernis zu sein.

Die Suche nach einem Haus für die Familie war schließlich erfolgreich, weil die von der Botschaft empfohlene Maklerin ein Objekt in
der Nähe der Arbeitsstätte in Menteng ausfindig gemacht hatte. Die
ursprünglich von mir im Süden von Jakarta, in Kemang, avisierte Anmietung kam glücklicherweise nicht zustande. Wegen schwieriger
Preisverhandlungen hatte die Maklerin davon abgeraten; die Eigentü-
merin sei ihrer Ansicht nach zu hartleibig und in der Zukunft – bei
notwendigen Reparaturen – seien entsprechende Schwierigkeiten zu

erwarten. Der Ratschlag der Maklerin hat uns wohl viel Ärger und lange Anfahrten zum Büro erspart.

Die positiven Begegnungen erleichterten also den Einstieg, trotzdem kann ich mich erinnern, dass ich gelegentlich in eine der westlichen Einkaufszentren – den Malls – gegangen bin, um so etwas wie heimatliche Gefühle hervorzurufen. Das äußere Bild in den Straßen, die mit Schadstoffen belastete Luft und die große Hitze ließen Spaziergänge in der Stadt, wie sie z.B. in Deutschland üblich sind, als unmöglich erscheinen. Die Kühle in den Malls, das westliche Erscheinungsbild und die Vielfältigkeit der Angebote von Restaurants, Cafés, Kinos und sogar Kinderspielplätzen ließen uns vorübergehend vergessen, dass wir uns fernab der Heimat befanden.

Zudem wurden uns mit der Zeit die Umgangsformen vertrauter. Vom Willen getragen, es dem Gegenüber immer Wohl ergehen zu lassen, bemüht man sich in Indonesien stets um eine freundliche Atmosphäre und signalisiert Hilfsbereitschaft. Da der Ankündigung der Hilfe nicht immer die tatsächliche Hilfe folgt, bemüht man sich anschließend mit viel Verständnis für das angetane Ungemach untertänigst um Vergebung. Ärger kann eigentlich nie aufkommen. Man bewegt sich in stoischer Gelassenheit und der Besucher fühlt sich in jeder Umgebung eigentlich gut aufgehoben. Stress ist ein Fremdwort.

Erst über die Jahre sollte für mich deutlich werden, dass damit auch eine gehörige Portion Desinteresse und auch Gleichgültigkeit gegenüber den Erfordernissen des Daseins, aber auch gegenüber anderen Menschen verbunden ist. In Indonesien ist man doch sehr schicksalsergeben und sieht die eigene Lebenssituation nicht so sehr als Ergebnis der eigenen Bemühungen, sondern eher als gottgegeben an.

So kommt es, dass z.B. die Schadstoffbelastung der Luft eigentlich nur bei einem ganz geringen Teil der Bevölkerung ein Thema ist. „Dezentrale Müllverbrennung" bedeutet hier, dass jeder seinen Müll vor der eigenen Haustür verbrennt. Neuwagen werden immer noch ohne Katalysator angeboten, ganz zu schweigen von den Millionen von Mopeds, deren Schadstoffausstoß wesentlich höher ist als der von Autos – die Umweltbelastung stört einfach fast niemanden. Es fehlt das erforderliche Bewusstsein und das Wissen ... und so werden sich auch keine Sorgen gemacht.

Sehr unterscheidet sich in Indonesien auch das ausgeprägte Gruppengefühl, in der Familie, im Beruf, aber auch in der Freizeit. Der Einzelne versteht sich als Bestandteil der hierarchischen Gemeinschaft, zu der zwar ein Beitrag geleistet wird, die aber wiederum die Verantwortung für ihn mitträgt. Die vornehmliche Pflicht besteht dann darin, die Harmonie in der Gruppe zu erhalten.

*

Ich bin Wissenschaftsreferent an der Deutschen Botschaft in Jakarta. Diese Position gibt es an keiner anderen europäischen Vertretung. Nur die USA haben eine vergleichbare Position in ihrer viel größeren Botschaft. Hintergrund war der Deutschlandbezug des langjährigen Staatsministers für Forschung und Technologie und späteren kurzzeitigen Präsidenten Bacharuddin Jusuf Habibie. Habibie hatte von 1960 bis 1965 in Aachen Luft- und Raumfahrttechnik studiert und war eine Zeit lang in Deutschland tätig. Präsident Suharto beauftragte ihn nach seiner Rückkehr 1974 mit dem Aufbau einer Technologiebehörde sowie dem Aufbau einer Technologielandschaft nach westlichem Vorbild. Habibie war von 1979 bis 1998 Wissenschaftsminister, wurde im März 1998 zum Vizepräsidenten ernannt und trat im Mai desselben Jahres für knapp eineinhalb Jahre Suhartos Nachfolge an. Während dieser Zeit als Präsident bereitete er die ersten freien Wahlen vor und ermöglichte somit den Übergang vom Suharto-Regime zu einer Präsidialdemokratie.

Die Position des Wissenschaftsreferenten gibt es an der Deutschen Botschaft in Jakarta seit 1980. Seine Aufgabe ist, die wissenschaftspolitischen Entwicklungen des Landes zu beobachten, teilweise zu unterstützen und entsprechend darüber zu berichten. Außerdem fördert er die wissenschaftlich-technologische Zusammenarbeit zwischen beiden Ländern durch die Unterstützung und Begleitung bilateraler Projekte. Besondere Freude macht es, wenn es einem gelingt, bestimmte Themenbereiche in die Kooperation einzubringen – wie dies in den letzten Jahren mit der Nutzung der reichhaltigen indonesischen Biodiversität für die Identifizierung und Entwicklung medizinisch relevanter sogenannter *active compounds* gelungen ist. Die Bemühungen der Wissenschaftler bestehen zunächst in der Identifizierung bisher unbekannter Arten sowohl pflanzlicher als auch tierischer Herkunft. Sie prüfen dann, ob die enthaltenen Substanzen medizinisch wirksame Komponenten enthalten. Sicher eine sehr langfristig angelegte Untersuchung, bei der keine Ergebnisse von heute auf morgen erwartet werden sollten. Ein Beispiel für diese Forschung ist die Entdeckung der Ausscheidungen des asiatischen Marienkäfers, der eine einem Antibiotikum ähnelnde Substanz produziert, die alles in seinem unmittelbaren Umfeld abtötet – auch den europäischen Marienkäfer. Das Projekt erweitert also zunächst unser Wissen über die vorhandene Artenvielfalt und sucht gleichzeitig nach neuen Medikamenten.

Aber auch in der Entwicklung der Wissenschaftsstrukturen arbeiten beide Länder zusammen. Die systemische Zusammenarbeit begann 2001 mit einer Studie, durchgeführt von der Fraunhofer-Gesellschaft, zur Analyse der indonesischen Wissenschaftslandschaft. Als Ergebnis wurde eine Vielzahl von Empfehlungen ausgesprochen, die in den Folgejahren teilweise übernommen wurden: die Verbesserung der Verbindung von Wissenschaft und Wirtschaft, die Konzentration auf bestimmte Wissenschaftsgebiete und die Förderung der Ausbildungsstrukturen und der internationalen Zusammenarbeit. Vor allem aber auch, wie die Entscheidungsprozesse für die künftigen Strukturen gestaltet werden sollten und wie man zu den besten Ergebnissen kommt, war Gegenstand der Empfehlungen.

Kernelement war: Indonesien sollte sich wegen seiner vielfältigen Biodiversität und der Dominanz des Landwirtschaftssektors auf eben diese Bereiche konzentrieren. Dennoch ist auch klar, dass sich die europäischen Strukturen nicht kopieren lassen. Zu groß sind die Unterschiede in den kulturellen und finanziellen Rahmenbedingungen. Der westliche Ansatz des wissenschaftlichen Denkens nach 400 Jahren Aufklärung widerspricht gelegentlich den kollektiven, harmonieorientierten, aber auch stark hierarchisch geprägten Verhaltensweisen der indonesischen Kollegen. Einen eigenen Weg zu finden, ist daher die vornehmste Aufgabe der Wissenschaftsverwaltung – einen Weg, der dem Willen zum Konsens und zur Harmonie entspricht, ohne dabei aber Fehlentwicklungen zu ignorieren und die Diskussion über die richtigen Lösungen zu vermeiden.

Die Gefahr bei einem zu pfleglichen Umgang miteinander ist zweifellos, dass man sein Gegenüber – vor allem auch den Chef – nicht mit unangenehmen Fakten konfrontieren will und daher lieber einer Diskussion aus dem Weg geht. Eine eigenen Auffassung zu vertreten oder auch einen eigenen, anderen Ansatz in der Forschung zu verfolgen, erfordert eine gewisse Unabhängigkeit, die nicht immer selbstverständlich ist. Sicherlich hängt dies alles auch immer von der jeweiligen personellen Konstellation ab – es gibt durchaus Chefs, die ihren Mitarbeitern freie Hand lassen, aber in der Regel hat man es immer noch mit einer starken Hierarchie in den Forschungseinrichtungen zu tun. Ein Wandel ist da sicher notwendig, wenn man die zweifellos vorhandenen Potentiale der wissenschaftlichen Mitarbeiter fördern und nutzen will.

Allerdings ist eine Nivellierung der Mentalitätsunterschiede bei der jungen, mit dem Internet aufgewachsene Generation durchaus zu beobachten. Hier wächst eine selbstbewusste, auch weltgewandte Generation heran, die den Strukturwandel positiv beeinflussen wird.

Neben den kulturellen Elementen spielen aber auch die finanziellen Rahmenbedingungen für die Entwicklung des Wissenschaftssystems eine entscheidende Rolle – sowohl in den Einkommensstrukturen bei den Wissenschaftlern als auch bei der Ausstattung von Forschungseinrichtungen. Solange Wissenschaftler mit ihren Bezügen kein ausreichendes Auskommen haben, wird der Zwang, nach weiteren Einnahmen zu suchen, der wiederum die eigentliche Arbeit beeinträchtigt, nicht nachlassen.

Auch die Finanzausstattung der Forschungseinrichtungen ist verbesserungsfähig. Bezogen auf den Anteil am BIP beträgt der Anteil der Forschungsausgaben in Deutschland ca. 3 Prozent, in Indonesien ca. 0,1 Prozent. Das macht den Nachholbedarf deutlich. In diesem Zusammenhang ist aber auch darauf hinzuweisen, dass in Deutschland zwei Drittel der Forschungsausgaben aus der Privatwirtschaft finanziert werden, während dieser Anteil in Indonesien auf ca. 10 bis 15 Prozent geschätzt wird. Wirklich verbindliche Zahlen liegen dazu aber noch nicht vor.

Bei den bilateralen Projekten ist in den letzten 10 Jahren nach der Tsunamikatastrophe von 2004 der Aufbau eines Tsunamifrühwarnsystems hervorzuheben. Das System, das mit Beteiligung mehrerer deutscher Forschungseinrichtungen unter der Federführung des Geoforschungszentrums in Potsdam errichtet wurde, liefert Warnmeldungen für die gefährdeten Küstenregionen in weniger als fünf Minuten und leistet somit einen entscheidenden Beitrag zur Abmilderung von möglichen Tsunamikatastrophen.

Im Energiebereich spielt zudem seit 2010 die Geothermie-Forschung eine wichtige Rolle. Indonesien hat erhebliche Potentiale in diesem Bereich. Gelegen auf dem sogenannten *ring of fire*, einer Kette von Vulkanen vom Indischen Ozean bis zum Pazifik, sprudelt das heiße Wasser und der nutzbare Dampf an vielen Stellen direkt an die Erdoberfläche. Bisher werden aber nur ca. vier Prozent der vermuteten Ressourcen genutzt. Die Gründe dafür sind vielfältig – schwierige Genehmigungsverfahren, hohe Investitionen, meist in entlegenen Gebieten gelegen, aber auch die fehlende Akzeptanz der lokalen Bevölkerung spielen eine Rolle.

Die Forschungen des Geoforschungszentrums Potsdam (GFZ) in Zusammenarbeit mit den indonesischen Partnern liefert einen Beitrag durch die Entwicklung neuer Methoden zur Analyse der Geologie des Untergrundes. Durch die Entwicklung neuartiger Messmethoden wird versucht, ein genaueres Bild der Beschaffenheit des Bodens zu erhalten. Damit kann die Suche nach neuen Geothermie-Feldern erleichtert und die Gefahr von Fehlbohrungen vermindert werden. Das Wissen über die Beschaffenheit des Untergrundes trägt darüber hinaus zur Sicherheit bei, weil mögliche, aber unerwünschte seismische Bewegungen besser eingeschätzt werden können. Aber auch in der Kraftwerkstechnologie ist das GFZ in Indonesien tätig. So wird 2015 mit dem Aufbau einer binären Pilotanlage in Nordsulawesi begonnen, die die Nutzung der geothermischen Erdwärme entscheidend verbessern könnte: Unter Ausnutzung eines „Arbeitsmittels" mit einem sehr niedrigen Siedepunkt könnte der nutzbare Dampf für die Stromgewinnung erheblich gesteigert werden – Experten vermuten bis zu 100 Prozent.

Weitere Felder der bilateralen Zusammenarbeit sind neben der bereits genannten Biotechnologie die Meeres- und die Waldforschung. In der Meeresforschung wurden neben ökologischen Fragen zu Korallenriffen und Mangrovenbeständen auch die Auswirkungen der Verschmutzung der Küstenregionen und Fragestellungen zum CO_2-Haushalt des Ozeans untersucht. Ein Teilprojekt beschäftigt sich mit der Nutzung der Meeresströmungen zur Energiegewinnung.

Mit dem Thema Regenwald und den Folgen der Entwaldung befassen bzw. befassten sich zwei Sonderforschungsbereiche (SFB) der Deutschen Forschungsgemeinschaft (DFG). Im Rahmen des ersten, bereits abgeschlossene SFB wurden am Beispiel des Nationalparks Lore Lindu in Zentralsulawesi die komplexen Ursachen für die auch in weniger zugänglichen Regionen stark voranschreitende Entwaldung untersucht. Forstwissenschaftler, Biologen, Klimatologen, Ökonomen und Sozialwissenschaftler versuchten gemeinsam, Antworten auf die Frage zu finden, wie man die dynamischen Entwicklungen in Randzonen von Regenwäldern so gestalten kann, dass sie den Regenwald nicht weiter gefährden. So konnte zum Beispiel aufgezeigt werden, dass einfach umzusetzende Änderungen im Management der in den Waldrandzonen stark verbreiteten Kakaogärten nicht nur wirtschaftliche, sondern auch zugleich signifikante ökologische Vorteile bringen. Das ist insoweit von Bedeutung, als Indonesien gegenwärtig dabei ist, sich zum führenden Kakaoproduzenten weltweit zu entwickeln.

Bemerkenswert sind sicherlich auch die aufwendigen Austrocknungsexperimente in Kakaoplantagen und im Regenwald, in deren Rahmen eine künstliche Trockenheit erzeugt wurde. Diese Experimente standen im Zusammenhang mit klimatischen Untersuchungen und der Frage, wie empfindlich ökologische Systeme auf Klimaänderungen reagieren. Ein fast 70 Meter hoher Klima-Turm inmitten des Nationalparks lieferte dafür wichtige Daten.

Im Rahmen des zweiten, zur Zeit laufenden SFB befasst sich ein anderes interdisziplinäres Team auf Sumatra mit der Frage, inwieweit man auch in hochintensiven landwirtschaftlichen Systemen waldähnliche ökologische Funktionen erhalten kann. Da Indonesien weltweit der führende Palmölprodzent ist, richtet sich das Augenmerk der Forscher auf Ölpalmplantagen, die in dem Ruf stehen am stärksten zur Entwaldung in Indonesien beizutragen. Andererseits ist die Ölpalme auch die mit Abstand effizienteste Ölpflanze, die für die gleiche Menge Öl nur einen Bruchteil der Anbaufläche benötigt, wie zum Beispiel für Raps erforderlich ist. Insofern leistet dieses Forschungsvorhaben wichtige Beiträge zur globalen Debatte über die Gestaltung einer nachhaltigen und verantwortungsvollen Wirtschaft.

*

Im Hinblick auf die zukünftige Entwicklung des indonesischen Wissenschaftssystems lässt sich Folgendes sagen: Mit Antritt der neuen indonesischen Regierung Ende 2014 wurde die Hochschulabteilung des Erziehungsministerium ins Wissenschaftsministerium überführt. Der Aufbau von Forschungskompetenzen in den Universitäten soll damit gefördert werden. Bisher finden die eigentlichen Forschungsarbeiten in der Großforschungseinrichtung LIPI sowie in der Technologiebehörde BPPT statt. Darüber hinaus hat praktisch jedes Ministerium eine eigene Forschungsabteilung mit eigenen Forschungseinrichtungen. Es liegt auf der Hand, dass hier Doppelungen unvermeidlich sind. Angesichts der knappen Mittel eine missliche Situation, deren Veränderung aber wohl nicht so schnell vonstatten gehen wird. Schließlich sind auch in Deutschland Doppelungen nicht immer vermeidbar. Knackpunkt wird weiterhin bleiben, ob die finanziellen Rahmenbedingungen substanziell verbessert werden können. Hier gibt es erhebliche Zweifel, denn der Bereich Wissenschaft hat in der politischen Diskussion immer noch eine nachgeordnete Bedeutung. Hoffnung könnte allerdings darin bestehen, dass die erfolgreichen Unternehmen nicht nur im Energiebereich, sondern auch in der Biotechnologie mit dem Aufbau eigener Forschungskapazitäten beginnen. Der schon angedeutete Mentalitätswandel der Internetgeneration, aber auch die mit dem Internet verbundenen besseren Bildungsmöglichkeiten lassen vermuten, dass sich das Wissenschaftssystem positiv entwickeln wird. Ob das Entwicklungstempo allerdings ausreicht, den Abstand zum westlichen, aber auch zu den anderen asiatischen Wissenschaftssystemen wie in Japan, Korea oder in China kleiner werden zu lassen, bleibt abzuwarten, ist aber eher zu verneinen. Die Anstrengungen in diesen Ländern sind erheblich und liegen doch über dem, was in Indonesien in finanzieller Hinsicht für den Wissenschaftsbereich geleistet werden kann.

Eine Chance bietet die Intensivierung der internationalen Zusammenarbeit. Forschungsaufenthalte im Ausland sind für indonesische Wissenschaftler von außerordentlicher Bedeutung. Allerdings entsteht immer das Problem, dass sie im Ausland über eine Laborausstattung verfügen, die sie im Heimatland nach ihrer Rückkehr nicht mehr haben. Dennoch ist der mit Auslandsaufenthalten verbundene Kompetenzzuwachs für die Entwicklung des Landes sehr wichtig. Auch ist gelegentlich festzustellen, dass sich die Geräteausstattung bessert – auch wenn für die Nutzung und Wartung der neuen Geräte nicht immer passend qualifiziertes Personal vorhanden ist. Das Manko scheint also eine zentrale Organisation zu sein, die die Doppelungen meidet und Schwerpunkte der Entwicklung setzen kann.

Eine gewisse Gefährdung für die internationale Zusammenarbeit ist in einem anwachsenden Nationalbewusstsein zu sehen, das die genetischen Ressourcen des Landes, also die in der einheimischen Fauna und Flora enthaltenen Substanzen, als absolutes Eigentum Indonesiens sieht, dessen Früchte nur dem eigenen Land zugute kommen dürfen. Die Vereinbarungen zur Ausfuhr von Proben aus dem Land sind mittlerweile so kompliziert, dass Untersuchungen an den Objekten oft unterbleiben müssen, weil einerseits die Gerätschaften in Indonesien fehlen, aber andererseits die Proben nicht mit ins Ausland genommen werden dürfen. Hier herrscht auf indonesischer Seite großes Misstrauen, dass die westlichen Einrichtungen und Unternehmen die genetischen Ressourcen des Landes ausschließlich für eigene Zwecke nutzen könnten. Wenn dieses Misstrauen allerdings dazu führt, dass wichtige wissenschaftliche Untersuchungen unterbleiben, dann ist letztlich keiner Seite gedient. Das wissenschaftliche Know-how im Westen sollte eher als Chance denn als Bedrohung gesehen werden. Eine Lösung dieser Fragen sollte auch den Partnern in den Projekten überlassen bleiben. Präsidentenerlasse – wie geschehen – sind da nicht hilfreich.

Im Rahmen der von Deutscher Botschaft, Goethe-Institut und der Deutsch-Indonesischen Industrie- und Handelskammer EKONID für den Herbst 2015 geplanten Deutschen Saison wird es eine Vielzahl von kulturellen, wirtschaftlichen und politischen Veranstaltungen geben, die die deutsch-indonesischen Beziehungen beleuchten und bereichern sollen. Dazu wird auch die bilaterale wissenschaftlich-technologische Zusammenarbeit gehören, die in einer Ausstellung präsentiert werden soll. Dabei gibt die Ausstellung den in Indonesien tätigen Unternehmen die Gelegenheit, ihre wissenschaftliche Leistungsfähigkeit zu demonstrieren.

Ein besonderes Anliegen ist es zudem, Einblicke in die deutsche oder europäische wissenschaftliche Mentalität, den europäischen Erfindergeist und die auf der Aufklärung basierende Denkweise der Naturbeobachtung zu gewähren. Die Ausstellung soll anschließend in anderen Städten Javas zu sehen sein, und es verbindet sich damit die Hoffnung, dass Deutschland wieder etwas mehr in den Fokus der indonesischen Öffentlichkeit rückt.

*

Einen Ausblick in die künftige Entwicklung Indonesiens zu wagen, ist sicher nur unter allgemeinen Aspekten möglich. Generell lässt sich prognostizieren, dass die Bedeutung Indonesiens in wirtschaftlicher als auch in politischer Hinsicht weiter zunehmen wird. Einerseits als Mitglied der G20 mit einem auch in der Krise der vergangenen Jahre stabilen Aufschwung, andererseits als dominanter Partner innerhalb der ASEAN-Staatengemeinschaft. Die demokratische Struktur des Landes wird die Interessenkonflikte abfedern, wie die Lösung der Konflikte um die Wahl des Präsidenten Widodo 2014 eindrucksvoll gezeigt hat. Obwohl die Opposition mit erheblichem finanziellen und organisatorischen Aufwand und unter Ausschöpfung aller juristischen Mittel den Wahlsieg und die Ernennung Widodos zu verhindern suchte, hat man letztlich den Ausgang der Wahl akzeptiert und auf weitergehende Obstruktion verzichtet.

Die Infrastrukturprobleme, z. B. bei der Energieversorgung, im Verkehrsbereich, aber auch in der Gesundheitsversorgung, wird man verstärkt angehen – sie sind vor allem auch durch die Krise des Jahres 1998 und ihre wirtschaftlichen Auswirkungen entstanden.

Schwieriger wird der Aufbau eines funktionierenden Rechtssystems werden. Ansätze nach westlichem Vorbild sind erkennbar, aber die weitverbreiteten Einflussmöglichkeiten der Konfliktparteien auf die Gerichtsbarkeit wird man auf absehbare Zeit nur bedingt vermindern können. Es ist nicht zu erwarten, dass westliche Rechtstraditionen und westliches Verständnis von Gerechtigkeit ohne Weiteres auf das indonesische Rechtssystems übertragen lassen. Es muss aber auch nicht unser Weltbild sein, in dem die Lösung liegt. Denn auch die javanisch geprägte politische Kultur Indonesiens ermöglicht Kompromisse und die Herstellung von „Rechtsfrieden" in einer Weise, die unseren Vorstellungen vielleicht widerspricht, die aber hocheffizient ist: Man findet stets eine Lösung, bei der alle Beteiligten das Gesicht wahren können.

In weiten Teilen des Landes ist ein zunehmender Einfluss des Islam auf das tägliche Leben zu registrieren. Die Anzahl der verschleierten Frauen nimmt zu, in den Grundschulen ist der Naturkundeunterricht durch Religionsunterricht ersetzt worden. Mit immer größerer Lautstärke wird von den Moscheen zum Gebet aufgerufen. Alkoholische Getränke sind aus der Regalen der meisten Supermärkte verschwunden.

Es ist noch nicht deutlich, wie weit der islamische Einfluss zunehmen wird. Das wird auch davon abhängen, ob sich Widerstand gegen dessen Machtanspruch formiert. Die neue Regierung hat zumindest Regelungen im Sinne von mehr Toleranz zwischen den Religionsgemeinschaften angekündigt, und so besteht Anlass zur Hoffnung, dass das religiöse Miteinander in Zukunft wieder von mehr Toleranz gekennzeichnet sein wird.

Eindrücke aus Rechtswissenschaft und -praxis in Indonesien

Nils Wagenknecht

Der erste Kontakt zu Indonesien entstand während meiner Ausbildung im Rahmen des Referendariats. Das Referendariat war in bestimmte Abschnitte unterteilt, in denen Ausbilder aus der Praxis in verschiedenen Rechtsgebieten unterrichtet haben. Die Abschnitte umfassten in meinem Fall die Ausbildung am Zivilgericht, bei der Staatsanwaltschaft, in der Verwaltung und in einer Rechtsanwaltskanzlei. Die letzte Station war jedoch die Wahlstation. Für diese konnte man sich die ausbildende Stelle selber aussuchen. Für viele Rechtsreferendare ist dies die willkommene Gelegenheit, eine Zeit im Ausland zu verbringen. Dies ist auch deshalb attraktiv, weil sich womöglich nach dem Bestehen des zweiten Staatsexamens nie wieder eine solche Möglichkeit bietet. Ich habe mich daher rechtzeitig vor Beginn der Wahlstation auf die Suche nach entsprechenden Möglichkeiten begeben. Am beliebtesten unter Rechtsreferendaren ist ohne Zweifel eine Wahlstation bei einer der zahlreichen deutschen Botschaften. Daneben besteht die Möglichkeit bei ausländischen Anwaltskanzleien oder einer der ebenfalls zahlreichen deutschen Außenhandelskammern unterzukommen. Man benötigt lediglich die Zusage der jeweiligen Stelle und schon steht einem der Weg ins Ausland zumindest für die Dauer der Wahlstation offen. In meinem Fall habe ich Zusagen von zwei amerikanischen Kanzleien in Miami und New York erhalten. Des Weiteren lagen mir zwei Angebote der deutschen Außenhandelskammern in Sofia und Jakarta vor. Nachdem ich mich also rechtzeitig bei verschiedenen Stellen beworben hatte, hatte ich den Luxus, aus einem der Angebote zu wählen. Es war zumindest auf den ersten Blick keine leichte Wahl. Denn ich konnte mir in allen vier Fällen vorstellen, in die jeweilige Stadt zu gehen (ansonsten hätte ich mich gar nicht erst dorthin beworben). Für Jakarta war letztlich meine Neugier ausschlaggebend. Wenn ich gefragt wurde, warum ausgerechnet Jakarta, antwortete ich mit meiner Neugier auf die asiatische Kultur und das Leben in einer nicht-westlichen Stadt, von dem ich nur vage Vorstellungen hatte. Interessanterweise habe ich oft ähnliche Beweggründe gehört, wenn ich mit Deutschen gesprochen habe, die sich dafür entschieden hatten, zumindest eine Zeit lang in Indonesien zu wohnen und zu arbeiten

Die ersten Eindrücke bei meiner Ankunft in Indonesien waren überwältigend im wörtlichen Sinne. Mich hat nichts an meine eigene Heimat erinnert. Das Klima, das Essen, die Menschen, die Sprache, die Kultur, der Straßenverkehr, die Luftverschmutzung – alles war anders als gewohnt. Es ist schon eine Herausforderung für sich, am Anfang mit der Orientierungslosigkeit zurechtzukommen. Dass man sich zunächst immer verfährt und sich erst ein Bild von der Stadt (in diesem Fall Jakarta) machen muss, ist die eine Sache. Die andere weitaus schwierigere Sache ist, sich mit den weiteren Lebensumständen anzufreunden, die in einer nicht-westlichen Stadt vorherrschen. Mit gutem Willen sowie einer gewissen Portion Neugier und Aufgeschlossenheit lässt sich jedoch der anfängliche Zustand der Entwurzelung bewältigen. Im Übrigen waren im Büro der Außenhandelskammer noch weitere Deutsche tätig, so dass stets auch Ansprechpartner zur Verfügung gestanden hätten.

Die Arbeit im Büro selbst bezog sich auf die Rechtsberatung von Unternehmen, die bereits in Indonesien ansässig waren oder einen solchen Schritt planten. Da in diesem Zusammenhang das indonesische Recht anzuwenden ist, bedurfte es der Rücksprache mit einheimischen Experten, bevor auf die jeweilige Anfrage Stellung genommen werden konnte. Dies führte zugleich dazu, dass ich mit meinen indonesischen Kollegen im Team zusammenarbeiten und deren Arbeitweisen näher kennenlernen konnte. Diese ersten Erfahrungen waren zugleich prägend. Wäre mein erster Eindruck nicht so positiv ausgefallen, ich wäre nicht wieder zum Arbeiten nach Indonesien nach Abschluss des zweiten Staatsexamens gekommen. Dass dies jedoch keineswegs der Fall war zeigt, dass ich 2004 für eine Kurzzeitdozentur zum deutschen, europäischen und indonesischen Kartellrecht an die Universitas Indonesia zurückgekehrt bin, 2008 für eine deutsche Kanzlei in Jakarta gearbeitet habe und im Anschluss hieran, d.h. seit 2010, für den DAAD als Fachlektor für internationales Wirtschaftsrecht und Völkerrecht an der Universitas Gadjah Mada in Yogyakarta tätig bin. Ich bin somit in gewissen Abständen immer wieder nach Indonesien zurückgekehrt. Für mich war am Anfang meines Studiums die Aussicht, voraussichtlich nur in Deutschland arbeiten zu können, eine starke Einschränkung. Die Erkenntnis, dass dies nicht unbeding der Fall sein muss, hat gedanklich Türen für mich geöffnet und neue Perspektiven aufgezeigt.

Seit 2008 hatte ich vertieft in dem Bereich Rechtsberatung in Jakarta zu tun. Hier ging es wiederum um die Betreuung deutscher Mandanten, die planen, in Indonesien Investitionen zu tätigen. Die Beratung bezieht sich hauptsächlich auf die Gründung von indonesischen Gesellschaften mit beschränkter Haftung als Vehikel für die Investition inklusive Gründungsprozess. Des Weiteren wurden Auskünfte zum Arbeitsrecht und zum Erwerb von Grundstückstiteln erteilt. Da, wie bereits oben erwähnt, für diese Beratungsleistungen indonesische Rechtskenntnisse erforderlich sind, erfolgte die Bearbeitung der Anfragen durch rechtskundige Mitarbeiter. In schwierigeren Fällen wurde eine spezialisierte Rechtsanwaltskanzlei beauftragt. Deutlich wird, dass ich bei dieser Tätigkeit ausschließlich mit Indonesiern zu tun hatte, die entweder im gleichen Büro gearbeitet haben oder die als externe Rechtsanwaltskollegen für die Beratung hinzugezogen wurden. Bei den externen Beratern wurden Unterschiede im Hinblick auf die Qualität der Rechtsberatung deutlich. Die größeren, etablierten (und zugleich auch teureren) indonesischen Kanzleien boten grundsätzlich Gewähr für eine professionelle Rechtsberatung, in der insbesondere auch Risiken angesprochen und Lösungsansätze dargelegt wurden. Andere Kanzleien gingen entweder nicht ausführlich genug auf das Problem ein oder übersahen Risiken, die dem Mandanten mitzuteilen gewesen wären. Ein immer wieder auftretendes Problem in der Praxis war die sogenannte Negativ-Liste, die Investitionen für bestimmte Geschäftsbereiche beschränkt, indem z.B. eine Kapitalhöchstbeteiligung vorgesehen ist. Diese Regelung kann auch nicht dadurch umgangen werden, dass ein Indonesier die notwendigerweise von indonesischer Seite zu haltenden Kapitalanteile treuhänderisch für den ausländischen Investor hält, um diesem so über einen Umweg 100 Prozent Kontrolle über die Investition zu verschaffen. Treuhänderisches Eigentum mag in Deutschland und anderen Jurisdiktionen zulässig sein. In Indonesien ist diese Konstruktion jedoch nicht anerkannt. Dies wurde im indonesischen Investitionsgesetz ausdrücklich klargestellt. Dennoch treten in der Praxis Fälle auf, in denen indonesische Rechtsberater zu solchen „Nominee-" oder „Trust Arrangements" zwischen ausländischem Investor und indonesischem Treuhänder unterstützend beraten haben. Selbst wenn dies zur Verschleierung des eigentlichen Zwecks unter Verwendung mehrerer miteinander zusammenhängender Darlehens- und Anteilsübertragungsverträgen erfolgt, ist hierin eine Umgehung des Gesetzeszwecks zu erkennen. Dieses Problem trat in der Praxis immer wieder auf und man konnte erkennen, wie sich die Spreu vom Weizen trennt, je nachdem welche Position die jeweilige Rechtsanwaltskanzlei zu Nominee-Arrangements einnahm. Ähnliches gilt für den Erwerb von (Voll-)Eigentum an Grundstücken, welches Ausländern untersagt ist. Auch hier werden in der Praxis unzulässige Stellvertretermodelle angeboten, bei denen von indonesischer Seite treuhänderisch und damit illegal Grundstücke für Ausländer erworben werden. Dies zeigt zugleich, dass eine gute Rechtsberatung immer auch auf die Risiken einzugehen bzw. legale Alternativlösungen vorzuschlagen hat. Schließlich ist noch zu erwähnen, dass in dem Büro, in dem ich jeweils tätig war, die Unterstützung von Mandanten bei gerichtlichen Prozessen stets abgelehnt wurde. Der Grund hierfür liegt unter anderem darin, dass Korruption bei gerichtlichen Verfahren verbreitet ist und man nicht in die Situation kommen wollte, eine entsprechende Zahlungsaufforderung zu erhalten. In Indonesien gibt es vielleicht nicht ohne Grund den Witz, dass „Hakim" („Richter") eigentlich die Abkürzung für „Hubungi Aku Kalau Ingin Menang" ist: Tritt mit mir in Verbindung, wenn Du gewinnen willst.

Abseits der alltäglichen Rechtsberatungen im Zusammenhang mit ausländischen Direktinvestitionen blieben mir natürlich auch nicht die weiteren Fälle verborgen, die von der Öffentlichkeit in den Medien debattiert worden sind. Auffällig häufig ging es dabei um die Grenzen der Meinungsfreiheit, in denen Personen in polizeilichen Gewahrsam genommen wurden aufgrund bestimmter Äußerungen. So wurde etwa eine Person kurzzeitig inhaftiert, weil sie eine vorgeblich ärztliche Falschbehandlung angeprangert hatte. In einem anderen Fall kam es zu einer kurzzeitigen Ingewahrsamnahme, weil sich eine zugezogene Master-Studentin im Fachbereich Rechtswissenschaft in sozialen Internetmedien abfällig über die Stadt Yogyakarta und ihren Bewohnern geäußert hat. Schließlich wurde ein Mann mit Repressalien belegt, weil er sich als Atheist bekannt hat. Deutlich wird, dass Inhalte und Grenzen der Meinungsfreiheit regelmäßig Gegenstand öffentlicher Debatten sind. Ein weiteres Unbehagen bereiten die in unregelmäßigen Abständen erscheinenden Zeitungsberichte, in denen von Lynchmorden auf offener Straße berichtet wird, wenn ein Dieb auf frischer Tat ertappt wurde. Die Polizei versucht die Täter anscheinend allenfalls dann zu ermitteln, wenn ein entsprechender Antrag eines Angehörigen des Opfers gestellt wurde. Ansonsten unterbleiben Ermittlungen aus tatsächlichen Schwierigkeiten, den oder die Täter zweifelsfrei festzustellen, bzw. unterschwellig unter Umständen aus der Erwägung, es sich nicht mit der Bevölkerung zu verscherzen. Dies sagt viel aus, wenn man bedenkt, dass das Strafmonopol beim Staat liegt, welches die Bürger gerade davon abhalten soll, Vergeltungsmaßnahmen in die eigene Hand zu nehmen.

Seit dem Jahr 2010, d.h. während meiner Zeit an der Universität Gadjah Mada als DAAD-Fachlektor für Völkerrecht und internationales Wirtschaftsrecht, hatte ich vorwiegend mit indonesischen Jurastudenten zu tun. Von den Leistungen der Studenten ist (wie in Deutschland) das gesamte Spektrum von talentiert bis durchschnittlich oder auch unterdurchschnittlich vertreten. Die Studenten sind bereit, bestimmte Themen im Unterricht zu diskutieren und stellen auch Fragen, wenn etwas unklar geblieben ist. Diese Aufgeschlossenheit erleichtert das Unterrichten sehr, wenn man bedenkt, dass in anderen asiatischen Ländern wie Japan der Respekt vor dem Dozenten oder der Dozentin so hoch ist, dass keine Fragen gestellt werden und auch keine Diskussionen zustandekommen. Im Folgenden soll näher auf die zahlreichen Unterschiede zum Jurastudium in Deutschland eingegangen werden. Es beginnt bei den Studiengebühren. Diese lagen an der Fakultät, an der ich tätig war, im unteren zweistelligen Millionenbereich (IDR) pro Semester und sind somit deutlich teurer als die Semestergebühren in Deutschland. Solch hohe Studiengebühren sind die Ausnahme in Indonesien und lassen sich im konkreten Fall damit rechtfertigen, dass es sich um ein internationales Programm handelt, an dem die Unterrichtssprache Englisch ist. Der Unterricht selbst ist sehr verschult. Zwar gibt es neben dem Grundstudium verschiedene Wahl(pflicht)fächer, aus denen die Studenten ihr Schwerpunktstudium wählen können. Hiervon abgesehen steht jedoch im Studium die Wissensvermittlung und Wissensabfrage im Vordergrund. Außerdem besteht eine Anwesenheitspflicht für die Lehrveranstaltungen. Demgegenüber steht in Deutschland die juristische Fallbearbeitung an einem unbekannten Sachverhalt im Fokus, so dass man sich keinesfalls wie in Indonesien darauf verlassen kann, Klausuren zu bestehen, nur weil man die entsprechende Lehrveranstaltung besucht hatte. Somit ist es in Deutschland für die Vorbereitung auf Klausuren erforderlich, sich das Wissen eines bestimmten Faches durch die Lektüre von Fachliteratur anzueignen. Die indonesischen Studenten verlassen sich jedoch tendenziell darauf, nur dazu befragt zu werden, was vorher im Unterricht besprochen wurde. Fachliteratur wird demgegenüber von den meisten Studenten nicht angeschafft oder ausgeliehen. Ich habe während meiner Zeit an der Fakultät ein wenig versucht gegenzusteuern, d.h. juristische Methodenlehre nach deutschem Vorbild einzuführen, indem ich im Unterricht anhand eines bestimmten Sachverhaltes die Lösung der Fallfrage im Gutachtenstil besprochen habe. Zum Teil habe ich die Studenten auch gebeten, einen unbekannten Sachverhalt im Rahmen einer Hausarbeit juristisch zu kommentieren, oder habe in Klausuren getestet, inwiefern die Studenten in der Lage sind, ihr Wissen auf zuvor nicht diskutierte Fragen zu transferieren. Relativ frustrierend war die Erfahrung, dass eine Vielzahl von Studenten bei Hausarbeiten zu einer bestimmten juristischen Frage dazu neigt, Fundstellen (zumeist aus dem Internet) wortwörtlich (ohne Quellenangabe) zu kopieren. Recherchetätigkeiten blieben so auf das Auffinden von (Internet-)Quellen beschränkt, ohne dass diese ausgewertet, kommentiert oder sonstwie bearbeitet wurden. Diese Praxis ist leider sehr verbreitet und lässt sich auch nicht durch Ermahnung, einen guten wissenschaftlichen Stil zu pflegen, vollständig eliminieren. Ein weiterer gravierenden Unterschied ist die Notengebung. Während in Deutschland in Klausuren Durchfallquoten im unteren zweistelligen Bereich keine Seltenheit sind und man schon bei Erreichen von 9 Punkten (vollbefriedigend) auf einer Skala von 0-18 Punkten als herausragend gilt, sind in Indonesien die Durchfallquoten überaus gering. Der Grund hierfür mag darin liegen, dass mit der Zahlung der (hohen) Studiengebühren und ggf. dem Bestehen einer selektiven Auswahlprüfung die Erwartung einhergeht, das Studium bestehen zu dürfen. Freilich gilt dies nicht für die Studenten, die die Mindestquote zur Anwesenheit in einem Unterrichtsfach nicht erfüllen. Im Übrigen besteht ein Korrektiv darin, dass auch schlechte Noten verteilt werden, mit denen Studenten zwar offiziell bestehen, welche die Leistungen jedoch als unterdurchschnittlich ausweisen.

Die Frage nach der Zukunftsprognose in meinem Bereich der Rechswissenschaft und der Prognose bzgl. der Entwicklung und der Zukunft Indonesiens allgemein ist zum Teil deckungsgleich, wenn man den rechtsstaatlichen Aufbau und dessen Entwicklung als (mit-)bedeutend für die Entwicklung eines Staates erachtet. In diesem Zusammenhang ist zunächst darauf hinzuweisen, dass sich Indonesien seit ca. 15 Jahren, d.h. nach Ausbruch der Unruhen 1998, im Reformationsprozess befindet. Es kann ferner festgestellt werden, dass ein Reformstau bzgl. der Anpassung bestehender Gesetze bzw. des Erlasses neuer Gesetze aufgetreten ist. Nur so lässt sich erklären, dass das indonesische Zivil- und Strafgesetzbuch inklusive deren zugehörigen Prozessordnungen nach wie vor ihre Grundlage aus der holländischen Kolonialzeit haben und in der Zwischenzeit nur in Teilen angepasst worden sind. Die Notwendigkeit einer Reform dieser veralteten, gleichwohl elementar wichtigen Gesetzesbücher liegt auf der Hand. Ungeachten dessen besteht auch in weiteren Neben- bzw. Spezialgesetzen ein Anpassungsdruck. Gleichwohl sind in der Amtszeit des Präsidenten Susilo Bambang Yudhoyono von 2009–2014 nur etwa die Hälfte der angestrebten Gesetzesreformen umgesetzt worden. Von noch grundsätzlicherer Natur steht aus verfassungsrechtlicher Sicht die Umsetzung der Staatszielbestimmungen der Demokratie und des Rechtsstaates im Vordergrund. Dies ist nicht überraschend, da sich Indonesien, wie bereits erwähnt, im Reformationsprozess befindet und man keineswegs davon ausgehen kann, dass sich in diesem Stadium bereits verlässliche Strukturen herausgebildet haben. Die rechtlichen Grundlagen für das Rechtsstaatsprinzip, zu dem jedenfalls nach deutschem Verständnis die Gewährleistung der Grundrechte, Gewaltenkontrolle, Vorrang und Vorbehalt des Gesetzes sowie das Verhältnismäßigkeitsprinzip zählt, mögen bereits durch rechtliche Grundlagen kodifiziert worden sein. Entsprechendes gilt für die Staatszielbestimmung der Demokratie, die sich durch die Herrschaft des Volkes durch Wahlen und – im weiteren Sinne – der Gewährleistung der Meinungsfreiheit ausdrückt. Allerdings ist die Umsetzung in der Praxis nicht immer befriedigend. Zum Teil kann auch eine rückwärtsgerichtete Tendenz festgestellt werden: Im September 2014 hat das Nationalparlament beschlossen, dass die direkte Wahl von Bürgermeistern, Distriktvorstehern und Provinzgouverneuren abgeschafft und durch eine indirekte Wahl seitens der Regionalparlamente ersetzt werden soll. Nach Protesten in der Bevölkerung und von politischer Seite wurde umgehend daran gearbeitet, das vorgenannte Parlamentsgesetz wieder aufzuheben. Dieses Beispiel zeigt deutlich, dass erst kürzlich eingeführte demokratische Errungenschaften nicht zwangsläufig bestandsfest sind und dass es aufgrund der starken Opposition im 2014 neu gewählten Parlament zu Blockaden von Reformvorhaben kommen kann. Zwar würde die indirekte Wahl der Bürgermeister, Distriktvorsteher und Provinzgouverneure nicht von vornherein dem Demokratieprinzip widersprechen. Jedoch würde der Entzug eines vormals bestehenden direkten Wahlrechts ein eindeutig negatives Signal senden. Dies gilt jedenfalls dann, wenn das für Korruption anfällige System der Direktwahl durch ein in diesem Sinne noch anfälligeres System der indirekten Wahl ersetzt werden würde. Zum Thema Korruption ist im Übrigen anzumerken, dass in Indonesien anscheinend alle drei Staatsgewalten hiervon in besonderem Ausmaß betroffen sind. Der Kampf gegen die Korruption macht zweifellos Fortschritte. Dies beruht zu einem Großteil auf der eigens eingerichteten Anti-Korruptionsbehörde. Gleichwohl schneidet Indonesien nach wie vor beim Ranking von Transparency International nicht zufriedenstellend ab. Dass sich ein Wandel erfolgreich vollziehen lässt, zeigen die erfolgreichen Beispiele anderer Länder, bei denen zugleich deutlich wurde, dass Korruption kein Produkt einer traditionellen lokalen Kultur und damit nicht mehr oder weniger unvermeidlich ist. Mit Hilfe einer Mischung aus effektiver Kontrolle, öffentlicher Diskussion, Bürokratieabbau sowie konsequenter Vergeltung und damit einhergehender Generalprävention bestünde auch für Indonesien Hoffnung auf einen Wandel zum Besseren.

Nach einem zuletzt sechsjährigen Daueraufenthalt ist Indonesien für mich zu einer zweiten Heimat geworden. Es ist außerordentlich interessant, vor Ort zu sein und wahrzunehmen, in welchem sich abwechselnden Tempo das Land in seiner Entwicklung des Rechtssystems voranschreitet. In dieser Hinsicht besteht weiterhin viel Aufbaubedarf. Meine Prognose wäre, dass kurz- bzw. mittelfristig weitere wegweisende und damit bedeutende Gesetzes(reform)vorhaben auf der Agenda stehen werden. Das Land mag sich dabei von bestehenden Gesetzen in anderen Ländern inspirieren lassen oder seinen eigenen Weg gehen. Die weitere Entwicklung bleibt spannend zu beobachten.

Erinnerungen an Indonesien, 2009 bis 2012

Norbert Baas

Begegnen sich zwei Menschen, sagt man: Auf den ersten Eindruck kommt es an, er trügt nicht. Tritt man in ein fremdes Land, wird es dagegen schwieriger. Ein Grenzübergang, ein Flughafen oder eine Straßenverbindung können täuschen – zu schön, zu hässlich, untypisch oder zu gesichtslos, um eine ganze Zivilisation zu spiegeln. Den ersten Blick auf Indonesien warf ich aus einer Korean-Air-Maschine, die am frühen Morgen im April 2009 aus Seoul kommend in Jakarta zur Landung ansetzte. Sie rüttelte durch hoch aufgetürmte, plastisch konturierte Wolkengebirge, bis das tiefe Grün der Vegetation unter uns auftauchte. Der Flug wurde ruhiger und rote Dachpfannen leuchteten auf den versprengten Häusern. Einige große Gebäude stachen hervor. Ob sich kleine Familienbetriebe darin entwickeln? An die „roten Dächer" musste ich oft zurückdenken, als ich das betriebsame Indonesien später bereiste, mit seinen 240 Millionen Einwohnern das viertbevölkerungsreichste Land der Welt nach China, Indien und den USA. Die längste West-Ost-Ausdehnung von Aceh am Nordwestzipfel Sumatras bis an die Ostgrenze Papuas entspricht ungefähr der Entfernung zwischen Lissabon und Moskau – ein Vergleich, den ich später in meinen Briefings für deutsche Besucher oft benutzen sollte.

Meine Stippvisite in Jakarta diente dazu, mir ein Bild von der Botschafterresidenz und den örtlichen Lebensbedingungen zu machen. Botschafter Paul von Maltzahn und seine Frau hatten mich eingeladen und berichteten von ihren Erfahrungen, führten mich herum und empfahlen mir wichtige Kontakte. Auch sah ich mir die für meine beiden Töchter infrage kommenden Schulen an. Wie in Seoul würde die älteste die internationale und die jüngere die deutsche besuchen. Während der ersten Fahrten durch Jakarta faszinierte mich sofort der Wechsel zwischen den kleinen dörflichen Gemeinden, den *kampung*, und den sich unmittelbar anschließenden Hochhausvierteln. Der dauernde Prozess schöpferischer Zerstörung brachte eine um visionäre Kraft ringende Ästhetik der Glaspaläste hervor, wie sie nur in den asiatischen *generic cities* ohne Traufhöhenbeschränkungen und ähnlich einschränkende Regelwerke entstehen können. Während der Bauzeit soll es immer wieder zu Unfällen kommen; es gäbe zwar Sicherheitsvorschriften, so erzählte man sich, aber sie würden nicht stringent angewendet. An die Hochhäuser grenzen ausgedehnte Villenviertel, viele in Anlehnung an den klassizistischen niederländischen Kolonialstil bebaut oder inspiriert vom Art Deco, das eine starke eigene Handschrift in Indonesien hinterlassen hat. Dazwischen Golfplätze, Shoppingmalls, im endlosen Grau zusammengewürfelte und aneinandergedrängte mittelgroße Häuser im städtebaulichen Einerlei, überall Geschäfte, Auto- und *knalpot*-Reparaturstätten und immer wieder die *warung*, kleine hochrädrige Wagen, auch *kaki lima*, d.h. „Fünffüßler" genannt, auf denen duftendes indonesisches Essen abgeboten wird, das Nase und Sinne verführt, dessen Verzehr aber einen robusten Verdauungsapparat erfordert.

Manche der funkelnden Glaspaläste werden in abrupter Nähe der Slums errichtet, in der die bittere Armut haust. Überall fällt der Blick auf krasse soziale Gegensätze. Die internationalen Analysen stellen andererseits übereinstimmend fest, dass Indonesien in den vergangenen Jahren beachtliche Erfolge bei der Armutsbekämpfung verbuchen konnte. Jakarta ist eine ausgesprochen grüne Stadt mit ausladenden alten Bäumen und reichen Bepflanzungen, die die Menschen über alle Einkommensunterschiede hinweg ein wenig verbinden. Wenn sich ab November für einige Monate die tropischen Regengüsse entladen und Gewitterstürme mit Donnern und manchmal mit einem Knallen daherkommen, das an den Abschuss schwerer Artillerie erinnert, wird man für ein paar Minuten oder gar Stunden aus der täglichen Routine herausgerissen. Ist man gerade unterwegs, empfiehlt es sich, rasch zu klären, ob überschwemmungsgefährdete Straßen zu überqueren oder zu durchfahren sind. Die eruptive und dann wieder wärmende und verzaubernde Natur durchkreuzt das normale Leben und ist darin ein ständiger Gast.

Was prägte sich noch ein? Wichtig war Geduld. Dem überaus dichten Verkehr entkommt in Jakarta niemand. Seine einzig vorteilhafte Seite besteht darin, als Entschuldigung für Verspätungen herzuhalten, auch wenn diese andere Gründe haben mögen. Die höflichen indonesischen Gastgeber würden keine inquisitorischen Fragen stellen, zum Beispiel warum man denn nicht diesen oder jenen schnelleren Weg gewählt habe. Später sollte ich mir angewöhnen, im Fonds meines

Dienstwagens während der Staus nicht nur Anrufe zu erledigen, sondern dem Beispiel meiner Frau zu folgen, die es schaffte, Unmengen alter Zeitungen nachzulesen.

Sofort ist man in Indonesien von der Freundlichkeit der Menschen brührt, die sich nicht an der Enge des Zusammenlebens stören, sondern daraus eine große Fähigkeit zum Mitfühlen, zum Gespräch und zur Flexibilität entwickeln. Wohin man auch sieht: Jeder scheint etwas vorzuhaben und besorgen zu wollen. Hinzu kommt das bewegende „Gewusel" der vielen Kinder: Glück und Liebe, Pflicht und Not der Eltern zugleich. Auch die kleinsten klemmen sich an die Mütter auf den Gepäckträgern der Motorräder, die die Väter durch die brummenden Schwärme in einer für europäische Verkehrsgewohnheiten gefährlichen Nähe aneinander vorbeisteuern. Wieder zurück in Korea, das strengeren Ordnungsvorstellungen folgt, hatte ich meiner Frau viel Aufregendes zu berichten. Wir alle freuten uns nun auf Indonesien. Auch zeichnete sich in der medizinischen Praxis der Botschaft eine Mitwirkung für meine Frau ab, die als Fachärztin für Pädiatrie in Jakarta bald sehr beschäftigt in ihrem Beruf sein sollte.

Als ich mit der Familie offiziell am 2. Oktober 2009 anreiste, wurden weite Teile Indonesiens von einem schweren Erdbeben erschüttert. Schon im VIP-Raum des Flughafens, in dem uns ein Mitarbeiter des Protokolls des Außenministeriums empfing, sahen wir auf den Fernsehschirmen die Bilder der Katastrophe aus Sumatra: zusammengestürzte Häuser, Verwundete und Tote, Familien im Schock und ratlos. Die Botschaft war bereits mit der Planung erster Hilfsaktionen beschäftigt. So verliefen die ersten Stunden ohne idyllische Stimmungen, vielmehr konfrontierten sie uns mit den unter der eurasischen Platte explodierenden Urkräften und ihrer unkalkulierbaren Zerstörungskraft. Nachdem wir den Flughafen Soekarno-Hatta verlassen und unsere vorübergehende Unterbringung in einem der internationalen Hotels in der Nähe der Botschaft bezogen hatten, waren wir perfekt umsorgt: In den nahegelegenen luxuriösen Shoppingmalls gab es alles, außerdem wohnten wir erdbebengesichert. Unser Dackel Candos, der den Nachtflug aus Seoul im Gepäckabteil gut überstanden hatte, sog die vielen neuen Gerüche im heißen und feuchten Jakarta mit nicht enden wollendem Schnuppern ein.

Kurz nach unserer Ankunft fand der Empfang zum Tag der Deutschen Einheit statt. Bis zur Übergabe der von den Staatsoberhäuptern des Entsendestaates unterschriebenen Beglaubigungsschreiben an die Staatsoberhäupter ihrer Gastländer sind Botschafter gehalten, im „Halbschatten" zu wirken, d.h., sie führen noch keine offiziellen Gespräche und sollten öffentliche Auftritte meiden. Ich beschränkte mich daher auf einige Worte der Begrüßung in indonesischer Sprache, die ich in Berlin von meiner Indonesisch-Lehrerin gelernt hatte. In dem Gewühl der Gäste steuerte ein agiler älterer Herr auf mich zu und ich wurde dem früheren Präsidenten Bacharuddin Jusuf Habibie und seiner Frau Ainun vorgestellt. Habibie hatte an der RWTH Aachen Luft- und Raumfahrttechnik studiert, dort auch promoviert und anschließend in Hamburg bei Messerschmitt-Bölkow-Blohm in führender Position gearbeitet. Er selbst, seine Frau und Söhne sprechen exzellent deutsch. Ich war sofort beeindruckt von Habibies unkomplizierter Gesprächsführung, mit der er die ihn interessierenden Themen ansteuerte, Rangunterschiede zurücktreten ließ und bei all der Darstellungsgabe, für die er bekannt war, sehr genau seine Gesprächspartner wahrnahm. Habibie ließ mich bei späteren Begegnungen an seinen Erfahrungen und Überlegungen teilhaben. Eines seiner Hauptanliegen war es, die deutsch-indonesischen Beziehungen zugleich im wohlverstandenen Interesse Europas und ASEANs fortzuentwickeln. Oft nannte er Deutschland seine geistige Heimat. Seine feinfühlige und elegante Frau Ainun war Fachärztin für Kinderheilkunde und in Indonesien beliebt. Sie verstarb viel zu früh im Juni 2010 in einer Münchner Klinik und die beiden Söhne Ilham und Tareq stützten den trauernden Vater so gut sie konnten. Präsident Yudhoyono, der sich Habibie verbunden fühlte, ordnete an, dass Ainuns Leichnam in einer Regierungsmaschine nach Jakarta überführt wurde und sie auf dem Heldenfriedhof ein Staatsbegräbnis erhalten sollte.

Die Botschaft hat vielen hochrangigen und anderen wichtigen deutschen Besuchern Gespräche mit Ex-Präsident Habibie vorgeschlagen, der sie meist wahrnahm. Auch Bundespräsident Wulff traf ihn im Anschluss an seine offiziellen Gespräche mit Präsident Yudhoyono während seines Staatsbesuches in Indonesien vom 1.-2. Dezember 2011. Habibie hatte bereits in seiner Ansprache als Ehrengast auf dem Empfang zum 20. Jahrestag der Deutschen Einheit Wulff für seine Worte gelobt, der Islam gehöre inzwischen auch zu Deutschland. Dieser Satz wurde in den indonesischen Medien oft zitiert, gerne gehört und bestärkte das Bild einer toleranten deutschen Gesellschaft, das unser Ansehen festigte. Viel Applaus erhielt der Bundespräsident auch für seine Rede vor den Studenten an der Universitas Indonesia, der größten und angesehensten Universität Indonesiens.

Zurück zu den ersten Wochen in Jakarta: Schon bald nach Ankunft wurde ein Termin zur Übergabe des Beglaubigungsschreibens mitgeteilt. Dem ging am Vorabend mein erstes Gespräch mit Außenminister Dr. Marty Natalegawa voraus. Zuletzt Botschafter bei den Vereinten Nationen, war Marty mit allen internationalen Themen bestens vertraut, gewandt und eloquent. Als Abkömmling eines Sultangeschlechts führte er den Titel Raden, der auf Java jedoch nur einige Generationen und nicht auf ewige Zeit weitervererbt wird. Ich lernte auch die für Europa und Nordamerika zuständige Abteilungsleiterin im Außenministerium kennen, Frau Retno Marsudi, die ich häufig traf und sehr schätzen lernte. Sie steuerte immer rasch den Kern des Themas an, war außerordentlich effizient und man konnte ihr in jeder Situation vertrauen. Sie wurde später Botschafterin in den Niederlanden, bis Präsident Joko Widodo sie im Oktober 2014 zur ersten weiblichen Außenministerin Indonesiens ernannte.

Die Kontakte mit dem Außenministerium verliefen stets freundlich und konstruktiv. Ich werde nicht vergessen, wie ein Abteilungsleiter bei der ersten Begrüßung lächelnd auf eine Landkarte in seinem Büro deutete: Er sei für eine so große Zahl von Ländern zuständig, dass er gar nicht mehr sagen könne, wie viele. Die gebildeten Indonesier pflegen das Understatement und verstehen sich auf Selbstironie, höchstens die Briten übertreffen sie darin. Ernste und bekenntnisreiche Gespräche, wie wir Deutsche sie kennen, sind ihnen fremd, das „Tacheles-Reden" sogar unangenehm. Wenn es ganz wichtig wird, spricht man leise oder im Flüsterton. Ein klares „Nein" soll dem Gesprächspartner erspart bleiben und man wird es daher selten hören, eher ein „noch nicht" (*belum*) oder „vielleicht" (*mungkin*), was meist Ablehnung bedeutet. Gesichtswahrung, Höflichkeit, Witz, spielerisch gewahrte Selbstkontrolle und als Ergebnis Harmonie im zwischenmenschlichen Verkehr sind hohe Werte im Umgang. Herauszufinden, was wirklich gemeint ist, fällt uns Europäern nicht immer leicht. Es wird in Indonesien überdies nicht geklagt, sondern gelächelt so lange es geht. Diese maßgeblich aus der alten javanischen Zivilisation stammenden Umgangsformen und die dahinter stehenden Werte reflektieren nachwirkende feudale und höfische Traditionen von einiger Raffinesse. Es braucht etwas Übung, vor diesem Hintergrund seinen „Punkt zu machen". Man sollte aber nicht darauf verzichten. Das „wie" ist entscheidend.

Die Vielfalt der Kulturen in Indonesien erzeugt auch ganz andere Temperamente als das javanische, meist schon zu erkennen an den Überlieferungen des Tanzes. Direkter im Gespräch sind die chinesisch-stämmigen Indonesier, die einen bedeutenden Anteil des privaten Kapitals halten, vermutlich über die Hälfte. Und die Menschen aus Sulawesi, woher Vizepräsident Jusuf Kalla und Ex-Präsident Habibie stammen, sind dafür bekannt, ohne Umschweife zu sagen, was sie denken. Außerdem gelten sie als „Macher". Nicht zu vergessen im Spannungsbogen der indonesischen Temperamente: Das Wort „Amok" kommt aus dem der indonesischen Sprache zugrunde liegenden Malaiischen und illustriert, wie unvermittelt Anpassung und Selbstkontrolle in Wut und Zerstörungslust umschlagen können. Indonesien tiefer zu verstehen, wo Archaisches und Subtiles so dicht beinanderliegen, braucht Zeit. Zwischen Aceh und Papua, Solo und Toraja liegen Welten. Die innere Vielfalt und Abgeschiedenheit vieler Kulturen voneinander ist auf einen Kodex der Verbindlichkeit, auf gegenseitigen Respekt und auf gemeinsame Rechtsüberzeugungen angewiesen. Fast überall spürt man das Erbe eines auf persönliche und familienbezogene Loyalitäten gegründeten Gesellschaftsverständnisses, in dem weniger die Institution, der man angehört, als die Wertschätzung zählt, die die Persönlichkeit in ihrem sozialen Geflecht genießt.

Einer im internationalen Vergleich ungewöhnlichen Gepflogenheit des indonesischen Protokolls folgend, wurden zur Übergabe der Beglaubigungsschreiben beim Staatspräsidenten mehrere wartende Botschafter zusammen eingeladen, so dass alle mithörten, wenn der Präsident sie einzeln ansprach. Zur würdevollen Begrüßung spielte man die Nationalhymne auf dem Rasen vor dem Präsidentenpalast für jeden Botschafter einzeln ab. Präsident Yudhoyono beeindruckte durch das Kunststück, in seinem vorzüglichen Englisch jedem der Botschafter etwas mit auf den Weg zu geben und über die jeweiligen bilateralen Beziehungen so zu sprechen, dass die anderen Staatenvertreter sich dadurch weder vernachlässigt noch zu Lasten anderer aufgewertet fühlen konnten. Dass er Bundeskanzlerin Merkel schätzte, brachte er vernehmbar zum Ausdruck. Bemerkenswert war, dass Missionschefs aus kleinen Ländern in dieser Zeremonie mit exakt so viel Zeit und Aufmerksamkeit bedacht wurden wie die aus den größeren. Diese strikte, nicht nur protokollarische Gleichbehandlung spiegelte die in der indonesischen Außenpolitik noch stark verankerte Tradition wider, die Prinzipien der Blockfreienbewegung hochzuhalten: Das Überlegenheitsdenken der alten Groß- oder Kolonialmächte ist überholt; alle Länder sind gleich, ob groß oder klein, und zwischen den Interessen der Weltmächte sind Selbstbehauptung und Unabhängigkeit die Leitbilder, nicht dagegen die Bindung an Allianzen. Gleichermaßen freundliche Äquidistanz zu den Weltmächten USA und China spielt in diese politische Grundhaltung hinein. Unter den islamischen Staaten wurden die Türkei, aber auch Iran zu besonderen Partnern gezählt. Die ägyptische Revolution wurde anfangs mit viel Sympathie verfolgt und Präsident Yudhoyono entsandte Ex-Präsident Habibie als Sonder-Emissär mit dem Angebot, beim Übergang zur Demokratie den Ägyptern zur Seite zu stehen. Die indonesische Regierung bekannte sich zum Grundsatz „1.000 Freunde, keine Feinde", was im diplomatischen Corps auf eine gewisse Skepsis stieß, weil es unrealistisch klang. Es war wohl auch nur als Leitbild gemeint.

Meine erste Dienstreise führte mich nach Banda Aceh am Nordostzipfel Sumatras, wo ich eine mit deutschen Geldern errichtete Klinik einweihte. Die Folgen des Tsunamis vom 26. Dezember 2004, in dem rund 160.000 Menschen ihr Leben verloren, waren kaum noch zu sehen. Die verzweigte Stadt war wieder aufgebaut, vielleicht gepflegter als früher, zeigte aber noch keine spürbare Dynamik. Ein rostiges altes Schiff, das die Flutwelle vom Hafen weit in das Stadtareal getragen hatte, lag auf verdorrtem Gras und wurde als Sehenswürdigkeit bestaunt. Das zwischen den Rebellen der nach staatlicher Unabhängigkeit strebenden Bewegung Freies Aceh und der indonesischen Regierung am 15. August 2005 geschlossene Friedensabkommen, an dessen Zustandekommen der 2008 mit dem Friedensnobelpreis ausgezeichnete frühere finnische Ministerpräsident Martti Ahtisaari wesentlichen Anteil hatte, erwies sich als belastbar und sorgte für Stabilität. Nach dreißigjährigen kriegerischen Auseinandersetzungen hatte der Tsunami schlagartig die Einsicht bewirkt, dass es Zeit war, Frieden zu schließen. EU-Beobachter waren gemeinsam mit ASEAN an der „Aceh Monitoring Misison" (AMM) beteiligt, die den Friedensprozess überwachte. Ahtissari kam gelegentlich noch nach Indonesien und lud dann die Botschafter ausgewählter EU-Mitgliedstaaten in seine Hotelsuite ein, um sie über seine Folgegespräche und Eindrücke zu unterrichten. Die

Provinz Aceh, Anfang des dreizehnten Jahrhunderts hochzivilisierter Ausgangspunkt für die Verbreitung des Islam in Indonesien, ist bestrebt, eine wirtschaftliche Zukunftsstrategie zu entwickeln. Da sie sich im Rahmen ihrer Sonderautonomie an die Scharia-Regeln hält und weder die Praxis der Stockhiebe noch die Ächtung freizügiger Bademoden eine Entwicklung des Tourismus sonderlich aussichtsreich erscheinen lassen, dürften neue Schwerpunkte hinzukommen. Auch andere Provinzen und Distrikte in Indonesien haben Teile der Scharia als Rechtsquelle neben dem zivilen und dem Strafrecht der Republik eingeführt, wenden sie jedoch weit weniger stringent an, wenn überhaupt.

Operative Priorität der indonesischen Außenpolitik war zwischen 2009 und 2012 die Fortentwicklung der südostasiatischen Staatenassoziation ASEAN mit ihren 10 Mitgliedstaaten und 620 Millionen Einwohnern, in der die Abstimmungsprozesse als ähnlich komplex wie in der EU gelten. Untrennbar damit verbunden sind die gleichermaßen wichtigen Beziehungen zu China und zu den USA. ASEAN verlängert Indonesiens außenpolitischen Radius sowie sein wirtschaftliches Potenzial beträchtlich und ist längst ein wirtschaftlicher *global player* neben China, den USA, Japan, Indien sowie Korea und Australien. Als nicht-expansive Assoziation zwischen mehrheitlich demokratisch strukturierten Mitgliedern ist ASEAN nach der EU die weltweit am weitesten integrierte Staatenverbindung. Anders als die EU arbeitet sie strikt intergouvernemental, und Generalsekretär Surin Pitsuwan erläuterte wiederholt seinen deutschen Besuchern, dass die EU nicht „Vorbild" für ASEAN sei, sondern „Inspiration", was die Option eines nicht ganz deckungsgleichen Weges in die Zukunft beinhaltete. Ihrerseits erhöhen Verantwortung für und Identifikation mit den ASEAN-Zielen das indonesische Gewicht, zumal es als einziges Mitgliedsland am Tisch der G20 sitzt. Wer in Bandung das Afrika-Haus besucht, in dem die Gründungskonferenz der Blockfreien von 1955 stattfand und die Fotos eines strahlenden Präsidenten Sukarno betrachtet, der hier die Premierminister Nehru und Tschu En-lai sowie die anderen Staats- und Regierungschefs aus den 29 teilnehmenden asiatischen und afrikanischen Ländern der „Dritten Welt" empfing – weder die westlichen noch die Staaten des östlichen Blocks waren vertreten –, wird den Indonesiern in ihrem Verständnis näherkommen, dass damals der Grundstein für das Selbstbewusstsein der Schwellenländer von heute gelegt wurde und damit eine der Voraussetzungen für die G20-Treffen geschaffen war.

Alle Botschafter aus den EU-Mitgliedstaaten waren zugleich bei ASEAN akkreditiert, seitdem ASEAN sich 2008 eine Charta gab und eine eigene Rechtspersönlichkeit besitzt. Inzwischen hat sich die EU, einen deutschen Vorschlag aufgreifend, dazu entschieden, einen eigenen Botschafter bei ASEAN zu ernennen, wie es die USA, China und Japan bereits praktizieren. Da der Sitz des ASEAN-Sekretariats in Jakarta liegt, werden die Ernennungsschreiben vom jeweiligen Außenminister an den ASEAN-Generalsekretär gerichtet, der die Billigung der zehn Regierungen der ASEAN-Mitgliedstaaten einholt. Das dauert eine Weile. Erst nach einigen Monaten konnte ich Generalsekretär Surin meinen Antrittsbesuch machen, dem früheren thailändischen Außenminister. Er empfing mich mit freundlichen Worten über Hans-Dietrich Genscher, der als deutscher Außenminister den Gedanken der regionalen Kooperation früh erkannt und gestärkt habe. Er ließ aber auch durchblicken, dass er noch Defizite im Verhältnis der EU zu ASEAN sieht, ohne dabei die deutsche Politik ins Visier zu nehmen. Wir galten sowohl in Jakarta als auch im EU-Kreis stets als betont ASEAN-freundlich. Für meine eigene und die praktische Arbeit der Botschaft bedeutete ASEAN einen wichtigen Fokus zusätzlicher Analysen und Kontakte, die über Indonesien hinaus wiesen. Das Thema erforderte mehr Zeit und Aufmerksamkeit als in Berlin geplant. Wichtig würde es schon bald, die deutsche Wirtschaft mit dem geplanten gemeinsamen Markt, der ASEAN Economic Community, vertraut zu machen, die die Mitgliedstaaten in der bestehenden Freihandelszone noch enger zusammenführen sollte. Hinzu kommt: Das am 1. Januar 2010 inkraft getretene Freihandelsabkommen zwischen ASEAN und China mit einer Bevölkerung von zusammen rund 1,9 Mrd. wertet den ASEAN-Raum auf und bietet große zusätzliche Chancen für die deutsche Wirtschaft.

Die deutschen Botschaften in den zehn ASEAN-Hauptstädten stimmten sich regelmäßig ab und verfassten auch gemeinsame Berichte. Im Verhältnis zwischen ASEAN und der EU war, als ich in Jakarta meinen Dienst aufnahm, noch kein Freihandelsabkommen in Sicht, weil es für die EU die Orientierung an dem „kleinsten gemeinsamen Nenner" der Standards in ASEAN bedeuten könnte. Daher lag die Schlußfolgerung nahe, mit den ASEAN-Mitgliedstaaten einzeln zu verhandeln.

Dieser Prozess lief befriedigend an. Im gegenseitigen Verhältnis bleibt vor allem noch politischer Aufholbedarf. Wichtig erschien uns vor allem, dass die EU sich mit ASEAN auf die Praxis regelmäßiger Gipfelbegegnungen verständigt, wie sie ASEAN u.a. mit den USA, China, Japan, Korea, Russland und Australien unterhält und dabei ihre Zentralität, quasi als politische „Managementachse" integrativer Impulse in Asien, wahrt und ausbaut. ASEAN ist eine wahrhaft moderierende Kraft für friedlichen Ausgleich und wachsenden Wohlstand, wenn auch keine Weltmacht, die mit einer Stimme spricht. Erfreulich ist die immer noch starke Stellung der europäischen und vor allem der deutschen Wirtschaft in den ASEAN-Mitgliedstaaten, vielfältig unterstützt vom Asien-Pazifik-Ausschuss der deutschen Wirtschaft und vom Ostasiatischen Verein in Hamburg. Es wird darauf ankommen, den Kreis der ASEAN-Mitglieder für den Abschluss von Freihandelsabkommen mit der EU zu erweitern und in diesen Bedenken auszuräumen. Leider erwies sich die Staatsschuldenkrise in der Eurozone als ein nicht gerade ermutigender Hintergrund für neue Impulse. In Indonesien empfand man die in Deutschland damals geäußerten Inflationssorgen als schwer verständlich, und wenn internationale Besucher – auch aus Deutschland – die geringe Staatsverschuldung Indonesiens lobten, beschlich die Indonesier oft ein ungutes Gefühl, da diese auch auf zu spät durchgeführte Investitions- und Ausgabenprojekte zurückzuführen war und nicht nur ein Ergebnis zielstrebiger Politik. Hinzu kam, dass die Südostasiaten die japanischen Deflationserfahrungen mit Sorge sahen. So erhob sich in der veröffentlichten Meinung Indonesiens, ähnlich wie in den USA, der Ruf nach einer expansiveren Geld- und Fiskalpolitik in der Eurozone. In Jakarta konnte man immerhin beruhigt in die Zukunft sehen, denn der eigene fiskalpolitische Spielraum war angesichts des niedrigen Rekordwertes bei der Staatsverschuldung von etwa 25 Prozent des BSP beträchtlich, sollten Ausgabenprogramme eines Tages notwendig werden.

Die sozialen Gegensätze Indonesiens springen auf Anhieb ins Auge. Andererseits zeigten Meinungsumfragen im Ländervergleich, dass die Indonesier mit viel Zuversicht in die Zukunft sahen. Dennoch beschäftigte uns gelegentlich die Frage, ob die wachsende Ungleichheit in der Einkommens- und Vermögensverteilung politische Sprengkraft in sich barg. Auch die Lage in Papua mit den glaubwürdigen Berichten über Menschenrechtsverletzungen durch Angehörige des indonesischen Militärs warf Fragezeichen auf. Ich sprach in Jayapura lange mit Bürgerrechtler Pastor Neles Tebay, dessen Kritik an der indonesischen Regierung keineswegs einseitig ausfiel und der die Schwierigkeiten für einen Dialog mit der Zentralregierung in dem zersplitteren Stammesgefüge Papuas durchaus erkannte. Die „rote Linie" für Jakarta war stets die separatistische Unabhängkeitsbewegung OPM, die nicht aufgewertet werden sollte. Mit der Schaffung einer Papua-Sonderarbeitseinheit (UP4B) beim Vizepräsidenten wollte die Zentralregierung den Dialog erleichtern und die wirtschaftliche Lage verbessern. Dahin ist es trotz guten Willens vermutlich noch ein langer Weg. Indonesien hatte bereits schwere politische Unruhen in seiner kurzen Geschichte erlebt, zuerst 1965 während des sogenannten Kommunistenputsches, als Teile des Militärs unter General Suharto Präsident Sukarno und die ihn stützende pro-chinesische Kommunistische Partei (PKI) entmachteten, der sie einen Putschversuch vorwarfen. Es kam zu blutigen Massakern an den Anhängern der PKI und den chinesisch-stämmigen Indonesiern, deren Opfer auf bis zu 1 Mio. geschätzt werden. Im Gefolge der weltweiten Wirtschaftskrise 1998 wurden erneut Pogrome an der chinesisch-stämmigen Bevölkerung verübt und Suharto blieb unter dem Druck der Straße keine andere Wahl als der Rücktritt, nachdem er das Zepter an seinen Vizepräsidenten und langjährigen Minister Habibie übergeben hatte. Bekannt war er damals für eine aktive Innovations- und Forschungspolitik, wozu die Errichtung des Flugzeugwerkes in Bandung und ein mit deutscher Hilfe gebauter nuklearer Forschungsreaktor gehörten.

Die gewaltsamen Unruhen zeigten, dass die Menschen in Indonesien unter den Bedingungen der autoritären Regime nicht unendlich geduldig waren und Hassparolen sie manipulierbar werden ließen. In der Sequenz der demokratischen Machtwesel seit den ersten freien Wahlen 1999 dagegen erwies sich Indonesien als politisch gereift und dank der freien Medien als diskursfreudig. Der Wandel zur Demokratie nach dem Rücktritt des patriarchalisch-diktatorial regierenden Präsidenten Suharto war maßgeblich das Werk Präsident Habibies. Entschieden wies er Machtansprüche von Vertretern des Militärs zurück, wie sie von dem Ex-Schwiegersohn Suhartos, dem früheren General Prabowo Subianto, artikuliert wurden. Habibie erklärte sich außerdem damit einverstanden, Osttimor, das 1975 nach 450-jähriger portugiesischer Kolonialherrschaft die Unabhängigkeit ausrief, jedoch gleich darauf von Indonesien besetzt wurde, ein von den Timoresen verlangtes

Referendum über ihre politische Zukunft zu gewähren. Es fand unter der Ägide der Vereinten Nationen 1999 statt und erbrachte eine Mehrheit von 78,5 Prozent, die für die Unabhängigkeit stimmte. Nach weiteren erbitterten Kämpfen mit pro-indonesischen Kräften entsandten die Vereinten Nationen eine Friedenstruppe mit rund 10.000 Soldaten, darunter beinahe die Hälfte aus Australien. Am 20. Mai 2002 wurde die Demokratische Volksrepublik Osttimor formell unabhängig. Einige Militärs verübeln Habibie bis heute diesen Schritt, obwohl er Indonesien weltweiten Respekt sicherte. Auch in Osttimor war ich als deutscher Botschafter akkreditiert und reiste in der Regel zweimal im Jahr dorthin, wobei die Flugroute damals über Bali führte. Den Friedensnobelpreisträger und Präsidenten Ramos-Horta erlebte ich als einen unvergleichlich lebendigen und international versierten Staatsmann, der die Versöhnung mit Indonesien über Rituale hinaus zu einem zentralen Anliegen seiner Politik machte und der sich nachdrücklich für eine Mitgliedschaft seines Landes in ASEAN einsetzte.

Meine Frau und ich waren sehr gespannt darauf, das Land auf eigene Faust kennenzulernen. Unvergessen der erste Ausflug nach Tanjung Lesung an der äußersten Westspitze Javas: Zum leisen Entsetzen unserer indonesischen Mitarbeiter traten wir die Fahrt im eigenen Wagen, einem schon betagten schwarzen BMW, und ohne Fahrer an. Ich war zwar mit der indonesischen Fahrweise noch nicht vertraut, aber die Erinnerungen an meine Studienzeit in Italien und unsere Fahrerlebnisse in Georgien ermutigten mich, unvorhergesehene Situationen durch raschen Augenkontakt zwischen den Fahrern zu meistern. Es funktionierte recht gut. Sicher durch die dichten indonesischen Schwärme der Mopeds zu steuern, ist anfangs schwierig. Man sollte auf keinen Fall plötzliche Beschleunigungen oder Bremsmanöver riskieren. Vorhersehbarkeit bei gleichbleibend ruhiger Fahrweise ist unabdingbar. Als wir nach sechs Stunden Fahrt über belebte Landstraßen heil unser gemietetes Ferienhaus am Meer erreichten, war ich stolz, aber auch ziemlich angestrengt. Die im Dunst noch erkennbare Silhouette des aus der Sunda-Meerenge herausragenden Krakatau stimmte uns auf neue Empfindungen ein. Was wäre schon eine Schramme am Auto im Angesicht der vulkanischen Urkräfte? Der Ausbruch des Krakatau im August 1883 erzeugte eine 40 Meter hohe Tsunami-Welle und zählte zu den größten Katastrophen der Menschheitsgeschichte. Noch im 4.000 Kilometer entfernten Perth in Australien war die Explosion zu hören und die hochgeschleuderten Aschepartikel bewirkten ein kurzfristiges Absinken der Temperaturen weltweit.

Indonesien wurde, als wir eintrafen, noch von einer Welle terroristischer Anschläge in Atem gehalten. Die verheerenden Bombenexplosionen in Bali und im Marriott-Hotel in Jakarta hatten das Land schockiert. Einige westliche Besucher neigten dazu, in jeder Moschee Komplizen zu befürchten oder hinter den Jilbabs, die die Indonesierinnen sehr modebewusst anlegen, ein Indiz für die Zunahme des religiösen „Fanatismus" zu sehen. Solche Urteile sind voreilig und einseitig. Schon auf unserer ersten Reise durch Java erlebten wir die stabilisierende Wirkung des Islam in den ärmeren Schichten und in den Dörfern der indonesischen Gesellschaft. Er vermittelt den jungen Menschen Halt, sorgt für Schulunterricht, wo der Staat nicht nachkommt, und wehrt die Versuchungen eines exzessiven Liberalismus einschließlich des Alkoholkonsums ab. Mit Hilfe wahabitischer Stiftungen und ihrer Gelder aus saudischen Quellen wird andererseits ein schwer durchschaubares Netzwerk von Förderern aufgebaut, die keinen Namen haben und dennoch mit dem staatlichen Sektor verflochten sind oder zu ihm in Konkurrenz treten. Hinter dieser Parallelwelt stehen einige radikale Kräfte, die mittelbar auf die Gesellschaft einwirken. Dem steht die Tradition der islamischen Intellektuellen seit dem neunzehnten Jahrhundert entgegen. Sie verkörpern die eher moderaten Kräfte, die den Islam mit Modernisierung verknüpfen. Viele von ihnen waren über die niederländische Kolonialmacht mit Europa in Verbindung gekommen. Sie lebten in der Suharto-Ära mit dem Motto „Islam ja, islamische Parteien nein", das in der Mittelklasse viel Zuspruch fand, jedoch von radikaleren Gruppen bekämpft wurde. Zu den islamischen Modernisierern gehörten Amien Rais, und an erster Stelle wird man heute Din Syamsuddin, den Vorsitzenden der Muhammadiyah, der zweitgrößten islamischen Organisation mit intellektuellem Profil und etwa 30 Millionen gut organisierten Mitgliedern, dazurechnen müssen. Mit Din Syamsuddin traf ich mich gelegentlich zu interessanten und zwanglosen Gesprächen. Er war oft in Deutschland und auf Konferenzen und Symposien ein geachteter und gerne gesehener Gast. Die Organisation des sogenannten „Volksislam", die Nahdlatul Ulama, gilt im Vergleich zur Muhammadiyah als undogmatisch, entspannt und liberal. Sie ist vor allem auf dem Lande verbreitet und stört sich nicht an den synkretistischen Überlieferungen Indonesiens, zu dem der

Geisterglaube und Naturreligionen zählen. Das „konservative" islamische Gegenstück zu beiden bilden die in der Majelis Ulama Indonesia (MUI) zusammengeschlossenen Ulamas. In einer ihrer umstrittenen Fatwas verurteilten sie Pluralismus und Liberalismus. Das Verhältnis zwischen den drei hier islamischen Formationen wird dadurch nicht leichter verständlich, dass MUI mit der Führung der Nahdlatul Ulama und der Muhammadiyah personell verflochten sind.

In den regelmäßigen Treffen der EU-Botschafter unter Vorsitz des damaligen EU-Botschafters Julian Wilson beschäftigten wir uns oft mit der Frage nach der Radikalisierbarkeit des Landes durch islamische Extremisten. Dass es den indonesischen Sicherheitskräften gelang, zwischen 2010 und 2011 die terroristischen Netzwerke weitgehend auszuschalten, versprach Zuversicht in die Effizienz der staatlichen Schutzorgane. Andererseits drückten diese bei einzelnen gewalttätigen Aktionen radikaler Islamisten gegenüber christlichen Gemeinden oft ein Auge zu. Abgesehen von den radikalen Gruppen: Das Verhältnis zwischen Muslimen und der christlichen Minderheit, die etwa 15 Prozent der indonesischen Bevölkerung ausmacht und stärker in der Mittelschicht als bei den weniger Privilegierten verbreitet ist, war während meiner Zeit als Botschafter von dem ganz überwiegenden Willen zu gegenseitiger Toleranz geprägt. Im Parlament sind islamistische Parteien nur schwach vertreten. Einmal wurde ich gebeten, auf einem ihrer Parteitage mit dem amerikanischen und türkischen Botschafter Reden zu halten, was ohne jeden Missklang verlief. Da sowohl der Islam als auch das Christentum missionarische Eiferer kennen, wird es einer kontinuierlichen Arbeit am Miteinander bedürfen, damit Indonesien seinen Ruf beispielhafter religiöser Toleranz behaupten kann. Viel über die komplexen Themen des Verhältnisses von Politik und Islam habe ich von dem aus Deutschland eingewanderten Pater Franz Magnis-Suseno gelernt, in ganz Indonesien für sein mutiges Eintreten gegen jede Diskriminierung höchst geachtet. Er scheute sich nicht, die Regierung auch öffentlich zu kritisieren, wenn sie zu zögerlich gegen extremistische Gewalt im Verhältnis zu Andersgläubigen einschritt. Im deutsch-indonesischen Verhältnis gibt uns der „Interreligiöse Dialog" zwischen Religionswissenschaftlern die Möglichkeit, schwierige Fragen anzusprechen und zu vertiefen.

Wo liegen die Ursprünge der von der Bevölkerungsmehrheit so akzeptierten religiösen Toleranz? Die Antwortet: In der Sukarno-Zeit und in der prä-islamischen Ära. Die unter dem Staatsgründer Sukarno angenommene Verfassung verpflichtet jeden indonesischen Staatsbürger zur Annahme einer der sechs zugelassenen Glaubensrichtungen: der islamischen, katholischen, evangelischen, buddhistischen, hinduistischen und konfuzianischen. Ein Recht auf Atheismus gibt es also nicht. Der verbreitete Respekt der sechs Religionen voreinander – aus den Christen werden zwei gemacht –, radikale Störgruppen ausgenommen, wird in der Präambel der Verfassung durch die fünf Prinzipien der „Pancasila" untermauert, der „fünf Säulen": Prinzip der All-Einen Göttlichen Herrschaft, Humanismus/Internationalismus, nationale Einheit, Demokratie, soziale Gerechtigkeit. Toleranz hat in Indonesien eine lange Tradition, an die sich der mehrheitlich sunnitische Islam anpassen musste, um vorzudringen. Die im späten 15. Jahrhundert über das Sultanat Demak auf Java sich ausbreitende monotheistische Religion mit dem attraktiven Postulat der Gleichheit aller Menschen ließ dem verkrusteten javanischen Großreich Majapahit nur den Religionswechsel, jedoch überlebten alte Glaubenspraktiken im Verborgenen. Viele der in Ostjava herrschenden Hindu-Familien wanderten nach Bali aus, um sich nicht zum Islam bekennen zu müssen. Die beiden größten Stätten des Buddhismus und Hinduismus auf Java, der buddhistische Tempel Borobudur und die an Angkor erinnernde hinduistische Anlage Prambanan geben im prä-islamischen Java und Majapahit-Reich Zeugnis ab von dem friedlichen Nebeneinander der Religionen, die der Islam vorfand.

Allen deutschen Missionschefs stellt sich als vordringliche Aufgabe, die Interessen unserer Wirtschaft zu unterstützen. Die Zuständigkeit der Wirtschaftsabteilung, geleitet zunächst von Hans-Jörg Brunner, dann von Gesandtin Heidrun Tempel, vorher Beauftragte des Auswärtigen Amtes für den interkulturellen Dialog, ist recht umfangreich und eng verzahnt mit der Tätigkeit der Deutsch-Indonesischen Industrie- und Handelskammer EKONID unter ihrem Präsidenten Ari Soemarno, geleitet von Jan Rönnfeld. Ich war anfangs überrascht, wie gering sich angesichts der immensen Größe und angesichts der viel versprechenden Aussichten der indonesischen Wirtschaft das deutsch-indonesische Handelsvolumen 2009 mit rund 5 Mrd. EUR darstellte. Dies lag zum einen an dem vergleichsweise geringen Außenhandelsanteil der indonesischen Wirtschaft, betraf also auch andere Mitgliedsländer der EU, zum anderen an der Rohstofflastigkeit der indonesischen Wirtschaftsstruktur. Umso wichtiger war es, dass die deutschen Unternehmen durch ihre damals rund 250 Firmenvertretungen gut für die Zukunft aufgestellt waren. Der Unternehmerverband APINDO mit Sofjan Wanandi an der Spitze und die indonesische Industrie- und Handelskammer KADIN mit ihrem Präsidenten Suryo Sulisto und Ilham Habibie, beide Deutschland verbunden, leisteten stets Unterstützung, wobei die Zahl der bei KADIN für die einzelnen Wirtschaftssektoren und Kooperationen Verantwortlichen nicht knapp bemessen war. Ein Beispiel für die erfolgreiche Ausbildung von Fachkräften setzte Till Freyer 2002 mit der Gründung des International Garment Training Centers in Sentul/Bogor, das Mitarbeitern für die Textilindustrie in Indonesien ein viel gesuchtes praktisches Training anbietet. Es müsste gelingen, ein duales Berufsbildungssystem mit deutscher Hilfe auf die Beine zu stellen, auch wenn es zunächst nur eine beschränkte Zahl großer indonesischer Unternehmen geben mag, die über die nötige Erfahrung der betrieblichen Ausbildung verfügen. Das „Land der roten Dächer" scheint in vielem für eine mittelständische Wirtschaft prädestiniert: dezentral, reich an Ressourcen und mit findigen Köpfen.

Bilaterale Beziehungen profitieren überall von politischen Besuchen, die den Blick für die Leistungen des Gastlandes in Deutschland schärfen und überdies auch die Arbeit der Botschaften erleichtern. Besondere Bedeutung haben die Abgeordneten des Deutschen Bundestages, die uns angesichts ihrer erheblichen Rückkoppelungseffekte auf die deutsche Außen- und Sicherheitspolitik immer hochwillkommen waren. Im August 2010 reiste Volker Kauder, der Vorsitzende der CDU/CSU-Bundestagsfraktion, mit einer Delegation des Bundestages nach Jakarta. Präsident Yudhoyono nahm sich Zeit für ihn, eine ungewöhnlich hochrangige Wahrnehmung und in Berlin registriert. In den deutschen Medien wurde Kauder mit den Worten zitiert, Asien müsse für uns „mehr als China und Indien" sein. Er verwies auf die wachsende und in Deutschland noch zu wenig wahrgenommene Bedeutung Südostasiens. Im Oktober des nächsten Jahres kam der Vizepräsident des Deutschen Bundestages, Wolfgang Thierse, der sich hauptsächlich den Themen des interreligiösen Dialogs widmete und neben Yogyakarta auch das christliche Manado auf Sulawesi besuchte. Er hielt auf dem von mir gegebenen Empfang zum Tag der Deutschen Einheit eine Rede, für die er großen Applaus erhielt. Thierse und Kauder interessierten sich sehr für das Thema der religiösen Toleranz des Islam und hoben die enorme Bedeutung Indonesiens als Land mit der größten muslimischen Bevölkerung hervor: In Indonesien weiterhin gute Beispiele zu setzen, war in der Tat wichtig für die politische Stabilität weltweit.

In den deutsch-indonesischen Beziehungen spielt das Engagement des Bundesministeriums für wirtschaftliche Zusammenarbeit und Entwicklung sowie der GIZ eine wichtige Rolle. Die über 350 Mitarbeiterinnen und Mitarbeiter in Indonesien verfügen über fundierte Landeskenntnisse. Treffen und Gespräche mit „unseren" Entwicklungshelfern waren stets ein Gewinn und auch in entlegeneren Gegenden machten sie uns mit den Herausforderungen des Landes und ihren Projekten bestens vertraut. In unregelmäßigen Abständen veranstalteten wir in der Botschaft „Round Table-Gespräche", um vom Wissens- und Erfahrungsaustausch zu profitieren. Vor allem die richtigen Weichenstellungen in der Energiezusammenarbeit beschäftigten uns. Mit Ulrich Mohr, dem Leiter des GIZ-Büros in Jakarta, konnte ich während einer gemeinsamen Reise nach Kalimantan erleben, wie mühelos es war, mit bloßen Händen die dicht unter der Erdoberfläche liegende schwarze Kohle freizulegen. Die Indonesier davon zu überzeugen, fossile Energieträger durch den Einsatz der Geothermie oder der Solarenergie zu ersetzen, war daher kein leichtes Unterfangen. In der Energiepolitik und beim Klimaschutz, ferner bei guter Regierungsführung und der Dezentralisierung lagen wichtige Schwerpunkte der deutschen Zusammenarbeit mit Indonesien. Die Zusammenarbeit im Gesundheitssektor, für einige Jahre suspendiert, wurde auf Betreiben der Botschaft in die deutsch-indonesische „Erklärung von Jakarta" wieder aufgenommen, die anlässlich des Besuches von Bundeskanzlerin Merkel im Juli 2012 verabschiedet wurde. Zukunftsweisend könnte sich die wissenschaftliche Zusammenarbeit entwickeln. Unter der Ägide des Bundesministeriums für Bildung und Forschung wurde ein anspruchsvolles Programm entwickelt, das vor allem auf die Erschließung des weltweit einmaligen Reichtums an Biodiversität, auf Meeresforschung und Geothermie setzt. Mit unserem Wissenschaftsreferenten Michael Rottman habe ich mehrere Forschungseinrichtungen besucht, deren Förderung staatlicherseits, behutsam ausgedrückt, noch ausbaufähig ist.

Die fortschreitende Zerstörung der Tropenwälder hat die Botschaft immer wieder beschäftigt. Alle von der Regierung verkündeten Verbote und Moratorien über das illegale Abholzen haben sie nicht aufhalten können. Auch wenn Präsident Yudhoyono beste Absichten hegte, ein Lied über den Schutz der Natur komponiert hatte und dieses gerne seinen Staatsgästen mit Begleitung auf der Gitarre vorsang, so waren die staatlichen Instanzen – darunter die auf regionaler Ebene – nicht in der Lage, dem Abholzen energisch Einhalt zu gebieten. Ein Umdenken setzte allmählich ein, jedoch verhinderten Korruption und eine unzureichend arbeitende Judikative, dass entschiedener durchgegriffen wurde. Bedauerlicherweise lag die Schlussfolgerung nahe, dass sich in und gegenüber der Regierung immer wieder mächtige Lobbies durchsetzten, die sich um das Gesetz nicht scherten. Die bemerkenswert gestiegene Sensibilität der öffentlichen Wahrnehmung und die beachtliche Arbeit der Antikorruptionsbehörde werden hoffentlich auch vor diesen Herausforderungen nicht zurückweichen.

In der Zusammenarbeit mit den internationalen Universitäten liegt großes Potenzial für eine ambitioniertere Forschung und Lehre in Indonesien. Das Technologie-Institut in Bandung, die Universitas Indonesia in Jakarta und die Gadjah-Mada-Universität in Yogyakarta gehören zu den Elite-Universitäten. Und die – noch vergleichsweise kleine – Swiss-German University (SGU) in Serpong, von Peter Pscheid gegründet und von Chris Kanter als Stiftungsratsvorsitzendem großzügig erweitert, baute sich in Zusammenarbeit mit deutschen Unternehmen ein attraktives Alleinstellungsmerkmal auf: Den Studenten werden durch Firmenpraktika in Deutschland zusätzliche Voraussetzungen geboten, später in Indonesien anspruchsvolle Stellen zu besetzen. Die SGU verdient als ein Projekt für die junge Generation und nachwachsende Elite substanzielle Förderung aus Deutschland. Während meiner Vorträge an indonesischen Universitäten lernte ich die mit natürlicher Sicherheit auftretenden Studenten und Studentinnen kennen, die schlagfertig, unvoreingenommen, fokussiert und interessiert diskutierten. Ressentiments der älteren Generation gegenüber der ehemaligen niederländischen Kolonialmacht sind bei der jüngeren einem positiven Interesse an Europa gewichen, von dem gerade auch Deutschland profitiert. Nicht zu vergessen ist: Im Gefolge der Vereinigten Ostindischen Kompanie, 1799 von der niederländischen Regierung übernommen, waren deutsche christliche Missionare wie Nommensen, Wissenschaftler wie Junghuhn – der „Humboldt von Java" – und Kaufleute in das damalige Niederländisch-Indien gelangt. Ein Herzog von Sachsen-Weimar, Sohn des Goethe-Förderers und -Freundes, übernahm von 1847 bis 1851 das

Oberkommando der niederländisch-ostindischen Armee und bezog die für ihn im klassizistischen Stil errichtete Residenz in Jakarta, das heutige „Gedung Pancasila" und Teil des Außenministeriums. Auch einen deutschstämmigen Gouverneur Niederländisch-Indiens gab es, den aus Leer stammenden Baron Gustav Wilhelm von Imhoff, der 1740 ein von seinem unbändigen und für die Niederlande nicht mehr haltbaren Vorgänger Vackenier angeordnetes Massaker an den Chinesen verhinderte und der die großzügige klassizistische Residenz „Buitenzorg" – das javanische „Sanssouci" – in Bogor errichten ließ. Nach der Unabhängigkeit wurde sie besonders von dem kunstliebenden und -sammelnden Sukarno geschätzt und genutzt.

Unter den Mitgliedstaaten der Europäischen Union gilt Dänemark als eines der Länder mit den „glücklichsten Menschen", also einem hohen „Happiness-Index". Analysen führen ihn auf die kommunikativen und interkulturellen Bereicherungen sowie den regen Handelsaustausch zwischen den Inselwelten in der Ostsee zurück, die sich ihre Eigenheiten gleichwohl bewahren. Der Archipel Indonesien verfügt mit der Rekordzahl von etwa 17.500 Inseln über eine tendenziell ähnliche Ausgangslage, wenngleich von weit größerer Dimension, sprachlicher Vielfalt trotz des einigenden Bandes der indonesischen Sprache, längst nicht vergleichbarer Konnektivität und der noch grassierenden Armut. Daher begleiteten immer wieder Ängste vor separatistischen Bestrebungen die indonesische Entwicklung. Dennoch sprechen die kulturell determinierten Fähigkeiten der Menschen, ihre Kommunikationsgabe, Hilfsbereitschaft und Spiritualität, auch die ausgeprägte Empathie- und Kompromissfähigkeit, für eine glückliche Entwicklung, solange regionale Identitäten nicht von Nationalismen usurpiert werden. Für die deutsch-indonesischen Beziehungen stecken darin interessante Themen und Gemeinsamkeiten. In der europäischen und deutschen Geschichte liegen die Berührungspunkte auf der Hand, auch weil Indonesien in ASEAN eine die Nationen verbindende Integration sucht, verwandt mit der Europäischen Union. Die Initiative der Botschaft für deutsch-indonesische Kulturwochen hatte daher auch einen politischen Hintergrund, und Franz Xaver Augustin, Leiter des Goethe-Instituts in Jakarta, trug sich bereits mit dem gleichen Gedanken. Auswärtiges Amt und die Zentrale des Goethe-Instituts, außerdem das Bundesministerium für wirtschaftliche Zusammenarbeit und Entwicklung und das Bundeswirtschaftsministerium unterstützten ihn sofort, wenngleich die Mittel knapp bemessen waren. In engem Einvernehmen mit indonesischen Kulturträgern und der deutschen als auch indonesischen Wirtschaft konnten wir ein viel beachtetes Programm auf die Beine stellen. Nach mehreren Tafelrunden in der Residenz wählten wir als Logo einen Schmetterling, der mit einem Flügelschlag unendlich viele Impulse freisetzt und als Text entschieden wir uns für „Kreativität und Vielfalt", was beide Länder auszeichnet und verbindet. Aus „Jerman dan Indonesia" entstand das Kürzel „JERIN". Wie klang das in indonesischen Ohren? Unser Dolmetscher Lantip sagte, es klinge lustig, weil man vielleicht an „Tom und Jerry" denke, und etwas Witziges sei in Indonesien immer der sicherste Weg, um Sympathien zu erzeugen. So kam es auch, und darauf konnten alle Beteiligten stolz sein: das Goethe-Institut, die Botschaft, der DAAD, die GIZ, unsere Honorarkonsuln, insbesondere Haryanto Tjokroesetio aus Surabaya, wo wir den Auftakt mit einem Festkonzert ansetzten. In der gut geführten zweitgrößten Stadt Indonesiens war es uns in der bewährten Dreier-Formation aus Botschaft, Kammer und Goethe-Institut trotz mancher Skepsis gelungen, die Schließung der dortigen Niederlassung des Goethe-Instituts zu verhindern. Die deutsche Sprache lag bald darauf wieder im Aufwind. In der literarischen Zusammenarbeit verdienen die Herausgabe und Übertragung von Lyrik durch Berthold Damshäuser und Agus R. Sarjono Anerkennung, darunter ein Goethe-Band. Von Anfang an war EKONID aktiv in JERIN involviert, und wir konnten die deutschen Firmen dazu gewinnen, sich mit eigenen Präsentationen darzustellen. Ein großer Erfolg wurde ein mit Unterstützung des Bundeswirtschaftsministeriums durchgeführtes Seminar über deutsche Umwelttechnologien.

Einer der willkommenen Nebeneffekte von JERIN war es, zwischen der deutschen Community und den Indonesiern neue Plattformen und Gesprächsnetze zu generieren. Mit Franz Xaver Augustin wagten wir uns an das Projekt einer Ausstellung über den javanischen Maler Raden Saleh heran, die von Werner Kraus aus Passau und Irina Vogelsang kuratiert wurde. Saleh hatte in der Mitte des neunzehnten Jahrhunderts mehrere Jahre in Coburg gelebt, fand dort rasch Zugang zur Hofaristokratie und wurde für seine Porträtmalerei, vor allem aber für seine Darstellungen der wilden Tierwelt seiner javanischen Heimat berühmt. Leider gelang es mir nicht, die Kunstwächter des Kratons in Yogyakarta davon zu überzeugen, die dort vorhandenen Bilder auszuleihen, weil man von dem Transport der brüchigen Leinwände Unheil befürchtete und der Sultan, so modern und weltoffen er war, sich nicht über diese Warnungen hinwegsetzen wollte. Franz Xaver Augustin und Werner Kraus brachten das Projekt rasch voran. Die Ausstellung wurde von Vizepräsident Boediono und von mir eröffnet. Aus der Politik und von den indonesischen Kunstverständigen gab es viel Applaus, sogar Impulse für die Aufarbeitung der Kunstgeschichte Indonesiens. Ein indonesischer Verlag gab außerdem eine Biographie des australischen Autors John Stowell über den deutsch-russischen Maler Walter Spies heraus, der 1923 nach Indonesien kam, zunächst in Yogyakarta als Kapellmeister im Kraton wirkte und später nach Bali übersiedelte, wo er ein mondänes internationales Publikum fesselte und den das Ramayana-Epos darstellenden kecak-Tanz wiederbelebte. Der Farbband wurde in einer prächtigen Feier im Palast des Tjokorda in Ubud, Nachkomme eines balinesischen Herrschergeschlechtes, das Spies wohlgesonnen war, der Öffentlichkeit vorgestellt. Ein weiteres Projekt entwickelte EKONID: eine mit Unterstützung privater Sammler aus antiken und neuen Beständen zusammengestellte Ausstellung schönster Batik, dazu die Präsentation von Verfahren, wie die Herstellung umweltschonender gestaltet werden kann. Zur Eröffnung erschien Fauzi Bowo, der damalige Gouverneur von Jakarta und spätere indonesische Botschafter in Deutschland.

Da wir Veranstaltungen im Rahmen von JERIN auch im Zentrum Javas planten, rückte neben dem von allen ausländischen Missionen präferierten Yogyakarta auch die alte javanische Hauptstadt Surakarta, genannt Solo, in unser Blickfeld. Ich war dem damaligen Bürgermeister Joko Widodo – „Jokowi" genannt – bereits begegnet. Seine starke Persönlichkeit und Ausstrahlung hatten sich mir sofort eingeprägt. Unter Jokowis Führung war Solo zu einem Vorzeigemodell der Stadtentwicklung und des Wirtschaftswachstums in Indonesien geworden. Als ich ihn einmal fragte, wie er mit den radikalen islamischen Kräften umgehe, für die Solo bekannt war, verwies er auf seine regelmäßigen und häufigen Gespräche mit diesen. Man müsse immer wieder miteinander reden. Jokowi umgab eine Aura aus Verantwortungsgefühl, Rechtsbewusstsein und Willensstärke, die Sympathie und Wohlwollen auch bei denen erzeugte, die ihn sich nicht in Jakarta vorstellen konnten oder wollten. Da die GIZ den Aufbau eines Technologiezentrums in Solo förderte und Jokowi darin eine indonesische Autoproduktion aufziehen wollte, stimmte ich bei einem Besuch in Solo seinem Vorschlag zu, mit ihm den ersten Prototyp eines Kleinwagens anzusehen. In der Werkhalle erwartete uns ein kräftiges Blitzlichtgewitter der zahlreich erschienenen Medien. Die Zeitungen am nächsten Morgen berichteten mit Fotos darüber und in Jakarta fragte mich der mit uns befreundete britische Botschafter mit unschuldigem Gesichtsausdruck, ob ich nun meinen deutschen Dienstwagen zugunsten dieses neuen Kleinwagens aufgeben wolle. Anfang 2012 fuhr ich erneut nach Solo, als der von uns eingeladene deutsche Pianist Oliver Kern im Rahmen von JERIN zusammen mit dem jungen indonesischen Violinisten Iskandar Widjaja nach Konzerten in Jakarta und Surabaya auch hier auftreten sollte. Ich gab aus diesem Anlass ein Mittagessen im größeren Kreis und Jokowi erschien als Ehrengast. Als ich ihn beiläufig über den Tisch fragte, ob er daran dächte, in Jakarta bei den Gouverneurswahlen im Juli 2012 anzutreten, winkte er ab, gab mir aber bei einem späteren Anlass zu verstehen, dass ein solches Ansinnen seiner Partei PDIP noch an ihn herangetragen werden könnte. Es gehört zu den Gepflogenheiten der Javaner, keinen offenen Ehrgeiz zu zeigen, und es verstand sich von selbst, dass Jokowi politische Intentionen nicht vor einem angereisten Botschafter und deutschen Gästen zu erkennen geben würde. Als ich dann vor allen die Bemerkung riskierte, ich könne ihn mir durchaus auch als Präsidenten Indonesiens vorstellen, wehrte Jokowi noch entschiedener ab, schon weil er nicht genügend starke Unterstützer hätte. Er war jedoch zu bescheiden: Bereits im Juli 2012 wurde er auf Betreiben seiner Parteivorsitzenden Megawati, der ehemaligen Präsidentin und Tochter des Staatengründers Sukarno, zum Gouverneur von Jakarta gewählt und erhielt Rückendeckung von Prabowo Subianto, seinem späteren Konkurrenten bei den Präsidentschaftswahlen 2014. Wie angesichts seines Verständnisses für die Nöte und Sorgen der Armen zu erwarten, nahm sich Jokowi in Jakarta sofort der drängendsten sozialen Probleme an. Aus Gesprächen mit Beratern von Megawati vernahm ich später, dass sie Jokowi schätzte, jedoch mit seiner Nominierung als Kandidat ihrer Partei PDIP für die Präsidentschaftswahl 2014 bis nach den Parlamentswahlen warten wolle, um ihn vor verfrühten politischen Angriffen zu schützen. Frau Megawati war eine der herzlichsten Gastgeberinnen, die meine Frau und ich in Indonesien kennenlernten, und ihre Einladungen nach Bali in ihr luftiges Haus am

Meer nahm jeder Diplomat gerne an. Es war aber nicht ganz leicht, sie zu politischen Aussagen zu bewegen.

Am 10. Juli 2012 stand der Besuch von Bundeskanzlerin Angela Merkel an. Sie hatte Jakarta bereits als Umweltministerin besucht und war Präsident Yudhoyono auf zahlreichen internationalen Treffen begegnet. Den beiden wurde eine gute „Chemie" füreinander nachgesagt. Der Besuch verlief in bester Atmosphäre und war ertragreich. Die verabschiedete „Erklärung von Jakarta" enthält weiterführende Akzente für das deutsch-indonesische Verhältnis. Beide Regierungen setzten eine unabhängige, nicht an ihre Weisungen gebundene Beratergruppe ein, wie es sie auch im deutsch-indischen Verhältnis gibt. In den deutschen Medien war vor und nach der Reise zu lesen, „deutsche diplomatische Kreise" seien bemüht darum, in Indonesien den Eindruck zu verbreiten, dass die Bundeskanzlerin ohne Zwischenstopps nach Indonesien gereist sei, um die Bedeutung des Landes hervorzuheben. Eine versierte Ministerin fragte mich kurz vor dem Besuch, ob es stimme, dass sie einen so langen Flug „nur für uns" auf sich nehme. Ich versicherte ihr, es sei vollständig zutreffend. Ihr Innehalten darauf zeigte, wie empfänglich die asiatischen Zivilisationen für Gesten solcher Wertschätzung sind. Präsident Yudhoyono ließ sein ganzes Kabinett zu dem Gespräch mit ihr und der deutschen Delegation antreten, was angesichts des Selbstbewusstseins der Indonesier nicht selbstverständlich war. Die Kanzlerin besuchte in Jakarta das mit deutscher Hilfe aufgebaute Tsunami-Frühwarnsystem, traf mit Vertretern der Zivilgesellschaft zusammen, führte in der protestantischen Emmanuel-Kirche mit Angehörigen der christlichen Gemeinde ein Gespräch und besuchte die Istiqlal-Moschee, wo sie mit einem ihr gereichten filzbeköpften Hämmerchen einen kurzen Schlag auf den „Budik" vornahm, einen aus der Religionsvielfalt vergangener Jahrhunderte stammenden buddhistischen Gong, der sich in indonesischen Moscheen erhalten hat. Am gleichen Tag hielt sich die IWF-Direktorin Christine Lagarde in Jakarta auf, und die beiden zogen sich am Rande eines Empfangs in unserer Residenz zu einem kurzen Vieraugengespräch zurück, nachdem sich die Kanzlerin viel Zeit für die Gäste genommen hatte. Als erstes führte ich ihr Ex-Präsidentin Megawati zu, die damals die größte Oppositionspartei anführte und an dem Staatsbankett Präsident Yudhoyonos für die Bundeskanzlerin nicht teilgenommen hatte, denn Yudhoyono und Megawati betrachteten sich nicht gerade als Freunde.

343

Drei Wochen nach dem Besuch Angela Merkels verließen meine Familie und ich Indonesien. Hochinteressante und lohnende Aufgaben, bewegende Erfahrungen, neue Freundschaften und Einsichten lagen hinter uns, für die wir dankbar sind. Der Wahlsieg Jokowis bei den Präsidentschaftswahlen 2014, zwei Jahre nachdem wir Indonesien verlassen hatten, war absehbar. Er wurde ein international beachtetes Signal für die politische Reife Indonesiens, das als drittgrößte Demokratie der Welt nach Indien und den USA nun die Chance erhielt, noch überzeugender innere Reformen anzupacken. Auf der internationalen Bühne dürfte sich sein Gewicht als globaler Akteur weiter festigen.

Die Autoren

Geboren 1931 in Stenden (Kerken) am Niederrhein machte **Otto Abt** sein Abitur am Gymnasium zu Borken/Westfalen. Sein Studium absolvierte er an der damaligen Pädagogischen Akademie in Essen-Kupferdreh mit den Schwerpunkten Philosophie, Literatur (Josef Pieper) und Musik sowie an der Universität zu Köln (Kunstgeschichte und Pädagogik). Otto Abt war Rektor in Siegen und wurde 1993 pensioniert. Er ist Gründungs- und Vorstandsmitglied der Deutsch-Indonesischen Gesellschaft Südwestfalen e.V., eröffnete und betreut ein Hilfswerk für indonesische Slumkinder, ist Tai-Chi-Lehrer, Lehrer beim Marga Luyu 151 und veröffentlichte bislang 13 Bücher (Lyrik und Prosa), die alle einen Bezug zu Indonesien haben. Außerdem ist er Mitglied des FDA-NRW. Siehe auch Wikipedia: Otto Abt (Autor) und www.otto-abt.de/buch/buch.htm.

Christoph Antweiler, Ethnologe, ist seit 2008 Professor für Südostasienwissenschaft und Direktor des Instituts für Orient- und Asienwissenschaften der Universität Bonn. Er studierte in Köln Geologie-Paläontologie und dann Ethnologie. Forschungen zu Kognition, Stadtkultur, Ethnizität, Entwicklung, Popularisierung von Wissenschaft, lokales Wissen, soziale Evolution, Universalien. Seine Hauptforschungsregion ist Südostasien, bes. Indonesien. Wichtigste Veröffentlichungen: „Urbane Rationalität" (Reimer, 2000); „Handbook of Evolution. Vol. 1: The Evolution of Cultures and Societies", Mit-Hrsg. (Wiley, 2004), „Ethnologie. Ein Führer zu populären Medien" (Reimer, 2005), „Was ist den Menschen gemeinsam? Über Kultur und Kulturen (WBG, 22009/2012), „Inclusive Humanism. Anthropological Basics for a Realistic Cosmopolitanism" (V+R Unipress & National Taiwan University Press, 2012). Antweiler ist Mitglied der Academia Europaea. Seine Hobbys sind weite Reisen, das Lesen nichtethnologischer Sach- und Fachbücher und Hallenfußball.

Norbert Baas, 1947 in Hamburg geboren, studierte in Berlin, Bologna und Florenz. Vor seiner Dienstzeit in Jakarta war er Botschafter in der Republik Korea, von 2003 bis 2006 Beauftragter des Auswärtigen Amtes für die Beziehungen zu Russland, Zentralasien und den Kaukasus, Koordinator der Freundesgruppe des UN-Generalsekretärs für Georgien/Abchasien und davor zuständig für die mitteleuropäischen Staaten sowie Botschafter in Georgien. Außerdem war er in Moskau, Bagdad und Paris eingesetzt.

Geboren 1948 in Erlangen, absolvierte **Wolfgang Brehm** von 1969 bis 1976 ein juristisches Studium sowie seine Referendarausbildung in Erlangen und Nürnberg. Anschließend war er als juristischer Referent und Abteilungsleiter bei einer Berufsgenossenschaft in Köln und als nebenamtlicher Dozent für Arbeitsschutz und Selbstverwaltung tätig. 1996 erfolgte die Auswanderung nach Indonesien, wo er zunächst in der Redaktion des Deutschlandprogramms von Radio Republik Indonesia tätig war. 1999 nahm er eine Tätigkeit als juristischer Experte und Integrierter CIM-Experte am Indonesischen Institut der Wissenschaften LIPI auf, parallel trug er zur Gründung des deutschen Studienkollegs bei. 2009 erfolgte der Wechsel an die Universitas Negeri Jakarta. Seit 2012 befindet sich Wolfgang Brehm im Ruhestand, engagiert sich aber mit gelegentlichen Beiträgen für Programme der Nahdlatul Ulama und für indonesisch-deutsche Universitätspartnerschaften.

Berthold Damshäuser, geboren 1957 in Wanne-Eickel, lehrt seit 1986 indonesische Sprache und Literatur an der Universität Bonn und betätigt sich als Herausgeber von *Orientierungen – Zeitschrift zur Kultur Asiens*. Er arbeitet als Übersetzer indonesischer Lyrik ins Deutsche sowie deutscher Lyrik ins Indonesische und ist gemeinsam mit Agus R. Sarjono Herausgeber der *Seri Puisi Jerman* (Reihe deutschsprachiger Lyrik in indonesischer Übersetzung). Damshäuser ist Gründungsmitglied der Deutsch-Indonesischen Kommission für Sprache und Literatur, betätigt sich als Redakteur des indonesischen Literaturmagazins *Jurnal Sajak* und ist Mitglied des Nationalen Indonesischen Komitees zur Vorbereitung des indonesischen Aufritts als Ehrengast der Frankfurter Buchmesse 2015.

Den ersten Schritt nach Asien im Jahr 1959 hat **Till Freyer** (geb. 1935) niemals bereut, und seine Zeit in Indonesien seit 1991 hat er bis zum heutigen Tag – trotz gelegentlicher Enttäuschungen – sehr genossen. Die vorangegangenen 32 Jahre intensiver Arbeit in der exportorientierten Bekleidungsindustrie Hong Kongs gaben ihm das fundierte

Wissen und die notwendige Geduld, am Aufbau der indonesischen Bekleidungsexporte sowie der Ausbildung von Fachkräften mitzuwirken. Seit nunmehr 14 Jahren verfolgt Till Freyer die Entwicklung von Exporten von Bekleidung nur noch als Hobby.

Professor Dipl.-Ing. **Jürgen Grüneberg**, VDE/VDI, arbeitete nach dem Studium der Elektrotechnik an der TH Braunschweig bei der Siemens AG in der Entwicklung von Kleinmotoren sowie bei der Montage und Inbetriebnahme von Walzwerksantrieben weltweit. Im Soester Fachhochschulstudiengang Elektrotechnik an der Universität Paderborn vertrat er von 1968 bis 1999 das Fachgebiet Leistungselektronik und Elektrische Antriebe und war von 1972 bis 1991 Dekan des Fachbereichs. Fast zehn Jahre war er Sprecher der elektrotechnischen Fachbereiche in Nordrhein-Westfalen. Im Auftrag der GTZ (heute GIZ) und in Kooperation mit deutschen Unternehmen war er seit 1972 mehrfach als Gastprofessor und Berater an Universitäten in Nahost und Südostasien tätig. 1997/98 hat er die Bildungsaktivitäten der Siemens AG in China koordiniert und das Siemens-Managementinstitut in Peking aufgebaut. Im Verband der Elektrotechnik Elektronik Informationstechnik e.V. war er Vorsitzender des Bezirksvereins Bergisch-Land (1992 bis 1997) und von 19989 bis 1999 Vorsitzender des Ausschusses Beruf, Gesellschaft und Technik. An der Swiss German University (SGU) in Jakarta/Indonesien war er von 2000 bis 2009 Dekan der Ingenieurfakultät und von 2010 bis Februar 2012 Rektor; seit 2000 ist er Koordinator für die Praxissemester aller SGU-Fakultäten für Deutschland und die Schweiz.

Nach drei Jahren als Gruppenleiterin im DAAD und Direktorin von GATE-Germany, dem Marketingkonsortium der deutschen Hochschulen, übernahm **Irene Jansen** (geb. 1952) im Frühjahr 2012 das Regionalbüro des DAAD in Jakarta. 1997 hatte sie das DAAD-Büro in Johannesburg gegründet. Von 2004 bis 2009 war sie Direktorin der DAAD-Außenstelle in Japan, die unter ihrer Leitung 2007 mit dem prestigeträchtigen Shokemon-Preis der Tokyo-Universität ausgezeichnet wurde. Irene Jansen ist promovierte Literaturwissenschaftlerin; sie hat in Deutschland, Großbritannien und den USA studiert und in verschiedenen Ländern gelehrt und gearbeitet, so auch von 1990 bis 1995 als Lektorin an der Universitas Indonesia.

Moritz Kleine-Brockhoff, geboren 1968 in Essen, studierte Wirtschaftswissenschaften in den USA und Sport sowie Publizistik in Köln. 1998/99 war er Volontär bei der Deutschen Welle. Von 1999 bis 2009 lebte er in Jakarta als gemeinsamer Südostasienkorrespondent von Frankfurter Rundschau, Stuttgarter Zeitung und Tagesspiegel. 2009 wechselte er zur Friedrich-Naumann-Stiftung, die er seit 2013 in Indonesien vertritt.

Werner Kraus, 1944 in Bamberg geboren, studierte Ingenieurswissenschaften in München. 1969 erfolgte ein erster Aufenthalt in Indonesien. Ein Studium der Ethnologie und der politischen Wissenschaft Südostasiens in Heidelberg und an der Cornell Universität in Ithaca, New York (ab 1973) führte im Jahr 1983 zur Promotion. Anschließend war Werner Kraus als Hochschullehrer, unabhängiger Wissenschaftler und Leiter des Center for Southeast Asian Art in Passau tätig. Seit einigen Jahren engagiert er sich verstärkt als Autor und Ausstellungskurator. Werner Kraus lebt in Passau.

Franz Magnis-Suseno, geboren 1936 in Schlesien, Mitglied des Jesuitenordens, ist Philosophieprofessor an der Driyarkara-Hochschule für Philosophie und der *Universitas Indonesia* in Jakarta und hält regelmäßige Gastvorlesungen über javanische Ethik in Europa. Er lebt seit 1961 in Indonesien und hat seit Langem die indonesische Staatsangehörigkeit angenommen. Er promovierte 1973 in Philosophie an der Universität München, erhielt 2002 ein Ehrendoktorat in Theologie von der Universität Luzern und ist Mitglied der Indonesischen Akademie der Wissenschaften. Ein Schwerpunkt seiner Arbeit ist der Dialog mit dem Islam, zudem zeichnet er sich durch seine Vortragstätigkeiten sowie seine zahlreichen Veröffentlichungen aus, größtenteils auf Indonesisch, vor allem in den Bereichen Ethik, Politische Philosophie, Marxismus, philosophische Gotteslehre und javanische Weltanschauung, darunter „Javanische Weisheit und Ethik. Studien zu einer östlichen Moral", München/Wien, Oldenbourg 1981.

Geboren 1949 in Bad Neuenahr, war **Karl Mertes** nach dem Studium der Pädagogik in Aachen und Köln von 1972 bis 2013 Redakteur beim Westdeutschen Rundfunk, zuletzt als Abteilungsleiter für Verbraucherprogramme. 1976 bis 1981 war er als Dozent und Berater in der

Fernsehausbildungsstätte in Jakarta tätig, in den Folgejahren führte er vielfach Workshops und Fortbildungsmaßnahmen u.a. in Indonesien durch. Zahlreiche Reisen in Indonesien und der Region und Veröffentlichungen prägen seine Biographie, und als Präsident der Deutsch-Indonesischen Gesellschaft ist Karl Mertes fortlaufend mit Veranstaltungen und Publikationen zu Indonesien befasst.

Von 1962 bis 1966 studierte **Bernd Nothofer** in Bonn und Besançon Romanistik mit einer *Licence ès Lettres* als Abschluss. Anschließend war er als Lektor für Französisch in Millersville/Pennsylvania tätig. An ein Studium der Linguistik an der Yale Universität mit einem fünfjährigen Yale Fellowship, Schwerpunkt: Theoretische Sprachwissenschaft und Austronesistik (1973 Ph.D.), von 1967 bis 1973 schloss sich 1973-1981 eine wissenschaftliche Mitarbeiterstelle in Köln (Habilitation 1979) an. Feldforschungen betrieb er in Indonesien (Mentawai, West- und Zentraljava, Bangka, Westkalimantan, Lombok), Malaysia und Brunei. Von 1981 bis 2007 war Bernd Nothofer Professor für Südostasienwissenschaften an der Goethe-Universität Frankfurt. Während dieser Zeit hatte er zwei DAAD-Langzeit- und sechs Kurzzeitdozenturen in Indonesien und Malaysia und Gastprofessuren in den USA (University of Hawaii), Malaysia (UKM), Brunei und in Australien (Canberra, Melbourne) inne. Seit 2009 ist er als Seniorprofessor in Frankfurt tätig. Seine wichtigsten Publikationen umfassen „Indonesisch für Deutsche" (mit K.-H. Pampus), „Dialektatlas von Zentral-Java" und mehrere Artikel in *Oceanic Linguistics*. Die letzte und ihm sehr am Herzen liegende Publikation „Pengantar Etimologi Indonesia" erscheint dieses Jahr und beschreibt die Geschichte indonesischer Wörter in Indonesisch für eine historisch interessierte Leserschaft. Das Buch ist den Baduy in Westjava und den Javanern aus Banyumas gewidmet – *untuk urang Kanekes dan wong penginyongan*.

Geboren 1951 in Berlin, studierte **Michael Rottmann** 1972-1973 Chemie in Gießen und wechselte zur Rechtswissenschaft in Gießen, München und Bonn (1974-1982). Nach seiner Referendarzeit am Oberlandesgericht Koblenz war er ab 1985 wissenschaftlicher Mitarbeiter bei der Deutschen Forschungsgemeinschaft und ab 1987 für das Bundesministerium für Bildung und Wissenschaft tätig. Ab 1994 war Michael Rottmann Leiter des Referats für Internationale Beziehungen im Bundesministerium für Bildung und Forschung von 2000 bis 2005 Wissenschaftsreferent an der Deutschen Botschaft Jakarta. Es folgte eine Tätigkeit bei der UNESCO Jakarta (2006-2008) als Koordinator für den Aufbau des Tsunamifrühwarnsystems. Im Jahr 2010 kehrte er als Wissenschaftsreferent an die Deutschen Botschaft Jakarta zurück.

Heinz Schütte, geb. 1937, Dr. sc. pol., ist Soziologe, hat Germanistik und Wirtschaftswissenschaften in Köln und Freiburg studiert, war als wissenschaftlicher Assistent am Arnold Bergstraesser-Institut und an der Universität Kiel sowie als Hochschullehrer in Melbourne, Paris und Bremen tätig. Forschungen in Afrika, Papua Neu Guinea und in Vietnam insbesondere über das Zusammentreffen von Kulturen, die Herausbildung von Synkretismen in der Kolonialzeit und die Geschichte des 20. Jahrhunderts. Heinz Schütte lebt als unabhängiger Forscher in Paris und arbeitet gegenwärtig an einer ethno-historischen Studie über Yangon/Myanmar. „Dialog, Kritik, Mission. Franz Magnis-Suseno, ein indonesischer Jesuit aus Deutschland" ist im September 2013 erschienen.

Nils Wagenknecht hat in Bremen und Tübingen Jura studiert. Nach Abschluss von Referendariat und Promotion arbeitete er zunächst als Rechtsanwalt in internationalen Kanzleien im Praxisbereich Corporate, Mergers & Acquisitions. Seit 2010 ist er als DAAD-Fachlektor an der Universitas Gadjah Mada, Yogyakarta/Indonesien tätig. Dort unterrichtet er unter anderem in den Fächern Völkerrecht, internationales Wirtschaftsrecht sowie rechtsvergleichend zum deutschen und indonesischen Handels- und Gesellschaftsrecht.